Pluralismus unausweichlich?

D1996853

€ 29,80
020805

Ingrid Gogolin, Jürgen Helmchen,
Helma Lutz, Gerlind Schmidt (Hrsg.)

Pluralismus unausweichlich?

Blickwechsel zwischen Vergleichender und Interkultureller Pädagogik

Waxmann Münster / New York
München / Berlin

Bibliografische Informationen Der Deutschen Bibliothek
Die Deutsche Bibliothek verzeichnet diese Publikation in der Deutschen Nationalbibliografie; detaillierte bibliografische Daten sind im Internet über http://dnb.ddb.de abrufbar.

ISBN 3-8309-1254-4

© Waxmann Verlag GmbH, Münster 2003

http://www.waxmann.com
E-Mail: info@waxmann.com

Umschlaggestaltung: Pleßmann Kommunikationsdesign, Ascheberg
Satz: Stoddart Satz und Layout Service, Münster
Druck: Zeitdruck GmbH, Münster
Gedruckt auf alterungsbeständigem Papier, DIN 6738

Alle Rechte vorbehalten
Printed in Germany

Inhalt

Beiträge zur Überwindung der traditionellen Arbeitsteilung zwischen „Allgemeiner", „Vergleichender" und „Interkultureller" Erziehungswissenschaft

Ingrid Gogolin, Jürgen Helmchen, Helma Lutz, Gerlind Schmidt

Blick zurück und Perspektivenwechsel

Zur Einführung in die Festschrift für Marianne Krüger-Potratz aus Anlass ihres 60. Geburtstages

„Hartnäckig hält sich die Idee, dass Deutschland sich erst mit Beginn der Arbeitsmigration vom Auswanderungs- zum Einwanderungsland entwickelt habe"; so steht es ziemlich am Anfang eines Textes, an dem Marianne KRÜGER-POTRATZ noch arbeitet.[1]

Würde man nach einem Leitmotiv durch das wissenschaftliche Werk von Marianne KRÜGER-POTRATZ gefragt werden, so könnte es dieser Halbsatz sein: „Hartnäckig hält sich die Idee ...". Verschiedene Fortsetzungen wären möglich; viele mehr als hier aufgeführt werden können. Einige davon – aus ihrer Feder, jedoch von uns mit der Redeeinleitung komponiert – sollen den Weg durch dieses Buch zu ihren Ehren weisen. Sie zeigen Hauptlinien des Problemzugriffs und der Argumentationsweise an, wie sie für die wissenschaftliche Arbeit von Marianne KRÜGER-POTRATZ charakteristisch sind – und zugleich vorbildlich geworden für die International Vergleichende und Interkulturelle Erziehungswissenschaft im heute weithin anerkannten Sinne.

1. „(...) dass Deutschland sich erst mit Beginn der Arbeitsmigration vom Auswanderungs- zum Einwanderungsland entwickelt habe" – Beiträge zur Überwindung der Ahistorizität in der Interkulturellen Erziehungswissenschaft

In den 1970er Jahren begann das Interesse der Erziehungswissenschaft – genauer gesagt: einiger Spezialistinnen und Spezialisten dieser Disziplin – am Thema „Migration und ihre Folgen für Bildung und Erziehung" zu wachsen. Beinahe von Anfang an, sehr früh in ihrer wissenschaftlichen Karriere, weckte dieses Thema die Aufmerksamkeit von Marianne KRÜGER-POTRATZ (vgl. dies. 1979), und sie gehörte zu den ersten Benutzerinnen des Adjektivs „interkulturell" in der deutschsprachigen pädagogischen Literatur (vgl. dies. 1980). Den Ausgangspunkt ihres Weges zu diesem Thema bot ihr eine internationale Perspektive. Es war die der „Vergleichenden Pädagogik" der 1970er Jahre, in deren Vordergrund zwei Fragen standen: die nach den methodisch wohlgeformten Möglichkeiten des Vergleichens

1 Es handelt sich um das Kapitel „Migration als Normalfall der Geschichte" im Band „Einführung in die Interkulturelle Pädagogik" von Ingrid GOGOLIN und Marianne KRÜGER-POTRATZ, der 2003 im Verlag Leske + Budrich erscheinen soll.

überhaupt und die nach der Bedeutung der politischen „Systeme“ für Theorie und Praxis der Pädagogik (vgl. hierzu BUSCH u. a. 1974).

Im Unterschied zu dieser vergleichsweise distanzierten Annäherung an Migration und ihre Folgen für Bildung in Deutschland nahm der überwiegende Teil seinerzeitiger Arbeiten seinen Ausgangspunkt bei der Beschäftigung mit konkreten Beobachtungen – zumeist beschrieben als Schwierigkeiten, die aus der schulischen Praxis im Umgang mit einer „fremden“ Schülerklientel berichtet wurden. Charakteristisch für die frühen Arbeiten war die Konzentration auf Phänomene, in denen sich die Fremdheit der Schülerklientel „erwies“. Der Feststellung der Fremdheit einverleibt war „Neuheit“ als mitschwingende Bedeutung: eine Schülerschaft mit Eigenschaften, wie sie an den Fremden zu beobachten waren, habe es in der deutschen Schule zuvor nicht gegeben. Daher sei auch mit „neuen“ Maßnahmen auf sie zu reagieren.

Es mag ihrem durch die Methodologie- und Systemdiskussionen zur Vergleichenden Erziehungswissenschaft geschärften Blick geschuldet sein, dass Marianne KRÜGER-POTRATZ zu den ersten gehörte, die diese apodiktischen Feststellungen von Fremdheit in Zweifel zogen und empfahlen, ihre Glaubwürdigkeit anhand historischer Rekonstruktionen zum Bildungswesen zu prüfen. Ihrem Insistieren darauf, die „Ahistorizität“ der Betrachtung aufzugeben, ist es zu danken, dass der erfolgreiche Antrag zum Schwerpunktprogramm „FABER – Folgen der Arbeitsmigration für Bildung und Erziehung“ an die DFG dem Problem der historischen Genese von „Normalvorstellungen“ im deutschen Bildungswesen, die ja den Maßstab für die Feststellung der „Fremd- oder Neuheit“ hergeben, großes Gewicht beimaß (vgl. KRÜGER-POTRATZ u.a. 1990; siehe auch KRÜGER-POTRATZ 1989).

Die von Marianne KRÜGER-POTRATZ geleiteten historischen Untersuchungen und andere, die im Sinne ihrer Empfehlung, gutenteils direkt von ihr inspiriert durchgeführt wurden, haben zwei wichtige Grundlagen zum Perspektivenwechsel in der Befassung mit Migration und ihren Folgen für Bildung und Erziehung geliefert: zum einen die Erkenntnis, dass weder Migration noch die generelle Aufgabe der Integration sprachlicher oder kultureller Minoritäten „neue“ Phänomene sind, sondern kontinuierlich gegeben waren, seitdem von öffentlichen allgemeinbildenden Schulsystemen im deutschen Kontext die Rede sein kann. Allenfalls können „Pausen“ festgestellt werden, in denen Teile des deutschen Bildungssystems von dieser Integrationsaufgabe ausgespart waren (vgl. KRÜGER-POTRATZ 1991). Die andere Erkenntnis lautet, dass seit den 1970er Jahren nicht mit „neuen“ Maßnahmen auf das Erfordernis der Integration von Kindern aus zuwandernden Familien reagiert wurde, sondern in den Bahnen, die durch Traditionen seit dem 19. Jahrhundert gelegt waren (vgl. z.B. die in KRÜGER-POTRATZ u.a. 1998a vorgestellten Ergebnisse zur Minderheitenbildung in der Weimarer Republik). Diese Grundgedanken gehören inzwischen zu den unhintergehbaren Standards der Interkulturellen Erziehungswissenschaft. Sie wurden fest untermauert durch zahlreiche

Untersuchungen zu unterschiedlichen Epochen und im Hinblick auf verschiedene Etikettierungen als „Fremd". Im hier vorgelegten Band steuern die Beiträge von Georg HANSEN, Günther LIST und Norbert WENNING weitere Bausteine zu dem vorhandenen Grundstock an Wissen bei.

2. „(...) dass die Kinder ausländischer Arbeitnehmer wirklich nur eine Zielgruppe sind, die sich zu den schon bekannten hinzuaddieren ließe"[2] – Beiträge zur Fundierung der Praxisrelevanz der Interkulturellen Erziehungswissenschaft

Mit ihren Aufforderungen zur „Historisierung" der erziehungswissenschaftlichen Beschäftigung mit Migration und ihren Folgen für Bildung und Erziehung hat Marianne KRÜGER-POTRATZ einen wichtigen Beitrag zu methodologischen Klärungen der Interkulturellen Erziehungswissenschaft, also zu ihrer theoretischen und begrifflichen Fundierung geleistet – aber „l'art pour l'art" liegt nicht in ihrem Interesse. Ein zweites Motiv ihrer Arbeit war und ist die Frage nach der Relevanz, die die wissenschaftliche Erkenntnis für das pädagogische Praxisfeld ergibt. Hiermit ist erneut ein inzwischen selbstverständlicher Standard interkulturell erziehungswissenschaftlicher Arbeit angesprochen: die Orientierung an Praxisrelevanz, und zwar nicht im Sinne ihrer schlichten Behauptung oder durch die gut gemeinte Konstruktion einer der pädagogischen Betreuung bedürftigen Klientel, sondern durch empirische Rückbindung der verfolgten Fragen an das Praxisfeld, verbunden mit der Vergewisserung über den theoretischen und begrifflichen Gehalt des jeweils gewählten Zugangs.

Im Hintergrund dieser Orientierung steht die normative Prämisse, dass es Sinn und Zweck eines öffentlichen Bildungswesens sei, Chancengleichheit zu gewähren. Diesen Anspruch erfüllt bekanntlich kein real existierendes Bildungssystem – aber es sind graduelle Unterschiede in der Annäherung erkennbar. Darüber hinaus ist es empirisch nachweisbar, dass es Bildungssystemen möglich ist, erkannte strukturelle Benachteiligungen mindestens teilweise zu beseitigen. Ein prominentes Beispiel hierfür im deutschen allgemeinbildenden Schulsystem ist die allmähliche Herstellung von Geschlechtergerechtigkeit, wenn diese daran gemessen wird, welche formalen Abschlüsse erreicht werden: Hier ist die Benachteiligung der Mädchen inzwischen aufgehoben – was freilich noch nicht viel an der gesellschaftlichen Benachteiligung des weiblichen Geschlechts in anderen gesellschaftlichen Sektoren geändert hat; die Selektion vollzieht sich heute nicht mehr in der Schule, sondern beim Eintritt ins Berufsleben. Es beginnen nun die Stimmen laut zu werden, die Fördermaßnahmen für die in einigen Bereichen deutlich schwächer leistenden Jungen einfordern...

Immerhin lohnt es sich demnach, die Frage zu klären, unter welchen historischen Umständen welche Merkmale und Eigenschaften der Klientel des Bildungswesens

---

2 Mit der Redeeinleitung komponiert nach: KRÜGER-POTRATZ 1983, S. 173.

zum Anlass oder Mittel der Benachteiligung werden, und damit verknüpft, welche strukturellen Merkmale des Bildungswesens selbst es jeweils sind, mit denen die Benachteiligung erreicht wird. Im Anschluss daran lohnt sich praktische Entwicklungsarbeit: das Ersinnen und Erproben von Maßnahmen zum Abbau jener Bildungsbarrieren, deren Existenz entdeckt wurde (siehe dazu auch KRÜGER-POTRATZ/ LUTZ, 2002).

Dass Kinder aus zugewanderten Familien im deutschen Schulsystem in hohem Maße misserfolgreich waren, lag auch ohne subtile Beweisführung von Beginn ihrer pädagogischen Beobachtung an auf der Hand. Zahlreiche Praxisreaktionen wurden von diesem Faktum ausgelöst, denn schließlich widerspricht die langjährige und systematische Benachteiligung bestimmter Gruppen dem öffentlich postulierten Selbstverständnis, das ein demokratischer Verfassungsstaat für sein Bildungswesen besitzt. Ein beredtes Beispiel für das bildungspolitische Bemühen sind die 85 Modellversuche „zur Förderung und Eingliederung ausländischer Kinder und Jugendlicher in das Bildungssystem," die die Bund-Länder-Kommission für Bildungsplanung und Forschungsförderung seit Beginn der 1970er bis Mitte der 1980er Jahre unterstützte (vgl. BLK 1987). Von einer gewollten Diskriminierung dieser Kinder in der deutschen Schule kann also gegenwärtig – anders als in einigen vergangenen Epochen, (vgl. KRÜGER-POTRATZ 1994b) – nicht die Rede sein. Aber dessen ungeachtet stellen wir heute fest, dass die genannten und viele andere Aktivitäten zwar zu einer gewissen Besserung der Lage beigetragen haben, nicht aber zum erwünschten Abbau der Benachteiligung; wenn es dessen bedurft hätte, könnte man aus den Ergebnissen der PISA-Studie dafür die neuesten Beweise lesen (vgl. DEUTSCHES PISA-KONSORTIUM 2002).

Aus der Sicht interkultureller Erziehungswissenschaft ist dieses ungewünschte Resultat von Maßnahmen mit guten Absichten zu einem guten Teil erklärlich. Zu seinen Ursachen gehört demnach das Grundprinzip der Befassung mit „den Problemen" zugewanderter Kinder und Jugendlicher, als seien sie wirklich „nur eine neue Zielgruppe". Dadurch gerät die „Besserung" der Gruppe selbst zwar in den Blick, nicht aber die Frage nach den Funktionsweisen, Merkmalen und Eigenschaften des Bildungssystems und nach seiner Leistungsfähigkeit im Interesse von Chancengleichheit. Erst mit adäquaten Antworten auf diese Frage aber ist ein Ausschöpfen des – freilich insgesamt nicht großen – Spielraums möglich, der darin besteht, die Abhängigkeit zu lockern, die zwischen der Herkunft bzw. Lebenslage und dem potentiellen Bildungserfolg einer Schülerin oder eines Schülers gegeben ist.

Im Zusammenhang mit Kindern und Jugendlichen aus zugewanderten Familien erwies sich in der Forschung, dass Strukturmomente und inhaltliche Selbstverständlichkeiten, die sich dem „nationalen Selbstverständnis der Bildung" verdanken und nach wie vor wirksam sind, wesentliche Ursachen dafür liefern, dass diese Klientel im Kampf um Chancengleichheit unterliegt. Dabei geht es heute nicht um ausdrückliche Benachteiligung nach Staatsangehörigkeit, Hautfarbe oder sonstigen

Manifestationen, die die Zugewanderten zur „Zielgruppe" machen. Vielmehr geht es um die Wirkungen grundlegender, unhinterfragter Normalvorstellungen – etwa der, dass Einsprachigkeit eine „normale" Bildungsvoraussetzung sei, oder der, dass Schülerinnen und Schüler in Deutschland „normalerweise" in einem christlichen Glaubenshintergrund verankert seien, oder der, dass sie „normalerweise" aus Familien stammen, die ihre Lebens- und Erziehungsregeln am Muster der europäischen bürgerlichen Mittelschicht entwickelt haben, so dass sie beispielsweise daher ihre Vorstellung davon gewinnen, wie Geschlechtsrollen „normalerweise" ausgefüllt würden.

Marianne KRÜGER-POTRATZ hat viele Anstöße dazu gegeben, sich mit diesen Normalvorstellungen, ihrem Entstehen und ihren Wirkweisen zu befassen (vgl. z.B. dies. 1995; dies. u. a. 1998b), und sie sieht die Arbeit daran keineswegs als erledigt an (vgl. dies. 2002). In den Beiträgen von Ingrid GOGOLIN, Mechthild GOMOLLA, Helma LUTZ/ Rudolf LEIPRECHT, Paul MECHERIL, Ursula NEUMANN und Hans H. REICH in diesem Band zeigt sich, wie diese Anregungen aufgegriffen und mit welchen Erkenntnissen sie weitergeführt wurden. Ihre eigenen theoretischen und empirischen Klärungen befassten sich vor allem mit der Frage der Sprache (vgl. z.B. dies. 1994c und 1998a). Und sie beließ es nicht bei der quasi-platonischen, also an theoretischer Klärung interessierten Praxisorientierung, sondern wirkte darüber hinaus an der Entwicklung von bildungspolitischen Rahmensetzungen, von Schulmodellen und Reformvorstellungen für die Lehrerbildung mit, die intendieren, eine in ihren Grundüberzeugungen und Normalvorstellungen geänderte Bildungspraxis zu ermöglichen (vgl. z.B. KRÜGER-POTRATZ u. a. 1995; KRÜGER-POTRATZ 2001; KEUFFER/ OELKERS 2001).

3. (...) dass die Erziehungswissenschaft auskommen könne ohne eine „Neubestimmung des *Allgemeinen*"[3] – Beiträge zur Überwindung der traditionellen Arbeitsteilung zwischen „Allgemeiner, Vergleichender" und „Interkultureller" Erziehungswissenschaft; oder: „Kritische Anfragen an die *gegebene Pädagogik"*.

Nicht nur zur Entwicklung und Fundierung der Subdisziplin Interkulturelle Erziehungswissenschaft und einer Praxis in ihrem Verständnis leistet Marianne KRÜGER-POTRATZ Beiträge, sondern auch zur Weiterentwicklung der „Mutterdisziplin": der Erziehungswissenschaft. Auch hier stellt sie die Frage nach den unhinterfragten „Normalvorstellungen" und nach ihrer Wirkweise. Exemplarisch aufgedeckt hat sie die üblichen Normalvorstellungen insbesondere in der geläufigen Historiographie der Pädagogik (vgl. vor allem 1994d). In dieser entdeckt sie eine Spielart des „nationalen Selbstverständnisses", nämlich eine Geschichtsschreibung, in der die Perspektive der Mehrheitsgesellschaft bzw. ihrer Apologeten implizit als Norm gesetzt ist, verbunden mit der Aufforderung, dies als „neutrale" Betrachtungsweise aufzufassen. Dem historischen Wandel unterworfen ist die Vor-

---

3 Mit der Redeeinleitung komponiert nach: KRÜGER-POTRATZ 1994a, S. 206.

stellung davon, wen eine Mehrheitsgesellschaft einschließt und wen sie ausschließt. Auch hierfür kann – außer auf sprachlich-kulturelle oder ethnische Minoritäten – auf das Beispiel „Geschlecht" verwiesen werden: lange Zeit bezog sich die Historiographie der Pädagogik auf die männliche Hälfte der Menschheit; sie wurde entweder geschlechtslos dargestellt oder „übergeschlechtlich", also mitgültig für das Weibliche und somit universell.

Die Analysen von Marianne KRÜGER-POTRATZ zeigen, dass die „Reparatur" dieses Disziplinproblems nicht damit getan ist, ein Additum oder mehrere zur geläufigen Geschichtsschreibung zu verfassen – etwa den Ergänzungsband zur „Geschichte der Pädagogik", der den Titel „Geschichte der Minderheiten in der Pädagogik" trüge. Vielmehr gehe es um eine „Neuschreibung der (allgemeinen) Geschichte von Bildung und Erziehung. Ist bisher die Perspektive die der als allgemein gesetzten Mehrheit (...) und bildet diese den Maßstab für Berichtenswertes und Nichtberichtenswertes, so käme bei Einbeziehung der Minderheitenperspektive das Verhältnis von Mehrheit und Minderheit (als ein soziales Verhältnis) und damit ein für die Selbstdefinition der Mehrheitsgesellschaft konstitutives Element im Prozess seiner Herausbildung in den Blick. Die Geschichte von Bildung und Erziehung wäre dann die Geschichte der Auseinandersetzungen um bzw. der Sicherung von kultureller Hegemonie und damit die Geschichte der Sicherung von politischer Macht" (vgl. KRÜGER-POTRATZ 1994d, S. 204).

Die Aufforderung zur „Neuschreibung des Allgemeinen" bezieht Marianne KRÜGER-POTRATZ auch auf die tradierte übliche disziplinäre Arbeitsteilung zwischen „Allgemeiner, Vergleichender" und „Interkultureller Erziehungswissenschaft". Historisch herausgebildet hat sich eine Sicht, nach der die „Allgemeine" Erziehungswissenschaft sich mit dem als universell Gesetzten befasst – gedeutet als das allgemeinmenschliche, also die Majoritätsperspektive im Nationalen. In Ergänzung dazu befasst sich die Vergleichende Erziehungswissenschaft „mit dem Verhältnis von Nationalem und Internationalem im *Konzert der Nationalstaaten*" (KRÜGER-POTRATZ 1994d, S. 206), also dem Vergleich verschiedener Majoritätsperspektiven (vgl. die Beiträge aus vergleichender Perspektive von Christel ADICK, Jürgen HELMCHEN, Götz HILLIG/ Svetlana NEVSKAJA, Wolfgang HÖRNER, Botho VON KOPP und Martine PRETCEILLE in diesem Band). Die jüngste der subdisziplinären Entwicklungen, die Interkulturelle Erziehungswissenschaft, besetze nun die Domäne, Phänomene zu klären, die aus der Internationalisierung im Innern des Nationalstaats rühren; damit verbunden werde die Übernahme einer Minoritätsperspektive (vgl. KRÜGER-POTRATZ 1994d, S. 206).

Diese quasi spiegelbildliche Arbeitsteilung, die jeweils zwischen Allgemeiner und Vergleichender, zwischen Vergleichender und Interkultureller Erziehungswissenschaft bestand, ist aus verschiedenen Gründen obsolet geworden. Der voranschreitende Internationalisierungsprozeß, der mit der zunehmenden individuellen Mobilität von Menschen und mit der sinkenden Bedeutung der nationalen Ökonomien verbunden ist, liefert dafür Gründe, aber auch andere Entwicklungen wie die rasch wachsende Bedeutung der Informations- und Kommunikationstechnologien. Diese Kontextbedingungen lassen tradierte Grenzziehungen schwinden. In einer Vorausschau auf diese Entwicklung hat Marianne KRÜGER-POTRATZ 1983 Nigel GRANT zitiert, der im Rahmen der Eröffnung einer Jahrestagung der CESE (Comparative Education Society in Europe) ausführte, dass die wachsende Internationalisierung der Gesellschaften ihre innere Ausdifferenzierung zur Folge habe – „und dass dies unausweichliche Implikationen für den Pluralismus innerhalb der einzelnen Gesellschaften hat" (vgl. KRÜGER-POTRATZ 1983, S. 174).

Davon sind auch die überkommenen innerdisziplinären Abgrenzungen in der Erziehungswissenschaft betroffen. Das Arbeitsgebiet International Vergleichende und Interkulturelle Erziehungswissenschaft, wie es von Marianne KRÜGER-POTRATZ mitbegründet wurde, unterbreitet ein Diskussionsangebot zum Überdenken der hergebrachten Grenzziehungen, in dem die „unausweichlichen Implikationen für Pluralismus" mit bedacht sind. Das Gebiet versteht sich als zugehörig zum Allgemeinen der Erziehungswissenschaft und leistet Beiträge zur Reformierung dessen, was darunter verstanden wird. Zugleich aber ist es Gebiet der Spezialisierung. Als solches wendet es sich besonderen Problemlagen und speziellen Folgen für Bildung und Erziehung zu. Ergebnisse von Forschung und Reflexion zum Speziellen fungieren zugleich als Sichtglas auf das Allgemeine: sie fördern dessen heimliche Prämissen zutage, indem sie sie vergrößert sichtbar werden lassen, wie durch eine Lupe betrachtet. Auf diese Weise werden sowohl Ordnungsleistungen für die Erziehungswissenschaft erbracht als auch Anstöße zur Innovation gegeben, die sich nicht auf ausgewählte oder partikulare Segmente von Bildung und Erziehung richten, sondern generalisierbar sind.

Fassen wir zusammen. Marianne KRÜGER-POTRATZ' Arbeit enthält zahlreiche Anregungen zur Innovation. Sichtbar werden sie zum einen entlang der Verbindungslinien zwischen wissenschaftlichem Handeln und praktischem pädagogischen Eingreifen. Zum anderen sind sie erkennbar im Hinblick auf die Erziehungswissenschaft als Disziplin. Begründet wurde eine neuartige Zusammenfassung von Teildisziplinen, die sich auf dem Hintergrund gesellschaftlicher Problemlagen – und zwar durch die spezielle interkulturelle Perspektive – wieder als zusammengehörig erweisen. Im historischen Rückblick erscheint die Trennung selbst als ein Ausdruck der Art und Weise, wie eine Wissenschaft durch ihre disziplinären Schnitte daran mitwirkt, dass eine Gesellschaft sich ihr eigenes Bewusstsein zimmert. Darüber hinaus wird in dem von Marianne KRÜGER-POTRATZ beeinflussten und gewählten wissenschaftlichen Wirken exemplarisch deutlich, dass die Erziehungswissenschaft – als ein Modus, sich der gesellschaftlichen Wirklichkeit zum Zwecke ihrer Analyse und Mitgestaltung zu bemächtigen – sich höchstens kosmetisch in einem ihrer Teile verändern kann, ohne dass Veränderungen am Gesamtgebäude nötig würden – so auch, dass Räume in ihm neu vermessen, anders verteilt werden. Wenn ehemalige Gewissheiten nicht mehr unbefragt sind, werden sie in der Rückschau auch als solche kenntlich, die sich einer spezifischen historischen Konstellation verdanken – nicht etwa einer endlich gefundenen Wahrheit.

Marianne KRÜGER-POTRATZ hat vorgeführt, dass es gilt, die sich aus ihrer eigenen Geschichte stehlende Erziehungswissenschaft wieder in sie hineinzuholen, und zwar vermittelt über das – auch in der Praxis – drängende Problem, dass so genannte kulturelle Grenzen sich verwischen, auflösen, neue geschaffen werden. Dieses Problem und seine Konsequenzen für Bildung und Erziehung gerät bei den Blickwechseln zwischen Interkultureller und Vergleichender Erziehungswissenschaft aus verschiedenen Perspektiven in dasselbe Visier, und dies führt sozusagen dazu, dass sie nicht mehr der innerdisziplinären Abgrenzung bedürfen, sondern sich vereint der kritischen Begleitung des Allgemeinen widmen – also besonders bleiben und zugleich Teil des Nichtbesonderen sind. Voilà: ein Perspektivenwechsel.

Literatur

BUND-LÄNDER-KOMMISSION FÜR BILDUNGSPLANUNG UND FORSCHUNGSFÖRDERUNG (BLK, Hrsg.) (1987): Modellversuche zur Förderung und Eingliederung ausländischer Kinder und Jugendlicher in das Bildungssystem. Bericht über eine Auswertung von Hartmut Esser und Michael Steindl. – Bonn.

BUSCH, Adelheid/ BUSCH, Friedrich W./ KRÜGER, Bernd/ KRÜGER-POTRATZ, Marianne (Hrsg.) (1974): Vergleichende Erziehungswissenschaft. – Pullach bei München.

DEUTSCHES PISA-KONSORTIUM (Hrsg.) (2002): PISA 2000 – Die Länder der Bundesrepublik Deutschland im Vergleich. – Opladen.

KEUFFER, Josef/ OELKERS, Jürgen (Hrsg.) (2001): Reform der Lehrerbildung in Hamburg. Abschlußbericht der von der Senatorin für Schule, Jugend und Berufsbildung und der Senatorin für Wissenschaft und Forschung eingesetzten Hamburger Kommission Lehrerbildung. – Weinheim.

KRÜGER-POTRATZ, Marianne (1979): Vergleichende Erziehungswissenschaft und Untersuchungen der Lebens- und Sozialisationsbedingungen der Kinder ausländischer Arbeitnehmer. In: VE-Informationen, Heft 5, S. 40-52.

KRÜGER-POTRATZ, Marianne (1980): Europäische Treffen zu Fragen der interkulturellen Erziehung. In: VE- Informationen, Heft 6, S. 80-82.

KRÜGER-POTRATZ, Marianne (1983): Die problematische Verkürzung der Ausländerpädagogik als Subdisziplin der Erziehungswissenschaft. In: Sozialarbeit und Ausländerpolitik. Hrsg. von Franz HAMBURGER u. a. – Neuwied/ Darmstadt. Neue Praxis – Sonderheft 7, S. 172-182.

KRÜGER-POTRATZ, Marianne (1989): Die Ausländerpädagogik versichert sich ihrer Geschichte: Plädoyer für eine historische Minderheitenbildungsforschung. In: Unterrichtswissenschaft (17), Nr. 3, S. 223-242.

KRÜGER-POTRATZ, Marianne (1990, zusammen mit Ursula NEUMANN, Ingrid GOGOLIN und Hans-H. REICH): FABER – Ein Schwerpunktprogramm zur Erforschung der Folgen von Arbeitsmigration für Bildung und Erziehung. In: Deutsch lernen (15),

Nr. 1, S. 69-88 und in: IZA – Informationsdienst zur Ausländerarbeit (14), Nr. 1, S. 12-15.

KRÜGER-POTRATZ, Marianne (1991): Anderssein gab es nicht – Ausländer und Minderheiten in der DDR. Mit Beiträgen von Dirk Jasper und Georg Hansen. – Münster.

KRÜGER-POTRATZ, Marianne (1994a): Interkulturelle Pädagogik als Kritik der „gegebenen Pädagogik"? Eine disziplintheoretische Skizze am Beispiel der Historischen Pädagogik. In: Sigrid LUCHTENBERG und Wolfgang NIEKE (Hrsg.): Interkulturelle Pädagogik und Europäische Dimension – Herausforderungen für Bildungssystem und Erziehungswissenschaft. – Münster, S. 199-208.

KRÜGER-POTRATZ, Marianne (1994b): Der verlängerte Arm nationalstaatlicher Bildungspolitik: Elemente völkischer Bildungspolitik in der Weimarer Republik. In: Ingrid GOGOLIN (Hrsg.): Das nationale Selbstverständnis der Bildung. – Münster, S. 81-102.

KRÜGER-POTRATZ, Marianne (1994c): „Dem Volke eine andere Muttersprache geben" – Zur pädagogischen Diskussion über Zwei- und Mehrsprachigkeit in der Geschichte der Volksschule. In: Zeitschrift für Pädagogik (40), Heft 1, S. 81-96.

KRÜGER-POTRATZ, Marianne (1994d): Interkulturelle Pädagogik als Kritik der „gegebenen Pädagogik"? Eine disziplintheoretische Skizze am Beispiel der Historischen Pädagogik. In: Sigrid LUCHTENBERG und Wolfgang NIEKE (Hrsg.): Interkulturelle Pädagogik und Europäische Dimension – Herausforderungen für Bildungssystem und Erziehungswissenschaft. – Münster, S. 199-208.

KRÜGER-POTRATZ, Marianne (1995): Die Eigenen und die Fremden. Ein- und Ausgrenzung in Schule und Pädagogik. In: Gunter REIß (Hrsg.): Stadt und Schule. Lernorte, Spielräume, Schauplätze für Kinder und Jugendliche. – München, S. 131-150

KRÜGER-POTRATZ, Marianne (1995, zusammen mit Karl-Richard BAUSCH, Georg HANSEN und Wolfgang NIEKE): Abschließende Überlegungen und bildungspolitische Empfehlungen der Wissenschaftlichen Begleitung/Beratung zum Modellversuch „Lernen für Europa" 1991-1994. In: LANDESINSTITUT FÜR SCHULE UND WEITERBILDUNG (Hrsg.): Lernen für Europa: Abschlußbericht eines Modellversuchs. – Bönen, S. 115-120.

KRÜGER-POTRATZ, Marianne (1998a zusammen mit Dirk JASPER und Ferdinande KNABE): „Fremdsprachige Volksteile" und deutsche Schule. Schulpolitik für die Kinder der autochthonen Minderheiten in der Weimarer Republik – ein Quellen- und Arbeitsbuch. – Münster (Interkulturelle Bildungsforschung, 3).

KRÜGER-POTRATZ, Marianne (1998b zusammen mit Ingrid GOGOLIN und Meinert A. MEYER): Nachwörtliche Bemerkungen zu Pluralität und Bildung. In: Dies. (Hrsg.) Pluralität und Bildung. – Opladen, S. 251-276.

KRÜGER-POTRATZ, Marianne (2001): Integration und Bildung: Konsequenzen für Schule und Lehrerbildung. In: RAT FÜR MIGRATION E.V./Klaus J. BADE (Hrsg.): Integration und Illegalität in Deutschland. – Osnabrück, S. 31-40.

KRÜGER-POTRATZ, Marianne (2002): Tradition und Transformation – ein historischer Blick auf den Umgang mit Pluralität. In: Frank ACHTENHAGEN und Ingrid GOGOLIN (Hrsg.): Bildung und Erziehung in Übergangsgesellschaften. – Opladen, S. 95-109.

KRÜGER-POTRATZ, Marianne (2002, zusammen mit Helma LUTZ): Sitting at a crossroad – rekonstruktive und systematische Überlegungen zum wissenschaftlichen Umgang mit Differenz. In: Tertium Comparationis, 2.

Bibliographie: Marianne Krüger-Potratz

2002 Tradition und Transformation – ein historischer Blick auf den Umgang mit Pluralität. In: Frank Achtenhagen und Ingrid Gogolin (Hrsg.): Bildung und Erziehung in Übergangsgesellschaften: Beiträge zum 17. Kongress der Deutschen Gesellschaft für Erziehungswissenschaft. Opladen: Leske und Budrich, S. 95-109 (= Beiträge zum Kongreß der Deutschen Gesellschaft für Erziehungswissenschaft, 17).

Lehrerbildung interkulturell. In: Franz-Michael Konrad (Hrsg.): Kindheit und Familie. Beiträge aus interdisziplinärer und kulturvergleichender Sicht. Münster, New York: Waxmann, S. 387-403.

zusammen mit Helma Lutz: Sitting at a crossroad – rekonstruktive und systematische Überlegungen zum wissenschaftlichen Umgang mit Differenz. In: Tertium Comparationis, 2.

Sprachförderung und mehr ... Integration von (Neu-)Zuwanderern – politische, konzeptionelle und didaktische Notwendigkeiten. In: Landeszentrum für Zuwanderung NRW (Hrsg.): Sprachförderung und mehr (im Erscheinen).

Herausgeberschaft

zusammen mit Hans-H. Reich und Bernhard Santel: Integration und Partizipation in der Einwanderungsgesellschaft. Osnabrück: Rasch (= Beiträge der Akademie für Migration und Integration, 5; hrsg. von der Otto Benecke Stiftung).

Mehrsprachigkeit macht Europa: Texte und Dokumente zu Mehrsprachigkeit und Schule (unter Mitarbeit von Stefanie Blanke). Münster: Arbeitsstelle Interkulturelle Pädagogik (= Interkulturelle Studien, iks 38).

2001 „... die fremde Sprache nutzen, ja – in ihr leben, nein ..." – Deutungsmuster und pädagogisch-anthropologische Legitimationsfiguren für ‚Einsprachigkeit als Normalfall'. In: Gudula List und Günther List (Hrsg.): Quersprachigkeit. Zum transkulturellen Registergebrauch in Laut- und Gebärdensprachen. Tübingen: Stauffenburg-Verlag, S. 145-162 (= Tertiärsprachen. Drei- und Mehrsprachigkeit, 5).

Neuorientierung zur Bewältigung des 21. Jahrhunderts. In: Walter Zigmund (Hrsg.): Erziehung – oder „Wo Reibung ist, da ist Wärme". Mauerbach: Druckerei Ketterl, S. 51-59.

Lehrerbildung interkulturell. Texte, Materialien, Dokumente. Münster: Arbeitsstelle Interkulturelle Pädagogik (= Interkulturelle Studien, iks 34).

Integration und Bildung: Konsequenzen für Schule und Lehrerbildung. In: Rat für Migration e.V./Klaus J. Bade (Hrsg.): Integration und Illegalität in Deutschland. Osnabrück: IMIS, S. 31-40.

Zum „prioritären Thema" Heterogenität. Interview geführt von Wilfried Bos und Ingrid Gogolin. In: eWi Report. Nachrichten und Kommentare aus dem Fachbereich Erziehungswissenschaft der Universität Hamburg. Wintersemester 2001/02, S. 8-10.

Herausgeberschaft

Uwe Hunger und Günther Hinken: Inklusion und Exklusion: Migrantinnen und Migranten auf dem deutschen Arbeitsmarkt.: Drei Fallstudien: Metallindustrie, Bauwirtschaft, IT-Sektor. Münster: Arbeitsstelle Interkulturelle Pädagogik (= Interkulturelle Studien, iks 35).

Bibliografisches Handbuch „Migration und Bildung". Teil I: gedruckte und elektronische Bibliografien und bibliografische Reihen. Münster: Arbeitsstelle Interkulturelle Pädagogik (= Interkulturelle Studien, iks 36).

Bibliografisches Handbuch „Migration und Bildung". Teil II: gedruckte und elektronische Zeitschriften und Info-Dienste. Münster: Arbeitsstelle Interkulturelle Pädagogik (= Interkulturelle Studien, iks 37).

2000 Schulpolitik für „fremde" Kinder. In: Ingrid Gogolin und Bernhard Nauck (Hrsg.): Migration, gesellschaftliche Differenzierung und Bildung. Resultate des Forschungsschwerpunktprogramms FABER. Opladen: Leske und Budrich, S. 365-384.

Zukunft der Bildung – Wissenschaftliche Ausbildung für eine europäische Einwanderungsgesellschaft: das Beispiel Lehrerbildung. In: Wissenschaftsforum: Migration, Mehrsprachigkeit und wissenschaftliche Ausbildung. Hrsg. vom Landesinstitut für Zuwanderung NRW. Redaktion: Kirsten Laasner und Bernhard Santel. Solingen, S. 15-23.

Education comparée et éducation interculturelle: leur place dans la recherche et dans les cursus universitaires en Allemagne. In: Dominique Groux und Nicole Tutiaux-Guillon (Hrsg.): Les échanges internationaux et la comparaison en éducation. Pratiques et enjeux. Paris: L'Harmattan, S. 93-97 (= Education comparée).

Lehrerausbildung in einem und für ein Europa der sprachlichen und kulturellen Vielfalt. In: Ulrike Kurth (Hrsg.): Bildungsprojekt „Europa" in der universitären Lehrerausbildung. Standortvergewisserung, Perspektivenentwicklung, Erfahrungspräsentation. Bielefeld: Medien-Verlag, S. 31-39 (= Bildungsprojekt Europa, 1).

zusammen mit Dirk Jasper: Interkulturelle Pädagogik: ein Studienführer. 5., vollst. überarb. Aufl. Münster: Arbeitsstelle Interkulturelle Pädagogik (= Interkulturelle Studien, iks 33).

1999 Stichwort: Erziehungswissenschaft und kulturelle Differenz. In: Zeitschrift für Erziehungswissenschaft (2), Nr. 2, S. 149-165.

L'histoire refoulée de l'éducation interculturelle. Esquisse d'un projet de recherche sur un chapitre délaissé de l'histoire de l'éducation nationale. In: Cristina Allemann-Ghionda (Hrsg.): Education et diversité socio-culturelle. Paris: L'Harmattan, S. 75-86 (= Espaces interculturels).

L'éducation comparée et interculturelle en Allemagne. In: Jean-Michel Leclercq (Hrsg.): L'éducation comparée: mondialisation et spécificités francophones. Actes du congrès international sur „l'histoire et l'avenir de l'éducation comparée en langue française“ organisé par l'Association francophone d'éducation comparée à Paris, mai 1998. Paris: Centre National de Documentation Pédagogique u.a., S. 195-203 (= Documents, Actes, et Rapports pour l'Education).

Interkulturelle Pädagogik. In: Institut für Soziale Arbeit e.V./Woge e.V. (Hrsg.): Handbuch der Sozialen Arbeit mit Kinderflüchtlingen. Münster: Votum, S. 507-516.

zusammen mit Jürgen Puskeppeleit: Bildungspolitik und Migration. Texte und Dokumente zur Beschulung ausländischer und ausgesiedelter Kinder und Jugendlicher 1950 bis 1999. Münster: Arbeitsstelle Interkulturelle Pädagogik, 2 Bde. (= Interkulturelle Studien, iks 31 und 32).

Herausgeberschaft

zusammen mit Gerlind Schmidt: Bildung und nationale Identität in der Russischen Föderation aus russischer und rußlanddeutscher Perspektive – Analysen und Dokumente. Münster, New York: Waxmann (= Studien zum Bildungswesen mittel- und osteuropäischer Staaten, 3).

Dietrich Thränhardt: Texte zu Migration und Integration in Deutschland einschließlich einer Rezension von Bernhard Santel. Münster: Arbeitsstelle interkulturelle Pädagogik (= Interkulturelle Studien, iks 30).

Internationalisierung der Erziehungswissenschaft: Neukonturierung der Vergleichenden Erziehungswissenschaft und der Interkulturellen Bildungsforschung. Münster, New York: Waxmann (= Tertium Comparationis (5), 2).

1998 zusammen mit Ingrid Gogolin und Meinert A. Meyer: Nachwörtliche Bemerkungen zu Pluralität und Bildung. In: Dies. (Hrsg.): Pluralität und Bildung. Opladen: Leske und Budrich, S. 251-276 (= Schriften der Deutschen Gesellschaft für Erziehungswissenschaft).

Miedzy światowym pokojem a pojednaniem plemion. Rozdział z miedzynarodowej wymiany uczniów. In: Wolfgang Hörner und Mirosław S. Szymański (Hrsg.): Transformacja w oświacie a europejskie perspektywy. (Texty niemieckie w tłumaczeniu Mirosława S. Szymańskiego). Warszawa: Wydawnictwo Akademickie „↓ak“, S. 205-224.

Die nationale Schule – angesichts eines mehrsprachigen und plurikulturellen Europa. In: Alfons Tuyaerts, Wilhelm Hagemann und Gerhard Tulodziecki (Hrsg.): Lernen und Lehren für Europa. Festschrift für Waltraut Schöler. Frankfurt a.M. u.a.: Peter Lang, S. 57-76.

zusammen mit Dirk Jasper und Ferdinande Knabe: „Fremdsprachige Volksteile“ und deutsche Schule. Schulpolitik für die Kinder der autochthonen Minderheiten in der Weimarer Republik – ein Quellen- und Arbeitsbuch. Münster, New York: Waxmann (= Interkulturelle Bildungsforschung, 2).

Integration mit Tradition? Interkulturelle Pädagogik – eine Fachrichtung mit »kurzer Geschichte« und »langer Vergangenheit«. In: Forschungsjournal. Westfälische Wilhelms-Universität (7), Nr. 2, S. 13-19.

Herausgeberschaft

zusammen mit Ingrid Gogolin und Meinert A. Meyer: Pluralität und Bildung. Opladen: Leske und Budrich (= Schriften der Deutschen Gesellschaft für Erziehungswissenschaft).

1997 Ausländer in der ehemaligen DDR. In: Ethnische Minderheiten in Deutschland. Arbeitsmigranten, Asylbewerber, Ausländer, Flüchtlinge, regionale und religiöse Minderheiten, Vertriebene, Zwangsarbeiter. Hrsg. vom Berliner Institut für Vergleichende Sozialforschung. 5. Lieferung. Redaktion: Frank Gesemann. Berlin: Ed. Parabolis, S. 2.5-1 – 2.5-25.

It is not the difference that is the problem ... In: Internationale Schulbuchforschung. Zeitschrift des Georg Eckert-Instituts für Internationale Schulbuchforschung (19), Nr. 2, S. 139f.

Ein Blick in die Geschichte ausländischer Schüler und Schülerinnen in deutschen Schulen. In: Christoph Kodron, Botho von Kopp, Uwe Lauterbach, Ulrich Schäfer und Gerlind Schmidt (Hrsg.): Vergleichende Erziehungswissenschaft. Herausforderung, Vermittlung, Praxis. Festschrift für Wolfgang Mitter zum 70. Geburtstag. Köln: Böhlau, S. 656-672.

1996 „... van Ausländerpädagogik naar interculturele opvoeding ...“ – Poging tot een inleidende balans. In: Comenius – Wetenschappelijk forum voor opvoeding, onderwijs en cultuur (16), Nr. 3 [Themanummer: „Intercultureel onderwijs“], S. 257-272.

Interkulturelle Erziehung – Reflexionen über Hindernisse auf dem Weg zu einer Schule für alle Kinder. In: Herbert Ulonska, Svea Kraschinski und Theodor Bartmann (Hrsg.): Lernforschung in der Grundschule. Bad Heilbrunn: Klinkhardt, S. 112-135.

zusammen mit Annette Kaminsky und Werner Winter: Völkerfreundschaft und internationale Solidarität. In: Dankwart Kirchner (Hrsg.): Freundschaft. Die Volksbildung der DDR in ausgewählten Kapiteln, Band 3. Eine Publikation des Ministeriums für Bildung, Jugend und Sport des Landes Brandenburg. Berlin: BasisDruck, S. 171-259 (Geschichte, Struktur und Funktionsweise der DDR-Volksbildung, 3).

Herausgeberschaft

zusammen mit Ingrid Gogolin und Norbert Wenning: Zum Verhältnis von Interkultureller und Allgemeiner Bildung. Beiträge zur 2. Arbeitstagung der AG auf Zeit Interkulturelle Bildung der DGfE, Hamburg, Juni 1995. Münster: Arbeitsstelle Interkulturelle Studien/ Ausländerpädagogik (= Interkulturelle Studien, iks 27).

1995 Die Eigenen und die Fremden. Ein- und Ausgrenzung in Schule und Pädagogik. In Gunter Reiß (Hrsg.): Stadt und Schule. Lernorte, Spielräume, Schauplätze für Kinder und Jugendliche. München: Juventa, S. 131-150 (= Kindheiten, 4).

Zwischen Weltfrieden und Stammesversöhnung – ein Kapitel aus der Geschichte des internationalen Schüleraustauschs. In: Peter Cichon, Karl Ille und Robert Tanzmeister (Hrsg.): Lo gai saber: zum Umgang mit sprachlicher Vielfalt. Georg Kremnitz zum 50. Geburtstag. Wien: Braumüller, S. 165-181;
1996 in: Bildung und Erziehung (49), Heft 1, S. 27-43.

Interkulturelle Erziehung – ein Ansatz für Bildung und Erziehung in multiethnischen Gesellschaften? In: Alexander Thomas und Martine Abdallah-Pretceille (Hrsg.): Interkultureller Austausch. Deutsche und französische Forschungen zum interkulturellen Lernen. Baden-Baden: Nomos, S. 109-123 (= Deutsch-französische Studien, 5);

Education interculturelle. Une vue critique sur la problématique allemande. In: Martine Abdallah-Pretceille und Alexander Thomas (Hrsg.): Relations et apprentissages interculturels. Paris: Armand Colin, S. 111-125 (= Bibliothèque Européenne des Sciences de l'Education).

Interkulturelle Pädagogik in der Diskussion – alte Fragen, neue Antworten? In: Dieter H. Jütting und Peter Lichtenauer (Hrsg.): Ausländer im Sport. Bericht über die 2. Sommeruniversität Münster. Münster: LIT-Verlag, S. 61-71 (= Münsteraner Schriften zur Körperkultur, 23).

zusammen mit Karl-Richard Bausch, Georg Hansen und Wolfgang Nieke: Abschließende Überlegungen und bildungspolitische Empfehlungen der Wissenschaftlichen Begleitung/Beratung zum Modellversuch „Lernen für Europa" 1991-1994. In: Landesinstitut für Schule und Weiterbildung (Hrsg.): Lernen für Europa: Abschlußbericht eines Modellversuchs. Bönen: Verl. für Schule und Weiterbildung, S. 115-120.

Formation des enseignants et pédagogie interculturelle en Allemagne. In: scuola democratica. Rivista di ricerca sociale e strategie formative. Numero monografico: educazione interculturale, Nr. 1-3, S. 182-192;
parallel in italienischer Kurzfassung: Formazione degli insegnanti e pedagogia interculturale in Germania. In: ebd., S. 193-197.

zusammen mit Annette Kaminsky und Werner Winter: Bibliographie aus dem Projekt „Völkerfreundschaft und Internationale Solidarität" – DDR-spezifisches Erziehungskonzept zu Multikultur und interkultureller Aufgeschlossenheit? Münster: Arbeitsstelle Interkulturelle Studien/Ausländerpädagogik (= Interkulturelle Studien, iks 26).

Intercultural Education in the School Debates. Neglected Lines of Debate and Hidden Images. In: European Education. A Journal of Translations, Fall vol. 27, Nr. 3, S. 88-103.

1994 Interkulturelle Erziehung. Hagen: FernUniversität/Gesamthochschule (Studienbrief).

Der verlängerte Arm nationalstaatlicher Bildungspolitik: Elemente völkischer Bildungspolitik in der Weimarer Republik. In: Ingrid Gogolin (Hrsg.): Das nationale Selbstverständnis der Bildung. Münster, New York: Waxmann, S. 81-102.

A l'origine de l'idée d'échanges: la situation postbelliciste. In: Le Français dans le monde. Numéro spécial: Pour une pédagogie des échanges. S. 10-16.

„Dem Volke eine andere Muttersprache geben" – Zur pädagogischen Diskussion über Zwei- und Mehrsprachigkeit in der Geschichte der Volksschule. In: Zeitschrift für Pädagogik (40), Heft 1, S. 81-96.

Interkulturelle Pädagogik als Kritik der »gegebenen Pädagogik«? Eine disziplintheoretische Skizze am Beispiel der Historischen Pädagogik. In: Sigrid Luchtenberg und Wolfgang Nieke (Hrsg.): Interkulturelle Pädagogik und Europäische Dimension – Herausforderungen für Bildungssystem und Erziehungswissenschaft. Festschrift zum 60. Geburtstag von Manfred Hohmann. Münster, New York: Waxmann, S. 199-208.

Interkulturelle Pädagogik in der Bundesrepublik: Fünf Skizzen. In: Cristina Allemann-Ghionda (Hrsg.): Education en contexte plurilingue et pluriculturel. Bern u.a.: Lang, S. 207-221 (= Explorationen).

zusammen mit Ingrid Gogolin: Beharrlichkeit und Innovation: zwei Thesen zur Reaktion nationaler Bildungssysteme auf Migration und »Europäische Integration«. In: Informationsdienst zur Ausländerarbeit (15), Nr. 3-4, S. 74-79.

zusammen mit Ingrid Gogolin und Norbert Wenning: Arbeitsgemeinschaft Interkulturelle Bildung. In: Erziehungswissenschaft (5), Heft 10, S. 23f.

Symposion 6. Erziehungswissenschaft und Bildungsreformen im größeren Europa. In: Zeitschrift für Pädagogik. Bildung und Erziehung im größeren Europa. Beiträge zum 14. Kongreß der Deutschen Gesellschaft für Erziehungswissenschaft. 32. Beiheft im Auftrag des Vorstandes. Hrsg. von Dietrich Benner und Dieter Lenzen. Weinheim: Beltz, S. 225-239.

Kommission Vergleichende Erziehungswissenschaft. In: Erziehungswissenschaft (5), Heft 10, S. 21.

Interkulturelle Pädagogik und Lehrerbildung. In: Marianne Krüger-Potratz (Hrsg.): Interkulturelle Pädagogik: ein Studienführer. Zusammengestellt von Meike Spreen und Matthias Goden. Münster: Arbeitsstelle Interkulturelle Studien/Ausländerpädagogik, S. 3-10 (= Interkulturelle Studien, iks 23).

Zur Literaturentwicklung und Literaturlage im Bereich der Interkulturellen Pädagogik. In: Marianne Krüger-Potratz (Hrsg.): Interkulturelle Pädagogik: ein Studienführer. Zusammengestellt von Meike Spreen und Matthias Goden. Münster: Arbeitsstelle Interkulturelle Studien/ Ausländerpädagogik, S. 49-59 (= Interkulturelle Studien, iks 23).

Herausgeberschaft

zusammen mit Werner Straub: Interkulturelle Pädagogik: Bibliographie der Neuerscheinungen, 1987-1989. Münster, New York: Waxmann.

Interkulturelle Pädagogik: ein Studienführer. Zusammengestellt von Meike Spreen und Matthias Goden. Münster: Arbeitsstelle Interkulturelle Studien/ Ausländerpädagogik (= Interkulturelle Studien, iks 23).

Francesco Susi: Immigrazione in Italia ed il cambiamento del sistema di formazione = Einwanderung nach Italien und die Veränderung des Ausbildungssystems. Ein italiensch-deutscher Forschungsbericht mit Bibliographie. Münster: Arbeitsstelle Interkulturelle Studien/Ausländerpädagogik (Interkulturelle Studien, iks 24).

1993 Die (ehemalige) DDR auf dem Weg in die multikulturelle Gesellschaft. In: Sjaak Kroon, Dietmar Pagel und Ton Vallen (Hrsg.): Multiethnische Gesellschaft und Schule in Berlin. Münster, New York: Waxmann, S. 69-92.

Interkulturelle Erziehung in den neuen Bundesländern. In: Zusammenleben in einem multikulturellen Staat – Voraussetzungen und Perspektiven. Aufsatzsammlung zum Carl Bertelsmann-Preis 1992. Gütersloh: Bertelsmann Stiftung, S. 51-68.

Un changement de perspective dans la recherche interculturelle? – une approche critique du débat sur cette question en République Fédérale d'Allemagne. In: Recherche en Education. Théorie & Pratique, Nr. 4, S. 29-31.

Bildungspolitik im besetzten Polen – ein Beitrag zur Interkulturellen Pädagogik? In: Die nationalsozialistische Bildungspolitik und das geheime Unterrichtswesen während der Zeit der deutschen Besatzung in Polen. Eine deutsch-polnische Expertentagung. Iserlohn: Evangelische Akademie, S. 93-104 (= Tagungsprotokoll 96/92).

Erziehung in und für Europa – zweimal? In: Deutsch lernen (18), Nr. 1, S. 3-13.

Pedagogika Miedzykulturowa w Republice Federalnej: Pięć szkiców. In: Kwartalnik Pedagogiczny (37), Nr. 4, S. 33-43.

Herausgeberschaft

Interkulturelle Studien: Münsteraner Bibliographie 1980 bis 1993. Zusammengestellt von Hedwig Berning und Matthias Goden. Erw. und aktualisierte Neuauflage. Münster: Arbeitsstelle Interkulturelle Studien/Ausländerpädagogik (= Interkulturelle Studien, iks 22).

1992 Integration durch Bildungspolitik? Hagen: FernUniversität/Gesamthochschule (Studienbrief).

Interkulturelle Erziehung als Aufgabe der Zukunft. Die Staatsschule in der multiethnischen/multinationalen Gesellschaft. In: Rupprecht S. Baur, Gregor Meder und Vlatko Previ1iæ (Hrsg.): Interkulturelle Erziehung und Zweisprachigkeit. Baltmannsweiler: Schneider-Verlag Hohengehren, S. 26-46 (= Interkulturelle Erziehung in Praxis und Theorie, 15).

Interkulturelle Bildung in der Diskussion. Interview von Rainer Brockmeyer mit Georg Hansen, Marianne Krüger-Potratz und Wolfgang Nieke. In: Pädagogische Führung (3), Nr. 2, S. 64-66.

Interkulturelle Erziehung in der Diskussion – vernachlässigte Diskussionslinien und versteckte Bilder. In: Pädagogik und Schule in Ost und West (40), Nr. 2, S. 84-93.

Integrationsprozesse [Pädagogische Hochschule und Universität] in anderen Bundesländern [Erfahrungen in Münster]. In: Gewerkschaft Erziehung und Wissenschaft Baden-Württemberg: Auf dem Weg in die Universitäten. Weiterentwicklung der Pädagogischen Hochschulen in Baden-Württemberg. Stuttgart, S. 31-36 (= Dokumente, Berichte, Meinungen).

1991 Anderssein gab es nicht – Ausländer und Minderheiten in der DDR. Mit Beiträgen von Dirk Jasper und Georg Hansen. Münster, New York: Waxmann (= Waxmann aktuell).

„Fremdarbeiterpolitik des Imperialismus“ – Migrations- und Minderheitenforschung in der DDR. Literaturbericht und Bibliographie. Berlin: Ed. Parabolis (= Ethnizität & Migration, 8).

L’Ex-RDA sur la voie d’une société multiculturelle? In: Migrations Société (3), Nr. 3, S. 31-46.

Anderssein gab es offiziell nicht. Die Fremden in der DDR vor und nach der Wende. In: Sozial extra (15), Nr. 2, S. 10-11.

Redéfinitions des problèmes de la formation à la lumière des évènements récents. In: Raymond Bourdoncle und Andrée Louvet (Hrsg.): Les Tendances nouvelles dans la formation des enseignants: stratégies françaises et expériences étrangères. Paris: Unité de Recherche sur les Professions de l’Éducation et la Formation, S. 81-86 (Actes du Colloque nov. 1990) (= Politiques, pratiques et acteurs de l’éducation).

Das Bildungswesen in der Sowjetunion: Themen, Hintergrund und Perspektiven der gegenwärtigen Reformdiskussionen. In: Zur Reformpädagogik in der Sowjetunion und in Deutschland – Geschichte, Probleme, Perspektiven. Dokumentation 77, Evangelische Akademie Berlin (West). Berlin: Evangel. Bildungswerk Berlin, S. 80-98.

Vergleichende Bildungsforschung über die Herkunftsländer von Aussiedlern – Anmerkungen und Fragen im Hinblick auf Weiterbildungsangebote. In: Hans-Peter Baumeister (Hrsg.): Integration von Aussiedlern. Eine Herausforderung für die Weiterbildung. Weinheim: Deutscher Studienverlag, S. 145-163.

Europa in der Schule – Schule in Europa. Bibliographie und Dokumentation (unter Mitarbeit von Katja Wohlleben). In: Marianne Krüger-Potratz (Hrsg.): Europa 1993 und die Lehrerbildung. Symposion des Fachbereichs Erziehungswissenschaft. Münster: Westfälische Wilhelms-Universität, S. i-xxvii.

Europa 1993 und die Lehrerbildung – eine Einführung. In: Marianne Krüger-Potratz (Hrsg.): Europa 1993 und die Lehrerbildung. Symposion des Fachbereichs Erziehungswissenschaft. Münster: Westfälische Wilhelms-Universität, S. 14-18.

zusammen mit Ingrid Gogolin und Ursula Neumann: Kultur- und Sprachenvielfalt in Europa: Bilder von gestern – Visionen von morgen? In: Ingrid Gogolin, Sjaak Kroon, Marianne Krüger-Potratz, Ursula Neumann und Ton Vallen (Hrsg.): Kultur- und Sprachenvielfalt in Europa. Münster, New York: Waxmann, S. 1-19 (= Waxmann-Wissenschaft).

Herausgeberschaft

zusammen mit Ingrid Gogolin, Sjaak Kroon, Ursula Neumann und Ton Vallen: Kultur- und Sprachenvielfalt in Europa. Münster, New York: Waxmann (= Waxmann-Wissenschaft).

Europa 1993 und die Lehrerbildung. Symposion des Fachbereichs Erziehungswissenschaft. Münster: Westfälische Wilhelms-Universität.

1990 zusammen mit Werner Straub u.a.: Bibliographie der Neuerscheinungen 1986. Literatur zur Migration. Münster, New York: Waxmann.

zusammen mit Ursula Neumann, Ingrid Gogolin und Hans-H. Reich: FABER – Ein Schwerpunktprogramm zur Erforschung der Folgen von Arbeitsmigration für Bildung und Erziehung. In: Deutsch lernen (15), Nr. 1, S. 69-88 und in: IZA –Informationsdienst zur Ausländerarbeit (14), Nr. 1, S. 12-15.

Multikulturelle Perspektiven oder: Verschiedenheit als heilsamer Zwang. Themenaufriß – Überlegungen zum Hochschulbereich. In: Evangelische Akademie Loccum (Hrsg.)/Karl Emert, Ludwig Huber und Eckart Liebau (Hrsg.): Humboldt, High Tech und High Culture. Rehburg-Loccum: Evangelische Akademie Loccum, Protokollstelle, S. 267 ff (= Loccumer Protokolle, 14).

Die DDR auf dem Weg in eine multikulturelle Gesellschaft? In: Pädagogik und Schule in Ost und West (38), Nr. 3, S. 180-189.

Ursachen und Folgen der internationalen (Arbeits-)Migration: Münsteraner Bibliographie 1980-1989 (unter Mitarbeit von Wolfgang Jütte). Münster:

Arbeitsstelle Interkulturelle Studien/Ausländerpädagogik (= Interkulturelle Studien, iks 15).

Überlegungen zu Lehrangeboten zum Thema: Kinder und Jugendliche aus Aussiedlerfamilien – Bildung und Erziehung in den Herkunftsländern. In: Marianne Krüger-Potratz und Jürgen Puskeppeleit (Hrsg.): Aussiedler: Beiträge und Überlegungen zur Lehrerbildung. Münster: Arbeitsstelle Interkulturelle Studien/Ausländerpädagogik, S. 59-76 (= Interkulturelle Studien, iks 16).

Themenbereich „Aussiedlung“: Bibliographien, Handreichungen, Kinder- und Jugendliteratur, Medien (Auswahlbibliographie). In: Marianne Krüger-Potratz und Jürgen Puskeppeleit (Hrsg.): Aussiedler: Beiträge und Überlegungen zur Lehrerbildung. Münster: Arbeitsstelle Interkulturelle Studien/ Ausländerpädagogik, S. 79-84. (= Interkulturelle Studien, iks 16).

Vergleichende Erziehungswissenschaft und pädagogische Osteuropaforschung angesichts der Umbrüche in den Gesellschaften sowjetischen Typs. In: Osteuropa (40), Heft 10, S. 935-946.

Bibliographie: Frauen und Migration (unter Mitarbeit von Rita Polm). In: Marianne Krüger-Potratz (Hrsg.): Frauen in der Migration: Beiträge und Bibliographie. Zusammengestellt und bearbeitet von Rita Polm und Andrea Temme. Münster: Arbeitsstelle Interkulturelle Studien/Ausländerpädagogik, S. 43-78 (= Interkulturelle Studien, iks 17).

Herausgeberschaft

zusammen mit Jürgen Puskeppeleit: Aussiedler: Beiträge und Überlegungen zur Lehrerbildung. Münster: Arbeitsstelle Interkulturelle Studien/Ausländerpädagogik, S. 79-84. (= Interkulturelle Studien, iks 16).

Frauen in der Migration: Beiträge und Bibliographie. Zusammengestellt und bearbeitet von Rita Polm und Andrea Temme. Münster: Arbeitsstelle Interkulturelle Studien/Ausländerpädagogik (= Interkulturelle Studien, iks 17).

1989 Einschulungshilfen mit Schulbegleitung – eine erfolgreiche „Schwebebrückenkonstruktion“. In: Gemeinsam – Ausländer und Deutsche in Schule, Nachbarschaft und Arbeitswelt, Nr. 12, S. 22, 27-29.

Die Ausländerpädagogik versichert sich ihrer Geschichte: Plädoyer für eine historische Minderheitenbildungsforschung. In: Unterrichtswissenschaft (17), Nr. 3, S. 223-242.

Europa auf dem Weg zur multikulturellen Gesellschaft? In: Evangelische Akademie Iserlohn: „Multikulturelle Gesellschaft“ – Wunsch, Realität oder

Reizwort? Iserlohn: Evangelische Akademie, S. 73-93 (= Tagungsprotokoll 11).

Europa auf dem Weg zur multikulturellen Gesellschaft? In: Steve Austen (Hrsg.): Kultur-Markt Europa. Köln: Volksblatt-Verlag, S. 70-83;
erneut abgedruckt 1992 in: Arne Klein (Hrsg.): Die Rede von der multikulturellen Gesellschaft. Kontroversen, Dimensionen, Strategien; ein Reader. Berlin: Kunstamt Kreuzberg, S. 56-60.

zusammen mit Götz Hillig: Zu den Anfängen der Makarenko-Rezeption in der Sowjetunion. In: Götz Hillig und Siegfried Weitz (Hrsg.): Makarenko-Diskussionen international. Protokoll des 2. Marburger Gesprächs (1.-4. Mai 1986)/Diskussii o Makarenko – meždunarodnaja panorama. München: Minerva-Publ., S. 259-272 (= Marburger Beiträge zur Vergleichenden Erziehungswissenschaft und Bildungsforschung, 21).

Das Bildungswesen in der Sowjetunion: Themen, Hintergrund und Perspektiven der gegenwärtigen Reformdiskussionen. In: Beiträge pädagogischer Arbeit (32), II, S. 33-51.

zusammen mit Werner Straub u.a.: Bibliographie der Neuerscheinungen 1985. Literatur zur Migration. Münster, New York: Waxmann.

1988 Zum Wandel in der türkischen Familie in der Türkei und in der Migration. In: Friedhelm Zubke (Hrsg.): Familienerziehung international. Köln, Wien: Böhlau, S. 197-224 (= Bildung und Erziehung: Beiheft 5).

„Vtoroe roždenie“ A. S. Makarenko. Opyt rekonstrukcii processa kanonizacii ego kak pedagoga, 1939-1941. In: Cahiers du monde russe et soviétique (29), S. 209-242.

Herausgeberschaft

zusammen mit Ferdinande Knabe: Studienführer zum Zusatzstudiengang „Ausländerpädagogik einschließlich Deutsch als Fremdsprache/Zweitsprache“ an der Westfälischen Wilhelms-Universität. Neue, veränd. Aufl. Münster: Arbeitsstelle Interkulturelle Studien/Ausländerpädagogik (= Interkulturelle Studien, iks 11).

1987 Absterben der Schule oder Verschulung der Gesellschaft. Die sowjetische Pädagogik in der zweiten Kulturrevolution 1928-1931. München: Wewel (= Wewelbuch, 133) (gekürzte Fassung der Habilitationsschrift von 1984).

Continuities and Discontinuities in Soviet Educational Theory on the Verge of Stalinism. (Vortrag auf dem 3. Weltkongreß für Sowjet- und Osteuropastudien, Oktober/November 1985, Washington D.C.) In: John Dunstan

(Hrsg.): Soviet Education under Scrutiny. Glasgow: Jordanhill College Publ., S. 1-10.

Bildungspolitik: Bildungssystem und die aktuelle Bildungsreform. In: Caspar Ferenczi u.a. (Hrsg.): Aufbruch mit Gorbatschow? Entwicklungsprobleme der Sowjetgesellschaft. Frankfurt/M.: Fischer, S. 136-153.

zusammen mit Friedrich Kuebart: Schulreform „von unten" in der Sowjetunion. In: paed. extra, Nr. 12, S. 4-14.

zusammen mit Detlef Glowka und Bernd Krüger: Über einige Schwierigkeiten mit der „multikulturellen Erziehung". In: Vergleichende Erziehungswissenschaft – Informationen, Berichte, Studien, Nr. 17, S. 5-26.

Interkulturelle Erziehung, Ausländerpädagogik und Vergleichende Erziehungswissenschaft – Anmerkungen zu einer neuen Sicht auf ein altes Forschungsfeld. In: Vergleichende Erziehungswissenschaft – Informationen, Berichte, Studien, Nr. 17, S. 116-127.

Vergleichende Erziehungswissenschaft an der Westfälischen Willhelms-Universität. In: Vergleichende Erziehungswissenschaft – Informationen, Berichte, Studien, Nr. 18, S. 121-123.

Interkulturelle Bildung – Bildungsforschung in der multikulturellen Gesellschaft. In: Vergleichende Erziehungswissenschaft – Informationen, Berichte, Studien, Nr. 18, S. 187-193.

Ursachen und Folgen der internationalen Arbeitsmigration – eine Einführung. In: Gesundheit und Krankheit in der Migration. Münster: Arbeitsstelle Interkulturelle Studien/Ausländerpädagogik, S. 3-15 (= Interkulturelle Studien, iks 8).

zusammen mit Georg Hansen: Einführung in das Zusatzstudium „Ausländerpädagogik einschließlich Deutsch als Fremdsprache/ Zweitsprache" In: Marianne Krüger-Potratz (Hrsg.): Studienführer zum Zusatzstudiengang „Ausländerpädagogik einschließlich Deutsch als Fremdsprache/Zweitsprache" an der Westfälischen Wilhelms-Universität (unter Mitarbeit von Ferdinande Knabe). Münster: Arbeitsstelle Interkulturelle Studien/Ausländerpädagogik, S. 1-9 (= Interkulturelle Studien, iks 9); darin auch S. 55f: Arbeitsstelle für Interkulturelle Studien; vgl. auch die entsprechend aktualisierte Fassung in den Heften 11 und 23.

Interkulturelle Erziehung – eine Daueraufgabe der Ausbildung. In: Informationsdienst zur Ausländerarbeit (11), Nr. 1, S. 70-74.

Ein Lehrer für alle Kinder: Zur Integration der interkulturellen Erziehung in der Lehrerausbildung. In: Lehreraus- und -fortbildung im Bereich Ausländerpädagogik. Hrsg. vom Landesinstitut für Schule und Weiterbildung. Redaktion: Inge Brand. Soest: Soester Verl.-Kontor, S. 57-70.

Interkulturelle Studien – Interkulturelle Erziehung: ein Überblick über wichtige Informationsquellen. In: Vergleichende Erziehungswissenschaft, Informationen, Berichte, Studien, Heft 17, S. 250-282;
mit veränderter Einleitung erneut abgedruckt u.d.T.: Einführung in die Literatur zum Bereich „Interkulturelle Studien/Ausländerpädagogik“ – eine Auswahlbibliographie. In: Marianne Krüger-Potratz (Hrsg.): Studienführer zum Zusatzstudiengang „Ausländerpädagogik einschließlich Deutsch als Fremdsprache/Zweitsprache“ an der Westfälischen Wilhelms-Universität (unter Mitarbeit von Ferdinande Knabe). Münster: Arbeitsstelle Interkulturelle Studien/Ausländerpädagogik , S. 23-54 (= Interkulturelle Studien, iks 9);
gekürzt und aktualisiert 1988 wieder aufgenommen in: Studienführer (= Interkulturelle Studien, iks 11), S. 30-49.

Zusammenarbeit von Erziehern/Sozialpädagogen und Lehrern in der Schulanfangsphase. Gutachten für die Wissenschaftliche Begleitung des Projektes „Türkische Mütter und Kinder“. Gelsenkirchen: Projekt Türkische Mütter und Kinder (= Berichte und Gutachten der wissenschaftlichen Begleitung).

Herausgeberschaft

Studienführer zum Zusatzstudiengang „Ausländerpädagogik einschließlich Deutsch als Fremdsprache/Zweitsprache“ an der Westfälischen Wilhelms-Universität (unter Mitarbeit von Ferdinande Knabe). Münster: Arbeitsstelle Interkulturelle Studien/Ausländerpädagogik (= Interkulturelle Studien, iks 9);
neue, veränderte Aufl. 1988 erschienen als Interkulturelle Studien, iks 11.

Medien: Filme, Video-, Audiokassetten, Dia-Tonschauen zum Arbeitsbereich „Interkulturelle Studien“. Bearbeitet von Aristi Neophytou. Münster: Arbeitsstelle Interkulturelle Studien/Ausländerpädagogik (= Interkulturelle Studien, iks 12).

1986 Bildung und Erziehung für eine und in einer multikulturellen Gesellschaft. In: Soziale Mobilität und multikulturelle Entwicklung – Die Situation in den westeuropäischen Industrienationen. Tagung der Evangelischen Akademie Iserlohn zusammen mit der Deutschen Unesco-Kommission, Bonn und dem Amt für Industrie und Sozialarbeit, Berlin. Iserlohn: Evangelische Akademie, S. 13-23, 26f (= Tagungsprotokoll 29).

Pädagogische Konkretisierung integrationstheoretischer Konzepte aus vergleichend-erziehungswissenschaftlicher Sicht. Hagen: FernUniversität/ Gesamthochschule (Studienbrief); Neuauflage 1995.

zusammen mit Götz Hillig: Die „zweite Geburt“ des A. S. Makarenko – Zugleich ein Beitrag zu einem kaum bekannten Kapitel aus der Geschichte der sowjetischen Pädagogik, 1939-1941. In: Bernhard Dilger, Friedrich Kuebart und Hans-Peter Schäfer (Hrsg.): Vergleichende Bildungsforschung: DDR, Osteuropa und interkulturelle Perspektiven. Festschrift für Oskar Anweiler zum 60. Geburtstag. Berlin: Berlin-Verlag Spitz, S. 308-347.

1985 Informations- und Arbeitshilfen: Materialien zum Studienangebot „Interkulturelle Erziehung“/„Ausländerpädagogik“ (unter Mitarbeit von Norbert Wenning). Überarb. u. stark erw. Aufl. Münster: Westfälische Wilhelms-Universität (= Materialien zur Interkulturellen Erziehung, 4).

zusammen mit Dorothea Thilo: Auswahlbibliographie zur „Gastarbeiterliteratur: Anthologien, Sekundärliteratur, Themenhefte, Bibliographien, Dokumentationen“. In: Marianne Krüger-Potratz (Hrsg.): Schreibend einen Ort suchen ... Gastarbeiterliteratur; Lesungen, Informationen. Münster: Westfälische Wilhelms-Universität, S. 70-91 (= Materialien zur Interkulturellen Erziehung, 6).

Literarische Infrastruktur – zu den Produktions- und Distributionsbedingungen der Werke ausländischer Autoren in der Bundesrepublik Deutschland. In: Marianne Krüger-Potratz (Hrsg.): Schreibend einen Ort suchen ... Gastarbeiterliteratur; Lesungen, Informationen. Münster: Westfälische Wilhelms-Universität, S. 43-64, 66-69 (= Materialien zur Interkulturellen Erziehung, 6).

Schule im Stadtteil: „Lernen in freier Wildbahn“ – Anmerkungen zum Verhältnis von Schule und Gemeinwesen. In: Päd. extra, Nr. 7/8, S. 19f (einschließlich Redaktion des Schwerpunktthemas).

Herausgeberschaft

Schreibend einen Ort suchen ... Gastarbeiterliteratur; Lesungen, Informationen. Münster: Westfälische Wilhelms-Universität (= Materialien zur Interkulturellen Erziehung, 6).

1984 Pädagogik und „neue Gesellschaft“ – Die Diskussion an der „theoretischen Front der Pädagogik“ in der Sowjetunion, 1928-1931. Münster (Habilitationsschrift; Masch. schriftl. Manuskript; 2 Bde. (715 S.)).

Freinet in Polen – Eindrücke, Gespräche, Informationen. In: Adelheid Busch und Friedrich W. Busch (Hrsg.): Suche nach Identität. Oldenburg: Bibliotheks- und Informationsdienst der Univ., S. 243-264;
gekürzte Fassung in: Paed. extra, Heft 11, S. 36-41.

1983 zusammen mit Norbert Wenning: Dokumentation der Forschungs- und Lehraktivitäten im Bereich „Internationale (Arbeits-)Migration, ihre Ursachen und Folgen“ an der Westfälischen Wilhelms-Universität in Münster. (Zusammengestellt im Auftrag des Arbeitskreises „Studienangebot: Lehrer ausländischer Kinder“). Münster: Westfälische Wilhelms-Universität.

zusammen mit Angelika Satzer und Norbert Wenning: Materialien zum Studienangebot „Lehrer für ausländische Kinder“ an den Fachbereichen 02, 09, 14, 19, 21, 22, 23 der Westfälischen Wilhelms-Universität Münster [Arbeitshilfen].
(Vorgelegt im Auftrag des Arbeitskreises „Studienangebot: Lehrer ausländischer Kinder“). Münster: Westfälische Wilhelms-Universität (Materialien zur Interkulturellen Erziehung, 1)

Filme, Video [zum Lehrgebiet Interkulturelle Studien]. Münster: Westfälische Wilhelms-Universität (= Materialien zur interkulturellen Erziehung, 2).

Die problematische Verkürzung der Ausländerpädagogik als Subdisziplin der Erziehungswissenschaft. In: Franz Hamburger u. a. (Hrsg.): Sozialarbeit und Ausländerpolitik. Neuwied/Darmstadt: Luchterhand, Neue Praxis – Sonderheft 7, S. 172-182.

1982 W. A. Waganjans Beitrag zur pädagogischen Diskussion und Theoriebildung in der Sowjetunion, 1928-1931. In: Oskar Anweiler (Hrsg.): Bildung und Erziehung in Osteuropa im 20. Jhdt. Ausgewählte Beiträge zum 2. Weltkongreß für Sowjet- und Osteuropastudien. Berlin: Berlin-Verlag, S. 56-83 (= Osteuropaforschung, 5).

1981 Der Weltbund für Erneuerung der Erziehung. In: VE-Informationen, Heft 8, S. 156f.

Freinet-Pädagogik und Freinet-Bewegung. Kommentiertes Verzeichnis deutschsprachiger Literatur. In: VE-Informationen, Heft 8, S. 158-179.

1980 Europäische Treffen zu Fragen der interkulturellen Erziehung. In: VE-Informationen, Heft 6, S. 80-82.

zusammen mit Götz Hillig: Sowjetische pädagogische Klassiker neu betrachtet. In: Pädagogische Rundschau (34) Heft 10, S. 667-674.

Die ‚Theorie vom Absterben der Schule‘ – Zur sowjetischen Diskussion über die Schule in der Neuen Gesellschaft. In: Jahrbuch für Lehrer 5. Reinbek: Rowohlt, S. 390-405.

Das Internationale Institut für Bildungsplanung in Paris. In: VE-Informationen, Heft 7, S. 3-8.

1979 Die Stadt als Sozialisationsinstanz. Zur pädagogischen Bedeutung der Diskussion über die ‚sozialistische Stadt' in der Sowjetunion 1928-1931. In: Friedrich W. Busch (Hrsg.): Schritte ... Beiträge zur Vergleichenden Erziehungswissenschaft und zur Lehrerausbildung. Isabella Rüttenauer zum 70. Geburtstag von Freunden und Kollegen. Oldenburg: Busch (Selbstverl.), S. 181-220;
erneute Veröffentlichung 1981 in: Paedagogica Historica (XXI), Nr. 2, S. 347-375.

Neuere Publikationen zur Vergleichenden Pädagogik in der Sowjetunion. In: VE-Informationen, Heft 5, S. 125-137.

Vergleichende Erziehungswissenschaft und Untersuchungen der Lebens- und Sozialisationsbedingungen der Kinder ausländischer Arbeitnehmer. In: VE-Informationen, Heft 5, S. 40-52.

1978 Arbeitsgruppe Münster/Oldenburg: Die Vergleichende Erziehungswissenschaft in Studium und Lehre – curriculare Überlegungen und Konsequenzen. In: Adelheid Busch, Friedrich W. Busch, Bernd Krüger und Marianne Krüger-Potratz (Hrsg.): Vergleichende Erziehungswissenschaft in der Lehrerausbildung. Eine internationale Bestandsaufnahme. Oldenburg: Holzberg, S. 31-51 (= Schriftenreihe der Universität Oldenburg).

Vergleichende Pädagogik und Lehrerausbildung in der UdSSR. In: Adelheid Busch, Friedrich W. Busch, Bernd Krüger und Marianne Krüger-Potratz (Hrsg.): Vergleichende Erziehungswissenschaft in der Lehrerausbildung. Eine internationale Bestandsaufnahme. Oldenburg: Holzberg, S. 83-98 (= Schriftenreihe der Universität Oldenburg).

Die Marburger Makarenko-Ausgabe. In: Zeitschrift für Pädagogik (24), Heft 1, S. 141-150.

Herausgeberschaft

zusammen mit Adelheid Busch, Friedrich W. Busch und Bernd Krüger: Vergleichende Erziehungswissenschaft in der Lehrerausbildung. Eine internationale Bestandsaufnahme. Oldenburg: Holzberg (= Schriftenreihe der Universität Oldenburg).

1975 Anfänge einer Vergleichenden Pädagogik in der Sowjetunion – ein disziplingeschichtlicher Beitrag zur Herausbildung und Entwicklung von Elementen einer Vergleichenden Pädagogik in der Sowjetunion, 1917-1931. Münster (Diss.).

1974 Herausgeberschaft

übersetzt, eingeleitet und hrsg. zusammen mit Adelheid Busch, Friedrich W. Busch und Bernd Krüger: Vergleichende Erziehungswissenschaft. Texte zur Methodologiediskussion. München: UTB.

Zeitschriften / Reihen (Herausgeberschaft/Mitherausgeberschaft)

Vergleichende Erziehungswissenschaft – Informationen, Studien, Berichte 1977 – 1989

zusammen mit Detlef Glowka und Bernd Krüger; im Auftrag der Kommission für Vergleichende Erziehungswissenschaft der DGfE und der Deutschen Sektion der Comparative Education Society in Europe (CESE); bi-annually (insgesamt 21 Hefte).

Vergleichende Erziehungswissenschaft – Newsletter 1 (1994), Heft 1-2 (1995), Heft 3.

im Auftrag der Kommission für Vergleichende Erziehungswissenschaft der DGfE (Fortsetzung des Redaktionsteils von VE-Informationen).

Interkulturelle Studien – Texte, Materialien, Dokumente 1982 ff.

Reihe der Arbeitsstelle für Interkulturelle Studien/Ausländerpädagogik im Fachbereich 09 (zuvor: „Materialien zur interkulturellen Erziehung")
ISSN 0937-6127; Erscheinungsweise unregelmäßig (bisher 38 Hefte).

Iks – QuerFormat, 2000, Heft 1ff.

ISSN 1615-3707; Erscheinungsweise unregelmäßig (bisher 7 Hefte).

Tertium Comparationis – Europäisches Journal für internationale Bildungsforschung 1 (1995), Heft 1 ff.

zusammen mit Prof. Dr. Wilfried Bos (Universität Hamburg), Dr. Botho von Kopp (DIPF, Frankfurt/M.), Prof. Dr. Dietmar Waterkamp (Universität Dresden), Prof. Dr. Jürgen Henze (Humboldt-Universität Berlin), Dominique Groux (Universität Paris), Margret Sutherland (Universität Leeds), Mirosław Szymański (Universität Warschau); erscheint im Waxmann-Verlag und zugleich im Internet.

Dokumentationsverbund „Erziehung und Migration“
laufende Dokumentation der Neuerscheinungen im Bereich Interkulturelle Pädagogik/Ausländersozialarbeit/Ausländerrecht und -politik/Zwei- und Mehrsprachigkeit/Europäische Integration; erscheint seit 1988 vierteljährlich in: *IZA – Informationsdienst zur Ausländerarbeit*; seit 1996 u.d.T.: *Migration und soziale Arbeit.*

Migration und Interkulturelle Erziehung in Europa. Migration and Intercultural Education in Europe. Migration et Education Interculturelle en Europe. Bibliography for 1987. Bearb.: Ulrike Pörnbacher. Clevedon: Multilingual Matters 1990.

Migration und Interkulturelle Erziehung in Europa. Migration and Intercultural Education in Europe. Migration et Education Interculturelle en Europe. Bibliography for 1988. Bearb.: Ulrike Pörnbacher. Clevedon: Multilingual Matters 1990.

Mitherausgeberin der Buchreihe „*Interkulturelle Bildungsforschung*“ im Waxmann-Verlag seit 1996 (bisher 10 Bde.)

Beiträge zur Überwindung der Ahistorizität
in der Interkulturellen Erziehungswissenschaft

Günther List

„Zweisprachigkeit" als interkulturelles Konstrukt

Zur Geschichte einer zwiespältigen Komplexitätsreduktion

„Ich möchte keine zweisprachigen Ortsschilder haben." Unter dieser Überschrift war im letzten Jahr ein Interview mit dem Innenminister Otto Schily zu lesen; ein Text, der belegt, wie das Thema Integration über das Stichwort „Zweisprachigkeit" emotional und suggestiv beschworen werden kann, um scheinbar eindeutig auf den Punkt zu bringen, was die Identität der Mehrheitsgesellschaft bedroht und ihre Abwehr herausfordert. Der auf diese Weise mobilisierte ‚monolinguale Habitus' läßt sich im Originalzitat so zusammenfassen: „Integration hat die Einbeziehung in den deutschen Kulturraum zum Ziel. Da können wir nicht noch alle möglichen Sprachen fördern. Das führte doch zu einem völligen Chaos. (...) Ich bin entschieden dagegen, irgendeine neue Minderheit in Deutschland zu etablieren (...) Ich will nicht, dass sich eine homogene Minderheit entwickelt, deren erste Sprache Türkisch ist. (...) Die Muttersprache muss Deutsch sein oder werden. (...) Die beste Form der Integration ist Assimilierung." (Otto Schily, zitiert nach PRANTL 2002)

Eine größere Entfernung zu wissenschaftlichen und pädagogischen Formen des Nachdenkens über Integration und Sprache ist schwerlich vorstellbar, aber gerade dass dieser Text ersichtlich auf die Tiefenschicht majoritärer Vorurteilsstrukturen zurückreicht, macht ihn aufschlussreich. Mit seltener, daher dankenswerter Unmissverständlichkeit versucht er ja – anders als noch die Debatte um die „deutsche Leitkultur" – die Frage gesellschaftlicher Mehrsprachigkeit überhaupt öffentlich zu stellen und sie im Rahmen offengelegter ethnopolitischer Interessen[1] zu verorten. Die bisher versäumte gesellschaftspolitische Diskussion über Integrationsmodelle wird sich wohl nur führen lassen, wenn dieser Weg in die Offenheit im kontroversen Diskurs weiterverfolgt wird.

1

Dass dazu auch eine Verständigung über Semantik und Einsatz des interkulturellen Schlüsselthemas „Zweisprachigkeit" gehören muss, belegt Schilys Text drastisch. Bietet sich der Terminus „Zweisprachigkeit" doch an, um die komplexe Realität der Mehrsprachigkeit des Menschen (vergl. WANDRUSKA 1979; LIST/LIST 2001) und der vielsprachigen Gesellschaft grundsätzlich auf *dichotomische* Verhältnisse zu reduzieren und damit die sprachliche Seite der Integrationsfrage auf einen ebenso einfachen wie wirkungsvollen Begriff zu bringen. In diesem Sinn werden wir das

1 Mit dem im Folgenden für die kollektive Interessensphäre eingesetzten Begriff „Ethnopolitik" möchte ich mich terminologisch auf KLOSS (1969) beziehen.

Thema Zweisprachigkeit[2] als ein interkulturelles *Konstrukt* auffassen, das im Feld potenzieller und offen ausgetragener gesellschaftlicher Sprachenkonflikte in der Form „sozialer Repräsentationen“ wirksam ist (vgl. FARR/MOSCOVICI 1984), und das in seiner Genese und Funktionskarriere der historischen Aufklärung bedarf.

Das Thema Zweisprachigkeit für ein interkulturelles Konstrukt zu halten, bedeutet keineswegs, die ‚hinter‘ ihm stehende Realität zu leugnen. Es *gibt* „zweisprachige“ Textausgaben, es *gibt* den Idealtypus bilingualer Dolmetsch- und Übersetzungskompetenz. Nur eben, ob es in gleicher Weise in den Lebenswelten der Migranten jeweils zwei dichotomisch sauber voneinander abhebbare Sprachen *gibt*, ist zweifelhaft, und noch zweifelhafter, ob eine Wahrnehmung gepflegt werden sollte, die sich präzis auf eine solche Dichotomie fokussiert und damit komplexere sprachliche Wirklichkeiten ausblendet.[3] Offenbar besteht die zwiespältige ‚Leistung‘ der mit dem Begriff Zweisprachigkeit assoziierten spezifischen Komplexitätsreduktion nicht zuletzt darin, dass auch unsere eigene Wahrnehmung gelernt hat, als Fokussierung auf die Selbstverständlichkeit von Zweisprachigkeiten und als Ausblendung aller Alternativen zu funktionieren.

Dass seit einem knappen Jahrhundert einige systematisch kontrollierte und dokumentierte Beispiele bilingualer Sozialisation Fallstudien für das Paradigma individueller Zweisprachigkeit liefern[4], müsste eher dazu auffordern, nach den Bedingungen für das Zustandekommen dieses spezifischen Interesses zu fragen.

Noch mehr gilt das am anderen Ende des Spektrums, für die kollektive Sphäre, wo im Extremfall sich die Konstruktion interkultureller Wirklichkeit tatsächlich in der konkreten Symbolik „zweisprachiger Ortsschilder“ verdichten kann. Aber abgesehen davon, dass solche Schilder bemerkenswert selten sind, deuten gerade sie wohl nur in Ausnahmefällen auf ausgewogene Bilingualität zurück. In der Regel wird das auf ihnen dauerhaft festgeschriebene Nebeneinander als Ausdruck mühsam ausgehandelter ethno- und sprachpolitischer Kompromisse zu lesen sein – meist im Rahmen von Mehrheits-Minderheitsverhältnissen, die strukturelle Ungleichheit reproduzieren, aus der Optik der Sprachsoziologie also binnengesellschaftliche „Diglossie“.[5] Gerade der Augenblick seiner ethnopolitischen Aus-

---

2 Im folgenden wird unter dem strikten Aspekt der Begriffs- als Terminologiegeschichte von „Zweisprachigkeit“ usw. (mit Anführungszeichen), unter dem weitergefassten Aspekt der Thematisierungsgeschichte vom Konstrukt oder Thema Zweisprachigkeit, der Thematisierung von Zweisprachigkeit usw. (ohne Anführungszeichen) die Rede sein.

3 Dass oft, z.B. für Kurden, der „muttersprachliche“ Unterricht nicht die Muttersprache der Migrantenkinder, sondern die Amtssprache der Herkunftsländer vermittelt (SCHLIEP 1999, 28f.), zeigt, wie eng das interkulturelle Konstrukt Zweisprachigkeit mit nationalstaatlichen Interessen und ihrer bilateralen Aushandlung zusammenhängt.

4 Die schwer greifbare, aber oft zitierte erste Studie dieser Art betrifft eine deutsch-französische Sozialisation im (‚dreisprachigen‘) Elsass: RONJAT 1913.

5 Dass der Diglossiebegriff, indem er die sozialgeschichtliche Dimension (und folgenreiche Wirksamkeit) der gesellschaftlichen Rede über Zweisprachigkeit hervorkehrt, wesentlich das Moment sozialer Ungleichheit konnotiert, darauf ist gegenüber seiner Neutralisierung „zur Bezeichnung des funktionellen Nebeneinanders zweier Sprachen in einer Bevölkerung“ zu bestehen; vgl. die im übrigen zur allgemeinen Begriffsklärung überaus hilfreichen – und auch die eigene Fokussierung auf den Titel „zweisprachig“ in der Sache dementierenden – Ausführungen von LÜDI/PY (1984, S. 10).

handlung macht das Thema Zweisprachigkeit somit als ein Konstruktionsprinzip greifbar, das im Kreuzungspunkt zweier Einsprachigkeiten den kleinsten gemeinsamen Nenner herstellt. Im ‚Krieg der Sprachen' (CALVET) als regulatives Programm – nicht zuletzt für das Bildungssystem – installiert, wird die Dichotomie des Themas als strukturelle Gewaltsamkeit wirksam (vgl. CALVET 1999)[6].

Können wir davon ausgehen, dass diese Gewaltsamkeit sich auf der Ebene der Theoriebildung, d.h., wenn der wissenschaftliche Begriff „Zweisprachigkeit" („bilingualism" usw.) als deskriptiv-analytisches Instrument auf die so erzeugten interkulturellen Realitäten und Bildungsprozesse zurückbezogen wird, einfach auflöst? Dann müsste ein kritisches soziologisch-historisches Interesse am Thema unterstellt werden, das in der Gesellschaft sicher nicht vorherrschend ist. Was sich dort zeigt, wo wissenschafts- und zugleich anwendungsorientiert mit Zweisprachigkeit umgegangen wird, ist eher die Tendenz, das Problem ethnopolitisch produzierter Diglossie als für den *eigenen* methodologischen Ansatz nicht relevant anzusehen und stattdessen einen psycholinguistisch-anthropologisch zugespitzten, vergleichsweise essenzialistischen Begriff von der ‚Sache' selbst zu kultivieren. In der internationalen Bilingualismusforschung und im interkulturellen Schulbetrieb gehört es zum Standard, die unmittelbare ethnopolitische Veranlassung des jeweiligen Erkenntnisinteresses nur als kontextuale Randbedingung zuzulassen und den objektiven Charakter der Forschung – und damit deren Anwendbarkeit – letztlich von der jenseits jeder Ethnizitätsfrage universellen Geltung des zugrundegelegten Paradigmas individueller Bilingualität abzuleiten. Man ist also wenig geneigt, die Geschäftsgrundlage der eingefahrenen Begrifflichkeit in Frage zu stellen[7] und den geschichtlichen Bedingungen nachzuforschen, unter denen „Zweisprachigkeit" im Problemfeld von Mehrsprachigkeit und Sprachenkonflikten zum Leitthema hat werden können.

Vielmehr versieht der in seiner semantischen Zuspitzung unverwechselbare, aber kognitiv unscharfe Begriff „Zweisprachigkeit" für die wissenschaftliche Erforschung und pädagogische Behandlung von Mehrsprachigkeit den gleichen

---

6 Der Autor geht so weit, diesen ‚Krieg der Sprachen' schon in der diglossischen Bilingualität der gesellschaftlichen Keimzelle Familie anzusetzen (95f.). Das meint zumal (post)koloniale Verhältnisse, ist aber auch auf die Fallstudien zum ‚elitären' Bilingualismus rückdeutbar.

7 Tatsächlich erstreckt sich die unter dem Stichwort „bilingualism" betriebene Forschung längst über die Phänomene der Bilingualität im engeren Sinn hinaus auch auf Mehrsprachigkeit und ihre sozialen Rahmenbedingungen (vgl. etwa: ROMAINE 1996, S. 571-604), und der Verweis darauf, dass dieser Titelbegriff nur noch aus Bequemlichkeit beibehalten werde, bildet geradezu einen Topos disziplinärer Selbstdefinition. Ausdrücklich wird daher die „class of speakers who can manage more than one language, the multilinguals or polyglots", so determiniert: „To simplify our expression we shall call them all *bilinguals*, defining them as ‚users of more than one language'" (HAUGEN 1987, S. 3). Das bedeutet forschungsstrategisch freilich, dass ein dergestalt dysfunktional gewordener Begriff Phänomene mit abdecken soll, auf die er nicht mehr paßt, und vermuten läßt sich, dass es wohl auch der von diesem Begriff suggerierte Schein der Genauigkeit ist, der ihm seinen terminologischen Gebrauchswert sichert. Zweifellos verstärkt sich diese Wirkung dort, wo es darum geht, Probleme „gesellschaftlicher Mehrsprachigkeit" auf Fälle „individueller Zweisprachigkeit" („mehr als eine Sprache") herunterzubuchstabieren und so didaktisch handhabbar zu machen: im interkulturellen Schulbetrieb (z.B. LUCHTENBERG 1995, S. 1f.).

Dienst einer unentbehrlichen Chiffre, den er auch im Bereich wissenschaftsferner Vorurteilstraditionen erbringt: Er fixiert den kontaktlinguistischen Extremfall und wird erfolgreich dabei eingesetzt, ihn immer neu als interkulturelles Konstrukt zu erzeugen.

2

Marianne KRÜGER-POTRATZ ist bei der Frage nach Kontinuitäten des schulischen Umgangs mit Minderheiten darauf gestoßen, dass die aktuell im Zentrum interkultureller Erziehung stehende Herstellung von „Zweisprachigkeit", verstanden als „die weitere Ausbildung der Muttersprache" (KRÜGER-POTRATZ 1994, S. 81), schon bei der Formierung des homogenen und monolingualen Nationalstaats Objekt schulpolitisch-pädagogischer Auseinandersetzungen gewesen ist, und zwar vorwiegend im Zeichen negativer Beurteilung. In der preußisch-deutschen Schulsprachenpolitik des Kaiserreichs und der Weimarer Republik taucht das Thema in unterschiedlichen ethnopolitischen Konstellationen auf, die sich typologisch als gemeineuropäisch ausweisen, aber historisch aufschlussreich vor allem in ihrer für die jeweilige nationale Entwicklung spezifischen Abfolge und Gewichtung werden müssen. So hat sich zeigen lassen, dass die bei der Thematisierung von Zweisprachigkeit auf der argumentativen Ebene beobachtbare Tendenz zu inneren Widersprüchen – nicht zuletzt im Hinblick auf die an sich unvereinbaren Logiken des Territorial – und Abstammungsprinzips (vgl. ebd. S. 89) – geschichtlich sehr wohl als ‚funktional' erscheint, wenn man auf die Durchgängigkeit des ethnozentristischen Wahrnehmungs- und Interessenhorizonts der preußisch-deutschen Mehrheitsgesellschaft abstellt. Nur eben, dieser Horizont organisiert sich in den einzelnen Perioden unter jeweils veränderten Strukturbedingungen des politischen Systems höchst unterschiedlich (vgl. ebd. S. 94).

Ich möchte nun die These vertreten, dass die inneren Widersprüche, die in der politischen Beanspruchung des Themas Zweisprachigkeit zu Tage treten, schon in der Genese und argumentativen Grundstruktur des Themas selbst angelegt sind, so dass es sich lohnt, das Thema möglichst nahe am roten Faden des Begriffs selbst zurückzuverfolgen.[8] Gerade durch diesen begriffsgeschichtlichen Ansatz sollte es möglich sein, die Geschichte der gesellschaftlichen Thematisierung von Zweisprachigkeit als ideologie- und wirkungsgeschichtliche *Einheit* zu rekonstruieren: nämlich als *Prozess* der Reduktion komplexer Realität, ausgelegt in der dem Thema hier unterstellten, durch Wissenschaft, Schule und Ethnopolitik arbeitsteilig in Gang gesetzten Dialektik von Fokussierung und Ausblendung. Geht man davon aus, dass das Thema Zweisprachigkeit, verschränkt mit anderen begrifflichen Referenzen, soziale Repräsentationen der innergesellschaftlichen Sprachenkämpfe organisiert, dann betreffen diese Repräsentationen mit den begriffs- und ideengeschichtlichen zugleich institutionen- und systemgeschichtliche Gegebenheiten.

8 Der hierzu im Folgenden unternommene Versuch skizziert aus dieser Perspektive erste Umrisse eines entsprechenden Projekts.

Sie spiegeln die jeweils spezifische „Innensicht einer Gemeinschaft" innerhalb der Gesellschaft (vgl. WAGNER 1994, S. 135), also z.B. die mit unterschiedlichem Geltungsanspruch und -radius ausgestattete Interessenperspektive einer professionellen Gruppe wie der Lehrerschaft oder der scientific community unter konkreten geschichtlichen Bedingungen.

Es steht so gesehen außer Frage, dass sich die Wirkungsgeschichte der mit dem Begriff „Zweisprachigkeit" usw. verbundenen sozialen Repräsentationen adäquat nur abbildet, wenn sie sowohl auf die ‚innere' Geschichte der Termini und Ideologeme als auch auf den ‚äußeren' Rahmen gesellschaftlicher Ethno- und Sprachenpolitik bezogen wird. Es empfiehlt sich jedoch, dies zunächst in zwei unterschiedlichen Datensträngen zu rekonstruieren, deren Periodisierung man nicht von vornherein an denselben Zäsuren festmachen kann. Wir haben es dann einerseits mit der Geschichte einer bestimmten nationalen – in unserem Fall: der deutschen – Ethno- und Sprachenpolitik zu tun, ihrem eigenen Schwergewicht nach konzentriert auf die Entwicklung der Schule hierzulande; andererseits mit der Geschichte eines bestimmten – im Prinzip internationalen, aber von nationalen ‚Lexika' her erschließbaren – Wissensbestandes, für den ebenfalls Bildungsfragen zentral sind, der jedoch im Hinblick auf den in ihm angelegten Fortschrittsprozess der Verwissenschaftlichung grundsätzlich auch in seiner Eigengesetzlichkeit rekonstruiert werden kann.

Da zumal im letztgenannten Bereich zusammenhängende Forschung noch so gut wie nicht stattgefunden hat[9], soll hier versucht werden, die aufgestellte These von der Aussagefähigkeit der Begrifflichkeit an einigen Belegen zu erhärten. Sie mögen hinreichen, um für die Thematisierungsgeschichte der Zweisprachigkeit im Ganzen, also unter Einschluss der Schulgeschichte, einige Markierungen zur Diskussion zu stellen.

3

Die, wenn ich recht sehe, ersten Belege für die explizite Thematisierung von Zweisprachigkeit im deutschen Sprachraum fallen in die Jahre um 1820. Sie zeigen den Begriff terminologisch im Entstehen[10] und spiegeln inhaltlich auf verschiedenartige, einander ergänzende Weise die Entwicklung der deutschen Nationbildung und nationalen Selbstdefinition in ihren beiden geopolitisch-kulturideologischen Hauptrichtungen – nach Westen und Osten: bezogen einerseits auf die 1815 gegen die französischen Okkupanten ausgefochtene Befreiung, andererseits auf die im

9 Es gibt allerdings aus den unterschiedlichsten Disziplinen Ansätze dazu, deren jüngster aus der Fremdsprachendidaktik kommt: KUBANEK-GERMAN (2001).

10 Anscheinend ist davon auszugehen, dass sich der festgefügte Terminus „Zweisprachigkeit" erst um die Wende des 19. zum 20. Jahrhundert einbürgert. Generell, aber vor allem für den davor liegenden Zeitraum ist die begriffsgeschichtliche Recherche auf einen ausgedehnten Kreis von Vorformen, Synonymen (wie „Doppelsprachigkeit") und Nachbarbegriffen samt ihren grammatischen Variationen („zwei Sprachen" usw.) angewiesen.

gleichen Jahr für Preußen zur Reorganisation anstehende Herrschaft im polnischen Okkupationsgebiet.

Zumal drei Textstellen können für diesen Zusammenhang stehen. Die erste stammt von Friedrich Ludwig („Turnvater") JAHN, der auf die in der Aristokratie übliche frühe Erziehung im Französischen zielt, wenn er die Kinder beklagt, „die zur Muttersprache noch gleich eine Ammensprache mitlernen müssen", denn: „Zwei Mütter gebären nicht Einen Leib, zwei oder noch mehrere Sprachen zugleich entfalten kein Sprachvermögen." (JAHN 1817, S. 144-149[11]) Seine am Modell der Einheit von Sprache, Denken und Bildung orientierte Argumentation gipfelt in dem auch ohne Kontext zitatfähigen Axiom (ebd. S. 145)[12]: „Sollen in früher Jugend zwei oder mehrere Sprachen zugleich ihre Würksamkeit äußern, so müssen sie sich mit den Vorstellungen kreuzen, den Gedankenzusammenhang stören, den ganzen Menschen verwirren." Dieses mit anthropologischem Geltungsanspruch auftretende negative Urteil wird an einer Reihe historisch-ethnologischer Beispiele gelungener Muttersprachsozialisation bekräftigt, von den „zweisprachigen Karaiben", die in der Jugend „nur Eine" Sprache sprechen, bis hin zu den Deutschen, „einem unvermischten, naturgemäß lebenden, von unbedenklicher Zeit her eingewohnten Urvolk, mit einer seit Jahrtausenden gesprochenen Sprache" (ebd. S. 145 u. S. 148).

Man sieht hier, wie das Thema Zweisprachigkeit aus der didaktischen, unter der Oberfläche immer auch kulturnationalen Kontroverse um das Verhältnis ‚Muttersprache-Fremdsprache' heraus auf den Begriff gebracht wird als eine *dritte* Größe, die den psychologischen Bezug beider Sprachen bezeichnet – weniger sie umgreifend als vielmehr *zwischen* ihnen eingeklemmt. Axiomatisch unterstellt wird eine natürliche, im Bildungsgang als zeitliches Nacheinander zu organisierende Rangordnung beider Bezugsgrößen, aber sie ist ersichtlich nicht der Anlass der Begriffsbildung. Prägend auf den semantischen Hof des Themas Zweisprachigkeit wirkt stattdessen die Abwehr der Praxen des ungeordneten sprachlichen Nebeneinanders: Sie müssen, vom identitären Standpunkt der muttersprachlich verfassten Nation aus gesehen, grundsätzlicher Pathologisierung anheimfallen. Während diese psycholinguistische Axiomatik des Schadens ausdrücklich im Fokus der Thematisierung steht, zeigt sich das nach Westen gerichtete sprach- und ethnopolitische Gesicht der Argumentation allerdings nur indirekt.

Gleichem identitären Interesse folgt die zweite Textstelle: der auf dem Feld bildungspolitischer Institutionalisierung angesiedelte Begriff „Zweisprachige Schulen", wie ihn Wilhelm HARNISCH, nationalgesinnter Mitstreiter JAHNs und einflußreicher pädagogischer Autor in der preußischen Provinz, in seinem „Handbuch für das deutsche Volksschulwesen" von 1820 modellhaft ausprägt. (HARNISCH 1820, S. 341-351).[13] Dass er leitend an den Lehrerbildungsseminaren

11 Die hier zitierten Aussagen finden sich unter der Rubrik „Gegenstände" von „Volkserziehung" im Unterabschnitt vom „Ersterlernen der Muttersprache".

12 Nicht zufällig ist es die völkische Psychologie der 1930er Jahre, der diese griffige Sentenz zum Beleg ihrer These vom Schaden der „Zweisprachigkeit" dient: SANDER (1932, S. 60).

13 Der hier ausgewiesene § 58 ist betitelt mit: „Zweisprachige Schulen". Der nächste Paragraph hat „Zweigläubige Schulen" zum Gegenstand (S. 353f.), was die Originalität beider Prägungen belegen könnte.

zunächst in Breslau, dann in Weißenfels wirkt, wo sich auch eine Taubstummenschule anschließt, ist deswegen nicht nebensächlich, weil er in einer späteren Auflage das Programm beider Tätigkeitsbereiche mit einem bezeichnenden Vergleich so zusammenfasst: „Es ist also vom Polnischen aus zum Deutschen überzugehen, wie man bei dem Taubstummen von der Gebehrdensprache aus und zur Lautsprache übergeht.“ (HARNISCH 1839, S. 574)[14]

Der gleiche nationalsprachzentrierte Ansatz wie bei JAHN mithin, aber jetzt in einem förmlichen Modell sequenzieller, wenn auch nur provisorisch installierter Zweisprachigkeit, und in diesem Modell erhält der Begriff „zweisprachig“ eine deutlich positivere Konnotation. Was sich dort als trotzige Abwehrhaltung der entstehenden deutschen Muttersprachnation gegenüber bisheriger französischer Fremdsprachhegemonie liest, wird hier seitens der nationalen Mehrheitsgesellschaft gegenüber den Minderheiten der Gehörlosen und polnischsprachigen Oberschlesier zu einem Akt zivilisatorischer Vorwärtsstrategie. „Zweisprachige Schulen“ erscheinen als ein ausdrückliches Angebot der Inklusion, und daher darf sich die sonst gebotene Reihenfolge Muttersprache-Fremdsprache auch umkehren – Vorform des um 1900 formulierten Programms, den Polen in Preußen insgesamt „eine andere Muttersprache“ zu geben (KRÜGER-POTRATZ 1994, nach einem Text von 1905), aber in der pädagogisch-sprachdidaktischen Anlage dem heutigen Modell des ‚transitional bilingualism‘ vergleichbar.

Für Oberschlesier wie für Gehörlose baut HARNISCHs Modell des Übergangs sorgfältig auf der den Kindern natürlichen Sprache auf, um sie dann freilich nach wenigen Jahren gezielt ganz aufzugeben (HARNISCH 1820, S. 351[15]). Als ideologische Grundlage dafür fungiert in beiden Fällen die Behauptung von der kulturellen Inferiorität der Erstsprache. Denn da – so HARNISCH im Fall Oberschlesien – die dort herrschende Variante des Polnischen „zugleich mit der Unbildung verbunden, von ihrem eigentlichen Stamm abgeschnitten und daher aller Bildungsfähigkeit beraubt ist, gibt es kein anderes Mittel, als dem, was geistig schon todt ist, auch das äußere Dasein zu nehmen“ (ebd. S. 349).[16] Zweisprachigkeit – in der Institution Schule als Durchgangsstadium eines irreversiblen Sprachwechsels kontrolliert und befristet herzustellen – braucht also nicht auch noch gezielt pathologisiert zu werden, um als Behelf ohne Eigenwert zu erscheinen. Der für dieses Instrument gefundene Begriff „zweisprachige Schulen“ kann sich ganz neutral geben, weil die negative Entscheidung *gegen* Zweisprachigkeit, die JAHN auf der Ebene anthropologisch-psychologischer Definitionen noch dem Individuum selbst in der Rolle des nationalbewussten Mitbürgers abfordert, auf der Ebene ethno- und schulpolitischer Langzeitziele bereits getroffen und lediglich in ihren pädagogisch-didaktischen Folgerungen noch zu erörtern ist.

---

14 Vgl. für die Seite der – damals so genannten – Taubstummen: LIST (2000).

15 Für Oberschlesien.

16 Diese Begründung ist Teilstück eines Diskurses über Notwendigkeit und Kriterien sprachlicher Homogenisierung, den Harnisch zugunsten der „fremden Sprachen“ im Inneren ausgehen läßt, sofern sie „durchaus ganz einheimisch sind“ und nicht „mit der deutschen Bildung in einen strengen Gegensatz treten“ (ebd); eine Argumentation, die auf sprachpolitische Wegeplanung in einem noch nicht umfassend stabilisierten Gelände aufmerksam macht.

Nun zur dritten Textstelle, bei der sich die Sphären anthropologischer und ethnopolitischer Argumentation einerseits als eigenständige Dimensionen voneinander abheben, andererseits ausdrücklich miteinander verschränken: dem oft zitierten Erlass des preußischen Kultusministers Freiherrn von Altenstein vom Dezember 1822, gerichtet an die Adresse der Polen in dem 1815 an Preußen zurückgefallenen nunmehr sog. Großherzogtum (Provinz) Posen.[17] Indem dieser Erlass die anfänglich liberal auftretende königliche Politik in der zentralen Sprachenfrage schulpolitisch weiterführt, setzt er auch das Thema Zweisprachigkeit programmatisch ein. Die Art, wie Altenstein dies tut, unterscheidet sich diametral von der negativen JAHNschen Axiomatik, aber auch von ihrer modifizierten ethnopolitischen Umsetzung im altpreußischen Oberschlesien, wie HARNISCH sie darlegt. Der preußische Kultusminister begründet nämlich die für Posen vorgesehene innovative Ethno- und Sprachpolitik durch ein unmissverständlich auf der Ebene menschlicher Sprachkompetenz verankertes *positives* Axiom: „Der Besitz zweier Sprachen ist so wenig für einen Nachteil zu erachten, dass er vielmehr als ein Vorzug betrachtet werden darf, da er in der Regel mit größerer Beweglichkeit der Verstandeskräfte und einer leichteren Auffassungsgabe verbunden zu sein pflegt."

Wird man dieses – diskursiv auf sein Gegenstück bezogene – freiherrliche Axiom vom Vorteil „zweier Sprachen" als Reflex schichtbezogen-kosmopolitisch orientierter eigener Lernerfahrungen in Mehrsprachigkeit deuten dürfen? Nicht umstandslos offenbar, und daher ist auch gerade hier – anders als bei JAHN, der noch von „zwei oder mehrere(n) Sprachen zugleich" spricht – das Thema Zweisprachigkeit begrifflich – „Besitz zweier Sprachen" – auf den Punkt strikter Dichotomie gebracht. Es geht bei Altenstein, auf der Ebene übergreifender staatlicher Regelungen also vielmehr um eine Komplexitätsreduktion, die explizit in der ethnopolitischen Dimension vorgenommen wird, fokussiert auf die im Interessenhorizont des preußischen Staatsinteresses wahrgenommene Bewusstseinslage der Polen: Das Polnische und das Deutsche werden als globale Größen einander gegenüber gestellt, und zwar bemerkenswerterweise so, dass sich dieses Verhältnis für die Polen konsequent aus der Paarung „Muttersprache" vs „künstlich" gelernte „fremde" Sprache definiert.

Tatsächlich nimmt der Reformer Altenstein im Geist seiner Zeit durchaus die gleiche organologische Zuordnung der Nation zur sprachlichen Bildung und zum muttersprachlichen Monolingualismus vor wie JAHN, rückt mithin vom Muster aristokratischer Sprachensozialisation ab: „Die Bildung eines Individuums und einer Nation kann nur vermittels der Muttersprache bewerkstelligt werden", und der Mensch „kann in fremden Sprachen viel erlernt und gesammelt haben, was er aber wirklich weiß und versteht, das weiß und versteht er nur in einer Sprache, nämlich der, worin er denkt". Was trotz dieser gemeinsamen Basis jedoch den Altensteinschen Begriff der Zweisprachigkeit positiv ausformt und so in axioma-

---

17 ALTENSTEIN, Karl v.: [Spracherlass vom 13.(?) Dezember 1822]. Dieser im preußischen Geheimen Staatsarchiv anscheinend nicht mehr auffindbare Erlass ist zuletzt aus dem Original zitiert entweder 1875 oder 1944; vgl. KNABE (1999, 124A S. 142); ich zitiere hier nach: CROMER (1933, S. 619f.).

tischen Gegensatz zu dem JAHNs bringt, ist der perspektivisch unterschiedliche Standort, aus dem heraus beide gewonnen werden: Geht es JAHN (und HARNISCH) darum, den eigenen Ethnozentrismus geltend zu machen, so muss Altenberg daran interessiert sein, dies in bewusster Umkehr der Perspektive auch für die Polen zu konzedieren. Er bemüht daher präzis das Argument, das HARNISCH im Fall des oberschlesischen Polnisch abweist: die Rangstellung der polnischen „Nation" – erwiesen durch „eine so reiche, eigentümliche und ausgebildete und grammatisch vollendete Sprache ..., als es bekanntlich die polnische ist".

Zusammengenommen halten diese drei Belege – noch vor der Ausbildung des Begriffs „Zweisprachigkeit" – die Genese des Themas in der dichotomischen Spezifik seiner Logik und argumentativen Grundstruktur fest. Aus heterogenen Ansätzen heraus führen sie die Verschränkung der anthropologisch-personenbezogenen, der schulisch-institutionellen und der ethnopolitischen Argumentationsdimension vor Augen – als für das Thema konstitutiv auch dort, wo diese drei Dimensionen nicht in gleicher Weise explizit gemacht werden.

4

Versteht man die Genese des Themas als Zuspitzung von Mehrsprachigkeit auf Zweisprachigkeit im Sinn begrifflicher Komplexitätsreduktion, dann geschieht sie offensichtlich in einem thematischen Rahmen, in dem sich schon früh die pädagogisch-didaktischen Aspekte mit den ethnopolitischen kreuzen. Man wird dies aber wohl nicht linear auf der Schiene des „monolingualen Habitus" (GOGOLIN 1994) rekonstruieren können, so logisch zwingend sich Zweisprachigkeit als Produkt zweier Einsprachigkeiten auch immer darstellt. Vielmehr verweisen die Belege auf soziale Repräsentationen des Sprachenkampfs zurück, die einerseits als regulative Grundbegriffe, andererseits als konkrete Ranglisten auftreten.

Schon bei COMENIUS ist zu beobachten, wie Sprachen als Lerngegenstände voneinander abgegrenzt werden; wie im ausdrücklich so benannten Problemfeld der Polyglossie die identitär verengenden Prinzipien Muttersprache und Fremdsprache auseinandertreten und hierarchisch aufeinander beziehbar werden; wie dieses dualistische Grundmodell dazu dient, die Balance zwischen den Interessen monolingualer Selbstbezüglichkeit und den Motiven darüber hinausgehenden Sprachenlernens zu organisieren. Auch wenn dabei nur Latein, Griechisch und Hebräisch konkret benannt werden, weil das Konzept sich an die gelehrte Bildung adressiert, ist die geforderte Priorität der eigenen Volkssprache (vernacula) vor der Sprache des Nachbarn und den alten Sprachen sicher triftig auch als Ausdruck einer konkreten Minderheitsperspektive zu sehen (vgl. COMENIUS 1657, S. 22)[18]: mutatis mutandis der gleichen, aus der heraus 1820 ein tschechischer Landsmann

18 Linguarum methodus.. 8: Quantum ad πολυγλωττιαν ... [1. Regel:] 9. Quaelibet lingua seorsim discatur. Primo nempe vernacula, tum quae vernaculae loco usurpenda est, puta vicinae gentis lingua. (Praetermittendas enim censeo linguas vulgares doctis.) Tum Latina, et post hanc Graeca, Hebraea etc., semper alia post aliam, non simul; alias confundet haec illam. (324/325).

des COMENIUS, der Pathologe Purkinje, die Schulerziehung in der Muttersprache propagiert und in diesem Zusammenhang vor den psychischen Entwicklungsschäden vorzeitigen Zweitspracherwerbs warnt.[19]

Wie stark die pädagogisch-didaktische Sortierung der zu lernenden Sprachen durch Fragestellungen identitärer Kollektivität mitbestimmt wird, zeigt selbst ein so besonnener pädagogischer Gelehrter wie NIEMEYER, wenn er 1796 Kritik äußert am frühen Französischlernen in den „Häusern der vornehmen Welt, wo es oft zum Ton gehört, *seine* Sprache zu verachten". Die irritierte Beschreibung des Resultats, dass Kinder „eine Geschichte halb deutsch, halb *französisch* erzählen können", kommt dem heute virulenten pathologisierenden Modell der ‚doppelten Halbsprachigkeit' verblüffend nahe (vgl. NIEMEYER 1796, S. 284). Auch dieses Argument ist auf dem Weg zur axiomatischen Ablehnung früher Zweisprachigkeit und spiegelt darin die selbstbewusste Defensive einer strukturell minoritären Position: nicht etwa die einer nationalen Minderheit, nur bedingt die einer – wie bei JAHN – aus Unterlegenheitsgefühlen heraus sich erst konstitutierenden nationalen Mehrheitsgesellschaft, vielmehr die der durch Muttersprache und moderne Fremdsprachen prinzipiell in Frage gestellten kulturellen Hegemonie der toten Bildungssprachen. Wenn NIEMEYER dem in diesem Bezirk immer schon herrschenden muttersprachfernen Modell des Lernens „aus Unterricht und aus Büchern" nüchtern-distanziert auch die lebenden Fremdsprachen zuordnet, dann führt dies präzis weg von einem späteren neuphilologischen Idealismus, der seinen Unterricht gerade am Muttersprachprinzip orientieren möchte und daher konsequent zur axiomatischen Befürwortung früher Zweisprachigkeit findet.[20]

5

Der Verdrängungswettbewerb zwischen den toten und den lebenden Sprachen (inklusive des Deutschen) hat im 19. Jahrhundert seine Balance modellhaft in der sogenannten „utraquistischen" höheren Schule (PAULSEN 1921, S. 445) gefunden, die trotz aller Überbürdungsklagen die modernen Realien aufnimmt, um die klassischen Sprachen und den durch sie verliehenen sozialen Status zu behalten. Man wird es nicht als Zufall ansehen, wenn just der für diesen institutionalisierten Kompromiss gefundene Terminus „utraquistisch" sich schon früh auch auf dem Feld der Schule im Minderheitsgebiet etabliert, und zwar synonym mit der dort – zumindest in Preußen – wohl zuerst eingeführten Bezeichnung „zweisprachig". Auf den ersten Blick erscheint der Begriff „utraquistisch" in diesem Feld auch für seine Benutzer ganz abgelöst von seiner ursprünglichen Herkunft aus der religiösen

19 Comenius und Purkinje werden ihrerseits noch in der zweiten Hälfte des 20. Jahrhunderts von einem Landsmann für die generelle Pathologisierung früher „Zweisprachigkeit" herangezogen: SEEMAN (1969, S. 29).

20 „Überhaupt erlernt man jede Sprache am besten im Kindesalter, und es ist daher nicht berechtigt, wenn gegen jede zwei- oder mehrsprachige Erziehung, wie man sie besonders in vornehmen Häusern antrifft, von manchen grundsätzlich geeifert wird." (Art. „Sprachunterricht" 1907, S. 786)

Sphäre, wo er die – im spätmittelalterlichen Böhmen von den Hussiten erhobene – Laienforderung nach dem Abendmahl in *beiderlei* (uterque) Gestalt, also Brot *und* Wein, bezeichnet; doch dass dies als „Beibehaltung" des Laienkelchs verstanden wird (HERGANG 1847, S. 865), macht den metaphorischen Brückenschlag zum Schulwesen hinüber andeutungsweise erkennbar: „Utraquistisch" transportiert, anders als das oberflächlich gesehen neutrale „zweisprachig", wohl anfänglich immer noch die Konnotation einer in der kollektiven Dimension angelegten *Kontroverse*, und zwar um ‚autochthone' Rechte.

Beibehaltung der Muttersprache gegenüber der Verkehrssprache (Deutsch) – das wird sich im Rahmen des von der Mehrheitsgesellschaft organisierten Schulsystems allerdings vorrangig aus umgekehrter Perspektive buchstabieren: als Einführung der allgemein verbindlichen (deutschen) Zweitsprache bei anderssprachigen Muttersprachlern. Sache der staatlichen Instanz Schule und damit „utraquistischer Lehrer" ist es, sicherzustellen, dass und in welchem Ausmaß sich „Mutter- und Staatssprache neben einander kultiviren" lassen (HERGANG 1847, S. 866). Ein didaktisches Programm, das für Posen zunächst durchaus äquilibriert auftreten kann, ja in dem sich das Altensteinsche Lob der Zweisprachigkeit pädagogisch sogar in der Formel umsetzen mag: „die Betreibung beider Sprachen neben einander" sei ein „herrliche(s) Bildungsmittel des Geistes" (ebd. S. 867). Dennoch fällt dieses Programm von Anfang an durch seine ethnopolitische Konturlosigkeit auf, und dafür steht symptomatisch der organisatorische Titel, unter den es sich selber stellt: „zweisprachige (utraquistische) Schulen". Nicht nur redet dieser Titel die strukturelle Asymmetrie des Projekts Mehrheit-Minderheit pauschal zur Gleichberechtigung schön. Er bringt auch so widersprüchliche Ansätze wie das von HARNISCH angesteuerte oberschlesische Transitionsmodell und das von ALTENSTEIN für Posen anvisierte Dauerprojekt auf einen einzigen, kraft scheinbarer Eindeutigkeit suggestiv überwölbenden Begriff – und öffnet unter diesem Dach umso größere Spielräume für Auslegung und willkürliche Modifikation.[21]

In ihrer schulischen Karriere zwischen den 1820er und 1890er Jahren erweist die Begriffsbildung „zweisprachig"/ „utraquistisch" ihre strukturelle Doppelbödigkeit am Ende darin, dass sie auch für Posen den Umschlag ins Programm – wie

21 HARNISCHS Ausführungen über „Zweisprachige Schulen" werden s. v. „Utraquistische Schulen" ebenso ausführlich rezipiert (wörtlich bei MÜNCH 1842, S. 167ff.) wie die in der Zielsetzung konträren, in der sprachdidaktischen Methode am komparatistischen Prinzip festmachenden Darlegungen der vielfach aufgelegten „Schul-Pädagogik" Carl BARTHELS von 1839 (von dem die oben nach Hergang 1847 zitierten Äußerungen stammen). Dem Ansatz dieses Autors habe ich vor, an anderer Stelle nachzugehen, ebenso wie der Frage, wieweit sich für die neuere Begriffsgeschichte von „utraquistisch" österreichisch-preußische, u. U. über Böhmen und das mährische Schlesien vermittelte, Querverbindungen zeigen lassen. Offiziell namengebend geworden ist der Begriff in Österreich offenbar seit den 1860er Jahren für die „Mittelschulen" (HINTNER 1908, S. 180); in Preußen könnte ein entsprechender erster Beleg die „Verfügung der Königl. Regierung zu Posen vom Jahre 1867 in betreff des deutschen Sprachunterrichts in utraquistischen Schulen" sein (zitiert von ODELGA 1893, S. 4; für die Möglichkeit der Einsicht in eine nahezu umfassende Kopie der von ODELGA redigierten Zeitschrift „Die zweisprachige Volksschule". Breslau 1.1893-27.1919 habe ich Marianne KRÜGER-POTRATZ zu danken).

immer transitional organisierter – purer Einsprachigkeit semantisch abdeckt. Dies drückt sich logisch in der um 1900 manifestierten Absicht aus, „dem Volk eine andere Muttersprache zu geben“ (vgl. KRÜGER-POTRATZ 1994), korrespondiert also damit, dass das Polnische in deutscher Sicht seit den Tagen ALTENSTEINS allmählich auf den Rang einer nicht konkurrenzfähigen Sprache herabgedrückt worden ist.[22] Wenn ALTENSTEIN demgegenüber die Dignität der polnischen Sprache noch ausdrücklich hervorhebt, könnte für einen Augenblick, gleichsam aus der Mitte Europas heraus, die Vision einer gleichberechtigten sprachlichen Vielfalt und Konkurrenz aufscheinen, die von den alten Sprachen über die Fremdsprachen des Westens bis zu denen des Ostens reicht. Doch die spezifische Intervention des Themas Zweisprachigkeit genau an dieser Stelle konterkariert eine solche Vision von vornherein. Wie wir gesehen haben, bewegt sich das Thema Zweisprachigkeit gerade schon in der ALTENSTEINschen Argumentation, also in dem Augenblick, wo sich seine Genese im politischen Handlungsraum abbildet, auf den prinzipiell heterogenen, aber mit großer Selbstverständlichkeit axiomatisch übereinander geschobenen Ebenen von Psycholinguistik und Ethnopolitik, und diese Doppelbödigkeit entspricht präzis der schon im Ansatz ambivalenten Struktur des ganzen Polenprojekts.

So läßt Altensteins Text über Polenpolitik und Zweisprachigkeit sehr wohl bereits auf die rigide Monolingualisierung des Jahrhundertendes durchsehen, nämlich eben darin, dass er die Entscheidungssituation offen legt, in der er selber entstanden ist: zwar als Option *gegen* den Versuch offen oder schleichend zu „germanisieren“ – aber keineswegs allein aus idealistischer Emphase für die polnische Nation, sondern in eins damit auch aus pragmatischen Gründen der Staatsräson, um „die Herzen der Untertanen zu gewinnen“. Genau diese wohlkalkulierte Perspektivität der ALTENSTEINschen Argumentation, die den preußischen Anteil am Diskurs über „Nation“ wohlweislich zurückstellt und dafür den der Polen als realpolitischen Faktor geltend macht, kennzeichnet auch den

---

22 Wenn der Übergang von der positiven zur negativen Bedeutung des Begriffs „zweisprachig“ im Rahmen der so benannten Schule für das 19. und beginnende 20. Jahrhundert rekonstruiert werden soll, sind es folglich vor allem die sozialen Repräsentationen des Polnischen im ethnopolitischen Referenzsystem des Deutschen, deren Wandel verfolgt werden muss. Der Begriff „ethnopolitisches Referenzsystem“ soll hier für den schnell missdeutbaren Begriff „Völkerpsychologie“ eintreten – auch wenn dieser im Zusammenhang unseres Themas seine disziplinengeschichtliche Realität besitzt (vgl. LIST 1998, S. 43-70); er grenzt an den Begriff der „Massenpsychologie“ an, der für die Theorie der sozialen Repräsentationen eine historisch leitende Funktion hat und von ihr kritisch reflektiert wird. – Auf dieser thematisierungsgeschichtlichen Ebene reicht es weder aus, eine geschichtlich unvermeidbare nationalstaatliche Logik zu unterstellen, noch grundsätzlich auf die Interpretation von „Ideologie“ zu verzichten, wie dies in der deutschen Soziolinguistik gerade mit Blick auf ALTENSTEINS positiven Beitrag zum Thema geschieht (vgl. GLÜCK 1979, S. 202f.; dem „Tatkreis“ der 1920er Jahre zugehörig, liefert KLOSS (1969, S. 17) dafür den Grundsatz, dass ihn allein „die Konzentrierung auf Ereignisse außerhalb der Welt der Bücher“ beschäftige). Vielmehr ist von der handlungsleitenden Relevanz hierarchisierender Deutungstraditionen im ‚Krieg der Sprachen‘ auszugehen, also von dem, was die identitäre Selbstdefinition des sprachlichen Kollektivs sich jeweils als ethnopolitisches Referenzsystem zurechtlegt. – Ein historischer Abriss über das für die *französische* Sprachenpolitik der Neuzeit konstitutive ethnopolitische Referenzsystem findet sich bei CALVET (2002, S. 27ff.).

widersprüchlichen Stellenwert des Themas Zweisprachigkeit. Denn die überschwänglich geäußerte Hochschätzung menschlicher Zweisprachigkeit schlechthin bezieht sich konkret ja lediglich auf ein den Polen zugestandenes sprachliches Reservat und – in späteren Texten deutlicher[23] – sein Pendant: die Verpflichtung deutscher Lehrer vor Ort zur notwendigen Kompetenz im Polnischen. Zweisprachigkeit für die polnischen Muttersprachler zielt in diesem Rahmen also auf den durchaus eingeschränkten Status der für alle verbindlich zu machenden „Landesregierungssprache", und schulpolitisch umgesetzt wird das folgerichtig auf dem kleinsten gemeinsamen Nenner: dass „die deutsche Sprache nur als Lehrgegenstand in jeder polnischen Schule" aufzunehmen sei. Auf einen Horizont allseitigen Sprachenlernens in Preußen führt das so angeschlagene Thema Zweisprachigkeit nicht.

6

Wenn die nach 1815 wohlerwogenen Interessen preußischer Sprachenpolitik in Posen den zuständigen Minister dergestalt dazu herausfordern, der bis dahin tendenziell negativen Bewertung von Zweisprachigkeit ein positives Urteil mit ebenso axiomatischem Geltungsanspruch gegenüberzustellen, dann wird dabei die Suggestion erzeugt, dieses Urteil sei auf der universalanthropologischen Ebene längst gefällt und werde lediglich auf einen bestimmten *Anwendungs*fall übertragen. So zeigt sich die Weiterentwicklung des Begriffs Zweisprachigkeit gerade in dem Augenblick, in dem dieser Begriff explizit für großräumige Organisationsprobleme in der kollektiven Sphäre beansprucht wird, eigentümlich losgelöst vom konkreten ethnopolitischen Bezugssystem. Das Thema gewinnt eine Selbständigkeit, die ganz aus dem axiomatischen Geltungsanspruch lebt. Dazu gehört bei Altenstein sogar, dass die Auseinandersetzung um die widersprüchlichen Axiome des Schadens oder Nutzens ihrerseits thematisiert wird, was dem Begriff dazu verhilft, den Schein eines von langer Hand präzis in seinem Namen geführten Diskurses zu erzeugen.[24] So theoretisch unbeirrbar die Behauptung des Nutzen bei Altenstein auftritt – in der Praxis scheint dieses Prädikat von vornherein darauf

23 Ich muss mich hier vorderhand auf diesen globalen Hinweis beschränken, der erst auf einer flüchtigen Durchsicht von Material im Preußischen Geheimen Staatsarchiv beruht.

24 Diese Suggestion kann entstehen, weil sich das spezifische Thema Zweisprachigkeit im argumentativen Rahmen der allgemeinen Kontroverse über das Sprachenlernen schlechthin auslegt, wo denn auch bereits „Von dem Zweck, dem Nutzen und Schaden [!] des Lernens fremder Sprachen überhaupt" die Rede ist (TRAPP 1788, Inhaltsverzeichnis) (auf Trapp macht in diesem Zusammenhang KUBANEK-GERMAN (2001) aufmerksam). Aus dem Blickwinkel psychologisch-pädagogischer Ökonomie bewegt sich das von Trapp vertretene monolingualistische Überbürdungsargument konsequent auf das Thema Zweisprachigkeit zu, doch ohne es schon, wie Jahn dies dann tun wird, als solches einzukreisen: „Es mögte wol schwer halten, den Beweis zu führen, dass zur zweckmäßigen Ausbildung des menschlichen Geistes an sich und überhaupt ohne Rücksicht auf gewisse Ämter, Fähigkeiten und Geschäfte, mehr als Eine Sprache nöthig sey." (TRAPP 1788, S. 84) Für den aufklärerischen Pädagogen ist das Lernen von Fremdsprachen letztlich nichts als ein unter den Bedingungen des internationalen Verkehrs aufgedrungenes notwendiges Übel (vgl. ebd. S. 216f.).

angelegt, mit seinem nicht minder absolut gesetzten Gegenstück, dem Schadensargument, operational abgeglichen zu werden.

Es ist offenbar genau das, was im Zeichen der preußischen Institution „zweisprachige Schule“ (resp. „utraquistische Schule“) im Lauf des 19. Jahrhunderts geschieht. Für die von der Mehrheitsgesellschaft betriebene ‚interkulturelle Pädagogik‘ zumal in Posen wird der Gebrauchswert dieses Namens nicht zuletzt darin bestanden haben, die Aufmerksamkeit über Jahrzehnte hinweg auf das in ihm ausgedrückte Versprechen zu fokussieren und damit – wie absichtsvoll immer – die schleichende Germanisierung auf der Erscheinungsebene begrifflich auszublenden, ungreifbar zu machen.[25] So läßt sich erklären, dass der Titel „zweisprachige“ bzw. „utraquistische“ Schule institutionell weit über den Punkt hinaus in Kraft bleibt, an dem die Radikalisierung preußisch-deutscher Ethnopolitik gegenüber den polnischen, dänischen und anderen Minderheiten den positiven Befund zum individuellen „Besitz zweier Sprachen“ längst in sein Gegenteil hat umschlagen lassen. Dementsprechend gelingt es anscheinend, die von den schulischen Immersionsprogrammen im letzten Drittel des 19. Jahrhunderts hergestellte pädagogische und linguistische Dysfunktionalität (Diglossie) unter der Decke didaktischer Fachdiskussion zu halten, wie sie in der Zeitschrift „Die zweisprachige Volksschule“ (vgl. KRÜGER-POTRATZ 1994) geführt wird.

Erst spät, gegen Ende des Weltkriegs, beginnt die majoritäre Seite dann selber den Begriff „zweisprachige Schule“ als dysfunktional zu empfinden. Geht er doch über die Realität hinweg, dass die Kinder „in der Familie eine andre als die durch die Schule vermittelte Sprache sprechen“, also „erst durch die Schule zweisprachig werden“, wie der oberschlesische deutsche Schulmann August VOLKMER (1917, S. 1055) sagt.[26] An dieser Stelle zeigt sich nicht nur die bisherige Begrifflichkeit durch die verschärfte Assimilationspolitik endgültig überholt, es trennen sich auch die bis dahin synonym gebrauchten Termini „zweisprachig“ und „utraquistisch“ und weisen damit aus, dass sie im Prinzip so lange zur Deckung gekommen sind, wie tatsächlich – dem ursprünglichen preußischen Ansatz entsprechend und durch das Modell des österreichischen „Utraquismus“ gestützt – im Unterricht zwei Sprachen gesprochen worden sind. In dem Maß aber, wie die Polenpolitik sich verschärft und nach 1871 die Annexion Elsass-Lothringens schulpolitisch zu verarbeiten ist, treten in der bis dahin doppelt benennbaren preußischen Minderheitenschule auch nomenklatorisch zwei Modelle auseinander: VOLKMER (1917) benennt sie aus der Perspektive von 1917 als das neuere, das für nahezu alle Minderheiten inzwischen auf deutsche Einsprachigkeit fixiert ist, und das ältere, das nur noch für wenige ausschließlich frankophone Bezirke in Elsass-Lothringen

25 Auch ohne als „zweisprachig“ benannt zu werden, haben Schulgründungen in diesem Übergangsprozeß per se eine zwiespältige Funktion, was besonders für die Ära des Oberpräsidenten Flottwell (1830-1841) gilt, dessen kulturexpansionistischer deutscher Bildungsoptimismus sich gleichwohl „noch immer weit von späteren Versuchen gewaltsamer Germanisierung“ unterscheidet (BROSZAT 1963, S. 76).

26 Der Autor wird sich noch zwei Jahrzehnte später zum Thema äußern, und zwar mit dem Versuch, „Die Zweisprachigkeit im Lichte der neueren Seelenkunde“ zu beleuchten (VOLKMER 1936; vgl. LIST 1998, S. 56 Anm. 3).

gilt, und bei diesem Typ der „zweisprachigen Schulen im engern Sinne" scheint denn auch der Begriff „utraquistische Schulen" verblieben zu sein.

Für die fortgesetzt so genannten „zweisprachigen Schulen im weiteren Sinne" hingegen wird von VOLKMER als zutreffendere Bezeichnung der Name „Schule im Zweisprachengebiet" vorgeschlagen; ein Vorschlag in Richtung begrifflicher Klarheit, der zugleich das Eingeständnis des strukturellen Scheiterns einschließt. Denn ungeachtet aller didaktischen Rhetorik, dass „den Kindern die deutsche Sprache ohne Zuhilfenahme der Übersetzung, also auf direktem Wege, zu vermitteln" sei (ebd. S. 1056)[27], spricht der inzwischen frei gewordene Terminus „utraquistisch" eine andere Botschaft aus. Auf seinem Weg durch die ‚interkulturelle' Elementarschule ist er jetzt an seiner letzten Station angekommen und bezeichnet die von der Immersionspädagogik angerichtete real existierende Diglossie: den nackten Sachverhalt, dass die von den „zweisprachigen Schulen" Betroffenen *selbst* mit ihrer Zweisprachigkeit zurecht kommen müssen. Es ist dieser Sachverhalt, der eine neue, konsequent substanzialistische Wortprägung nahe legt, nämlich die, dass – nicht mehr die Lehrer, sondern – „die *Kinder* dieser Schulen Utraquisten (von lat. uterque, utraque, jeder [jede] von beiden) sind" (VOLKMER 1917, S. 1055)[28] Der Terminus findet damit gleichsam wieder zurück ins Sektenleben, aus dem er für das Schulleben säkularisiert entlehnt worden ist.[29]

Während die Semantik der Zweisprachigkeit im preußischen Mehrheitskonzept von der Schule abgezogen wird und auf die Kinder der Minderheiten übergeht, wird sie in der K.u.K.-Monarchie aus umgekehrter, minoritärer Sicht unter dem Namen des „modernen Utraquismus" zum empirisch gesättigten Inbegriff eines sprachpolitischen Unterdrückungsinstruments. Anders als der elitäre ältere „Utraquismus", der rein kulturelle Selbstbehauptungskampf der klassischen Sprachen, so Onisifor GHIBU 1910 vor allem auf die ungarischen Verhältnisse bezogen, wendet sich dieser moderne „an die breitesten Schichten der fremdsprachigen Bevölkerung eines Staates, an das niedere Volk, dem er neben seiner Muttersprache noch eine zweite, fremde, sogenannte Staatssprache beibringen will" (GHIBU 1910, S. 1f.)[30] Indem der Autor dieses Ansinnen schärfstens zurückweist, vertritt er eine radikal monolingualistische Position, die sich spiegelbildlich zu der unter dem Deckmantel der Zweisprachigkeit durch die Mehrheit betriebenen Monolingualisierung verhält. Es ist kein Zufall, dass diese grundsätzliche Abwehrposition gerade im Erfahrungsraum des ungarischen Teils der Monarchie ent-

27 Einen Blick auf das Niveau des so gestalteten Sprachunterrichts erlaubt die didaktische Hilfestellung, die ihm aus dem Erfahrungsraum der Taubstummenbildung (vgl. HARNISCH 1839) zuteil wird: „Bei der gesamten Erlernung der deutschen Sprache wird die Gebärde fleißig zu Hilfe genommen." (VOLKMER 1917, S. 1058)

28 Hervorh. GL.

29 Die heutigen lexikalischen Auskunftsmittel befassen sich in aller Regel nur mit diesem ursprünglichen „Utraquismus", der im 15. Jahrhundert entstandenen gemäßigt-hussitischen Laienkelchbewegung in Böhmen.

30 GHIBU interpretiert damit den – in seiner Optik – älteren, gymnasialen „Utraquismus" im Hinblick auf seine Konservierungsfunktion, nicht auf das für die Namensgebung maßgebliche Erweiterungsprogramm, unterstellt also nicht ganz grundlos auch hier schon die unter dem Mantel begrifflicher Doppeldeutigkeit wirksamen Interessen kultureller Hegemonie.

wickelt wird, also aus der Perspektive von Minderheiten, die sich ihrerseits unterdrückt fühlen durch den Homogenisierungsanspruch einer auf ihrem Gebiet als Mehrheitssprache auftretenden ‚kleinen' europäischen Sprache.

Eingekeilt zwischen den Interessen majoritärer und minoritärer Einsprachigkeit wird so das Thema Zweisprachigkeit selber zum eigenständig behandelbaren Gegenstand kritisch distanzierter Theoriebildung. Aus der axiomatisch pathologisierenden, mit ein paar Beispielen ausgestatteten Formel, wie wir sie bei JAHN im Kontext des Stichworts „Muttersprache" vorfinden, sind bei GHIBU (1910) oder im gleichen Jahr bei BLOCHER (1909), hier aus den deutschschweizerischen und elsässischen Problemlagen heraus[31], nunmehr ganze Publikationen geworden, die den Begriff „Utraquismus" bzw. „Zweisprachigkeit" im Titel führen und argumentativ weit in die Geschichte und Ethnographie einerseits, die Psychologie andererseits ausholen.

Um bei GHIBU zu bleiben, so mobilisiert er nicht nur den Einspruch der Pädagogik und ihrer „Grundwissenschaften, der Psychologie und Ethik" (GHIBU 1910, S. 4) gegen die Zweisprachigkeit. Er geht mit seiner Reflexion auch auf die historischen Bedingungen zurück, unter denen sie überhaupt hat zum Thema werden können: Kann doch der „moderne Utraquismus" als sprachpolitische Handlungsform „kaum weiter als bis in das 19. Jahrhundert zurückgeführt werden"; er basiert auf den staatspolitischen Prinzipien der französischen Revolution (vgl. ebd. S. 2f). Hinter diesem „künstlichen" macht GHIBU jedoch im Horizont ökonomischer Interessen einen „natürlichen Utraquismus" aus, „der fast so alt ist wie die Welt, und durch das Leben, nicht durch die Schule geschaffen wird" (ebd. S. 5). Wo immer also das Wirtschaftsleben die „allmähliche Entwicklung einer Zweisprachigkeit auf beiden Seiten zur natürlichen Folge hatte", erscheint dies dem Autor akzeptabel (vgl. ebd. S. 3)[32]. Und so kann er als Kind seiner Zeit denn auch nicht umhin, in aller zivilisatorischen Selbstgewißheit die geschichtlich nächstliegende Veranlassung für diese „natürliche" Form der „Zweisprachigkeit" zu benennen: Die „Ausbeutung der Reichtümer der entdeckten Länder machte es notwendig, mit den Ureinwohnern auch sprachlich verkehren zu können…" (ebd. S. 3).

7

Für einen kurzen Moment am Anfang des 20. Jahrhunderts, doch ohne ihr Thema wirklich in Frage zu stellen, setzt sich so die Thematisierung der Zweisprachigkeit historisch auf die eigene Spur: Es ist letztlich die Linguistik des Kolonialismus[33],

---

31 Der Zürcher Pfarrer Eduard BLOCHER beginnt seine Karriere als ethno- und sprachpolitischer Autor mit Überlegungen zum „Rückgang der deutschen Sprache in der Schweiz" (1900) und findet von da über die aktuellen Problemlagen des Elsass zum generellen Thema „Zweisprachigkeit" (BLOCHER 1909a; 1909b) – Ich kann an dieser Stelle auf die umständliche Argumentation des Autors nicht eingehen.

32 Er greift damit auf einen Topos des Diskurses über die Vor- und Nachteile des Fremdsprachenlernens zurück (vgl. oben Anm. 24).

33 Vgl. den Ansatz von: CALVET (1974): Linguistique et colonialisme.

die den geschichtlichen Bedingungsrahmen für die Genese und Funktionskarriere dieses interkulturellen Konstrukts in der modernen Welt herstellt. Es ist der entstehende Nationalismus, der dann die eigentliche, die begriffliche – hier am deutschen Fall beobachtete – Erfindung und Ausbildung des Themas herbeiführt. Aber am Ende dieser ersten, vorwissenschaftlichen Entwicklungsphase, im Zeichen des Imperialismus und der radikalisierten Homogenisierungspolitik der Nationalstaaten, gerät das Thema Zweisprachigkeit ersichtlich gerade in dem Maß, wie es sich als Diskurs und Textgattung äußerlich verselbständigt, mit seinem inneren Ansatz in ein Stadium ausufernder Ideologie. Aus unterschiedlichsten ethnopolitischen Handlungs- und Erfahrungsperspektiven, durch Mehrheiten und Minderheiten legitimatorisch beansprucht, wird es – das zeigen VOLKMER und GHIBU, und es gilt auch für BLOCHER – zunächst nur noch durch die inzwischen für alle Seiten gemeinsame Fokussierung auf den angeblich pathologischen Kern des Gegenstands zusammengehalten.

Die in dieser Lage unternommenen Anstrengungen, den Stoff typologisch-systematisch zu sortieren, bewegen sich im Medium eines unübersichtlich weitgespannten ethnopolitischen Referenzsystems, das längst über unmittelbare Handlungsanlässe hinausgewachsen ist, ja im Gegenteil zu deren gezielter Ausblendung dient, nämlich als ein Arsenal von Exempeln, die vorrangig das universalanthropologische Axiom des Schadens zu belegen haben. Ist es ein Zufall, wenn just um die gleiche Zeit die ersten Versuche gemacht werden (vgl. RONJAT 1913), diesen ethnopolitischen Horizont gänzlich auszublenden und das Thema in empirischer Weise tatsächlich wieder auf den Fokus zu konzentrieren, von dem es im 18. Jahrhundert seinen Ausgang genommen hat: das Problem der Auswirkungen von Zweisprachigkeit auf die psychische und intellektuelle Entwicklung des von ihr ‚betroffenen' Individuums?

Der im Rahmen der vorliegenden Skizze unternommene Versuch, erste Umrisse einer Begriffsgeschichte der Zweisprachigkeit zu skizzieren, schließt an die ethnopolitischen Motive der Theoriebildung an. Es geht darum, im Material konkreter Semantik die spezifischen Deutungsmuster aufzuspüren, die das Thema Zweisprachigkeit mit bestimmten kollektiven Interessenlagen funktional verknüpft (und strukturell verknüpfbar) gemacht haben – wobei unterstellt wird, dass die Funktionalität des begrifflichen Angebots zum guten Teil darauf zurückgeht, dass das Thema von vornherein darauf angelegt ist, *widersprüchliche* Dienste zu organisieren. Um es auf eine Formel zu bringen: Der Begriff „Zweisprachigkeit" funktioniert als Achse für eine mit Argumenten bestückte Drehscheibe, die von unterschiedlichsten Interessen an Fokussierung und Ausblendung der ‚Sache' in Bewegung gesetzt werden kann – bis diese selber ganz verschwimmt. Umso mehr muss daran gelegen sein, das Spezifische der zentralen Begriffserfindung festzuhalten, und zwar in der von ihrer durchgehend *binären Logik* bestimmten ‚argumentativen Grundstruktur'.

Wir haben diese argumentative Grundstruktur bisher noch nicht systematisch angesprochen. Relativ deutlich gezeigt hat sich die Genese des Themas aus dem dichotomischen Verhältnis von Muttersprache und Fremdsprache; eine Dichotomie, die im semantischen Feld des Begriffs Zweisprachigkeit präsent bleibt und begrifflich in ihm selber inkorporiert wird – jedoch nicht so sehr im Geist freier Grenzüberschreitung als vielmehr einer ethnopolitisch aufgedrungenen interkulturellen Notkonstruktion. Umso stärker imponiert die binäre Logik dieses Konstrukts: Die durch sie vorgenommene Verdoppelung von Einsprachigkeit konstituiert offensichtlich nicht nur, was man den ‚Gegenstand' des Begriffs nennen kann: die Konstellation einer systemlinguistischen Polarisierung (*zwei Sprachen in einer Kompetenz*). Die binäre Logik dieser Konstruktion erstreckt sich auch, wie schon Altensteins Text belegt, auf weitere strukturelle Aspekte des argumentativen Kernbestands. Drei lassen sich als entscheidend benennen:

Erstens erscheint der begriffliche Verweis auf die ‚Sache selbst' als Prädikation unlöslich verbunden mit der wiederum polar auftretenden, kontrovers zu diskutierenden, aber jeweils axiomatischen Bewertung dieser Sache (*Nutzen oder Schaden*). *Zweitens* gewinnt jede dieser axiomatischen Prädikationen ihre universalistische Aussagekraft zwar aus der anthropologischen Sphäre, doch ist die Option grundsätzlich offen, welchem von den beiden markant auseinander tretenden Polen des ‚Anwendungsfeldes' (*individuelle vs. kollektive Situationen*) sich das Thema dann tatsächlich zuordnet. *Drittens* zeigt sich in diesem Zusammenhang, dass das Thema am kollektiven Pol – mithin wenn tendenziell diglossische Verhältnisse zur Sprache kommen – gerade in seinem axiomatisch-universalistischen Geltungsanspruch letztlich aus jeder der beiden gegensätzlichen Perspektiven (*majoritär und minoritär*) [34] beanspruchbar ist.

Für eine durchgängige Inhaltsanalyse des Themas Zweisprachigkeit in allen relevanten Texten unabhängig von ihrem Komplexitätsgrad[35] bietet diese argumentative Grundstruktur methodischen Anhalt. Das heißt: In den Grundzügen ihrer Wandlungen und Fortschritte wird die Thematisierungsgeschichte der Zweisprachigkeit rekonstruiert werden können, indem man den unterschiedlich besetzten dichotomischen Optionen der generalisierenden Bewertung (1), personal-

34 Formal gesehen wird die unterschiedliche Bewertung der „Zweisprachigkeit" bei ‚eigenen' Minderheiten im Ausland und ‚fremdsprachigen' Minderheiten im Inland (KRÜGER-POTRATZ 1994, S. 83) als argumentative Weiterentwicklung dieser perspektivischen Disposition im Bezirk der Mehrheit selbst aufgefaßt werden können.

35 Dieser operationale Aspekt ist gerade im Hinblick auf die seit der Wende zum vorigen Jahrhundert wachsende Textmenge und argumentative Autonomisierung der Beiträge zum Thema entscheidend. – Ingrid GOGOLIN (1994, S. 145ff.) hat in Befragungen von Studierenden der Pädagogik sowie Lehrerinnen und Lehrern und an lexikalischem Material eine Analyse der vorgängigen Meinungen über das ‚Wesen' von „Zweisprachigkeit" vorgenommen; ein Ansatz, der dem hier skizzierten Vorhaben, die Geschichte des Themas im Hinblick auf seine sozialen Repräsentationen zu rekonstruieren, von der Gegenwart her hilfreich zuarbeitet. Man wird das Ergebnis, das diese Analyse abbildet, als äußerst aussagekräftig für das letzte ‚Kapitel' der Thematisierungsgeschichte ansetzen dürfen, wobei, so gesehen, besonders die inzwischen fast vollständige Ausblendung der ethnopolitischen Dimension des Themas aus dem pädagogischen Bewusstsein auffällt. Während die Zuordnung zur Polarität „Person" – „Raum" somit wesentlich auf die personale Dimension hin geschieht, ist die Kategorie der „Bewertung" mit ihren beiden polaren Optionen grundsätzlich präsent geblieben, aber mit fortschreitender Zeit zunehmend positiv besetzt worden.

sozialen Zuordnung (2) und ethnischen Perspektivität (3) im Einzelnen folgt und sie in ihrer Kombination festhält.

Das sollte entlang einer zentralen, unmittelbar in die Gegenwart reichenden Fragestellung geschehen: An welchen Punkten und unter welchen ethnopolitischen Bedingungen – an dieser Stelle haben sich die Recherchen des begriffsgeschichtlichen Datenstrangs mit denen der Ethnopolitik- und Schulgeschichte zu verbinden – ist die basale Argumentationsstrukur dauerhaft auf eine *Metaebene* gebracht worden? Dahin also, dass die polarisierenden Optionen des Entweder-Oder, wie sie das Thema in seiner Anlage kennzeichnen, zugunsten differenzierender Abwägung (von ‚Nutzen' *und* ‚Schaden', individuellen *und* kollektiven Aspekten, Mehrheits- *und* Minderheitsinteressen) zurücktreten? Eine Metaebene, die sich zwar bei Altenstein schon andeutet, für deren Konstitution aber erst sehr viel später die geschichtlichen Bedingungen vorliegen. Wird am Ende auch die universalistische Suggestion der binären Logik selber einer kritischen Revision unterzogen?

Einige Bemerkungen dürfen hier genügen, um klar zu machen, dass derart suggestive soziale Repräsentationen, wie sie mit Thema und Begriff der „Zweisprachigkeit" bis heute assoziiert bleiben, nicht ohne weiteres durch formale Verwissenschaftlichung aus ihrer Dialektik von Fokussierung und Ausblendung herausfinden. Schon in den wenigen hier behandelten Beispielen des 19. und beginnenden 20. Jahrhunderts zeichnet sich zwar durchaus ein Prozess der Rationalisierung ab, und gerade die damals konsensuelle Pathologisierung des Themas zielt dabei auf den ‚objektiven' Charakter seiner sozialen Repräsentationen. Ein Legitimationsdruck zeigt sich, der mit der Öffnung des Themas zusammenhängt, also damit, dass es *auch* von minoritärer Seite aufgenommen wird, und der dafür sorgt, dass es schließlich von beiden Parteien im ganzen Argumentationsspektrum zwischen Psychologie und Ethnopolitik entfaltet werden muss. Aber auch wenn dieser Legitimationsdruck auf die Rationalisierung innerer Widersprüche hinwirkt[36]: die Ausdifferenzierung der Argumentation stellt als solche noch keineswegs die methodische Überprüfung der eigenen Prämissen sicher. Es ist lediglich so, dass sich das interkulturelle Konstrukt Zweisprachigkeit jetzt begriffs-, textsorten- und diskursgeschichtlich tatsächlich unter dem Titel „Zweisprachigkeit" verselbständigt, und dass dies den für die zweite Phase kennzeichnenden durchaus heterogenen Ansätzen zur Verwissenschaftlichung des Themas den Rahmen einer *stabilen Semantik* vorgibt.

Diese zweite Phase wird von der heutigen Bilingualismusforschung und -literatur in der Perspektive eigener wissenschaftlicher Finalität triftig vor allem als Prozess der Depathologisierung charakterisiert (vgl. z. B. KIELHÖFER/JONEKEIT 1983, S. 9f). Eine Sicht, die an der ethnopolitischen Literatur zur „Zweisprachigkeit" vorbei sich nicht nur auf die Linie der seit RONJAT (1913) behandelten bio-

---

36 Das gilt besonders für die scheinbar objektive Formel von den „Vorteile(n) und Nachteile)n" der „Zweisprachigkeit"; vgl. den Titel der Blocherschen Schrift von 1909/1910 (BLOCHER 1909b). Das Wiederauftauchen dieser Formel in aktuellen Examensarbeiten (Internet s.v.) wird als Symptom partieller Repathologisierung von „Zweisprachigkeit" im Zeichen professioneller sprachheilpädagogischer Interessen an den Problemen der Migrantenkinder gedeutet werden dürfen.

graphischen Fallstudien konzentriert, sondern stärker noch auf die Tradition der zu Beginn der 1920er Jahre zuerst in Wales organisierten experimentellen Gruppenforschung (vgl. etwa SAER 1923/24). Aber auch bei der Rekonstruktion dieser – zunehmend im universitären Bereich betriebenen – interdisziplinären Forschung muss über die Mitte des 20. Jahrhunderts hinaus mit Gemengelagen gerechnet werden, in denen sich Ideologie und Wissenschaft, ethnopolitisches Handlungs- und professionelles Erkenntnisinteresse ineinander verschränken. Das betrifft nicht nur die Seite der schulisch-pädagogischen Anwendungspraxen und deren lediglich rhetorisch verborgenen ethnopolitischen Interessenhorizont.[37] Auch das experimentell-empirische Paradigma selber trägt ja mit seiner Fixierung auf die ‚Objektivität' des psycholinguistischen Ansatzes entschieden dazu bei, das interkulturelle Konstrukt Zweisprachigkeit in seinen diffusen sozialen Repräsentationen auf der Ebene eines methodologisch im Prinzip unerschütterlichen Geltungsanspruchs fort- und festzuschreiben.[38]

8

Diese Forschung erscheint somit ihrerseits als das einstweilige Endprodukt der Geschichte zwiespältiger Komplexitätsreduktion, wie sie durch die binäre Logik des Themas auf den Begriff gebracht und im interkulturellen Konstrukt „Zweisprachigkeit" greifbar wird. Das soll an einem letzten Beispiel illustriert werden.

Es betrifft wiederum den deutschen Fall und muss vor dem Hintergrund der zunehmenden Dysfunktionalisierung gelesen werden, die das interdisziplinäre Interesse am Forschungsthema „Zweisprachigkeit" in der NS-Zeit erfährt. Denn in dem Maß, wie das Rassenparadigma die ‚völkische' Einheit von Muttersprache und Volk zu einer vordergründigen Denkfigur degradiert, verliert „Zweisprachigkeit" als Inbegriff der sprachpolitischen Zuspitzung ethnopolitischer Fragen ihre Brisanz – und im expansionistischen Horizont kollektiver Selbstdefinition wird das Argument vom Schaden „zweisprachiger" Existenz nachrangig (vgl. LIST 1998). Gegenläufig zur Funktionalisierung anderer Disziplinen[39] scheint also für die Begründung von Forschung auf diesem Gebiet einerseits zwar inhaltlicher Spielraum, andererseits aber wenig politischer Bedarf dagewesen zu sein, so dass es zu ausgesprochen ehrgeizigen interdisziplinären Ansätzen kommt, die allerdings mit Kriegsbeginn abbrechen. Das läßt in der Nachkriegszeit einen eigentümlichen Nachholbedarf entstehen, der sich nicht nur in der Suche nach Konvergenz besonders mit der US-amerikanischen Forschung äußert, sondern durchaus auch im Rückgriff auf das seinerzeit nicht zur Geltung gekommene Material (V. WEIß 1959).[40]

---

37 Charakteristisch dafür ist der vom Bureau international d'éducation herausgegebene Sammelband: Le bilinguisme et l'éducation. (BUREAU INTERNATIONAL D'ÉDUCATION 1928).

38 Auf der Ebene der wissenschaftlichen Publizistik ist ZIMMER (1997) ein gutes Beispiel dafür.

39 Etwa der Geschichtswissenschaft (vgl. HAAR 2000).

40 Ich konzentriere mich hier exemplarisch auf diesen einen Autor.

Aufschlussreich belegt ein Aufsatz von Andreas v. WEIß in der „Zeitschrift für Ostforschung" von 1954, wie sich allererst der programmatische Übergang zum heutigen Paradigma linguistisch-psychologischer Empirie unter ausdrücklicher Ablösung von ethnopolitischen Interessenlagen vollzieht; wie widersprüchlich sich jedoch zugleich das Verschwinden dieser kollektiven Dimension gestaltet. Denn der erklärten Absicht des Autors, das Problem Mehrsprachigkeit endlich herausholen zu wollen aus der Optik der Pädagogik, Volkstums- und Schulpolitik und es auf „allgemeine Lebensprinzipien" zurückzuführen – dieser nach 1945 nur allzu verständlichen Absicht widerspricht schon der Titel des Aufsatzes diametral: „Mehrsprachigkeit als Aufgabe in Osteuropa" (v. WEIß 1954, S. 188). In der Tat handelt es sich um den Versuch, beide für das Thema Zweisprachigkeit relevanten Fäden – den der Forschung und den der Ethnopolitik – zwar inhaltlich entscheidend umzuspulen, aber dennoch in der Hand zu behalten. Anders gesagt: im Hinblick auf den Zusammenhang der bisherigen Thematisierungsgeschichte mit dem künftigen Wissenschaftsfortschritt zeigt sich eine doppelbödige Einstellung. Sie weist den Text als Dokument des Übergangs aus, indem sie die Dimension ethnopolitischer Interessiertheit, die der programmatisch eingeleitete Verwissenschaftlichungsprozess an und für sich dabei ist in die Latenz zu verschieben, für einen kurzen geschichtlichen Augenblick noch offen hält.

Einerseits also die radikale Reduktion des Mehrsprachigkeitsproblems auf den anthropologischen Kern der „menschlichen Sprachigkeit": Kommunikation ist für v. WEIß als solche schon Interaktion der „Eigensprache" des Individuums mit der „Fremdsprache" seiner Umwelt (ebd.). Andererseits gerade von diesem ethnopolitisch radikal zurückgenommenen Grundbegriff her, der einer intersubjektiven „sprachgemeinschaftlichen Verständigung" das Wort redet, die Entwicklung des Problems Mehrsprachigkeit in den konkreten Schauplatz Osteuropa hinein: Dort sind „verschiedenartige Sprachgemeinschaften ineinandergeschoben und vermischt", so dass „verschiedensprachige Menschen in eine gemeinsame Umwelt gestellt (sind), in der sie miteinander leben müssen". Es ist die binäre Logik der *Schnittstelle*, die an diesem Punkt der Argumentation dafür sorgt, dass sich ethnopolitische auf anthropologische Probleme verkürzen und dass in einem Akt systematischer Komplexitätsreduktion „Zweisprachigkeit" als „der typische Regelfall der Mehrsprachigkeit" erscheint (ebd. S. 189f.).

Auf dieser Basis psycholinguistischer ‚Objektivität' wird dann auch der paradoxe Anschluß an die Problemlagen deutscher Ethnopolitik vor 1945 herstellbar, wenn auch unter neuem Vorzeichen: Es geht jetzt um die Aufgabe, „in abendländischem Sinne" die von der spätstalinistischen Politik exekutierte „intolerante Beseitigung der natürlichen Mehrsprachigkeit in diesem Raum" rückgängig zu machen. Eine Aufgabe, die sich für den Autor mit dem Pathos aufladen darf, „von den Gesetzen der Sprachigkeit des Menschen überhaupt gefordert" zu sein (ebd. S. 200f.).

Man wird diese Argumentation nicht darauf verkürzen können, dass sie lediglich über den Umweg der Anthropologisierung ethnopolitische Ziele verfolgt. Dass es dem Autor ernst ist mit einer *subjektorientiert-positiven* Theorie der

„Zweisprachigkeit", erhellt aus der Tatsache, dass er seinen Ansatz bereits in den späten 1930er Jahren entwickelt hat; damals in einer aus heutiger Sicht merkwürdigen Verschränkung mit dem Rassenparadigma (v.WEIß 1937, S. 256-266).[41] Durch eben dieses Paradigma hat sich die wissenschaftlich ambitionierte deutsche Theorie der „Zweisprachigkeit" damals die Figur des resistenten eigenvolklichen „Doppelsprachträgers" (WEIß 1954, S. 198) in anderssprachiger Umgebung abstützen lassen. Dazu muss man von unserem Autor, Andreas v. WEIß, wissen, dass er sich selber als estländischer Deutschbalte genau in der Rolle befunden hat, die er theoretisch entwickelt: positiv auf dem Boden des in Estland seit 1918 für die Minoritäten entwickelten „Personalrechts und der subjektiven Bestimmung des Volkstums" stehend (ebd. S. 196) – und damit auch auf dem Prinzip des persönlichen Nutzens von „Zweisprachigkeit" für die Angehörigen der eigenen Minorität.

Wenn v. WEIß aus dieser Erfahrung eines 1939 durch den Hitler-Stalin-Pakt gewaltsam abgebrochenen geschichtlichen Kapitels heraus 1954 für ganz Osteuropa von der notwendigen „Aufgabe der Zweisprachigkeit" spricht, dann will er sie streng abgesetzt wissen von der für ihn falschen Fragestellung nach dem Nutzen *oder* Schaden, wie sie „im Sprachenkampf an der deutsch-französischen Sprachgrenze entwickelt worden" sei (ebd. S. 198). Aus der besonderen Problemlage in Estland stellt v. WEIß mit seiner eigenen, 1937 begonnenen und seinerzeit nicht abgeschlossenen Forschung vielmehr bei den baltendeutschen „Doppelsprachträgern" auf eine Psychologie der sprachlichen *Leistung* ab. Obwohl v. WEIß selber sagt, dass die estländische Konstellation mit anderen osteuropäischen Zuständen nicht ohne weiteres identisch sei (ebd. S. 195), läuft dies zugleich auf den Versuch hinaus, eine *allgemein* aussagefähige Typologie bilingualer Kompetenz herzustellen. Dieser Versuch geht genau in die heutige Richtung: Er unterstellt dem an bestimmten ethnisch-sprachlichen Gruppen untersuchten interkulturellen Konstrukt „Zweisprachigkeit" objektiven Charakter, um passgerechte psycholinguistische Leistungs*messungskriterien* für möglichst alle anderen Merkmalsgruppen zu gewinnen (ebd. S. 195-198).

Zum Glück für uns bleibt v. WEIß dabei noch in grobgerasterten persönlichkeitspsychologischen Modellen stecken, die seinem nur oberflächlich dementierten ethnopolitischen Interesse im Zuschnitt entsprechen. Das erlaubt, die virulente Ideologie seines Konzepts als solche zu durchschauen, d.h. wir sehen unmittelbar in eine Werkstatt von Widersprüchen hinein. Heute haben wir es schwerer, die Objektivitätsansprüche der Bilingualismusforschung und die alltagstheoretischen Verlautbarungen eines Innenministers zu „zweisprachigen Ortsschildern" als soziale Repräsentationen ein und desselben arbeitsteilig organisierten Zusammenhangs der Fokussierung und Ausblendung wahrzunehmen. Als Variationen eines interkulturellen Konstrukts, das den geschichtlichen Prozeß der mit ihm vollzogenen zwiespältigen Komplexitätsreduktion im Wort „Zweisprachigkeit" hermetisiert aufbewahrt.

---

41 Für diesen Ansatz und seinen Kontext vgl. LIST (1998, S. 66).

Literatur

Art. „Sprachunterricht“ In: Meyers Großes Konversations-Lexikon. (1907) 6. Aufl. – Leipzig. Bd. 18 S. 786-787.

BLOCHER, Eduard (1909a): Das Elsass und die Zweisprachigkeit. – Leipzig.

BLOCHER, Eduard (1909b): Zweisprachigkeit. Vorteile und Nachteile. In: Pädagogisches Magazin Heft 385. Sonder-Abdruck aus Reins Encyklopädischem Handbuch der Pädagogik. [1910²]. – Langensalza.

BROSZAT, Manfred (1963): Zweihundert Jahre deutsche Polenpolitik. – München.

BUREAU INTERNATIONAL D'EDUCATION (Hrsg.) (1928): Le bilinguisme et l'éducation. Travaux de la conférence internationale tenue à Luxembourg du 2 au 5 avril 1928. – Genf.

CALVET, Louis-Jean (2002): Linguistique et colonialisme. Petit traité de glottophagie [1974]. – Paris.

CALVET, Louis-Jean (1999): La guerre des langues et les politiques linguistiques [1987]. – Paris.

COMENIUS, Johann Amos (1657): Didactica Magna, universale omnes omnia docendi artificium exhibens... In: KVACALA, Jan (Hrsg.) (1913): Veskeré spisy. Bd. IV (NOVÁK, Jan – Hrsg.). – Brünn.

CROMER, Richard (1933): Die Sprachenrechte der Polen in Preußen in der ersten Hälfte des neunzehnten Jahrhunderts. Nation und Staat. In: Zeitschrift für das europäische Minoritätenproblem 7 S. 619f.

FARR, Robert M./ MOSCOVICI, Serge (Hrsg.) (1984): Social representations. – Cambridge.

GHIBU, Onisifor (1910): Der moderne Utraquismus oder die Zweisprachigkeit in der Volksschule. – Langensalza.

GLÜCK, Helmut (1979): Die preußisch-polnische Sprachenpolitik. Eine Studie zur Theorie und Methodologie der Forschung über Sprachenpolitik, Sprachbewußtsein und Sozialgeschichte am Beispiel der preußisch-deutschen Politik gegenüber der polnischen Minderheit vor 1914. – Hamburg.

GOGOLIN, Ingrid (1994): Der monolinguale Habitus der multilingualen Schule. – Münster.

HAAR, Ingo (2000): Historiker im Nationalsozialismus. Deutsche Geschichtswissenschaft und der „Volkstumskampf“ im Osten. – Göttingen.

HARNISCH, Wilhelm (1820): Handbuch für das deutsche Volksschulwesen. Den Vorstehern, Aufsehern und Lehrern bei den Volksschulen gewidmet. – Breslau.

HARNISCH, Wilhelm (1839): Handbuch für das deutsche Volksschulwesen. Den Vorstehern, Aufsehern und Lehrern bei den Volksschulen gewidmet. Dritte ganz umgearbeitete Auflage. – Breslau.

HAUGEN, Einar (1987): Blessings of Babel. Bilingualism and language planning. – Berlin.

HERGANG, Karl Gottlob (Hrsg.) (1847): Art. „Utraquistische Schulen“. In: ders.: Pädagogische Real-Encyclopädie oder Encyclopädisches Wörterbuch des Erziehungs- und Unterrichtswesens und seiner Geschichte. Für Lehrer an Volksschulen und andern Lehranstalten, für Eltern und Erzieher, für Geistliche, Schulvorsteher und andere Freunde der Pädagogik und des Schulwesens. Bearbeitet von einem Vereine von Predigern und Lehrern und redigiert von Karl Gottlob HERGANG. 2 Bde 1843-1847. – Grimma. Bd. II, S. 865-867.

HINTNER, F. (1908): Art. „Österreich“. In: LOOS, Joseph (Hrsg.) (1906/1908): Enzyklopädisches Handbuch der Erziehungskunde. 2 Bde – Wien. Bd 2 S. 157-210.

JAHN, Ludwig Friedrich (1817): Deutsches Volksthum. Neue veränderte Ausgabe. – Leipzig.

KIELHÖFER, Bernd/ JONEKEIT, Sylvie (1984): Zweisprachige Kindererziehung [1983]. – Tübingen.

KLOSS Heinz (1969): Grundfragen der Ethnopolitik im 20. Jahrhundert. Die Sprachgemeinschaften zwischen Recht und Gewalt. – Wien.

KNABE, Ferdinande (1999): Sprachliche Minderheiten und nationale Schule in Preußen zwischen 1871 und 1933. Eine bildungspolitische Analyse. – Münster.

KRÜGER-POTRATZ, Marianne (1994): „Dem Volk eine andere Muttersprache geben". Zur Diskussion über Zweisprachigkeit und Erziehung in der Geschichte der Volksschule. In: Zeitschrift für Pädagogik 40 S. 81-96.

KUBANEK-GERMAN, Angelika (2001): Kindgemäßer Fremdsprachenunterricht. Band I: Ideengeschichte. – Münster.

LIST, Gudula / LIST, Günther (Hrsg.) (2001): Quersprachigkeit. Zum transkulturellen Registergebrauch in Laut- und Gebärdensprachen. – Tübingen.

LIST, Günther (1998): Ethnopolitik und Rassenparadigma. Zweisprachigkeit als Thema deutscher Sprach- und Völkerpsychologie zwischen den Weltkriegen. In: GOGOLIN, Ingrid / GRAAP, Sabine / LIST, Günther (Hrsg.): Über Mehrsprachigkeit. – Tübingen. S. 43-70.

LIST, Günther (2000): Nationale Inklusion und die Gebärdensprache der Taubstummen. In: Das Zeichen 14 S. 186-196.

LUCHTENBERG, Sigrid (1995): Interkulturelle Sprachliche Bildung. Zur Bedeutung von Zwei- und Mehrsprachigkeit für Schule und Unterricht. – Münster.

LÜDI, Georges / PY, Bernard (1984): Zweisprachig durch Migration. Einführung in die Erforschung der Mehrsprachigkeit am Beispiel zweier Zuwanderergruppen in Neuenburg (Schweiz). – Tübingen.

MÜNCH, Matthias C. (1842): Art. „Utraquistische oder zweisprachige Schulen". In: ders. (Hrsg.): Universal-Lexicon der Erziehungs- und Unterrichts-Lehre für ältere und jüngere christliche Volksschullehrer. 3 Bände 1840-1842. – Augsburg. III S. 167-171.

NIEMEYER, August Hermann (1796): Grundsätze der Erziehung und des Unterrichts für Eltern, Hauslehrer und Erzieher. In: GROOTHOFF, Hans-Hermann / HERRMANN, Ulrich (Hrsg.) (1970): ebd. Unveränderter Nachdruck der ersten Auflage Halle 1796. – Paderborn.

ODELGA, Paul (1893): Welches ist der richtige Weg zur schnellen, sicheren und dauernden Erlernung der deutschen Sprache in zweisprachigen Schulen? In: Die zweisprachige Volksschule 1 H. 3, S. 1-8.

PAULSEN, Friedrich (1921): Geschichte des gelehrten Unterrichts auf den deutschen Schulen und Universitäten vom Ausgang des Mittelalters bis zur Gegenwart. Mit besonderer Rücksicht auf den klassischen Unterricht. Bd 2. – Berlin.

PRANTL, Heribert (2002): Interview mit Otto Schily (SPD) zum Zuwanderungs- und Integrationsgesetz. „Ich möchte keine zweisprachigen Ortsschilder haben". Der Bundesinnenminister wendet sich gegen die Förderung neuer Minderheiten und plädiert stattdessen für die Assimilierung. In: Süddeutsche Zeitung Nr. 146 vom 27. Juni 2002, S. 9.

ROMAINE, Suzanne (1996): Bilingualism. In: RITCHIE, William C. / BHATIA, Tej K. (Hrsg.): Handbook of second language acquisition. – San Diego.

RONJAT, Jules (1913): Développement du langage observé chez un enfant bilingue. – Paris.

SAER, D. J. (1923/24): The effect of bilingualism on intelligence. In: British Journal of Psychology 14. S. 25-38.

SANDER, Friedrich (1932): Seelische Struktur und Sprache. Strukturpsychologisches zum Zweisprachenproblem. In: KLEMM, Otto / VOLKELT, Hans / GRAF V. DÜRCKHEIM-MONMARTIN, Karlfried (Hrsg.) (1934): Ganzheit und Struktur. Festschrift zum 60. Geburtstage Felix Kruegers. Zweites Heft: Seelische Strukturen. – München. S. 59-67.

SCHLIEP, Beat (1999): Von der Zweisprachigkeit zum sozialen Lernen: Zur Entwicklung migrationspädagogischer Konzepte in Deutschland seit den 60er Jahren. Diss. – München.

SEEMAN, Miroslav (1969): Sprachstörungen bei Kindern. – Berlin.

TRAPP, Ernst Christian (1788): Über den Unterricht in Sprachen. In: CAMPE, Johann Heinrich (Hrsg.) (1788): Allgemeine Revision des gesammten Schul- und Erziehungswesen von einer Gesellschaft praktischer Erzieher. Elfter Theil. – Wien.

VOLKMER, August (1917): Art. „Zweisprachige Schulen“. In: ROLOFF, Ernst M. (Hrsg.): Lexikon der Pädagogik. Im Verein mit Fachmännern und unter besonderer Mitwirkung von Hofrath Professor Dr. Otto Willmann. Bd 5 – Freiburg. S. 1055-1059.

VOLKMER, August (1936): Die Zweisprachigkeit im Lichte der neueren Seelenkunde. In: Der Oberschlesier 18. S. 61-64.

WAGNER, Wolfgang (1994): Alltagsdiskurs. Die Theorie sozialer Repräsentationen. – Göttingen.

WANDRUSKA, Mario (1979): Die Mehrsprachigkeit des Menschen. – München.

WEIß, Andreas v. (1937): Zweisprachigkeit und Sprachtheorie. In: Auslandsdeutsche Volksforschung 1. S. 256-266.

WEIß, Andreas v. (1954): Mehrsprachigkeit als Aufgabe in Osteuropa. In: Zeitschrift für Ostforschung 3. S. 188-201.

WEIß, Andreas v. (1959): Hauptprobleme der Zweisprachigkeit. Eine Untersuchung auf Grund deutsch/estnischen Materials. – Heidelberg.

ZIMMER, Dieter E. (1997): Die Mythen des Bilingualismus. Über Mehrsprachigkeit. In: ders. (Hrsg.): Deutsch und anders – die Sprache im Modernisierungsfieber. S. 215-225.

Georg Hansen

Pluralitätsrhetorik und Homogenitätspolitik

Seit etwa zehn Jahren werden Differenzlinien nicht mehr ausschließlich von einander getrennt diskutiert, sondern tendenziell in einem Diskurs zusammengeführt. Eine erste umfassende Liste von Differenzmerkmalen (bzw. der gängigen Konstruktion von Normalität) gibt es bei WENNING/HAUFF/HANSEN (1993). In modifizierter Form wird diese Liste z. B. bei LUTZ/WENNING (2001) oder KRÜGER-POTRATZ/LUTZ (2002) aufgegriffen.

Mit diesem Zugriff wird die je separate Thematisierung einzelner Differenzlinien (z. B. Geschlecht, Sozialstatus, Ethnie) überwunden und damit gleichzeitig ein Einstieg in die Aufhebung von Bindestrich-Pädagogiken (z. B. Ausländerpädagogik/interkulturelle Erziehungswissenschaft oder Frauen- bzw. Geschlechterforschung) gefunden. Dieser Zugriff mit der Kategorie „Differenz" erlaubt Ungleichheit differenzierter und komplexer zu diskutieren und das Zusammenspiel von Differenzlinien zu erkennen (vgl. KRÜGER-POTRATZ/LUTZ 2002).

Alle diskutierten Differenzlinien konstituieren Pluralität und suggerieren Homogenität auf der „Innenseite" der Differenzlinie. Alle diese Differenzlinien entfalten ihre Wirksamkeit bei der Konstitution von Wir-Gruppen; insofern spielen alle Differenzlinien eine Rolle bei der Wahrnehmung von „Anderen", bei der Konstruktion von Fremdheit, also in den Köpfen der Beteiligten. Aber nicht alle Differenzlinien werden bedeutsam für die gesellschaftliche Organisation von Lerngruppen.

Mich interessieren an dieser Stelle diejenigen *Differenzlinien*, die innerhalb der letzten 200 Jahre in deutschen Schulen *schulstrukturell* bedeutsam waren oder sind. Alle Differenzlinien sind sozial wirksam, d. h. ihre Wahrnehmung hat Einfluss auf Interaktionen, die Art der Kommunikation miteinander, die Wertschätzung oder Ablehnung von „Anderen". Teil offizieller Schulpolitik in der Weise, dass Differenzlinien für die Zuordnung zu Lerngruppen entscheidend werden, dass Bildungsverweigerungen oder die Öffnung von Bildungschancen organisatorisch gesichert werden, sind aber bisher nicht alle diskutierten Differenzlinien geworden. Deshalb skizziere ich kurz die Differenzlinien Geschlecht, Konfession/Religion, Sozialstatus, „Begabung", Behinderung, Staatsangehörigkeit, Abstammung/„Rasse", Sprache/Ethnizität (alle aus der oben angeführten Diskussion bekannt) sowie Lebensalter in ihrer schulstrukturellen Wirksamkeit. Es soll gezeigt werden, dass diese Differenzlinien schulstrukturell zur Herstellung von Homogenität in Schulen bzw. Lerngruppen dienen. Der neuere innerwissenschaftliche Diskurs zu Differenz droht in der veröffentlichten Meinung und in politischen Positionen in Gestalt einer Pluralitätsrhetorik zum Bestandteil einer Homogenitätspolitik zu werden.

Das deutsche Bildungswesen des 19. und 20. Jahrhunderts zeichnet sich dadurch aus, dass ein bemerkenswertes Maß an vermeintlicher Homogenität entlang bestimmter Differenzlinien innerhalb organisierter Lernsituationen hergestellt wird. Innerhalb so organisierter Lerngruppen entsteht auch tatsächlich eine mehr oder weniger große soziale Homogenität, wobei durch die Tatsache des Ausschlusses von „Anderen“ durch deren Organisation in separaten Lerngruppen/Schulen/ Bildungsgängen die Wahrnehmung von Homogenität innerhalb der jeweiligen Lerngruppen noch gestützt wird. Dabei ist für das Ergebnis unerheblich, ob diese Homogenität gezielt und intentional hergestellt wird oder aber ob Homogenität gewissermaßen als Nebenprodukt bei der Verfolgung anderer Ziele entsteht. Je höherwertig die Abschlüsse einzelner Bildungsgänge sind, umso stärker werden in aller Regel Unterscheidungsmerkmale für die Zulassung herangezogen. Im Verlauf der zweihundert Jahre ist eine Vielzahl von Differenzlinien markiert worden. Einige davon hatten nur wenige Jahrzehnte Gültigkeit, andere haben sich dauerhaft gehalten. Einige dieser Differenzlinien haben zeitweise nur in einem Teil des Bildungswesens gegolten, bevor sie flächendeckend wirksam werden, andere Differenzlinien wurden abgebaut und gelten aktuell so gut wie gar nicht, wiederum andere sind offenbar so selbstverständlich, dass sie gar nicht mehr wahrgenommen werden und unhinterfragt bleiben. Insgesamt ist Homogenität in Lerngruppen oder auch in ganzen Schulen Ende des 20. Jahrhunderts größer als im Beobachtungszeitraum der letzten zwei Jahrhunderte.

Lebensalter

Zu Beginn des 19. Jahrhunderts werden in Gymnasien zunehmend Klassen mit Jungen im gleichen Alter gebildet. Parallel gehen weit über 90 % der Kinder in altersheterogene, wenig oder ungegliederte Volksschulen. Städtische Volksschulen übernehmen im Verlauf der zweiten Hälfte des 19. Jahrhunderts das Prinzip der Jahrgangsklassen. Bis in die sechziger Jahre des 20. Jahrhunderts bleiben viele Dorfschulen wenig oder ungegliedert. Mit der Teilung der Volksschule in Grund- und Hauptschule Ende der sechziger Jahre des 20. Jahrhunderts und der entsprechenden Reorganisation des ländlichen Schulwesens wird die Klasse der Gleichaltrigen die Regel. Sieht man von Früheinschulungen, Klassenwiederholungen oder dem Überspringen von Klassen ab, dann ist seit den siebziger Jahren des 20. Jahrhunderts die Altershomogenität in Lerngruppen der Normalfall.

Eine pressebekannte Ausnahme bilden altersübergreifende Lerngruppen auf einigen Halligen – Ende des 20. Jahrhunderts ist diese Ausnahme nur noch eine Illustration für die Geltung des Prinzips der Altershomogenität. Der drastische Geburtenrückgang in Ostdeutschland seit den frühen neunziger Jahren des 20. Jahrhunderts hat z. B. in Mecklenburg-Vorpommern zu einer geradezu schamhaften Diskussion über altersheterogene, wenig gegliederte Schulen im ländlichen Raum zur wohnortnahen Versorgung mit Schulen geführt. In dieser Diskussion wird keineswegs das Prinzip der Altershomogenität in Frage gestellt, sondern mit Hinweis auf Sachzwänge in dünn besiedelten Gebieten geführt. Insofern stützt auch diese Diskussion die Geltung des Prinzips der Altershomogenität.

Geschlecht

Im 19. und in der ersten Hälfte des 20. Jahrhunderts werden Jungen und Mädchen in weiterführenden Schulen sowie in einem Teil städtischer Volksschulen getrennt unterrichtet. Auch die Unterrichtsfächer und deren Inhalte werden geschlechtsspezifisch ausgewählt. Der Zugang für Mädchen zu Berechtigung in höherem Schulwesen (z. B. allgemeine Hochschulreife) wird im Verlauf des 20. Jahrhunderts von einer Ausnahme zum Regelfall. Demgegenüber werden weit überwiegend in ländlichen Volksschulen Jungen und Mädchen im gleichen Klassenverband gemeinsam unterrichtet, d. h. die allermeisten Schulkinder wurden nicht geschlechtshomogen unterrichtet. Zunehmend seit den 60er Jahren des 20. Jahrhunderts wird Koedukation auch in weiterführenden Schulen eingeführt. Geschlechtshomogenität gibt es – von wenigen Ausnahmen in Schulen in privater (insbesondere kirchlicher) Trägerschaft oder Klassen in berufsbildenden Schulen – am Ende des 20. Jahrhunderts nur noch für einzelne Lernsequenzen oder Unterrichtsfächer.

Konfession/Religion

Die konfessionelle Gliederung des Volksschulwesens ist der Regelfall im 19. Jahrhundert. Protestantische, katholische oder jüdische Kinder werden getrennt unterrichtet. Insbesondere im ländlichen Raum war dieses bezogen auf Katholiken und Protestanten zwar einerseits Ausdruck einer bis in die Schulaufsicht nach Konfessionen organisierten Schule, aber andererseits angesichts konfessionell homogener Dörfer und Landstriche gleichzeitig Ausdruck einer sozialräumlichen Segregation dieser Konfessionen. Mit Beginn der Weimarer Republik spielen Simultanschulen eine größere Rolle in Großstädten. Erst zu diesem Zeitpunkt wird auch eine Volksschullehrerausbildung unabhängig von der Konfession möglich. Zwischen 1933 und 1945 wird eine Entkonfessionalisierung betrieben, die allerdings – angesichts des Ausschlusses von als Juden begriffenen Personen – nur Katholiken und Protestanten betrifft. Nach 1945 werden in vielen Bundesländern Konfessionsschulen wieder errichtet. Im ländlichen Raum führt dieses – wegen der erheblich größeren konfessionellen Mischung der Wohnbevölkerung durch Flüchtlinge und Vertriebene – zu einer sehr großen Anzahl wenig bzw. ungegliederter Zwergvolksschulen. Seit Ende der sechziger Jahre des 20. Jahrhunderts mit der Teilung der Volksschulen in Grund- und Hauptschulen sowie durch den starken quantitativen Ausbau von Realschulen, Gesamtschulen und Gymnasien, die nur in Ausnahmefällen konfessionell organisiert sind, ist der Anteil der Kinder in Konfessionsschulen deutlich zurückgegangen.

Sozialstatus

Die soziale/sozioökonomische Homogenität in Schulen wird traditionell über das Schulgeld erreicht. Sozioökonomisch schwache Eltern können sich weder lange Ausbildungszeiten ihrer Kinder und den damit verbundenen Einkommensausfall leisten, noch das zum Teil sehr hohe Schulgeld für weiterführende Schulen zahlen. Die Abschaffung des Schulgeldes für Volksschulen und die gleichzeitige, drastische Erhöhung des Schulgeldes für weiterführende Schulen in Preußen 1888 wurde offen als Instrument zur Abwehr des Andrangs auf Gymnasien und die Vorläufer der späteren Realgymnasien und Oberrealschulen gehandelt. Bei der Einführung der Grundschule 1920 und damit der Abschaffung der Vorschulen der Gymnasien wurde vehement vor den negativen Folgen der gemeinsamen Schule für Kinder aus ärmeren Familien gewarnt: Ihnen drohe ein Neidkomplex angesichts besser gekleideter Kinder im gleichen Klassenzimmer. Mit der Abschaffung des Schulgeldes in den fünfziger und sechziger Jahren des 20. Jahrhunderts und der (teilweise wieder zurückgenommenen) Lehrmittelfreiheit sowie der Einführung des Schüler-Bafögs in den siebziger Jahren wurde die unmittelbar ökonomische Steuerung des Zugangs zu Schulen aufgegeben. Soziale Homogenität stellt sich gleichwohl in Schulen her. In Sonderschulen für Lernbehinderte finden wir die sozial homogensten Lerngruppen des Schulsystems – die zunehmende ethnische Heterogenität verdeckt diesen Befund allerdings in der öffentlichen Diskussion. Aber auch in anderen Lerngruppen entsteht soziale Homogenität, nicht zuletzt deswegen, weil sozial homogene Wohngebiete zusammen mit Schuleinzugsbereichen und der Schulweglänge dieses fördern.

Dieser Zusammenhang ist aus den USA seit langem bekannt: die großräumige Segregation in sozial/sozioökonomisch relativ homogene Wohngebiete führte sowohl zu nach Hautfarbe als auch nach Einkommenssituation und Status der Eltern relativ homogenen Lerngruppen und Schulen. Auch wenn die sozialräumliche Segregation in Westeuropa geringer ist als in den USA, so hat sie in den letzten fünfzig Jahren des 20. Jahrhunderts doch ein Ausmaß angenommen, das in vielen Grundschulen für relative, soziale Homogenität sorgt. In weiterführenden Schulen stellt sich diese Homogenität in der BRD ohnehin durch die Selektion nach Schultypen ein.

In den USA gibt es neben der quasi naturwüchsig in Gesellschaften mit großer sozioökonomischer Ungleichheit entstehenden, sozialräumlichen Segregation bereits seit Jahrzehnten die bewusste Herstellung sozioökonomisch homogener Wohngebiete, z. T. mit Zaun umgeben und von Privatsheriffs überwacht. Die Planung und Durchführung derartiger Siedlungen sind in den USA eine Wachstumsbranche. In den neunziger Jahren des 20. Jahrhunderts hat diese bewusste Herstellung sozialräumlicher Segregation und damit der Schaffung abgeschotteter Ghettos der Wohlhabenderen in Frankreich Nachahmer gefunden. Zusammen mit großflächigen Gebieten des sozialen Wohnungsbaus (HLM) in Trabantenstädten entsteht auf diese Weise eine sozialräumliche Entmischung nach Sozialschichtmerkmalen. Ein Nebeneffekt ist eine ethnische Segregation, die sich in Schulen auf die Zusammensetzung von Lerngruppen auswirkt.

In den USA wurde seinerzeit in großem Umfang „busing" eingeführt, um die Folgen der sozialräumlichen Segregation im Bildungsbereich zu mildern. Ein bekanntes Modell der Übertragung des „busing" in die BRD war das „Krefelder Modell" in den siebziger und achtziger Jahren des 20. Jahrhunderts, das aber keine Nachahmer fand. Im Gefolge der PISA-Studie schlägt der niedersächsische Ministerpräsident im Mai 2002 eine großräumige Umverteilung von Schülern und Schülerinnen zur Vermeidung ethnischer Segregation im Schulbereich vor.

Begabung

Bis in die frühen sechziger Jahre des 20. Jahrhunderts hinein war die Hypothese der angeborenen (also von Umwelteinflüssen unabhängigen) Begabung außerordentlich populär. Mit großem Aufwand wurde immer wieder herausgefunden, dass es drei Begabungstypen („praktisch", „praktisch/theoretisch", „theoretisch") gäbe, die in wunderbarer Weise den Schultypen Volksschule, Realschule und Gymnasium/Oberschule entsprächen sowie (Gipfel der Vollkommenheit) die Nachfrage der Wirtschaft nach Qualifikationen präzise abdecken würde. Mit dem „Sputnikschock" 1957 geriet diese verbreitete Gewissheit ins Wanken: Zunehmend sollten offenbar neu entdeckte „Begabungsreserven" gefördert werden. Das Ergebnis aller Bemühungen ist einerseits die quantitative Verschiebung der Anteile der für ein Gymnasium, eine Realschule oder eine Hauptschule „begabten" Kinder und andererseits ein massiver Ausbau der Sonderschulen für Lernbehinderte, so dass die Denkfigur der Begabungshomogenität innerhalb dieser vier Schultypen aufrecht erhalten werden kann.

In den neunziger Jahren des 20. Jahrhunderts wurde die Diskussion um die Vernachlässigung „hochbegabter" Kinder mit dem Tenor verstärkt, dass gemeinsame Lerngruppen dieser Kinder mit anderen, offenbar weniger begabten Kindern zu einer Beeinträchtigung des Lernerfolgs führe. „Hochbegabte" Kinder würden gewissermaßen durch den gemeinsamen Unterricht mit anderen Kindern „behindert".

Im Zusammenhang mit der PISA-Studie konstatiert Gero LENHARDT:

„Es gehört zu den Eigentümlichkeiten der deutschen Schulkultur, dass der unbegründete anthropologische Pessimismus [der sich hinter einer naturalistischen Begabungstheorie versteckt] als besonders realitätstüchtig und smart daherkommt" (LENHARDT 2002).

Behinderung

Traditionell wurden lernbehinderte Kinder im 19. Jahrhundert in Dorfschulen zusammen mit allen anderen Kindern unterrichtet. Noch in den fünfziger Jahren des 20. Jahrhunderts verließen viele Kinder die Dorfschule nach Beendigung der vierten Klasse – vorher wurden sie alle zwei Jahre wegen ihres Alters in die nächsthöhere Klasse versetzt – und hatten damit ihre achtjährige allgemeinbildende Schulpflicht erfüllt. Kinder mit anderen Behinderungen wurden häufig von der Schulpflicht befreit. Zunächst in Großstädten bereits in der zweiten Hälfte des 19. Jahrhunderts – in der zweiten Hälfte des 20. Jahrhunderts zunehmend flächendeckend – werden Hilfsschulen für Lernbehinderte eingerichtet. In der zweiten Hälfte des 20. Jahrhunderts entsteht ein ausgebautes differenziertes Sonderschulwesen, das hochspezialisiert für verschiedene Arten von Beeinträchtigungen des Bewegungsapparates oder des Seh- bzw. Hörsinnes zuständig ist. Quantitativ bedeutsam sind nach wie vor die aus den klassischen Hilfsschulen hervorgegangenen Sonderschulen für Lernbehinderte. Nur in Ausnahmefällen konnten Eltern in den letzten Jahrzehnten des 20. Jahrhunderts die Aufnahme ihrer als behindert klassifizierten Kinder in Grundschulen durchsetzen. Der weitere, gemeinsame Schulbesuch in weiterführenden Schulen wird in der Regel bis heute unterbunden – die wenigen Ausnahmen hiervon sind eine Pressemeldung wert und bestätigen die Gültigkeit dieser Differenzlinie.

Staatsangehörigkeit

Es gab bereits im 19. Jahrhundert eine preußische Tradition, die Schulpflicht nur für staatsangehörige Landeskinder gelten zu lassen (vgl. KRÜGER-POTRATZ 2000). Nach der Reichsgründung wurde die Schulpflicht auch auf Staatsangehörige eines anderen Bundesstaates ausgedehnt (Reichsangehörigkeit). Darüber hinaus galt die Schulpflicht vor 1938 für dauerhaft und legal anwesende, ausländische Kinder dann, wenn es mit den Herkunftsstaaten ein Abkommen auf Gegenseitigkeit gab. Mit dem Reichsschulpflichtgesetz von 1938 wurde die Schulpflicht ausdrücklich auf „deutsche" Kinder eingeschränkt – Schulpflicht galt also nicht für ausländische, staatenlose, „artfremde" und „fremdvölkische" Kinder. Mit diesem Instrument konnten alle Kinder, die den rassistischen Zielen der Nazis nicht entsprachen, ausgesondert werden.

Über den 8. Mai 1945 hinaus galt das Reichsschulpflichtgesetz von 1938, dass ausdrücklich die Schulpflicht auf „Kinder deutscher Staatsangehörigkeit" begrenzt, zunächst weiter. 1952 empfahl die Kultusministerkonferenz den Ländern, „die Schulpflicht durch geeignete gesetzliche Bestimmungen auch auf heimatlose Ausländer sowie auf Angehörige fremder Staaten und Staatenlose auszudehnen".

In Nordrhein-Westfalen wurde dieser Empfehlung erst mit dem Schulpflichtgesetz vom 14.06.1966 – also vierzehn Jahre nach dem KMK-Beschluss – gefolgt. Das bedeutet, dass das Instrument der Nazis zur Aussonderung unerwünschter Kinder und Jugendlicher in Teilen der Bundesrepublik auch siebzehn Jahre nach ihrer Gründung immer noch Gesetzeskraft hatte. Zwar ist das Instrument nicht mehr in gleicher Weise angewendet worden. Aber in Fällen, in denen die deutsche Staatsangehörigkeit von den Nazis entzogen worden war, bestand keine Schulpflicht, was die Durchsetzung des Anspruchs auf Schulbesuch erschwerte. Wenn nun weiter wie z. B. bei Sinti und Roma eine rassistische Verfolgung in den ersten Jahrzehnten der BRD geleugnet wurde – statt dessen wurde die Nazi-Sprachregelung von der KZ-Haft wegen krimineller Delikte übernommen –, dann ergibt sich eine Kontinuitätslinie der rassistischen Aussonderung von Kindern und Jugendlichen bis weit in die BRD hinein.

Das Kriterium Staatsangehörigkeit gilt aktuell nicht mehr durchgängig. Voraussetzung für die Geltung der Schulpflicht ist in etwa der Hälfte der Bundesländer allerdings ein gesicherter Aufenthaltsstatus ausländischer Kinder. Dieses Kriterium erfüllen z. B. Asylbewerber nicht.

Abstammung/„Rasse“

Neu war seit Anfang 1933 die schrittweise Ausgrenzung aller als „artfremd“ und „fremdvölkisch“ begriffenen autochthonen Minderheiten. Dieses traf Juden, Sinti und Roma („Zigeuner“) oder Afrodeutsche („Negermischlinge“) im Schulbereich in vergleichbarer Weise: Sie wurden ausgesondert, in speziellen Klassen oder Schulen zusammengefasst oder am Schulbesuch gehindert.

Bereits 1933 wurden erste Schritte unternommen, um Juden bzw. deren Nachfahren aus öffentlichen Schulen zu verdrängen. Mit dem „Gesetz gegen die Überfüllung deutscher Schulen und Hochschulen“ vom 25. April 1933 wurde im § 4 der Anteil sogenannter Nichtarier an höheren Schulen und Hochschulen begrenzt. Mit Nichtarier sind dabei vor allem Juden gemeint. WENNING (1986, S. 145) gibt den Rückgang jüdischer Studenten vom Sommersemester 1932 zum Sommersemester 1933 mit 51,7 % an. 1935 beklagte Reichsminister Rust, dass höhere Schulen „noch immer von einem an einzelnen Orten verhältnismäßig hohen Anteil jüdischer Schüler und Schülerinnen besucht“ würden; ebenso gäbe es in öffentlichen Volksschulen „noch immer in nicht unerheblichem Maße“ jüdische Schüler/innen, eine „klare Scheidung nach der Rassenzugehörigkeit“ sei nicht erreicht (zitiert nach: GAMM 1990[3], S. 143). 1937 wurde verfügt, dass jüdische Schüler/innen dann jüdische Privatschulen, besondere Schulen oder spezielle Sammelklassen besuchen müssen, wenn diese am Wohnort eingerichtet sind (Erl. d. RuPr MfWEuV vom 2.7.1937, zitiert nach GAMM 1990[3], S. 139f.) Nach 1933 wurden also jüdische Privatschulen durch öffentliche Schulen für jüdische Kinder ergänzt, um so eine klare Scheidung in „Arier“ und „Nichtarier“ im Schulwesen herbeizuführen.

In einer Vielzahl von Regelungen ab 1939 wurden Kinder, die als „fremdvölkisch“ und nicht „eindeutschungsfähig“ angesehen wurden, vom Schulbesuch deutscher Schulen ausgeschlossen. Erste Opfer dieser Regelungen sind staatsangehörige, als „polnischstämmig“ klassifizierte Einwohner des deutschen Reiches, die die aus der Weimarer Republik überkommenen Minderheitenschutzregelungen bis zum 1.9.1939 (Überfall auf Polen) in Anspruch genommen hatten. Die Wahrnehmung dieses völkerrechtlich verbrieften Minderheitenschutzes wurde als Kennzeichen dafür gewertet, dass ein „Bekenntnis gegen das deutsche Volkstum“ vorliege. Insbesondere in den besetzten und dem Reich formell oder faktisch angegliederten Gebieten wurde eine abschließende Definition von „stammesgleichen" Kindern (in Abgrenzung zu „fremdvölkischen") als erforderlich gesehen: „Kinder aus Familien germanischer Abstammung, d. h. aus stammesgleichen, dem deutschen Volk abstammungsmäßig verwandten Familien (Flamen, Dänen, Niederländer, Norweger, Schweden, Finnen und – soweit sie stammesgleich sind – Wallonen)... sind zum Besuch deutscher Volksschulen zuzulassen" (Erl. d. RuPr MfWEuV vom 4.2.1943, vgl. HANSEN 1994, S. 223).

1941 wurde in einem Erlass die „Zulassung von Zigeunern und Negermischlingen zum Besuch öffentlicher Volksschulen" geregelt. Wegen der Kollision rassistischer Ausgrenzungskriterien mit dem Staatsangehörigkeitsprinzip des Reichsschulpflichtgesetzes von 1938 wurde für den Ausschluss von „Zigeunerkindern" und Afrodeutschen („Negermischlinge") die Figur der Gefährdung in „sittlicher oder sonstiger Beziehung für ihre deutschblütigen Mitschüler" konstruiert, um so einen Schulverweis von Kindern deutscher Staatsangehörigkeit zu rechtfertigen.

Sprache/Ethnizität

Sprachliche Homogenität in Lerngruppen darf Anfang des 19. Jahrhunderts als Regelfall unterstellt werden. Nicht deshalb, weil auf den Territorien des späteren Deutschen Kaiserreichs nicht sprachliche Vielfalt zu finden gewesen wäre – diese bewegte sich in der gleichen Größenordnung wie Ende des 20. Jahrhunderts (vgl. HANSEN 1996) –, sondern weil kleinräumig überwiegend sprachliche Homogenität vorlag. Das heißt, die vorhandene sprachliche Vielfalt innerhalb von Staaten war für die Organisation von sprachlich homogenen Lerngruppen und Schulen kein Hindernis. Hugenotten hatten in Preußen wie in anderen deutschen Staaten Anfang des 19. Jahrhunderts noch überwiegend geschlossene Siedlungen mit eigenen französischsprachigen Schulen und Kirchen. Polnisch- oder litauischsprachige Untertanen der preußischen Krone lebten überwiegend in Siedlungsgebieten, in denen gleichsprachig kommuniziert wurde und in denen – sofern bereits Schulen existierten – in der jeweiligen Sprache unterrichtet wurde. Jüdische Schulen dienten der Vermittlung jüdischer Inhalte und der hebräischen Sprache – in Ostelbien dürfte die weitere Unterrichtssprache jiddisch gewesen sein. Am Übergang vom 18. zum 19. Jahrhundert entstehen erste jüdische Schulen mit der verstärkten Unterrichtssprache Deutsch.

In weiten Teilen ländlicher Gebiete Norddeutschlands war am Anfang des 19. Jahrhunderts die regionale Kommunikationssprache eine der Varietäten der niederdeutschen Sprache. In weiten Teilen Süddeutschlands war die Kommunikationssprache der jeweilig regionale Dialekt. Schüler und Schülerinnen ebenso wie Lehrer konnten und kannten überwiegend Hochdeutsch nur als Schriftsprache, nicht aber als gesprochene Sprache.

Sprachliche Heterogenität innerhalb des Territoriums des späteren Deutschen Kaiserreichs war also Anfang des 19. Jahrhunderts kein praktisches Hindernis für die sprachliche Homogenität innerhalb von Lerngruppen.

Zwei Entwicklungen führten zu einer Veränderung dieser Ausgangssituation vor rund 200 Jahren. Die eine dieser Entwicklungen war eine zunehmende Migration im Zuge der beginnenden Industrialisierung mit der Folge, dass immer mehr vor allem städtische Siedlungen entstanden, in denen sprachliche Vielfalt wegen der unterschiedlichen Herkunft der Bewohner ein potenzielles Kommunikationshindernis darstellte. Die zweite dieser Entwicklungen war die Herausbildung moderner Staaten – die Verstaatlichung, Bürokratisierung und Vereinheitlichung öffentlicher Belange, kurz: die Entstehung dessen, was wir uns angewöhnt haben, den Nationalstaat zu nennen.

Im Zuge dieser Entwicklungen wurden regionale Kommunikationssprachen zunehmend diskriminiert und mit einer Sprachpolitik zur Verbreitung von Hochdeutsch mit dem Ziel der Einsprachigkeit konfrontiert. In diesen Kontext gehören die Verbote des öffentlichen Gebrauchs anderer Sprachen als Deutsch (z. B. Geschäftssprachengesetz von 1876, Gerichtsverfassungsgesetz von 1877, Vereinsgesetz von 1908) ebenso wie die Reduzierung anderssprachigen Unterrichts auf die religiöse Unterweisung (Polnisch und Litauisch 1873, parallel Sorbisch, Dänisch 1878). Äußerungen in der „falschen“ Sprache – auch auf dem Pausenhof – wurden mit Prügeln sanktioniert. Seit den siebziger Jahren des 19. Jahrhunderts war damit Hochdeutsch die einzige offizielle Unterrichtssprache: Sprachliche Homogenität war formal hergestellt. Der Schulerfolg anderssprachiger Kinder durfte dann ruhig gering sein, Selektion wurde umso leichter und so zur „gerechten“ Strafe für Germanisierungsresistente.

Mit den Minderheitenregelungen in der Weimarer Republik konnte sprachliche Homogenität in Lerngruppen auch dadurch hergestellt werden, dass der Unterricht in polnisch- oder dänischsprachigen Privatschulen gegeben wurde.

In der zweiten Hälfte des 20. Jahrhunderts dienten Vorbereitungsklassen für Kinder, deren Eltern aus den mittelmeerischen Anwerbeländern als „Gastarbeiter“ gekommen waren, der Aufrechterhaltung von Hochdeutsch als alleiniger Unterrichtssprache. Darüber hinaus sorgten „Nationalklassen“ für eine Senkung des Anteils nicht-deutschsprachiger Kinder in Lerngruppen.

Schulen sprachlicher Minderheiten mit deren Sprache als Unterrichtssprache gibt es bis heute – von einigen wenigen Ausnahmen abgesehen – nur für autochthone Minderheiten in begrenzten Territorien. So können die Fiktion sprachlicher Homogenität in Deutschland und das Prinzip der alleinigen Unterrichtssprache Hochdeutsch für die Bildung von Lerngruppen aufrecht erhalten werden.

Differenzlinien und deren schulstruktureller Status

Im 19. Jahrhundert besuchten über 90 % der schulpflichtigen Kinder eine Volksschule. Ihre Lerngruppen waren homogen hinsichtlich der Differenzlinien Konfession/Religion und Sprache, ggf. Staatsangehörigkeit. Homogenität des Sozialstatus und der „Begabung" darf in diesen Volksschulen nicht unterstellt werden, umfassten sie doch Tagelöhnerkinder ebenso wie die Kinder von Bauern, Handwerkern und Kaufleuten. Nur die „besseren Leute" schickten ihre Kinder auf höhere Schulen oder im Dorf zum Pfarrer. Die Volksschule des 19. Jahrhunderts bildete heterogene Lerngruppen und hatte hinsichtlich der Schülerschaft so etwas wie einen Gesamtschulcharakter. Demgegenüber war die Homogenität in Lerngruppen in höheren Schulen deutlich ausgeprägter, sie waren homogen hinsichtlich des Lebensalters, des Geschlechts, der Sprache, der Nicht-Behinderung, der Staatsangehörigkeit, des Sozialstatus (und damit der „Begabung") und – überwiegend, aber nicht durchgängig – der Konfession. Die überwältigende Mehrheit der Schüler und Schülerinnen im 19. Jahrhundert befand sich also in heterogenen Lerngruppen.

Am Anfang des 21. Jahrhunderts ist die Differenzlinie Geschlecht für die Organisation von Lerngruppen fast ganz entfallen, die Differenzlinie Konfession/Religion hat an Bedeutung sehr deutlich abgenommen, Staatsangehörigkeit spielt fast keine Rolle (und Abstammung/"Rasse" nur noch versteckt in Gestalt der zugeschriebenen und zu bewahrenden Kultur).

Homogenität von Lerngruppen entlang der Differenzlinien Lebensalter, Sozialstatus, „Begabung", Behinderung/Nichtbehinderung und Sprache ist demgegenüber der schulstrukturell gesicherte Regelfall (siehe dazu Tab. 1).

Während also im 19. Jahrhundert über 90 % der schulpflichtigen Kinder in heterogenen Lerngruppen hinsichtlich Lebensalter, Geschlecht, Sozialstatus, „Begabung" und Behinderung unterrichtet wurden, ist am Anfang des 21. Jahrhunderts eine große Homogenität innerhalb von Lerngruppen zu verzeichnen. Der Regelfall am Beginn des 21. Jahrhunderts ist, dass Schüler und Schülerinnen nur einen begrenzten Ausschnitt der Vielfalt der eigenen Generation innerhalb ihrer Lerngruppen und Schulen kennen lernen.

Für die Beobachter bleibt faszinierend, dass die Homogenität von Lerngruppen bezüglich Lebensalter, Sozialstatus, „Begabung", (Nicht-)Behinderung und Sprache als Regelfall am Beginn des 21. Jahrhunderts in der politischen Diskussion offenbar glaubwürdig auf „Begabung" reduziert werden kann:

„Thüringens Ministerpräsident Bernhard Vogel (CDU) klagt in seiner Rede, dass wegen PISA ‚der ganze Plunder der bildungspolitischen Diskussion der letzten 20 Jahre wieder auf dem Tisch liegt'. Wie sein Kultusminister bekräftigt Vogel: ‚wir sind die Strukturfragen leid'. Unumstößlich sei ein ‚differenziertes, ein gegliedertes Schulsystem', weil Menschen nun mal ‚unterschiedlich begabt und befähigt' seien" (FRANKFURTER RUNDSCHAU 3.6.02, S. 3).

Der Bildungsforscher Gero LENHARDT konstatiert unter der Überschrift „Der unerschütterliche Begabungsglaube", dass der als Leistungsvermögen camouflierte, statische Begabungsbegriff und die daran orientierte Bildung von Lerngruppen

Tabelle 1: Differenzlinien und deren schulstruktureller Status im Überblick

Differenzlinie		Status	
	im 19. Jahrhundert	in den ersten 2/3 des 20. Jh.	am Ende des 20. Jh.
Lebensalter	in höheren Schulen	in höheren Schulen, städtischen Volks-schulen	Regelfall
Geschlecht	in höheren Schulen	in höheren Schulen	weitgehend entfallen
Konfession/Religion	Regelfall	Regelfall	weitgehend entfallen
Sozialstatus	Regelfall	Regelfall	Regelfall
„Begabung“	Regelfall	Regelfall	Regelfall
Behinderung	fast nicht	zunehmend	Regelfall
Staatsangehörigkeit	Regelfall	Regelfall	weitgehend entfallen
Abstammung/ „Rasse“		zwischen 1933 und 1945 Regelfall	
Sprache	Regelfall	Regelfall	Regelfall

dazu dienen, die Leistungsungleichheit festzuschreiben: „Die Selektion sorgt für die extreme Leistungsungleichheit deutscher Schüler. Denn sie enthält gerade den Schülern Bildungsmöglichkeiten vor, die mit den schulischen Bildungserwartungen die größte Mühe haben. Das sind vor allem die Heranwachsenden aus den unteren Berufs- und Bildungsschichten sowie aus Einwandererfamilien. Indem das Bildungssystem für leistungshomogene Schulen sorgt, sorgt es zugleich für sozial homogene. Anders gesagt, es sorgt für soziale Segregation; das schließt ethnische Segregation ein“ (LENHARDT 2002).

Damit – so LENHARDT – stellten sich die Verfechter „naturalistischer Bildungsvorstellungen“ gegen das in der angeblichen Leistungsgesellschaft angeblich geltende Leistungsprinzip, indem sie leistungsschwache Schüler/innen Schulformen und Lerngruppen mit niedrigeren Leistungsansprüchen zuweisen und so von vornherein daran hinderten, ihre Leistungsfähigkeit in einer alle fördernden Schule zu entwickeln. LENHARDT klassifiziert diese Denkfigur zutreffend als „vordemokratisch“.

Für soziale Reproduktion ist die Denkfigur allerdings außerordentlich nützlich, da mit einem statischen Begabungsbegriff und einer daran orientierten Diagnose von Leistungsfähigkeit die so erzeugte weitgehende Deckungsfähigkeit von Sozialstatus, „Begabung“ und Ethnizität scheinbar gerechtfertigt wird, ohne soziale Reproduktion – wie in den 60er und 70er Jahren des 20. Jahrhunderts – thematisieren zu müssen.

Hinter dieser Denkfigur verbirgt sich eine normative Vorstellung von Homogenität als offenbar notwendiger Voraussetzung für Lernerfolg. Dabei wird Homogenität offenbar als Gleichartigkeit gedacht. Pluralität stellt sich dann in Gestalt der

Summe von Gruppen Gleichartiger dar, nicht aber innerhalb von Lerngruppen.[1] Selbst Klassenwiederholungen – also die Abweichung von der Differenzlinie Lebensalter, aber gleichzeitig auch das Eingeständnis mangelhafter Diagnose von „Begabung"/Leistungsfähigkeit bei der Zuordnung zu Lerngruppen – können dann als Wiederherstellung von Homogenität begriffen werden.

Im 19. und 20. Jahrhundert mit einer verbreiteten Homogenitätsrhetorik – Wilhelm II „kannte nur noch Deutsche", die „Volksgemeinschaft" (nicht nur) der Nazis, Ludwig Ehrhardts „formierte Gesellschaft" bis hin zur Beschwörung von „Integration", zur „Leitkultur" und „es wächst zusammen, was zusammengehört"[2] –, die offenbar unter Vernachlässigung der genannten Differenzlinien Gemeinsamkeit suggerieren soll, wird diese Homogenität für die Bildung von Lerngruppen überwiegend dann doch nicht als ausreichend angesehen. Unterhalb der großen Homogenität aller müssen offenbar exklusive Homogenitäten von Untergruppen hergestellt werden.

Diese Homogenitätsrhetorik aus dem politischen Raum und der veröffentlichten Meinung wird in aller Regel mit Begriffen und Kategorien gespeist, die einem (fach-) wissenschaftlichen Sprachgebrauch entnommen wurden. Die in diesem Sprachgebrauch angelegte Differenziertheit entfällt in der populären Verwendung der Begriffe und Kategorien, die Prämissen werden nicht mittransportiert, das erkenntnisleitende Interesse nicht mitgenannt. So werden (fach-)wissenschaftliche Begriffe und Kategorien in Kampfbegriffe des politischen Alltags umgewandelt. Dieser Prozess machte auch vor den Kategorien und Begriffen nicht halt, mit denen seit den achtziger Jahren des 20. Jahrhunderts in der (Fach-)Wissenschaft ein Paradigmenwechsel versucht werden sollte. Der vermeintlich homogenen Gesellschaft des klassischen Nationalstaats mit völkischem Selbstverständnis wurde die „multikulturelle Gesellschaft" gegenübergestellt. Der Anpassungsrhetorik der veröffentlichten Meinung (z. B. „die wollen sich nicht integrieren") wurde die Wertschätzung von kollektiven Identitäten[3] (kulturell, ethnisch usw.) auch der „Anderen" gegenübergestellt und damit ein Recht auf Differenz ohne Minderung von Teilhabechancen postuliert.

Es darf unterstellt werden, dass dieser (fach-)wissenschaftliche Diskurs in aller Regel nicht dazu dienen sollte, Homogenitätspolitik und -rhetorik zu stützten. Statt den angestrebten Paradigmenwechsel dieses (fach-)wissenschaftlichen Diskurses nachzuvollziehen, haben der politische Raum und die veröffentlichte Meinung der Homogenitätsrhetorik eine Pluralitätsrhetorik einverleibt: Zu dieser Pluralitätsrhetorik gehören das Feiern der Vielfalt in Europa, die Forderung nach Erhalt der Vielfalt ebenso wie diejenige, Mehrsprachigkeit zu fördern, die Figur von der

---

1 Gesamtschulen nach dem KMK-Modell – also fast alle – stellen keine Alternative dar, reproduzieren sie doch schulstrukturell innerhalb der Schule das dreigliedrige Schulsystem.

2 Zu dieser Homogenitätsrhetorik passen z. B. die Bismarck'sche Reichsfeindespropaganda ebenso wie Kampagnen zur Eindeutschung von Familiennamen oder der Entslawisierung von Ortsnamen in der ersten Hälfte des 20. Jahrhunderts (vgl. Wehler 1985; Bering 1987; Hansen 1989; Hansen 1991).

3 Zur Problematik und der Kritik an der Tragfähigkeit der Kategorie „kollektive Identitäten" vgl. Hansen 2001c.

„multikulturellen Gesellschaft" ebenso wie die Aufforderung, die „kulturelle Identität" von Zuwanderern zu bewahren. Bei genauerer Betrachtung handelt es sich aber keineswegs um einen Paradigmenwechsel. Vielmehr ergänzen sich beide Rhetoriken und gehen eine Symbiose ein:

- Die „kulturelle Identität" stellt die Homogenität von Gruppen her, die dann eben nicht Träger der „Leitkultur" sind und so aus der Gemeinsamkeit ausgeschlossen werden. Das Ergebnis sind die vermeintlich homogenen Gruppen von „Anderen", die der Homogenität der „Mehrheitsgesellschaft" gegenüberstehen.
- Die Förderung von Mehrsprachigkeit mutiert unter der Hand zur Forderung einer deutschen Einsprachigkeit plus frühzeitigem Englischlernen (vgl. HANSEN 2001a, 2001b), führt aber keineswegs zu einer Einübung des Umgangs mit der real vorhandenen Mehrsprachigkeit (vgl. „monolingualer Habitus", GOGOLIN 1994).

Pluralitätsrhetorik ist somit zum Bestandteil der Homogenitätspolitik geworden. Jede Notwendigkeit einer Überprüfung der Prämisse von den Gemeinsamkeiten innerhalb als homogen begriffener Gruppen ebenso wie der „Mehrheitsgesellschaft" entfällt, weil Homogenitäten durch Markierung von Außengrenzen hergestellt wurden. Die Integration der Pluralitätsrhetorik in eine Homogenitätspolitik folgt damit der gleichen Logik wie bei der Herstellung homogener Lerngruppen: Differenz wird abgeschafft durch Bildung von Untergruppen, die dann homogen zu sein scheinen.

Für organisierte Lernprozesse innerhalb dieser scheinbar homogenen Lerngruppe lautet dann der heimliche Lehrplan: Alle Mitglieder der Lerngruppe sind gleich bezogen auf ihre Lernvoraussetzungen – folglich kann von allen das gleiche erwartet werden; Gerechtigkeit stellt sich durch Gleichbehandlung her – nicht durch Differenzierung und Individualisierung. Differenzierte Unterrichtsmodelle sind überflüssig – Frontalunterricht ist angemessen. Mangelnder Lernerfolg Einzelner ist auf deren zu Unrecht erfolgte Zuweisung zu einer Lerngruppe zurückzuführen – sie stören die Homogenität und damit den Lernerfolg der anderen Gruppenmitglieder.

Derartige Prämissen für Schule und Unterricht führen direkt zu den beklagten Ergebnissen der PISA-Studie. Eine Absage an die These von der notwendigen Homogenität als Voraussetzung für Lernerfolg und deren schulstrukturelle Organisation ist überfällig. Ein anderer Umgang mit Differenz in Schulen kann nicht etabliert werden, wenn Differenzlinien – wie dargestellt – schulorganisatorisch und -strukturell genutzt werden, eine Scheidung der „Einen" von den „Anderen" zu sichern.

Übrigens: Das relativ bessere Abschneiden bayrischer Gymnasiasten in der PISA-Studie ist die Folge einer besonders rigiden Selektion. Soziale Reproduktion wird damit gesichert und offensichtlich auch intendiert. Damit haben die – im nationalen wie internationalen Vergleich – besonders wenigen Abiturienten in Bayern innerhalb des nationalen Rahmens einen relativen Startvorteil. Da sie im internationalen Vergleich aber gleichzeitig gerade einmal drittklassig sind, gilt ihr

Startvorteil nur innerhalb Deutschlands, aber nicht im europäischen oder internationalen Rahmen. Die national erfolgreiche soziale Reproduktion wird mittelfristig außerhalb des nationalen Rahmens also zum Handicap. Sie sind Einäugige unter den vielen anderen Blinden in Deutschland, müssen aber mit Zweiäugigen konkurrieren. Es wird spannend werden zu beobachten, wie Konservative aller politischen Parteien und aller gesellschaftlichen Gruppen mit diesem Eigentor ihrer Homogenitätspolitik im Bildungssektor umgehen werden.

Literatur

BERING, Dietz (1987): Der Name als Stigma. – Stuttgart.

GAMM, Hans-Jochen (1990^3): Das Judentum. Eine Einführung. – Frankfurt a. M.

GOGOLIN, Ingrid (1994): Der monolinguale Habitus der multilingualen Schule. – Münster.

HANSEN, Georg (1989): „Damit wurde der Warthegau zum Exerzierplatz des praktischen Nationalsozialismus“. Eine Fallstudie zur Politik der Einverleibung. In: KLEẞMANN, Christoph (Hrsg.): September 1939. Krieg, Besatzung, Widerstand in Polen. – Göttingen. S. 55-72.

HANSEN, Georg (1991): Die exekutierte Einheit. Vom Deutschen Reich zur Nation Europa. – Frankfurt.

HANSEN, Georg (1994): Schulpolitik als Volkstumspolitik. Quellen zur Schulpolitik der Besatzer in Polen 1939-1945. – Münster.

HANSEN, Georg (1996): Perspektivwechsel. Eine Einführung. – Münster. (Lernen für Europa, Band 1).

HANSEN, Georg (2001a): Minderheitensprachen und ihr Status in Deutschland. In: LIST, Gudula/LIST, Günther (Hrsg.): Quersprachigkeit. Zum transkulturellen Registergebrauch in Laut- und Gebärdensprachen. – Tübingen. S. 129-143.

HANSEN, Georg (2001b): Zwei Jahrhunderte Produktion von Monolingualismus (plus Englisch): Der schwierige Weg zum multilingualen Europa. In: DE BOT, Cees/KROON, Sjaak/NELDE, Peter H./VAN DE VELDE, Hans (Hrsg.): Institutional Status and Use of National Languages in Europe. – Sankt Augustin. S. 159-169. (Plurilingua XXIII).

HANSEN, Georg (2001c): Die Deutschmachung. Ethnizität und Ethnisierung im Prozess von Ein- und Ausgrenzungen. – Münster. (Lernen für Europa, Band 7).

KRÜGER-POTRATZ, Marianne (2000): Tradition und Transformation – ein historischer Blick auf den Umgang mit Pluralität. In: ACHTENHAGEN, Frank/ GOGOLIN, Ingrid (Hrsg.): Bildung und Erziehung in Übergangsgesellschaften. – Opladen. S. 95-109.

KRÜGER-POTRATZ, Marianne/LUTZ, Helma (2002): Sitting at a crossroad – rekonstruktive und systematische Überlegungen zum wissenschaftlichen Umgang mit Differenz. In: Tertium Comparationis 8. Jg., Heft 2.

LENHARDT, Gero (2002): Der unerschütterliche Begabungsglaube. In: Frankfurter Rundschau vom 11.6.2002, S. 7 (vgl. auch ders.: Die verspätete Entwicklung der deutschen Schule. http://www.mpib-berlin.mpg.de/dok/full/lenhardt/ pisa.pdf.)

LUTZ, Helma/WENNING, Norbert (Hrsg.) (2001): Unterschiedlich verschieden. Differenz in der Erziehungswissenschaft. – Opladen.

WEHLER, Hans-Ulrich (1985): Das Deutsche Kaiserreich 1871–1918. In: RÜRUP, Reinhard/WEHLER, Hans-Ulrich/SCHULZ, Gerhard (Hrsg.): Deutsche Geschichte Band 3, 19. und 20. Jahrhundert 1815-1945. – Göttingen. S. 201-404.

WENNING, Norbert (1986): Das Gesetz gegen die Überfüllung deutscher Schulen und Hochschulen vom 25. April 1933 – ein erfolgreicher Versuch der Bildungsbegrenzung? In: Die Deutsche Schule, 78. Jg., H. 2. S. 141-160.

WENNING, Norbert/HAUFF, Mechtild/HANSEN, Georg (1993): Die Vielfalt akzeptieren. Plädoyer für eine interkulturelle Erziehungswissenschaft. In: Pädagogik, 45. Jg., H. 11. S. 54-57.

Norbert Wenning

Staatliche Schulpolitik für andere ethnische Gruppen

Einflussfaktoren und Motive

In vielen modernen Staaten finden sich im Bildungswesen Sonderregelungen bzw. spezielle Maßnahmen für manche Gruppen, die als abweichend von den im jeweiligen Staat herrschenden ethnischen Vorstellungen begriffen bzw. definiert werden. Was bringt staatliche (Bildungs-)Verwaltungen dazu, eine solche differenzierende Bildungspolitik zu machen? Sie widerspricht den Grundvoraussetzungen moderner Staaten, die u. a. von der Gleichheit aller Staatsangehörigen bezüglich bestimmter Rechte und in der Regel von einem Diskriminierungsverbot ausgehen. Lassen sich Muster einer staatlichen Schulpolitik für abweichende ethnische Gruppen finden? Gibt es Kontinuitäten bei einzelnen Minderheiten oder lassen sich generelle Leitlinien zu bestimmten Zeiten finden? Um einen Anstoß zur Diskussion solcher Fragen geben zu können, erfolgen zunächst einige Hinweise zum Verständnis zentraler Begriffe und zu wichtigen Positionen, die den anschließenden Erläuterungen zu Grunde liegen. Dabei wird zuerst auf ein Dilemma staatlicher Schulpolitik bezüglich ethnisch als abweichend definierter Gruppen hingewiesen. Nachfolgend geht es um Dimensionen des differenzierenden staatlichen Umgangs mit solchen Gruppen, bevor Einflussfaktoren verdeutlicht werden, die u. a. eine Schulbildung ethnischer Gruppen *jenseits* der staatlichen Schulpolitik Deutschlands ermöglichen. Anschließend werden Motive, die mit diesen Maßnahmen verfolgt wurden bzw. werden, sowie Faktoren aufgezeigt, die diese Maßnahmen darüber hinaus beeinflussen. Dabei zeigt sich, dass die Eigeninteressen der ethnischen Minderheiten im Regelfall ohne große Bedeutung bleiben und andere Einflüsse im Vordergrund stehen. Die Frage nach der Schulpolitik für Gruppen, die ethnisch als abweichend begriffen bzw. verstanden werden, gewinnt zudem an Bedeutung, weil solche Gruppen in der Regel schlechtere Ergebnisse beim Durchlaufen des Bildungssystems als der Durchschnitt der Bevölkerung erzielen, gleichzeitig der Erwerb guter Abschlüsse für die spätere gesellschaftliche Positionierung aber immer wichtiger wird.

1 Das Bildungswesen als Teil der modernen Gesellschaft

In nahezu jedem modernen Staat gibt es Teile der Bevölkerung, die sich durch Sprache, Kultur, Religionszugehörigkeit, Migrationshintergrund oder ethnische Zurechnung usw. von dem unterscheiden, bzw. unterscheiden lassen, was im jeweiligen Staat als normal gilt. Weiter ist ein Kennzeichen moderner Staaten, dass mindestens alle Staatsangehörigen die gleichen Rechte und einen Anspruch auf Gleichbehandlung haben. Gleichzeitig existiert eine Schul-, mindestens aber eine

Bildungspflicht für Kinder und Jugendliche. Durch Lehrpläne und/oder allgemein verbindliche Prüfungen wird in der Regel definiert, was in einer allgemeinen grundlegenden Bildung an die nachwachsende Generation vermittelt werden soll, was also gesellschaftlich als wichtig eingeschätzt und damit kanonisiert wird. Daraus kann man die These ableiten, dass die staatliche Schulpolitik im Grunde genommen keine Unterschiede für verschiedene gesellschaftliche Gruppen macht, oder machen will, und bestrebt ist, auch solche Gruppen, die als ethnisch abweichend gelten oder gelten wollen, gleich zu behandeln.

Aus den gleichen Anforderungen an alle auf der einen Seite und den unterschiedlichen (sprachlichen, kulturellen, religiösen ...) Voraussetzungen andererseits sowie aus der Gleich*berechtigung* einerseits und unterschiedlichen Interessen bei der schulischen Tradierung bestimmter sprachlicher, kultureller, religiöser usw. Muster andererseits ergibt sich deshalb die Frage, wie das Bildungswesen in modernen Staaten damit umgeht, dass einige Gruppen von den entsprechenden Normalitätsvorstellungen[1] abweichen. Dafür relevante Differenzen zeigen sich auf der Ebene der unterschiedlichen *Voraussetzungen* für die Teilnahme an allgemeinen öffentlichen Bildungsmaßnahmen und/oder auf der der unterschiedlichen *Anforderungen* an das, was öffentliche Bildung vermitteln soll. Da spezifische Regelungen für manche der ethnisch definierten Gruppen existieren, ist auf den ersten Blick die These der für alle gleichen Schulpolitik widerlegt. Vielmehr kann man daraus die Gegenthese ableiten, dass staatliche Schulpolitik gruppenspezifische Unterschiede im Bildungswesen auf Grund ethnischer Differenzen zulässt und damit vom Prinzip der Gleichbehandlung abweicht.

Die Frage nach dem vorherrschenden Grundmuster einer Gleichbehandlung oder einer Ungleichbehandlung ethnisch abweichender Gruppen im Bildungswesen ist aber durch die bloße Existenz spezieller schulpolitischer Regelungen, die sich auf ethnisch definierte Gruppen beziehen, allein noch nicht zu beantworten. Ethnische Differenz ist schließlich nur ein möglicher Grund neben anderen für entsprechende schulpolitische Maßnahmen. Deshalb geht es im Weiteren vor allem darum, die *Motive* für solche staatlichen Maßnahmen herauszuarbeiten, die auf die schulische Situation von Gruppen zielen, welche bezüglich Sprache, Kultur, Religionszugehörigkeit, Migrationshintergrund usw. von der Mehrheit bzw. davon abweichen, was hinsichtlich dieser Aspekte gesellschaftlich als normal angesehen wird. Der Begriff „normal" ist in diesem Zusammenhang als „Norm" zu verstehen, denn auf diese Weise werden Normvorstellungen darüber verbreitet, wie die Bürger

1 Entsprechende Vorstellungen darüber, was die „richtigen" Mitglieder der Gesellschaft ausmacht, entwickeln sich durch einen „Normalisierungsprozess" (in Anlehnung an Foucault) im Rahmen der Herausbildung des modernen Staates. Diese Normalisierung ist als aktiver Prozess der *Herstellung* einer Normalität zu begreifen. Was als normal gilt, ändert sich im Laufe der Zeit, sodass Normalisierung ein andauernder Vorgang ist. Viele gesellschaftliche Auseinandersetzungen sind im Grunde genommen Streitigkeiten über die Definitionsmacht in diesem Normalisierungsprozess (vgl. WENNING 2001a). So kann man die jahrzehntelange Diskussion über die Frage, ob die Bundesrepublik Deutschland ein Einwanderungsland sei, als Diskurs über das Selbstverständnis und damit die Normalitätsvorstellung dieses Staates begreifen.

und Bürgerinnen eines Staates „beschaffen“ sein sollen.[2] Indem Gruppen, die in solchen Aspekten als abweichend begriffen oder definiert werden, das Kennzeichen „ethnisch“ bekommen, begreift bzw. definiert sich zugleich die Mehrheit der Staatsbürger, die als zugehörig angesehen wird, ebenfalls als ethnisch. Dies geschieht in der Regel aber unbewusst, weil nur die Abweichung als ethnisches Charakteristikum verstanden wird, das Normale dagegen als nicht-ethnisch gilt. Aus diesem Grund wird hier von Schulpolitik für *andere* ethnische Gruppen gesprochen. Jede besondere Maßnahme für „ethnisch“ definierte Gruppen weist auch auf die Eigengruppe, auf die machthabende Mehrheit, zurück und definiert diese – wenn auch ungewollt – gleichfalls als ethnisch.

Aus praktischen Gründen wird der Untersuchungsraum auf die Region beschränkt, die wir heute Deutschland nennen. Die Beispiele für die Illustration entstammen im weiteren Sinne der historischen Epoche, in der sich die heutigen Staaten herausbildeten. Die *staatliche* Schulpolitik wird untersucht, weil das Bildungswesen überall staatlich organisiert, mindestens aber staatlich kontrolliert ist. Diese Konstellation wird – trotz der GATS-Verhandlungen über den internationalen Wettbewerb um Dienstleistungen und deshalb auch im Bildungssektor – in absehbarer Zeit so bleiben. Das Bildungswesen wird dabei als gesellschaftliches Teilsystem verstanden, das vielfältigen Einflüssen anderer Teilsysteme ausgesetzt ist. Als Elemente staatlicher Schulpolitik gelten hier alle offiziellen Regelungen auf gesetzlicher oder auf Erlassebene.

Eine Analyse schulpolitischer Maßnahmen für andere ethnische Gruppen in Deutschland in den letzten drei Jahrhunderten zeigt, dass eine Vielzahl von Regelungen für solche Gruppen zu finden ist. Damit scheint auf den ersten Blick die Gegenthese, dass Schulpolitik ethnisch differenziert vorgeht, belegt. Sieht man sich die einzelnen Regelungen aber genauer an, kommt man zu dem Schluss, dass die Maßnahmen für verschiedene Gruppen zu einer *bestimmten* Zeit durchaus unterschiedlich waren, d. h., andere ethnische Gruppen werden in ihrer Abweichung weder gleich noch gleich gerichtet behandelt. Betrachtet man umgekehrt die Maßnahmen für eine *einzelne* Gruppe zu unterschiedlichen Zeiten, so lässt sich ebenfalls keine konstante Politik feststellen (vgl. HANSEN/WENNING 2003). Es gibt keine durchgängigen Schemata, nach denen die verschiedenen, jeweils anwesenden bzw. wahrgenommenen ethnischen Minderheiten zu unterschiedlichen Zeiten schulpolitisch berücksichtigt oder vernachlässigt werden. Weder bezüglich einer konkreten Gruppe noch in begrenzten Zeiträumen lassen sich zwingende Kontinuitäten bzw. durchgängig gleiche Vorgehensweisen feststellen. Aus diesem Grund bleibt die Gegenthese der ethnisch differenzierenden Schulpolitik fraglich.

Man muss Abschied von der Vorstellung nehmen, zu bestimmten Zeiten hätten in diesem Zusammenhang allgemein gültige Prinzipien geherrscht. Unterschiedliches Vorgehen gegenüber einer Gruppe zu unterschiedlichen Zeiten sowie unterschiedliches Vorgehen gegenüber verschiedenen Gruppen zur gleichen Zeit richten

2 Die Herausbildung von Nationalstaaten verläuft zwingend über die Durchsetzung von Gleichheitsvorstellungen, seien sie ethnischer oder „verfassungspatriotischer“ Natur. Zur Konstruktion einer langen „Geschichte“ von Nationen vgl. GEARY (2002).

den Blick auf andere Erklärungen. Die Einflussfaktoren auf die Motive schulpolitischer Maßnahmen gegenüber anderen ethnischen Gruppen sind deshalb weniger in den einzelnen Gruppen und ihrer spezifischen Differenz zu herrschenden Normalitätsvorstellungen zu suchen als vielmehr in der jeweiligen Situation der Gesellschaft bzw. des Staates.

Hier wird die These vertreten, dass sich das entsprechende schulpolitische Handeln jeweils auf Interessen zurückführen lässt, die nur begrenzt mit der konkreten Gruppe selbst zusammenhängen, dass also die Interessen anderer im Vordergrund stehen. Weiter wird angenommen, dass Ausgangspunkte für solche Maßnahmen in der Regel *gesellschaftliche* Veränderungen sind, und nicht solche innerhalb des Bildungswesens. Diese These passt zur Annahme, dass die Schulpolitik im Grunde genommen keine Unterschiede für verschiedene gesellschaftliche Gruppen machen will und eine Gleichbehandlung auch solcher Gruppen anstrebt, die ethnisch als abweichend begriffen oder definiert werden.

Die Begriffe Minderheit und Mehrheit beziehen sich in diesem Rahmen auf die gesellschaftliche Machtposition bzw. den sozialen Status der jeweiligen Gruppe und weniger auf die quantitative Bedeutung einer Gruppe im Verhältnis zu anderen gesellschaftlichen Gruppen (vgl. SCHERR 1998; PEUCKERT 2000). Es geht dabei um die Situation von und den Umgang mit Gruppen als gesellschaftlichen Teilsystemen, und nicht um die Bedingungen von Individuen in der Gesellschaft. Ethnische Gruppen bezeichnen dabei Wir-Gruppen, deren Mitgliedern aus der Gruppe heraus sowie aus der Perspektive anderer (ethnischer) Gruppen *Gemeinsamkeiten*, etwa gleiche Abstammung, Herkunft, Sprache, Kultur, Geschichte und/oder Sitten, unterstellt werden. Innerhalb der Gruppe entsteht so eine „Solidaritätszumutung" (Max Weber), es wird Konformität erwartet und Homogenität unterstellt. Minoritäre ethnische Gruppen unterliegen darüber hinaus den entsprechenden Zuschreibungen gesellschaftlich mächtigerer Gruppen bzw. der „Etablierten" (Norbert Elias).

Die nachfolgende Frage nach Motiven[3] schulischer Regelungen für ethnische Minderheiten geht davon aus, dass überindividuell verankerte Beweggründe für Entscheidungen vorliegen, dass es also maßgebliche Interessen gibt, die jenseits individueller Vorlieben, Vorurteile, Abneigungen, Vor- oder Nachteile liegen. Diese Motive werden deshalb als Ausdruck übergeordneter Interessen begriffen. Die sich in bestimmten Motiven äußernden Interessen sind zugleich von weiteren Einflussfaktoren durchwoben. Eine Trennung von Motiven und weiteren Einflüssen erscheint zwar künstlich, ist zum besseren Verständnis aber notwendig.

Die staatliche Schulpolitik gegenüber solchen ethnischen Gruppen, die von den normalen, im Sinne von herrschenden, gesellschaftlichen Mustern abweichen, wird

3 Der Begriff des Motivs stammt aus psychologischen Diskursen und beschreibt ein individuell ausgeprägtes, relativ dauerhaftes und latent vorhandenes Steuerungssystem von Handlungen. Anders als Triebe sind Motive *gelernte* Muster für die Bewältigung wiederkehrender Problemsituationen (vgl. GUKENBIEHL 2000, S. 125). Hier wird der Begriff Motiv weiter gefasst. Als Motiv wird ein kulturell verankertes, überindividuelles „Steuerungssystem" verstanden, das Handeln bzw. Entscheidungen in gesellschaftlichen Institutionen, hier vor allem der Bildungsverwaltung, mitbestimmt.

hier als ein Beispiel für den Umgang staatlicher Institutionen mit Differenz, konkreter mit Ungleichheit entlang hierarchisch gegliederter „Differenzlinien" (vgl. LUTZ/WENNING 2001; KRÜGER-POTRATZ/LUTZ 2002), herangezogen. Ethnische Differenz eignet sich dafür in mehrfacher Weise. Diese Differenzkategorie ist inhaltlich relativ offen, sie lässt sich je nach Bedarf unterschiedlich fassen und in verschiedenen gesellschaftlichen Situationen für Interessen instrumentalisieren. Zudem ist dieses Merkmal im Zusammenhang mit der Vernationalstaatlichung vor allem der europäischen Staatengebilde seit dem 19. Jahrhundert schon lange relevant für *staatliche* Handlungen bzw. Argumentationen (vgl. WENNING 1996a). Weiter finden Diskussionen um ethnische Muster auch in jüngerer Zeit im Bildungsbereich immer wieder Nahrung, etwa im Kontext von Bemühungen um eine interkulturelle Erziehung als Antwort auf bestimmte gesellschaftliche Pluralisierungstendenzen (vgl. KRÜGER-POTRATZ 1999; HAMBURGER 1999), häufig allerdings verbrämt als Auseinandersetzung um sprachliche und/oder kulturelle Unterschiede.

Da bisher nur wenige Studien zur Schulpolitik für ethnische Minderheiten unter historischer oder vergleichender Perspektive vorliegen – etwa die von KRÜGER-POTRATZ/JASPER/KNABE (1998) zur Erlasslage in der Zeit der Weimarer Republik oder die von GOGOLIN/NEUMANN/REUTER (2001) zu den schulrechtlichen Regelungen aller deutschen Bundesländer in den 1990er Jahren – und die Schulgeschichtsschreibung sich fast ausschließlich an staatlichen Normalvorstellungen orientiert (zur Kritik siehe vor allem KRÜGER-POTRATZ 1989; 1994; 1997; 2002), stehen für eine Rückführung schulrechtlicher Regelungen auf übergeordnete Beweggründe derzeit nur wenige entsprechende Analysen (etwa HANSEN/WENNING 2003) zur Verfügung. Die schulische Praxis und die reale Umsetzung solcher Regelungen, die in vielen Fällen von den gesetzgeberischen Intentionen abweichen, bleiben hier weitgehend außer Acht. Dazu wären Detailstudien anzufertigen und zu analysieren, die ebenfalls nur vereinzelt vorliegen (vgl. SCHIFFAUER/ BAUMANN/ KASTORYANO/VERTOVEC 2002).[4] Darüber hinaus geht es um die *staatlichen*, d. h. die von offizieller und damit politisch legitimierter Seite verfolgten Intentionen im Rahmen der Bildungspolitik. Auf diese Weise kann der staatliche Umgang mit dem Pluralitäts- und Differenzphänomen ethnische Abweichung im Bildungswesen in den Blick genommen werden.

---

4 Die Untersuchungen zur sogenannten „institutionalisierten Diskriminierung", vor allem von GOMOLLA/RADTKE (2002), fragen nach dem (verdeckten) Umgang der Institution Schule insbesondere mit „ausländischen" Kindern. Die dabei zu Tage tretenden Aussonderungsmechanismen nutzen beispielsweise unklare Regelungen, um Probleme zu lösen, die eigentlich andere Ursachen haben. Unterschiedliche Raten der Überweisung ausländischer und deutscher Kinder auf Sonderschulen können so z. B. als Versuch der Reduzierung von Heterogenität in der Klasse interpretiert werden, die nichts mit Begabungs- oder Lernfähigkeitsunterschieden zu tun hat, sondern in der Migrationssituation und in der unterschiedlichen sprachlichen Vorbildung der Kinder begründet ist. Hier geht es aber weniger darum, wie allgemein gültige schulische Maßnahmen schulintern genutzt werden, um schulische Probleme zu lösen. Vielmehr wird danach gefragt, warum und mit welchem Ziel es welche Sonderregelungen für bestimmte ethnische Gruppen gibt.

Der vorliegende Text ist kein Resümee der Forschungslage zur ethnisch differenzierenden Schulpolitik. Vielmehr soll er zu einer in weiten Teilen noch ausstehenden Diskussion über den generellen Umgang des Bildungswesens mit Differenz in ihren unterschiedlichen Formen (vgl. LUTZ/WENNING 2001) beitragen.

2 Das bildungspolitische Dilemma im schulpolitischen Umgang mit ethnischen Minderheiten

Das allgemeine öffentliche Erziehungswesen befindet sich, bezogen auf die Berücksichtigung ethnischer Minderheiten, in einem unlösbaren Dilemma: Werden alle gleich behandelt und gelten für alle die gleichen Anforderungen – so das Ideal des modernen, „farbenblinden" Staates –, sind diejenigen bevorzugt, die bezüglich Sprache und anderer schulisch relevanter Voraussetzungen gut angepasst sind. Gleichzeitig werden damit all jene benachteiligt, die in einem oder mehreren dieser Aspekte vom Standardbild abweichen (vgl. WENNING 1999). Das zeigen regelmäßig Untersuchungen schulischen Erfolgs und Misserfolgs, in jüngerer Zeit etwa die Daten der PISA-Studie 2000 (vgl. DEUTSCHES PISA-KONSORTIUM 2001). Werden aber Unterschiede bei den Inhalten und Zielen allgemeinen schulischen Unterrichts für solche Gruppen gemacht oder zugelassen, die von den Normalitätsvorstellungen des jeweiligen Staates abweichen – etwa eine andere Unterrichtssprache oder abweichende inhaltliche Schwerpunkte –, besteht die Gefahr, dass Absolventen und Absolventinnen entsprechender Bildungseinrichtungen bei allgemeinen, für alle gleichen Tests (etwa Zentralprüfungen zum Schulabschluss, Eingangsprüfungen für Hochschulen oder Tests für Ausbildungsplätze) zwangsläufig benachteiligt sind oder dass es durch diese Maßnahme Schulen erster und zweiter Klasse gibt, die ihren Schülern und Schülerinnen mit dem jeweiligen Profil und Status zugleich unterschiedlich bewertete Startvoraussetzungen mitgeben.

Jede bildungspolitische Maßnahme hat auf mehreren Ebenen Auswirkungen auf die verschiedenen gesellschaftlichen Gruppen. Sie trifft immer Mehrheiten *und* Minderheiten. So trägt sie möglicherweise dazu bei, Prozesse der Angleichung von Personen, die in den genannten Punkten von der Mehrheit abweichen, zu fördern und damit die abweichende Sprache, Kultur, Religion usw. in ihrer Gleichwertigkeit zu den entsprechenden Normalitätsvorstellungen zu diskriminieren. Schulpolitik ist deshalb daraufhin zu befragen, ob sie offen oder versteckt dazu führt, dass die Mitglieder der Minderheit ihre gruppenspezifischen Eigenheiten ablegen bzw. verleugnen müssen, dass die Minderheiten also assimiliert werden. Oder sie trägt z. B. dazu bei, die Verschiedenheit der Voraussetzungen zur Teilnahme an allgemeinen öffentlichen Bildungsmaßnahmen zu erhalten und sie über darauf zurückzuführende unterschiedliche Abschlüsse usw. in ungleiche Möglichkeiten zur Teilhabe an positiv bewerteten gesellschaftlichen Positionen (Ausbildung, Arbeitsplätze, Gesundheit, politische Partizipation ...) zu transformieren. Bildungspolitische Regelungen können, bezogen auf abweichende ethnische Gruppen, zu einem Teil der Diskriminierung von schulisch relevanten Differenzen werden, indem sie direkt oder indirekt gesellschaftliche Homogenisierungsprozesse unterstützen. Sie können aber auch, durch den Bezug auf solche Differenzen, für Diskriminierungen durch offene oder versteckte Differenzierungsprozesse bedeutsam werden.

Das Dilemma der Bildungspolitik liegt, bezogen auf ethnische Minderheiten, darin, dass praktisch jede Maßnahme zu einer Diskriminierung der Angehörigen solcher abweichenden Gruppen beitragen kann. Die Begründungen für entsprechende Regelungen weisen zudem über die engere Bildungspolitik hinaus:

Gleichbehandlung ist tief im demokratischen Selbstverständnis moderner Staaten und der darin begründeten Idee der Gleichberechtigung aller Mitglieder des Staates verankert (vgl. WENNING 1999, S. 166 ff.). Bei ungleichen Voraussetzungen führt sie, im Rahmen des Bildungswesens, im Ergebnis zwangsläufig zu sozialer Ungleichheit. Durch die von der Gleichbehandlung ausgehenden Homogenisierungswirkungen werden differente Gruppen in jedem Fall einem Anpassungsdruck ausgesetzt und in ihrer Abweichung abgewertet.

Ungleichbehandlung kann, besonders wenn inhaltliche Abweichungen im Rahmen schulischer Bildung entlang minderheitenspezifischer Differenzen auf Forderungen der Minderheit selbst zurückgehen, vom Charme des ebenfalls in modernen Staaten tief verwurzelten Respekts vor der individuellen Eigenart profitieren. Sie erscheint deshalb schon durch diesen Bezug gerechtfertigt, selbst wenn das eine auf individuelle Freiheit zielt und es sich beim anderen um abweichende kollektive Vorstellungen handelt. Die auf der Idee des unabhängigen Individuums aufbauenden modernen Gesellschaften tun sich gleichzeitig mit Differenzen schwer, die sich aus spezifischen *Gruppen*zugehörigkeiten ergeben. Das gilt vor allem, wenn diese Gruppen Minderheiten im erläuterten Sinne sind, die in ihren konstitutiven Merkmalen von relevanten Mehrheitsvorstellungen abweichen und als *Gruppe* eine Anerkennung dieser Differenz mit dem Recht auf eine konkurrierende Durchsetzung in der Form des gesellschaftlichen Nebeneinanders fordern. Dies zeigen z. B. die Auseinandersetzungen in Fragen der Anerkennung und des Schutzes ethnischer Minderheiten.

Gäbe es eine Gesellschaft mit komplett voneinander getrennten Sphären für verschiedene Gruppen, die hierarchiegleich nebeneinander existierten, ließe sich eine minderheitenspezifisch differenzierende Bildung rechtfertigen. Moderne Gesellschaften sind in Theorie und Praxis aber gerade dadurch geprägt, dass es *ein* Bildungssystem, *einen* Arbeitsmarkt, *ein* Rechtssystem, *ein* politisches System usw. gibt,[5] in dem jeweils alle Staatsmitglieder, bzw. die Bewohner und Bewohnerinnen, miteinander konkurrieren.

5 Das Nebeneinander verschiedener Schulen bzw. unterschiedlich verfasster Schulen – etwa konfessionsbezogener, privater oder öffentlicher – in verschiedenen Staaten ist hier ebenso wenig ein Gegenargument wie die Existenz eines ersten, zweiten (und dritten) Arbeitsmarktes oder die mögliche unterschiedliche Rechtsausstattung verschiedener Personen (Staatsangehörige, Migranten, Illegale), die auf einem Territorium leben. An den Schnittstellen zu anderen gesellschaftlichen Teilsystemen wird in der Regel deutlich, dass diese Teilsysteme in modernen Staaten als einheitlich begriffen werden. Etwa bei der Suche nach einem Ausbil-

Schon deshalb führt jede Differenzierung im Bildungswesen entlang gruppenspezifischer Merkmale zur Bevorteilung der an die allgemeinen Standards stärker angepassten Personen bzw. Gruppen und zur Benachteiligung aller, die von diesen Normalitätsvorstellungen mehr oder weniger abweichen. Wird diese Differenz durch das Bildungswesen noch unterstützt, widerspricht ein solches Vorgehen sogar rechtsstaatlichen Gleichheitsgeboten, nach denen niemand auf Grund seiner Herkunft, Abstammung, Sprache, seines Glaubens oder Geschlechts usw. benachteiligt werden darf. In der Bildungspolitik wird dieses Problem regelmäßig unter dem Begriff Chancengleichheit diskutiert – zu lösen ist es nur begrenzt (zur Problematik des politischen Chancengleichheitsbegriffs vgl. WENNING 1999, S. 198 ff.).

Aus diesen Gründen sind alle schulpolitischen Regelungen zugleich ein Ausdruck des staatlichen Umgangs mit (ethnischen) Minderheiten. Dabei spielt es keine Rolle, ob sie explizit auf solche Minderheiten zielen oder sie außer Acht lassen. Sowohl die Betonung von Gleichheit für alle wie die des Rechts auf Differenz für abweichende Gruppen können zugleich Ausdruck des Bemühens um die Förderung und den Erhalt ethnischer Minderheiten wie auch für den Versuch ihrer Unterdrückung und der Assimilation sein. Deshalb muss sich eine Analyse staatlicher Schulpolitik für ethnische Minderheiten anderer Kriterien zur Beurteilung der Wirkungen bedienen, als nur nach dem Vorhandensein oder dem Fehlen spezifischer Regelungen zu fragen.

3 Dimensionen ethnisch differenzierender Schulpolitik

Die konkurrierenden rechtsstaatlichen Gebote erfordern einen sensiblen Umgang in der Schulpolitik für andere ethnische Gruppen. An bildungspolitische Maßnahmen, die direkt oder indirekt die gesellschaftlich relevanten Bildungschancen von Angehörigen minoritärer, in diesem Fall ethnisch begriffener, Gruppen beeinflussen oder beeinflussen können, sind besondere Anforderungen zu stellen. Um eine Vorstellung davon zu vermitteln, in welchem Rahmen sich solche schulpolitischen Maßnahmen bisher schon bewegt haben, werden nachfolgend Dimensionen aufgezeigt, die zugleich eine Charakterisierung entsprechender Maßnahmen zulassen.

Der bildungspolitische Umgang mit anderen ethnischen Gruppen innerhalb des staatlichen Bildungswesen lässt sich anhand von zwei Kategorien näher bestimmen, der Frage nach der *Berücksichtigung* im Bildungswesen und der nach den *Zielen*, die für die Minderheit im Bildungswesen verfolgt werden.

Ob eine ethnische Minderheit im Bildungswesen berücksichtigt wird, zeigt sich durch das Vorhandensein spezieller Maßnahmen oder Einrichtungen, die auf die fragliche Gruppe zielen. „Berücksichtigung" kann in diesem Fall bedeuten, dass Regelungen existieren, die auf den Erhalt der Besonderheiten dieser Gruppe zielen,

dungsplatz konkurrieren die Absolventen und Absolventinnen aller Schulen (wenn auch mit unterschiedlichen Chancen). Ethnische Nischen sind höchstens in Ansätzen vorhanden.

oder dass Vorkehrungen getroffen werden, die deren spezifische Gruppenmerkmale abbauen wollen. Die Frage nach der Berücksichtigung einer Gruppe in bildungspolitischen Maßnahmen meint deshalb nur, *ob* diese Gruppe verwaltungstechnisch oder gesetzgeberisch wahrgenommen wird. Das eine Extrem der Bandbreite ist dabei ein niedriger Berücksichtigungsgrad, wie er etwa nach 1945 bis in die 1960er Jahre für Kinder ausländischer Arbeitskräfte in den westdeutschen Bundesländern galt (vgl. PUSKEPPELEIT/KRÜGER-POTRATZ 1999, S. 3ff.): Sie waren weder schulpflichtig noch wurden besondere Maßnahmen für sie vorgesehen. Zu dieser Zeit existierten keine darauf bezogenen minderheitenspezifischen Maßnahmen. Den Gegenpol bilden z. B. die schulrechtlichen Regelungen, die kurze Zeit später für die gleiche Gruppe getroffen wurden. In den 1970er Jahren gab es eine Vielzahl von Maßnahmen für diese Kinder, die verschiedenste Bereiche regelten. Diese reichten von der Schulpflicht über muttersprachlichen Unterricht bis hin zu inhaltlichen Zielen, die mit dem Schulunterricht zu verfolgen waren, etwa die sogenannte Rückkehroption zu erhalten (vgl. ebd., S. 12ff.). In diesem Zeitraum wurden viele spezielle und differenzierte Maßnahmen für diese Gruppe getroffen. Dementsprechend kann man von einer intensiven Berücksichtigung sprechen.

Wenn solche Regelungen vorhanden sind, ist noch keineswegs klar, welches *Ziel* damit für die Besonderheiten dieser Gruppe durch die bildungspolitischen Maßnahmen verfolgt wird. Fraglich ist dabei, welche zukünftige gesellschaftliche Rolle der Minderheit zugedacht wird. Eckpunkte der möglichen Skala orientieren sich daran, ob die Ausrichtung eher normalitätsbezogen oder eher minderheitsbezogen ist. Normalitätsbezogen heißt dabei, dass die Angehörigen der Minderheit durch schulische Maßnahmen an die Standards des staatlichen Normalitätskonstruktes (vgl. WENNING 1999, S. 328ff.) angepasst werden sollen. Der bekannteste Maßstab ist in diesem Zusammenhang die Schulsprache: Lernen die Kinder in der Schule nur die Standardsprache und erfolgt Unterricht nur in dieser Sprache oder spielt die eigene Sprache der Gruppe – wenn sie über eine abweichende Sprache verfügt – eine Rolle in der Bildungseinrichtung? Zielen die schulischen Maßnahmen auf die Anpassung der Gruppenmitglieder an verbreitete gesellschaftliche Standards, ist von Assimilierung bzw., in Deutschland, von Germanisierung zu reden. Minderheitsbezogen heißt dagegen, dass die Gruppe und ihre Angehörigen in ihren gruppenspezifischen Abweichungen von den Normalitätsvorstellungen des Bildungswesens in der Form unterstützt werden, dass diese Abweichungen erhalten bleiben (sollen). Dazu gehört im Fall der anderen Sprache das vollständige Erlernen der Minderheitensprache sowie spezifischer kultureller Muster. Wenn die entsprechenden Regelungen für die Minderheit das Ziel des Erhalts der gruppenspezifischen Eigenarten verfolgen, kann man von dem schulpolitischen Grundmuster der Gewährung von „Autonomie“ sprechen (vgl. WENNING 2001b, S. 165f.).

Als Beispiel für eine Assimilationszumutung des Bildungswesens kann man die Versuche im Ruhrgebiet anführen, bei denen zu Beginn des 20. Jahrhunderts polnischsprachigen Kindern sogar verboten wurde, auf dem Schulhof oder in der

Öffentlichkeit polnisch zu sprechen. Von einer Berücksichtigung dieser abweichenden Sprache im Sinne des Erhalts gruppenspezifischer Sprach- und Kulturmuster konnte keinesfalls die Rede sein. Das andere Extrem, das einer Form von Autonomie, kennzeichnen beispielsweise die Regelungen, die in Schleswig-Holstein für „dänische" Kinder in Schulen möglich sind (siehe weiter unten). Dort wurden eigene Schulen mit dänischer Unterrichtssprache und abweichenden inhaltlichen Zielen eingerichtet und werden bis heute betrieben.

4 Schulpolitische Regelungen jenseits der Bildungspolitik

Betrachtet man die verschiedenen bildungspolitischen Regelungen, die bisher schon für andere ethnische Gruppen getroffen wurden, findet sich eine bunte Vielfalt, die kaum anders zu strukturieren ist, als im letzten Abschnitt vorgeschlagen. Eine solche Gliederung folgt aber „internen" Kriterien, die aus den Folgen bzw. aus den angelegten Intentionen abgeleitet werden.

In diesem Kapitel wird aufgezeigt, dass schulpolitische Maßnahmen existieren, die mit diesen Kriterien kaum zu erfassen sind. Es geht um Rahmenbedingungen, die nur mittelbar mit staatlichen Motiven für eine ethnisch differenzierte Beschulung verbunden werden können, weil die Gestaltung der Regelungen *außerhalb* des Einflussbereiches der bundesdeutschen Bildungspolitik liegt. Dazu gehört, im Falle Deutschlands, z. B. die rechtsstaatliche Einbindung in größere Institutionen, vor allem in die EU. Für die Ausgestaltung der bildungspolitischen Regelungen hat zudem, wie an Beispielen verdeutlicht wird, das (macht-)politische Verhältnis zwischen der einzelnen Gruppe und dem Gesamtstaat eine entscheidende Bedeutung. Diese Beschreibung besonderer schulpolitischer Regelungen verdeutlicht schon, dass die alleinige Analyse der innerhalb der Maßnahmen zu findenden Intentionen für die anderen (ethnischen) Gruppen unzureichend sein kann. Damit lassen sich die eigentlichen Motive bzw. die Faktoren, die die jeweiligen Regelungen mitbestimmt haben, kaum erfassen.

Als Beispiel für den ersten Fall werden hier die „Europäischen Schulen" herangezogen. Sie stellen einen schulpolitischen Sonderfall dar, weil ihre Rechtsgrundlage ein zwischenstaatliches Protokoll aus dem Jahre 1957 ist. Sie unterliegen danach *europäischen* Regelungen anstatt der Rechtsetzung und -aufsicht deutscher Kultusministerien. In Deutschland gibt es mit Karlsruhe (seit 1963), München (seit 1977) und Frankfurt (seit 2002) derzeit drei solcher Bildungseinrichtungen. Sie sind in erster Linie für die Kinder von Bediensteten europäischer Dienststellen und Institutionen gedacht. Die Schulen sind in Sprachabteilungen organisiert, die je nach Bedarf in den Amtssprachen der EU eingerichtet werden. Sie schließen mit einem eigenen „Europäischen Abitur" ab, das zum Studium in allen EU-Staaten sowie in der Schweiz und den USA berechtigt (vgl. HANSEN/WENNING 2003, S. 111ff.). Zentral für die Existenz dieser besonderen Bildungseinrichtungen war die *politische* Entscheidung der Beteiligung des Staates an einer überstaatlichen (west-)europäischen Institution. Diese zog, ungeplant, die Errichtung einiger dem direkten einzelstaatlichen Einfluss entzogener Schulen nach sich.

Einen weiteren Einflussfaktor illustrieren die Bildungseinrichtungen der in Deutschland stationierten NATO-Truppen. In jeder größeren Garnisonsstadt mit US-amerikanischen, britischen oder französischen Truppen gibt es noch heute Kindergärten und Schulen, die nach heimatlichen Lehrplänen mit vom Heimatland ausgebildeten, ausgesuchten und bezahlten Lehrkräften arbeiten.[6] Diese Bildungseinrichtungen benutzen die jeweilige Staatssprache des Heimatlandes und bieten Deutsch höchstens als Wahlfach an. Auch sie stehen außerhalb der deutschen Schulaufsicht (vgl. HANSEN/WENNING 2003, S. 106ff.). Damit gehen diese Schulen, genauso wie die Europäischen Schulen, über einen Autonomiestatus, wie er am Beispiel der dänischen Schulen angesprochen wurde, hinaus. Sie stehen *neben* dem staatlichen Bildungssystem des Staates, in dem sie sich befinden. Zwar unterliegen diese Einrichtungen dem staatlichen Einfluss des jeweiligen Entsendestaates; damit könnte man sie als normale staatliche Bildungseinrichtungen qualifizieren. Das erläutert aber noch nicht ihre ungewöhnliche Position innerhalb Deutschlands. Diese lässt sich nur durch einen Faktor erklären, der in einer spezifischen Außenbeziehung liegt: der zu einem bestimmten Zeitpunkt gegebenen Machtdifferenz zwischen Siegern des Zweiten Weltkrieges und Besiegten. Ohne diesen Einfluss bleibt die heutige Existenz eines solchen eigenständigen Bildungswesens unverständlich. Dass diese Schulen immer noch in der gleichen rechtlichen Grauzone bestehen, lässt sich nur auf eine Art Gewohnheitsrecht zurückführen.

Die Beispiele zeigen, dass schulische Regelungen für besondere Gruppen *jenseits* des Einflusses der deutschen Kultusbürokratie entstehen und bestehen können. Das wird weitgehend aus dem öffentlichen Bewusstsein ausgeblendet, wenn es um Fragen einer differenzierten Beschulung ethnischer Gruppen geht, die sich *innerhalb* der Regelungsfähigkeit deutscher Schulpolitik befinden.[7]

5 Einflussfaktoren und Motive

Will man analysieren, wie ethnisch differenzierende schulpolitische Regelungen zustande kommen und wie die Unterschiede bei verschiedenen Gruppen sowie zu verschiedenen Zeiten zu erklären sind, muss man – ähnlich wie bei den Regelungen jenseits des eigentlichen bildungspolitischen Einflusses – über die einzelne

---

6 Mit dem Abzug großer Truppenteile nach 1989/90 ist die Zahl dieser Schulen in Deutschland zurückgegangen. In den östlichen Bundesländern bzw. in der ehemaligen DDR sind diese Einrichtungen durch den vollständigen Abbau der sowjetischen bzw. russischen Streitkräfte bis 1994 sogar ganz verschwunden.

7 Etwas anders gelagert ist der Fall der sogenannten „Deutschen Schulen", die in vielen anderen Staaten betrieben werden. Zwar erfolgt auch hier der Unterricht (zumeist) durch deutsche Lehrkräfte, die in Deutschland ausgebildet wurden und von diesem Staat bezahlt werden. Der Unterricht läuft zudem nach deutschen Lehrplänen in deutscher Sprache ab und führt zu deutschen Schulabschlüssen. Häufig werden aber auch Kinder und Jugendliche des Staates, in dem die Schule angesiedelt ist, aufgenommen. Außerdem erfolgt der Betrieb dieser Bildungseinrichtungen nur im Einvernehmen mit dem jeweiligen Staat.

konkrete Maßnahme hinausblicken. Als allgemeine Einflussfaktoren auf die Gestaltung entsprechender schulischer Regelungen für ethnische Minderheiten sind Rahmenbedingungen heranzuziehen, die in dem jeweiligen Staat gegeben sind, vor allem das staatliche Selbstverständnis und die spezielle Situation der jeweiligen Gruppe in den gesamtgesellschaftlichen Gegebenheiten. Daneben spielen ganz andere Interessen eine Rolle, die zu berücksichtigen sind, wenn man das Zustandekommen bestimmter schulpolitischer Maßnahmen verstehen will. Dazu gehören ökonomische, machtpolitische, außenpolitische und innenpolitische Interessen. Die mit den einzelnen Regelungen für andere ethnische Gruppen verfolgten Ziele bzw. die sich darin zeigenden Motive werden in diesem Rahmen als Reaktionen begriffen, die im Wesentlichen durch Einflussfaktoren bestimmt sind, welche mit der ethnischen Differenz wenig zu tun haben. Ohne die Berücksichtigung dieser Faktoren sind die Motive kaum zu erklären. Hier geht es in erster Linie darum, die Motive und ihre Verquickung mit grundlegenden Faktoren aufzuzeigen. Damit wird die Gegenthese der auf ethnische Differenz begründeten schulpolitischen Ungleichbehandlung anderer ethnischer Gruppen weiter hinterfragt. Die Situation der einzelnen Gruppen, die als Beispiele zur Illustration herangezogen werden, kann hier allerdings nur angedeutet werden. Eine ausführlichere Darstellung findet sich z. B. in HANSEN/WENNING (2003).

Gesellschaftliche „Präsenz" und Machtpotentiale

Im erwähnten Fall der Bildungseinrichtungen der NATO-Truppen ist das Verhältnis der abweichenden, ethnisch bzw. nationalstaatlich zu definierenden Gruppen zum Gesamtstaat durch ein Machtgefälle bestimmt, das in einem vergangenen Zeitraum herrschte und das die deutschen Behörden auf der machtdefizitären Seite sah. Das Beispiel der Sinti und Roma in Deutschland kann verdeutlichen, dass auch im innerstaatlichen Bereich Machtverhältnisse zwischen Minderheiten und Mehrheit für die schulpolitische Gestaltung wichtig sind.

Die Gruppe der Sinti und Roma besteht zu einem großen Teil aus *deutschen* Staatsangehörigen, sodass die Abweichung dieser Gruppe vom gesellschaftlichen Normalbild nicht an einem Ausländerstatus festzumachen ist. Zudem handelt es sich um eine „Anwesenheit" mit einer langen Tradition, weil diese Gruppe seit etwa 600 Jahren in Deutschland bzw. seinen Vorläuferstaaten lebt. Bis heute unterbleibt jedoch weitgehend eine schulpolitische Berücksichtigung im oben erläuterten Sinne. Die staatliche Ignoranz geht vielfach so weit, dass nicht einmal die Schulpflicht durchgesetzt wird. Schätzungen zufolge wurde – europaweit – selbst in jüngerer Zeit mehr als die Hälfte der Schulpflichtigen dieser Gruppe nie schulisch betreut (vgl. HORNBERG 2000, S. 16).

Fehlen sowohl „positive" – im Sinne von die spezifischen Gruppenziele unterstützende – Maßnahmen als auch „negative" – im Sinne von aktiv die Integration oder Assimilation fördernde – Regelungen, ist davon auszugehen, dass die Gruppe entweder als Gruppe für die Bildungsbürokratie unsichtbar bleibt oder dass eine bürokratische Befassung damit als nicht notwendig erscheint. In jedem Fall werden die Mitglieder der Gruppe auf diese Weise im Bildungswesen ungeschützt den oben erwähnten Anpassungs- und indirekten Diskriminierungsmechanismen ausgesetzt, die in der Regel zu schlechteren Lernergebnissen und schwachen bzw. fehlenden Schulabschlüssen für die Schüler und Schülerinnen dieser Gruppe führen. Dies haben die wenigen Untersuchungen, die sich in den letzten Jahrzehnten damit befassten, eindrücklich bestätigt (vgl. HUNDSALZ/SCHAAF 1982; KOMMISSION DER EUROPÄISCHEN GEMEINSCHAFTEN 1997).

Welche Faktoren bedingen einen solchen Umgang? Die Gruppe der Sinti und Roma hat in Deutschland keine so große Zahl wie etwa die Gruppe der türkischen Staatsangehörigen und deren Nachkommen. Deshalb *kann* man diese Gruppe im Vergleich zu anderen übersehen. Im Gegensatz zu den Dänen in Schleswig-Holstein oder den Sorben in der Lausitz, die ebenfalls keine große Mitgliederzahl aufweisen, sind Sinti und Roma nicht räumlich konzentriert, sondern wohnen über das ganze Land verstreut. Weiter haben sie keine große gesellschaftliche Lobby. Diese Gruppe ist zwar seit 1995 als ethnische Minderheit anerkannt, sieht sich im Regelfall aber mit einer Fülle von gesellschaftlich tief verankerten Vorurteilen und Diskriminierungen konfrontiert.

Daraus kann man als einen Einflussfaktor für die Gestaltung einer spezifischen Schulpolitik den Grad der gesellschaftlichen „Präsenz" einer Gruppe ableiten. Die reine Anwesenheit von ethnischen Minderheiten ist für sich gesehen kein ausreichender Grund für schulpolitische Maßnahmen. Sonst müsste es auch spezielle Regelungen für z. B. niederländische, französische oder österreichische Staatsangehörige geben, von denen jeweils über 100.000 Personen in Deutschland leben. Vielmehr geraten nur solche Gruppen als ethnische Minderheiten in das schulpolitische Blickfeld, für die – allgemein formuliert – ein gesellschaftliches Interesse an der Auseinandersetzung besteht. Und das sind unter diesem Blickwinkel Gruppen, die in gesellschaftlich bedeutsamer Weise „stören" bzw. negativ „auffallen".

Aber selbst dies scheint, bezogen auf Sinti und Roma, kein hinreichender Grund für eine schulpolitische Berücksichtigung zu sein. Nur die oben angedeuteten EU-Beschlüsse von 1989 und die Nachfragen der EU-Administration zur Umsetzung der Beschlüsse haben in den verschiedenen deutschen Bundesländern zu einigen Modellprojekten geführt, die im Regelfall aber nach dem Ende der Förderung wieder eingestellt wurden bzw. werden (vgl. THOMAS 2000).

Die gesellschaftliche „Präsenz" muss, für eine anhaltende schulpolitische Berücksichtigung, deshalb entweder von einer gesellschaftsgefährdenden Qualität sein (siehe weiter unten) oder durch einen weiteren Faktor ergänzt werden, ein gewisses gesellschaftlich bedeutsames Machtpotential. Beides ist bei der Gruppe der Sinti und Roma nur ansatzweise gegeben. Das sind wichtige Unterschiede, die die andere schulpolitische Situation der ebenfalls in Deutschland als ethnische Minderheiten anerkannten Dänen und Sorben erklären können.

Ökonomische Interessen und ökonomisches Potential

Ein wichtiges Motiv für die schulpolitische Sonderstellung einzelner Gruppen erwächst aus ökonomischen Interessen. Gruppen, die über ein besonderes ökonomisches Potential verfügen, konnten und können auch heute noch das Recht erlangen, für ihre Kinder eigene Bildungseinrichtungen mit von den normalen Standards abweichenden Prinzipien bezüglich Unterrichtssprache, inhaltlicher Ausrichtung sowie Ausbildung und Rekrutierung des Lehrpersonals zu betreiben.

Als ein altes und zugleich einen Extremfall dokumentierendes Beispiel kann hier die Situation der hugenottischen Zuwanderer in Preußen und anderen deutschen Ländern ab 1685 herangezogen werden. Diese Gruppe erhielt dort weitgehende Freiheiten, die für die damalige Zeit (und heute) außergewöhnlich waren: freie Wahl des Wohnortes, Gewerbefreiheit, Steuerfreiheit, finanzielle Unterstützung bei Unternehmensgründungen, das Recht zur Errichtung eigener Schulen und sogar eine eigene Gerichtsbarkeit. Zwar wurden die Flüchtlinge im Jahre 1700 zu preußischen Staatsangehörigen erklärt, viele Sonderrechte behielten sie aber bis zum Beginn des 19. Jahrhunderts, also über gut 120 Jahre. Die hugenottischen Bildungseinrichtungen hielten sich noch länger: Die letzte Gemeindeschule der Französischen Kirche zu Berlin wurde erst 1872 geschlossen; das Französische Gymnasium in Berlin besteht als anerkannte Ersatzschule unter der Regie des französischen Staates bis heute (vgl. WENNING 2001b, S. 167f.).

Was veranlasste den preußischen Staat sowie andere deutsche Staaten zur Vergabe dieser „ungeheuren" Privilegien? Betrachtet man die Situation in dem immer noch unter den Folgen des 30-jährigen Krieges (1618 bis 1648) leidenden Land, in dem große Teile der Bevölkerung umgekommen waren, so wird die Maßnahme des preußischen Kurfürsten, Agenten in geheimer Mission nach Frankreich zu senden, um den wegen ihres religiösen Bekenntnisses dort bedrängten Hugenotten ein Asylangebot mit den erwähnten Rechten zu machen, verständlicher. Eine noch deutlichere Sprache spricht die Analyse der Sozial- und Berufsstruktur der Flüchtlinge: Nach Berlin kamen z. B. insbesondere Beamte, Offiziere, Richter, Ärzte, Pfarrer, Lehrer, reiche Kaufleute und spezialisierte Handwerker, etwa Goldschmiede oder Uhrmacher. Ein Vergleich mit heutigen „Greencard"-Aktionen liegt auf der Hand. Die ökonomische Entwicklung Preußens gab den Bemühungen Recht: Neue Technologien, neue Handwerke und andere kulturelle Muster kamen ins Land, bald sprach man von einem preußischen Wirtschaftswunder (vgl. WENNING 2001b, S. 166f.).

Entsprechende Sonderregelungen sind keineswegs Vergangenheit, wie die Situation z. B. der Japanischen Schulen in Deutschland, etwa in Düsseldorf, zeigt. Nach japanischen Lehrplänen werden dort von japanischen Lehrkräften in japanischer Sprache die Kinder und Jugendlichen von Arbeitskräften japanischer Firmen unterrichtet, die für einige Jahre von ihren Muttergesellschaften nach Europa geschickt werden (vgl. THRÄNHARDT 1995, S. 251). Diese Schulen arbeiten allerdings unter der Schulaufsicht des nordrhein-westfälischen Kultusministeriums; sie verfügen über eine Ausnahmegenehmigung.

Die aus heutiger Sicht außergewöhnliche schulpolitische Autonomie der Hugenotten u. a. in Preußen wurde, genauso wie die Genehmigung für die Japanischen Schulen, nur als Teil eines Anreizsystems gewährt, mit dem ökonomisch potente Personen geworben werden sollten. Das Motiv dieser Aktion war die Unterstützung der ökonomischen Entwicklung in der aufnehmenden Region. Genau diese Argumentation wird heute verwendet, wenn z. B. die Industrie- und Handelskammer Frankfurt/M. gemeinsam mit der Stadt Frankfurt/M., dem Land Hessen und einer größeren Zahl von Unternehmen aus der Region eine Internationale Schule mit dem Ziel gründet, den Standort Frankfurt/M. als internationalen Finanz- und Wirtschaftsplatz durch den „weichen" Standortfaktor Schulangebot zu stärken (vgl. HANSEN/WENNING 2003, S. 115).

Der ökonomische Nutzen einer Gruppe für die Gesellschaft reicht aber allein als Ursache für eine bildungspolitische Ausnahme nicht aus. Sonst müsste es solche Regelungen auch für die Gruppe der „Gastarbeiter" geben bzw. gegeben haben.[8] Tatsächlich unterscheidet sich die ökonomische Bedeutung der japanischen Gruppe von der der „Gastarbeiter". Während jene Lücken auf dem Arbeitsmarkt füllten und noch immer füllen, erwartet man von diesen eine Förderung der wirtschaftlichen Entwicklung durch Investitionen, Technologietransfer und die Schaffung von Arbeitsplätzen.

Das Motiv dafür, eine schulpolitische Sonderstellung solcher Gruppen zu erlauben, ist die Verbesserung der *ökonomischen* Situation des Landes oder einer Region. Die Einflussfaktoren liegen in der, relativ gesehen, geringer entwickelten wirtschaftlichen Lage und dem vergleichsweise höheren ökonomischen Potential dieser Gruppen, kurz, in ökonomischen Interessen.

Außenpolitische Interessen

Ein historisch bedeutsames Motiv für die Gewährung einer besonderen Schulpolitik für einzelne Gruppen ist in der Vergangenheit schon mehrfach aus Veränderungen der außenpolitischen Situation erwachsen. Der Grund ist in diesem Fall, anders als bei ökonomischen Interessen, weniger in der Gruppe, für die spezielle Regelungen getroffen werden, selbst zu suchen als vielmehr in der Existenz deutschsprachiger Gruppen im Ausland. Als historisches Beispiel, das bis heute Gültigkeit hat, wird hier die Gruppe der Dänen in Schleswig-Holstein herangezogen.

Dass es im nördlichsten Bundesland Deutschlands eine Gruppe gibt, die über eigene Kindergärten und Schulen verfügt, in denen Kinder und Jugendliche in einer eigenen Sprache mit abweichenden Unterrichtszielen unterrichtet werden, ist relativ wenig bekannt. Die weitere Auffälligkeit, dass für diese Gruppe besondere Regelungen bei Landtagswahlen gelten – die Fünf-Prozent-Klausel gilt nur für den Südschleswigschen Wählerverband (SSW) nicht –, wird höchstens im Zusammenhang mit den Landtagswahlen in diesem Bundesland bestaunt. Der SSW vertritt die Interessen von Friesen und Dänen; bei diesen „Dänen" handelt es sich aber

8 Die Zulassung privater griechischer Schulen etwa in Bayern, die bis heute existieren, ließe sich auf den ersten Blick so interpretieren. Dahinter stand aber in erster Linie, neben dem massiv vertretenen Elterninteresse, das ebenfalls in diesen Sonderregelungen aufgefangen wurde, das Motiv, die *Rückkehrfähigkeit* für diese Kinder in das Herkunftsland der Eltern zu erhalten (vgl. dazu die Zusammenstellung der entsprechenden Regelungen in vielen Bundesländern in GOGOLIN/NEUMANN/REUTER 2001). Die Anerkennung von Schulabschlüssen solcher Schulen wird, wie die ausländischer Schulen auch, von den Kultusministerien der Bundesländer geregelt.

keineswegs um Angehörige des nahen Dänemarks, sondern um Personen, die mit deutscher Staatsangehörigkeit schon „immer" in dieser Region gewohnt haben.

Erscheint die heutige Situation dieser Gruppe als unaufgeregt und höchstens kurios, so war dies noch vor einigen Jahrzehnten völlig anders. Spätestens seit den 1860er Jahren, als Preußen sich Schleswig und Holstein als neue Provinz eingliederte, kam es immer wieder zu Auseinandersetzungen um die „Dänen" (und Friesen) in dieser Region. Versuche der Germanisierung und Phasen der Autonomiegewährung wechselten sich mehrfach ab. Nach dem Ersten Weltkrieg kam es 1920 zu einer Volksabstimmung über den Grenzverlauf, der auf diese Weise bis heute festgelegt wurde. Nordschleswig entschied sich mehrheitlich für Dänemark, Südschleswig für Deutschland. Da es aber – anders als z. B. in Südosteuropa – zu keinem großen Austausch von Bevölkerungsteilen kam, leben seither jeweils anderssprachige Bevölkerungsteile in den Abstimmungsregionen (vgl. SIGAARD-MADSEN 1995).

Trotz beiderseitiger Regelungen über die Gewährung gewisser Minderheitenrechte inklusive des Rechts zur Errichtung von Privatschulen nach dem Ersten Weltkrieg kommt es nach dem Zweiten Weltkrieg zu anhaltenden Auseinandersetzungen darüber, ob diese Rechte aufrechterhalten werden sollten. Erst als die Zustimmung Dänemarks zur angestrebten Aufnahme der Bundesrepublik Deutschland in die NATO notwendig war, wurden 1955 der dänischen Minderheit in Deutschland sowie der deutschen Minderheit in Dänemark vertraglich (schulische) Rechte garantiert (vgl. METZNER 2000, S. ZB 1).

Auch dazu gibt es ein aktuelles Beispiel, das die anhaltende Gültigkeit der grundlegenden Motive verdeutlichen kann. Im Jahre 1991 wurde zwischen Polen und Deutschland ein Vertrag „über gute Nachbarschaft und freundschaftliche Zusammenarbeit" geschlossen. Er eröffnet – die bis heute nicht realisierte – Möglichkeit für polnischsprachige Bundesbürger, eigene Schulen zu errichten. Umgekehrt wird der deutschen Minderheit in Polen das – schon mehrfach umgesetzte – gleiche Recht eingeräumt.

Das Motiv für die Gewährung besonderer schulischer Rechte für ethnisch definierte Gruppe ist in den beiden angesprochenen Fällen in erster Linie der Versuch, die Lage der *deutschen* Minderheit im jeweiligen Nachbarland zu erhalten bzw. zu verbessern. Dieses Motiv ist jeweils eingebettet in eine veränderte außenpolitische Lage, die durch Gebietsverluste, Machtverlust, die Einbindung in neue politische Strukturen (NATO) oder den Zerfall bisheriger politischer Strukturen (Warschauer Pakt bzw. „Ostblock") gekennzeichnet ist. Deshalb ist auch in diesen Fällen festzuhalten, dass die Gruppen, für die besondere schulpolitische Regelungen getroffen wurden, bzw. dass deren spezifische Interessen keine große Rolle für die Gewährung und Ausgestaltung der Rechte gespielt haben.

Politische Grundsätze

An einem speziellen Fall, der Situation der Sorben in der DDR, lässt sich verdeutlichen, dass politische Grundsätze zur Einrichtung gruppenspezifischer schulischer Maßnahmen führen können, was wiederum wenig mit den Merkmalen der Gruppe selbst zu tun hatte. Bei diesen Regelungen für die Sorben handelt es sich um einen begrenzten Zeitraum und um bestimmte politische Bedingungen.

Wie die Dänen in Schleswig-Holstein leben auch die Sorben in der Lausitz schon seit langer Zeit am angestammten Ort. Die Grenzen sind über diese Gruppen „hinweggewandert" und haben so zu einer Minderheitensituation geführt. Zu vielen Zeiten der letzten rund 150 Jahre ist die (schulpolitische) Situation von Dänen und Sorben im Wesentlichen vergleichbar. Nach dem Zweiten Weltkrieg kommt es aber zu abweichenden Entwicklungen. Während die Dänen sogar um das Recht kämpfen müssen, *private* Bildungseinrichtungen zu unterhalten, werden für die Sorben *staatliche* Kindergärten und Schulen bis hin zur eigenen Lehrerbildungsanstalt in Bautzen eingerichtet. Was veranlasst diese Regierung zu einer so anderen Schulpolitik?

In die Verfassung der DDR vom 07.10.1949 wird der Artikel 11 aufgenommen, der die Grundlage für eine kulturelle Teilautonomie der Sorben schafft. Neben den erwähnten schulischen Rechten wird Sorbisch als Gerichtssprache und im Behördenverkehr zugelassen, kann Sorbisch in Sitzungen der Gemeindevertretungen gesprochen werden und erfolgen amtliche Verlautbarungen zweisprachig (vgl. URBAN 1980, S. 79 ff.). Die Ursache für diese Regelungen ist allein in der politischen Nähe zur Sowjetunion und der von dieser vertretenen Nationalitätenpolitik zu suchen. Der damalige Parteivorsitzende der SED, Wilhelm Pieck, hielt dagegen „das Aufwerfen der sorbischen nationalen Frage in der gegebenen Situation [für] eine Rückentwicklung [...]" (BUDARJOWA 1997, S. 113).

Die Regierung handelte weniger aus Überzeugung in der Sache. Das Motiv für die Einrichtung besonderer pädagogischer Maßnahmen war vielmehr der Wunsch, einen Beleg für die eigenen *politischen* Vorstellungen zu liefern. Diese Vorstellungen waren durch besondere Einflussfaktoren mitgeprägt, vor allem die Einbindung in den damaligen außenpolitischen Kontext und die politische Abhängigkeit von der Sowjetunion. Der Ost-West-Konflikt verlangte zudem nach einem Überlegenheitsbeweis für das politische System. Wem diese Interpretation zu sehr nach Verweis auf das rein politische Kalkül riecht, dem kann die Entwicklung nach 1990 als Beweis entgegengehalten werden: Nach der Vereinigung der beiden deutschen Staaten gab es kaum ein Interesse des Staates an der Aufrechterhaltung der besonderen schulpolitischen Situation. Erst massive Proteste – und die spätere Anerkennung der Sorben als ethnische Minderheit – bewirkten, dass die Bundesländer Brandenburg und Sachsen wieder einige der Rechte, wie sie in der Zeit der DDR galten, einführten (vgl. POLM/HANSEN 1993). So gesehen kann man die heutige schulpolitische Sonderstellung der Sorben in der Lausitz – mindestens teilweise – als Spätfolge der sowjetischen Nationalitätenpolitik und des Reflexes der Machthaber in der DDR auf diese politischen Grundsätze begreifen.

Innenpolitische Interessen

Neben außenpolitischen Konstellationen und politischen Grundsätzen lassen sich Beweggründe für spezifische schulpolitische Maßnahmen auch in innenpolitischen Interessen finden. Als Beispiel dafür wird die Schulpolitik für die Gruppe der

(Spät-)Aussiedler herangezogen. Problematisch kann auf den ersten Blick erscheinen, dass es sich bei den Kindern und Jugendlichen aus dieser Gruppe per Definition um Deutsche nach Staatsangehörigkeit und nach (unterstellten) Sprach- sowie Kulturkenntnissen handelt. Deshalb ließe sich – von einer solchen Position aus betrachtet – kaum von einer an ethnischer Differenz orientierten Schulpolitik sprechen.

Mit dieser Kennzeichnung ist aber zugleich schon eine lange Zeit vorherrschende Position in der Schulpolitik für diese Gruppe beschrieben. Über mehrere Jahrzehnte gab es kaum schulpolitische Maßnahmen für Aussiedlerkinder im hier betrachteten Sinne. Es herrschte der Gedanke vor, durch Aussiedlung käme Gleiches zu Gleichem, sodass sich schulpolitische Maßnahmen auf eine schnelle Eingliederung beschränken könnten (vgl. PUSKEPPELEIT/KRÜGER-POTRATZ 1999, S. 170). Erst mit dem raschen Anwachsen der Aussiedlungszahlen ab 1987 (vgl. WENNING 1996b, S. 130f., S. 162f.) veränderte sich der schulpolitische Umgang mit dieser Gruppe langsam. Vor allem nach 1990 glichen sich die schulischen Maßnahmen für (spät-)ausgesiedelte Kinder und Jugendliche dann zunehmend denen für ausländische Kinder an (vgl. PUSKEPPELEIT/KRÜGER-POTRATZ 1999, S. 257). Vielfach wird heute nur noch von „Schülern nichtdeutscher Herkunftssprache“ (vgl. GOGOLIN/NEUMANN/REUTER 2001) gesprochen. Die politische Ausrichtung schulischer Maßnahmen orientiert sich damit nicht länger an der Staatsbürgerschaft als Kriterium, sondern an einem „schulinternen“ Aspekt, der Beherrschung der Schulsprache Deutsch. Wie ist dieser Wechsel zu erklären?

Der enge Zusammenhang mit der stark steigenden Zuwanderungszahl legt nahe, dass dort ein Grund zu suchen ist. Als alleinige Ursache scheidet dies allerdings aus, da es sich vor dem Hintergrund der Annahme, dass Gleiches zu Gleichem komme, nur um ein quantitatives Problem bei der Beschulung handeln sollte. Es muss also eine qualitative Veränderung erfolgt sein. Diese ist darin zu finden, dass die zugewanderten Kinder und Jugendlichen von (Spät-)Aussiedlern – entgegen der Annahme – eben doch in bedeutsamer Weise, z. B. bezüglich der Sprachkenntnisse, von den vorherrschenden Normalitätsvorstellungen im Bildungswesen abweichen. Der starke Anstieg der Zahl dieser Kinder stellte die jahrzehntelang angewendete Strategie der individuell zu leistenden Anpassung in Frage. Die hohe Zahl überforderte die „Integrationskapazitäten“ der Bildungseinrichtungen, die ohne spezielle, darauf zielende Maßnahmen auskommen mussten. Durch die daraus folgende Desintegration einer großen Zahl von Kindern und Jugendlichen war die gesellschaftliche Integration dieser Gruppe und damit letztlich die gesamte innenpolitische Situation in Frage gestellt.

Das Motiv für die Einrichtung bzw. Veränderung schulpolitischer Maßnahmen ist damit die Aufrechterhaltung bzw. Verteidigung der herrschenden Zustände in der Gesellschaft. Zudem werden damit indirekt die bestehenden Vorstellungen über die Zusammensetzung und die Kennzeichen der Bevölkerung, d. h. deren Homogenität, sowie die über die Organisation und die Ziele von Schule, d. h. die entsprechenden Normalitätsvorstellungen, unterstützt. Die Kinder und Jugendlichen der (Spät-)Aussiedler werden auf der in der Öffentlichkeit wenig beachteten Ebene der schulpolitischen Erlasse in der oben erwähnten Weise „umdefiniert“ und mit den ausländischen Kindern zu einer Gruppe zusammengefasst, die als zu integrieren gilt. Die diese Entwicklung mitbestimmenden Einflussfaktoren sind in einer zunehmenden gesellschaftlichen Differenzierung im Rahmen des gesellschaftlichen Modernisierungsprozesses und der unerwartet starken Zuwanderung von (Spät-) Aussiedlern zu finden. Diese Kombination bringt die vorherrschenden Integrationsmuster ins Wanken und gefährdet bestimmte Vorstellungen über die gesellschaftliche Konstitution. Dies erfordert Maßnahmen zur besseren Einbindung bzw. Anpassung der die herrschenden Zustände „gefährdenden“ Kinder und Jugendlichen.

Eine solche Interpretation bestimmter schulischer Maßnahmen setzt daran an, die *bestehenden* gesellschaftlichen Zustände zu erhalten. An weiteren Beispielen lässt sich aufzeigen, dass entsprechende Regelungen auch getroffen wurden, um die gesellschaftlichen Zustände in eine *gewünschte* Richtung zu verändern, sie also zu produzieren. Wenn die Vorstellung des Staates durch nationalstaatliche Kriterien geprägt ist, die von einer einheitlichen Sprache usw. der Bevölkerung ausgehen, können Abweichungen davon als Bedrohung des vorausgesetzten Zustandes erscheinen. So kann man die Verbote für polnische Kinder im Ruhrgebiet zu Beginn des 20. Jahrhunderts auch als Versuch begreifen, die gefährdet erscheinende nationale Homogenität zu verteidigen. Schließlich verfügte die Mehrzahl der polnischsprachigen Kinder über die preußische Staatsangehörigkeit.

Ein weiterer Grund für gruppenspezifische Maßnahmen kann darin liegen, dass ein „Sündenbock“ bzw. ein abschreckendes Beispiel benötigt wird, um bestimmte andere Interessen durchzusetzen. So kam es im 19. Jahrhundert in dem Maße, in dem die sogenannten Sekundärtugenden wie Pünktlichkeit, Ordentlichkeit und Pflichtorientierung für die industrielle Produktion immer wichtiger wurden, zu einer Ausgrenzung von Personen, die als Wandernde oder Fahrende (u. a. Sinti und Roma) einen anderen Lebensentwurf präsentierten (vgl. HANSEN 1991, S. 50ff.). Mit der Durchsetzung der Schulpflicht werden seither in gleichem Maße die Kinder und Jugendlichen, die durch Wanderung oder Umherziehen häufiger die Schule wechseln oder Schulzeiten versäumen (unbewusst) dadurch „bestraft“, dass sie praktisch keine Chance haben, das Klassenziel und damit einen verwertbaren Abschluss zu erreichen.

Das sich aus dem nationalstaatlichen Selbstverständnis ergebende Motiv der Germanisierung für die Entwicklung gesonderter schulpolitischer Maßnahmen ist darum durch das Handlungsmuster Segregation zu ergänzen. Das eine ist der Versuch der Herstellung bzw. des Erhaltens der angestrebten bzw. vorausgesetzten ethnisch-sprachlichen Homogenität; das andere ist sozusagen die Kehrseite derselben Medaille. Der Ausschluss von Personen und/oder Gruppen aus der als Gemeinschaft angesehenen Gruppe der Gleichen kann genauso ein Reflex auf die bedrohte, bzw. als bedroht angesehene, Einheitlichkeit sein wie das Aufbauen eines Feind- oder Abschreckungsbildes für diejenigen, die in diese Gruppe „eingemeindet“ werden sollen. Durch solche Feindbilder lässt sich zudem Massenloyalität herstellen, sodass auf diese Weise politische Macht errungen oder erhalten werden kann.

(Abwehrmechanismus!)

Diese wenigen Beispiele verdeutlichen schon, dass es eine Fülle innenpolitischer Interessen gibt, die zu gesonderten schulpolitischen Regelungen für einzelne Gruppen führen können. Zwar sind diese Maßnahmen zuweilen an bestimmten Merkmalen der betroffenen Gruppen festgemacht, in der Regel geht es aber um ganz andere Interessen als die dieser abweichenden Gruppen.

6 Schlussfolgerungen

Die angesprochenen Beispiele belegen ein weiteres Mal, dass eine große Zahl schulpolitischer Maßnahmen für verschiedene ethnische Gruppen ergriffen wurde. Selbst gegenwärtig lassen sich viele, entlang ethnischer Kriterien differenzierte, Regelungen finden. Damit könnte man, wie erwähnt, die Gegenthese des abweichenden schulischen Umgangs mit Gruppen auf Grund ethnischer Differenzen als belegt ansehen. Die Beispiele im vorhergehenden Kapitel lassen daran aber Zweifel aufkommen: In jedem Fall liegen Motive zu Grunde, die nicht direkt auf der ethnischen Differenz begründet sind. Die die jeweilige Schulpolitik beeinflussenden Faktoren legen zudem nahe, dass die Interessen der einzelnen Gruppe höchstens eine marginale Rolle spielen und dass andere Interessen im Vordergrund stehen. Daraus ist der Schluss zu ziehen, dass es – auch historisch betrachtet – keine in sich konsistente Schulpolitik gegenüber anderen *ethnischen* Minderheiten in Deutschland gibt. Dafür sprechen folgende Befunde:

- Zu unterschiedlichen Zeiten sind für die gleiche Gruppe *unterschiedliche* bildungspolitische Maßnahmen zu verzeichnen – d. h., die Schulpolitik hängt nicht von den Besonderheiten der jeweiligen Gruppe ab.
- Die gegenüber einer bestimmten Gruppe zu einem bestimmten Zeitpunkt gültigen Maßnahmen können sich, je nach gesellschaftspolitischen Entwicklungen, schnell ändern – d. h., sie hängen enger mit diesen *gesellschaftlichen* Entwicklungen zusammen als mit den Besonderheiten der ethnischen Gruppe.
- Zum *gleichen* Zeitpunkt gibt es für unterschiedliche Gruppen abweichende Regelungen – d. h., die Schulpolitik hängt nicht davon ab, dass Gruppen anwesend sind, die abweichen, und nicht allein von den gegebenen gesellschaftlichen Bedingungen, weil die für alle gleich sind.
- Nur *manche* Gruppen geraten in das bildungspolitische Blickfeld, andere bleiben außerhalb – d. h., die Wahrnehmung einer Gruppe hängt in diesem Zusammenhang von anderen Faktoren ab als davon, dass sich eine Gruppe überhaupt von der Mehrheit unterscheidet bzw. unterscheiden lässt.

Weiter lässt sich daraus schließen, dass es keine eigentliche Schulpolitik für ethnische Minderheiten gibt. Vielmehr wird eine nach verschiedenen Interessen differenzierte Politik betrieben, die zuweilen auch andere ethnische Gruppen betrifft. Dieses Ergebnis passt wiederum zur Eingangsthese, dass staatliche Schulpolitik im Grunde genommen keine Unterschiede für verschiedene gesellschaftliche Gruppen machen und auch andere ethnische Gruppen gleich behandeln will.[9]

Die dargelegten schulpolitischen Differenzierungen im Zusammenhang mit ethnischen Minderheiten sagen dann eher etwas über die Beziehungen des gesellschaftlichen Teilsystems Bildung zur umgebenden Gesellschaft aus. Da die Motive für schulpolitische Regelungen im Wesentlichen gesellschaftlichen Prozessen entspringen, ist es wichtig, bei der Analyse staatlicher Schulpolitik für andere ethnische Gruppen über die Entwicklungen innerhalb des Bildungswesens hinaus zu blicken.

Literatur

BOURDIEU, PIERRE (1983): Ökonomisches Kapital, kulturelles Kapital, soziales Kapital. In: KRECKEL, REINHARD (Hrsg.) (1983): Soziale Ungleichheit. (Soziale Welt, Sonderband 2) – Göttingen, S. 183-198.

BUDARJOWA, LUDMILA (1997): Die Sorben – ein autochthones Volk in Deutschland. In: GEERLINGS-DIEL, AXEL/SANDER, GÜNTHER (Hrsg.): Kulturen und Sprachen von Minderheiten in Europa. Deutschland, Italien, Schweden, Schweiz, Spanien. – Rheinfelden, S. 109-117.

DEUTSCHES PISA-KONSORTIUM (Hrsg.) (2001): PISA 2000. Basiskompetenzen von Schülerinnen und Schülern im internationalen Vergleich. – Opladen.

GEARY, PATRICK J. (2002): Europäische Völker im frühen Mittelalter. Zur Legende vom Werden der Nationen. – Frankfurt/M.

GOMOLLA, MECHTILD /RADTKE, FRANK-OLAF (2002): Institutionelle Diskriminierung. Die Herstellung ethnischer Differenz in der Schule. – Opladen.

GOGOLIN, INGRID/ NEUMANN, URSULA/ REUTER, LUTZ (Hrsg.) (2001): Schulbildung für Kinder aus Minderheiten in Deutschland (1989-1999). Schulrecht, Schulorganisation, curriculare Fragen, sprachliche Bildung. – Münster.

GUKENBIEHL, HERMANN (2000): Handeln, soziales. In: SCHÄFERS, Bernhard (Hrsg.): Grundbegriffe der Soziologie. 6. Auflage. – Opladen, S. 123-127.

HAMBURGER, FRANZ (1999): Zur Tragfähigkeit der Kategorien „Ethnizität“ und „Kultur“ im erziehungswissenschaftlichen Diskurs. In: Zeitschrift für Erziehungswissenschaft, 2. Jg., H. 2, S. 167-178.

HANSEN, GEORG (1991): Die exekutierte Einheit. Vom Deutschen Reich zur Nation Europa. – Frankfurt/M.

HANSEN, GEORG/WENNING, NORBERT (2003): Schulpolitik für andere Ethnien in Deutschland. Zwischen Autonomie und Unterdrückung. – Münster.

9 Damit soll keineswegs verkannt werden, dass etwa die überkommene Schulstruktur bzw. das gesamte Bildungswesen in der Bundesrepublik Deutschland ein gutes Vehikel ist, den gesellschaftlich bevorzugten Gruppen beim Erhalt ihrer Vorrangstellung (vgl. etwa die Ergebnisse in: DEUTSCHES PISA-KONSORTIUM 2001) zu helfen. BOURDIEU (1983) verwendet dafür den Begriff der „Vererbung“ des kulturellen Kapitals, bei dem das Bildungswesen tatkräftig beteiligt ist. Die Fragestellung der Chancengleichheit im bzw. durch das Bildungswesen ist allerdings eine andere als die hier verfolgte. Deshalb wurde dieser Aspekt hier nicht beleuchtet.

HORNBERG, SABINE (2000): Entwicklungslinien, Problemstellungen und Perspektiven der Schulsituation von Sinti und Roma in Europa. In: HORNBERG, SABINE (Hrsg.): Die Schulsituation von Sinti und Roma in Europa. – Frankfurt/M., S. 9-31.

HUNDSALZ, ANDREAS/SCHAAF, HARALD P. (1982): Soziale Situation der Sinti in der Bundesrepublik Deutschland. Endbericht Lebensverhältnisse deutscher Sinti unter besonderer Berücksichtigung der eigenen Aussagen und Meinungen der Betroffenen. Schriftenreihe des Bundesministers für Jugend, Familie und Gesundheit, Band 129 – Stuttgart.

KOMMISSION DER EUROPÄISCHEN GEMEINSCHAFTEN (1997): Die schulische Betreuung der Kinder von Sinti, Roma und Fahrenden – Bericht über die Durchführung der in der Entschließung vom 22. Mai 1989 durch den Rat und die im Rat vereinigten Minister des Bildungswesens angenommenen Maßnahmen (89/C 153/02). – Luxemburg.

KRÜGER-POTRATZ, MARIANNE (1989): Die Ausländerpädagogik versichert sich ihrer Geschichte: Plädoyer für eine historische Minderheitenbildungsforschung. In: Unterrichtswissenschaft. Zeitschrift für Lernforschung, 17. Jg., Heft 3, S. 223-242.

KRÜGER-POTRATZ, MARIANNE (1994): Interkulturelle Pädagogik als Kritik der „gegebenen Pädagogik"? Eine disziplintheoretische Skizze am Beispiel der Historischen Pädagogik. In: LUCHTENBERG, SIGRID/NIEKE, WOLFGANG (Hrsg.): Interkulturelle Pädagogik und Europäische Dimension – Herausforderungen für Bildungssystem und Erziehungswissenschaft. – Münster, S. 199-208.

KRÜGER-POTRATZ, MARIANNE (1997): Ein Blick in die Geschichte ausländischer Schüler und Schülerinnen in deutschen Schulen. In: KODRON, CHRISTOPH/MITTER, WOLFGANG (Hrsg.): Vergleichende Erziehungswissenschaft. Herausforderung – Vermittlung – Praxis. Festschrift für Wolfgang Mitter zum 70. Geburtstag. – Köln, Band 2, S. 656-672.

KRÜGER-POTRATZ, MARIANNE (1999): Stichwort: Erziehungswissenschaft und kulturelle Differenz. In: Zeitschrift für Erziehungswissenschaft, 2. Jg., Heft 2, S. 149-165.

KRÜGER-POTRATZ, MARIANNE (2002): Tradition und Transformation – ein historischer Blick auf den Umgang mit Pluralität. In: ACHTENHAGEN, FRANK/ GOGOLIN, INGRID (Hrsg.): Bildung und Erziehung in Übergangsgesellschaften. Beiträge zum 17. Kongress der Deutschen Gesellschaft für Erziehungswissenschaft. – Opladen, S. 95-109.

KRÜGER-POTRATZ, MARIANNE /JASPER, DIRK/KNABE, FERDINANDE (1998): „Fremdsprachige Volksteile" und deutsche Schule. Schulpolitik für die Kinder der autochthonen Minderheiten in der Weimarer Republik – ein Quellen- und Arbeitsbuch. – Münster.

KRÜGER-POTRATZ, MARIANNE /LUTZ, HELMA (2002): Sitting at a crossroad – rekonstruktive und systematische Überlegungen zum wissenschaftlichen Umgang mit Differenz. In: Tertium Comparationis. Journal für Internationale Bildungsforschung, 8. Jg., Heft 2.

LUTZ, HELMA/WENNING, NORBERT (Hrsg.) (2001): Unterschiedlich verschieden. Differenz in der Erziehungswissenschaft. – Opladen.

METZNER, MONIKA (2000): Däne ist, wer Däne sein will. Nachbarschaften im geteilten Schleswig. In: Frankfurter Rundschau vom 19. Februar 2000, S. ZB 1.

PEUCKERT, RÜDIGER (2000): Minderheiten. In: SCHÄFERS, BERNHARD (Hrsg.): Grundbegriffe der Soziologie. 6. Auflage. – Opladen, S. 234-237.

POLM, RITA/HANSEN, GEORG (1993): Quellen und Darstellungen zur Schulpolitik für Sorben. Hagen: FernUniversität Hagen (Studienbrief).

PUSKEPPELEIT, JÜRGEN/KRÜGER-POTRATZ, MARIANNE (1999): Bildungspolitik und Migration. Texte und Dokumente zur Beschulung ausländischer und ausgesiedelter Kinder und Jugendlicher 1950 bis 1999. 2 Bände. iks interkulturelle studien Band 31 und 32 – Münster.

SCHERR, ALBERT (1998): Randgruppen und Minderheiten. In: SCHÄFERS, BERNHARD/ ZAPF, WOLFGANG (Hrsg.): Handwörterbuch zur Gesellschaft Deutschlands. – Opladen, S. 504-514.

SCHIFFAUER, WERNER/BAUMANN, GERD/KASTORYANO, RIVA/VERTOVEC, STEVEN (Hrsg.) (2002): Staat – Schule – Ethnizität. Politische Sozialisation von Immigrantenkindern in vier europäischen Ländern. – Münster.

SIGAARD-MADSEN, EDITH (1995): Die dänische Minderheit. In: SCHMALZ-JACOBSEN, CORNELIA/HANSEN, GEORG (Hrsg.): Ethnische Minderheiten in der Bundesrepublik Deutschland. Ein Lexikon. – München, S. 134-152.

THOMAS, CHRISTINA (2000): Integration durch Achtung und Anerkennung der Differenz. Erfahrungen aus der Praxis im deutschen Bildungssystem. In: HORNBERG, SABINE (Hrsg.): Die Schulsituation von Sinti und Roma in Europa. – Frankfurt/M., S. 127-158.

THRÄNHARDT, ANNA MARIA (1995): Die japanische Minderheit. In: SCHMALZ-JACOBSEN, CORNELIA/HANSEN, GEORG (Hrsg.): Ethnische Minderheiten in der Bundesrepublik Deutschland. Ein Lexikon. – München, S. 242-256.

URBAN, RUDOLF (1980): Die sorbische Volksgruppe in der Lausitz 1947 bis 1977. Ein dokumentarischer Bericht. – Marburg.

WENNING, NORBERT (1996a): Die nationale Schule. Öffentliche Erziehung im Nationalstaat. – Münster.

WENNING, NORBERT (1996b): Migration in Deutschland. Ein Überblick. – Münster.

WENNING, NORBERT (1999): Vereinheitlichung und Differenzierung. Zu den „wirklichen" gesellschaftlichen Funktionen des Bildungswesens im Umgang mit Gleichheit und Verschiedenheit. – Opladen.

WENNING, NORBERT (2001a): Differenz durch Normalisierung. In: LUTZ, HELMA/ WENNING, NORBERT (Hrsg.) (2001): Unterschiedlich verschieden. Differenz in der Erziehungswissenschaft. – Opladen. S. 275-295.

WENNING, NORBERT (2001b): Minderheitenbildung in Deutschland zwischen Akzeptanz und Ignoranz. In: GOLZ, REINHARD/KECK, RUDOLF W./ MAYRHOFER, WOLFGANG (Hrsg.) (2001): Humanisierung der Bildung. Jahrbuch der Internationalen Akademie zur Humanisierung der Bildung (IAHB). – Frankfurt/M., S. 160-178.

Beiträge zur Fundierung der Praxisrelevanz der Interkulturellen Erziehungswissenschaft

Ingrid Gogolin

„Den Beitrag von Schule und Pädagogik zur sozialen und kulturellen Integration der nachwachsenden Generation bestimmen."

Ergebnisse und Ansprüche interkultureller Forschung in der Erziehungswissenschaft

Vorbemerkung

Im Jahr 1983 publizierte Marianne KRÜGER-POTRATZ einen Aufsatz mit dem Titel „Die problematische Verkürzung der Ausländerpädagogik als Subdisziplin der Erziehungswissenschaft". Darin formulierte sie, dass es – ungeachtet der seinerzeit faktisch sich vollziehenden Institutionalisierung von Professuren oder Arbeitsbereichen mit dieser Bezeichnung – nie eine Subdisziplin Ausländerpädagogik geben werde und könne, „die die Erziehungswissenschaft insgesamt bzw. deren herkömmliche Subdisziplinen davon entbindet, sich mit den Folgen der internationalen (Arbeits-) Migration im Bereich von Bildung und Erziehung auseinanderzusetzen" (ebd., S. 173). Circa zwei Jahrzehnte später gibt es Anzeichen dafür, dass es allmählich auch in ‚der Erziehungswissenschaft insgesamt' zu einer weiteren Verbreitung dieser Einsicht kommt. Auf Aufsehen erregende Weise ist das Thema ‚Migration und ihre Folgen für Bildung und Erziehung' am Beginn des 21. Jahrhunderts durch den sog. PISA-Schock in die öffentliche Diskussion in Deutschland gelangt: durch die Offenlegung des Faktums, dass es dem deutschen schlechter als anderen vor vergleichbaren Aufgaben stehenden Schulsystemen gelingt, Kinder mit Migrationshintergrund zu Bildungserfolg zu führen. Das würde die hiesige Öffentlichkeit vermutlich kaum erregen, wenn dieses Ergebnis nicht gleichzeitig ein Licht auf eine generelle Schwäche des deutschen Schulsystems würfe – also eine Unzulänglichkeit, die sich nicht allein auf eine marginale, die ‚deutsche' Öffentlichkeit kaum interessierende Gruppe der Schülerschaft negativ auswirkt, sondern tatsächlich auf die Schülerschaft insgesamt. Im gegebenen Fall handelt es sich um die Schwäche, mit der Heterogenität der Bildungsvoraussetzungen und Lebenslagen von Schülerinnen und Schülern konstruktiv und förderlich umzugehen.

Dass diese Schwäche existiert, stand im Ergebnis einiger Untersuchungen aus interkulturell erziehungswissenschaftlicher Perspektive, die deutsche Schulen konzentriert auf die Frage nach ihrer Leistungsfähigkeit für eine sprachlich und kulturell heterogene Schülerschaft unter die Lupe genommen haben. Durch die PISA-Studie hat sich die Annahme bestätigt, dass diese Schwäche ein Systemproblem ist. Ein solches Resultat kann international vergleichende Forschung erzielen, deren Interesse das ‚system monitoring' ist. Ergebnisse so angelegter

Forschung, die auf Querschnittserhebungen beruhen, sind wertvoll und hinweiskräftig dafür, Phänomene aufzuzeigen, in denen sich generelle Merkmale, systematische Schwächen eines Schulsystems verbergen könnten. Die Forschungsergebnisse können zwar – so betont auch das PISA-KONSORTIUM (vgl. dass. 2001: S. 33) – nicht unmittelbar zur Erklärung der aufgezeigten Phänomene oder gar zur Begründung von Interventionen in das Schulsystem bzw. die Schulpraxis herangezogen werden. Aber sie zeigen die Richtung dafür an, wie in weiterer Forschung nach Zusammenhängen gesucht werden kann, die es erlauben, aufgedeckte Phänomene zu verstehen und zu erklären. Das Einnehmen einer vergleichenden Perspektive in dieser weiteren Forschung wäre sicher ratsam.

Dass erziehungswissenschaftliche Forschung aus vergleichender Perspektive ein besonderes Potential besitzt, allgemeine Grundzüge pädagogischer Praxis und Theoriebildung freizulegen, hat Marianne KRÜGER-POTRATZ früh, eindringlich und ebenso überzeugend dargelegt, wie die Unmöglichkeit, dass sich die allgemeine Erziehungswissenschaft durch Absonderung eines Spezialgebiets der Auseinandersetzung mit den Folgen, die die zunehmende Internationalisierung für Bildung und Erziehung hat, entledigen könne. Der erwähnte Artikel von 1983 liefert für beide Argumentationslinien Beispiele. Es ist nicht zuletzt ihrer Hartnäckigkeit und Argumentationskraft zu verdanken, dass das – synchrone und diachrone – Vergleichen inzwischen zu den Qualitätsmerkmalen der interkulturellen Erziehungswissenschaft gehört, deren Anspruch es ist, Probleme von allgemeiner Relevanz für Bildungs- und Erziehungspraxis sowie für pädagogische Theoriebildung zu behandeln. Dieses Selbstverständnis interkultureller Erziehungswissenschaft wurde wesentlich geprägt durch die Forschung im Rahmen des DFG-Schwerpunktprogramms „FABER – Folgen der Arbeitsmigration für Bildung und Erziehung“[1], zu dessen Initiatoren Marianne Krüger-Potratz gehört und an das daher im ersten Abschnitt meines Beitrags erinnert wird.

Im zweiten Abschnitt komme ich zu einem Beispiel aus der Forschungspraxis, das aus dem Kontext des FABER-Schwerpunktprogramms stammt. Vorgestellt wird eine Beobachtung, die in international vergleichenden Unterrichtsuntersuchungen gemacht wurde. In ihr zeigt sich, wie ich meine und begründen möchte, ein Modus der Gestaltung von Unterricht, der an der Erzeugung von Schülerschaften mitwirkt, die ‚illiterat‘ bleiben; was hiermit gemeint ist, wird später erläutert.

Im dritten Abschnitt skizziere ich eine Forschungsidee, mit der die Tragfähigkeit dieser Annahme geprüft werden kann. Es versteht sich fast von selbst, dass dieses Forschungsvorhaben international vergleichend angelegt ist.

Marianne Krüger-Potratz wird bei der Weiterentwicklung (nicht nur) dieses Vorhabens eine kundige und weitsichtige, in aller engen Freundschaft kritische und unverblümte Partnerin sein. Diese Zuversicht gewinne ich aus den vielen schon erlebten Jahren der Zusammenarbeit mit ihr, für die ich zutiefst dankbar bin.

---

1 Die Antragstellergruppe bestand aus Hans H. Reich, Landau; Ursula Neumann, Hamburg; Marianne Krüger-Potratz, Münster und mir selbst. Vgl. den ursprünglichen Antragstext: REICH u.a. 1990 sowie die Abschlusspublikation: GOGOLIN/NAUCK (2000).

1. Alte, unerkannte Muster

Das DFG-Schwerpunktprogramm FABER war mit der Absicht initiiert worden, die Notwendigkeit eines Perspektivenwechsels in der erziehungswissenschaftlichen Forschung über Folgen der zunehmenden Internationalisierung für Bildung und Erziehung zu untermauern. Veränderungen infolge von Zuwanderung (als einer Erscheinungsform von Internationalisierung) sollten in ihrer Substanz geprüft werden. Auf der Ebene der Phänomene, so wurde im ursprünglichen Antragstext argumentiert, können Zuwanderungsfolgen für Bildung und Erziehung leicht wahrgenommen werden; man denke nur an das schlichte Beispiel der Zusammensetzung von Schulklassen aus Schülerinnen und Schülern, für die Deutsch nicht die einzige, vielleicht auch nicht die wichtigste Sprache ihres Lebens ist. Zu fragen war aber, ob die an der Oberfläche sichtbaren Zeichen für Veränderungen in der Schülerschaft und in ihren Lebensumständen tatsächlich auf neue Herausforderungen an Bildung und Erziehung schließen ließen. Fragwürdig war zum Beispiel die Stichhaltigkeit des ‚Arguments der großen Zahl': die Behauptung, dass schon aufgrund der Menge der Zuwandernden von einer ‚neuen Qualität' der Herausforderungen an Bildung und Erziehung gesprochen werden könne.

Diese Fragen stellten sich nicht zuletzt, weil in den 1970er und 80er Jahren allmählich sichtbar wurde, dass es zu unerwünschten Nebenfolgen der ersten pädagogischen Reaktionen auf die Zuwanderung kam, die mit den Anwerbeverträgen für Arbeitskräfte in den 1950er Jahren eingesetzt hatte. Zu diesen Nebenfolgen gehörte, dass das zunächst relativ unreflektierte Anknüpfen an Alltagsvorstellungen über ‚das Eigene' und ‚das Fremde' dazu beigetragen hatte, Problemkomplexe bzw. Klienten erst zu konstruieren, die sodann unter pädagogische bzw. sozialwissenschaftliche ‚Betreuung' gestellt wurden. Zu den Ursachen für diese nicht befriedigende Lage gehörten, so ein Ergebnis der Analyse des seinerzeitigen Forschungsstands, die unbedachte Vermengung von Praxis- und Forschungsinteresse, die unterbliebene Vergewisserung über Begriffe und Konzepte sowie die Ahistorizität der Auseinandersetzungen, die in der (nicht nur erziehungswissenschaftlichen) Befassung mit Migrationsfolgen weit verbreitet waren (vgl. hierzu z.B. KRÜGER-POTRATZ 1989) und zum Teil noch sind.

Um über diesen Stand hinauszukommen, wurde im Schwerpunktprogramm eine neue Sicht auf Migration und ihre Folgen eingenommen. Sie wurden nicht als isolierte Phänomene untersucht, sondern als allgemeine Momente vergangener ebenso wie gegenwärtiger gesellschaftlicher Transformationsprozesse. Diesen Anspruch forschungspraktisch einzulösen, gelang am besten in den am Schwerpunktprogramm beteiligten Projekten, in denen eine vergleichende Perspektive eingenommen wurde. Durch den Vergleich historischer Konstellationen konnte geprüft werden, inwieweit die vielfach fraglos eingenommene Auffassung haltbar war, in einer neuartigen Lage zu sein, die den Bildungs- und Erziehungsinstanzen zuvor nicht bestehende Aufgaben auferlegt. Der Vergleich zwischen Zugewanderten verschiedener Herkunft bzw. ihnen und Nichtgewanderten erlaubte es nachzuvollziehen, wieweit Merkmalsbündel, die im theoretischen Diskurs oder im praktischen pädagogischen Handeln auf die ethnisch-kulturelle, sprachliche oder staatliche Herkunft der Zuwanderer als Gruppen zurückgeführt wurden, tatsächlich für Prozesse oder Ergebnisse von Bildungsprozessen verantwortlich gemacht werden können. Internationaler Vergleich und die Erschließung des einschlägigen internationalen Forschungsstands ermöglichten es, einige der von national-historischen Oberflächenphänomenen relativ unabhängigen Momente gesellschaftlicher Transformation freizulegen, die mit internationaler Wanderung bzw. den Reaktionen auf sie in Bildung und Erziehung verbunden sind.[2] Der Vergleich des Zugriffs auf Methoden, Begriffe und Konzepte schließlich, der in der erziehungs- und sozialwissenschaftlichen Migrationsforschung gebräuchlich war, mit anderen in den betroffenen ‚Mutterdisziplinen' üblichen Zugriffsweisen hat dazu beigetragen, das jeweils unterliegende unausgesprochene Selbstverständnis zu erhellen (vgl. hierzu KRÜGER-POTRATZ 1994a und b; GOGOLIN 2000; DIEFENBACH/NAUCK 2000; HERWARTZ-EMDEN/WESTPHAL 2000; LIST 2000).

In einer Festschrift für Marianne Krüger-Potratz sei es erlaubt, die Resultate des Schwerpunktprogramms besonders hervorzuheben, an deren Ermittlung sie selbst größten Anteil hatte. Sie wurden in Projekten erzielt, die die historische Dimension des jeweils untersuchten Problems einbezogen oder sich explizit historischen Fragen zuwendeten. Ansatzpunkt für diese Untersuchungen war die im Antrag zum Schwerpunktprogramm aufgestellte These, es würden „durch Migrationen die Institutionen problematisiert, die sich dem nationalstaatlichen Selbstverständnis des Bildungssystems verdanken" (vgl. REICH u.a. 1990, S.80). Ohne die Rekonstruktion der Geschichte des Umgangs mit sprachlicher, ethnischer und kultureller Pluralität drohe die Gefahr, so Marianne KRÜGER-POTRATZ, „alten, unerkannten Mustern verhaftet zu bleiben", die im Zuge der Konstruktion eines nationalen Selbstverständnisses entwickelt wurden, in dem von Homogenität als dem Normalfall ausgegangen wird (vgl. KRÜGER-POTRATZ 2000, 368f).

Dieser historisch vergleichenden Perspektive waren unter anderem Untersuchungen gewidmet, die sich mit dem sprachlichen Selbstverständnis des heutigen deutschen Bildungssystems und seiner Genese befassten (z.B. KRÜGER-POTRATZ u.a. 1998; GOGOLIN 1994). An der Rekonstruktion verschiedener Entwicklungsphasen seit dem Ende des 18. Jahrhunderts wurde gezeigt, dass und wie die Grundüberzeugung entstand und sich durchsetzte, es könne ein öffentliches deutsches Schulwesen nur monolingual im Deutschen funktionieren. Als komplementärer Teil dieser Grundüberzeugung erwiesen sich die heute noch gängigen, in Alltagspraxis der Erziehung ebenso wie in schulische Praxis abgesunkenen Vorstellungen, dass die zu frühe oder zu intensive Konfrontation mit mehr als einer Sprache wahrscheinlich negative Folgen habe, sowohl für die Entwicklung des Individuums als auch für die Gestaltung von Gemeinschaft im Schulleben und für gesellschaftliche Kohäsion überhaupt. Nachgezeichnet werden konnte ferner, dass sich zur Legitimierung dieser Vorstellungen eine pädagogische und sprachwissenschaftliche

2 Es sei hier allerdings am Rande vermerkt, dass die Fördermodalitäten der DFG die am internationalen Vergleich interessierte Forschung im Schwerpunktprogramm nicht eben erleichterten. Die entsprechenden Projekte konnten nur durch die Unterstützung anderer Drittmittelgeber, insbesondere der Europäischen Union, realisiert werden.

Beweisführungspraxis entwickelte, die stark mit dem im 19. Jahrhundert sich festigenden deutschen Nationkonzept verwoben war (vgl. hierzu z.B. GOGOLIN 1998).

Marianne KRÜGER-POTRATZ machte darauf aufmerksam, dass es in der Geschichte des öffentlichen deutschen Schulwesens kaum eine Phase gegeben hat, in der nicht entweder zuwandernde oder altansässige Minoritäten zu integrieren waren. Sie präparierte in ihren bildungshistorischen Rekonstruktionen heraus, wie sich die scheinbar selbstverständlichen Unterscheidungen zwischen dem ‚Wir', das als Allgemeines gilt, und dem ‚Anderen', ‚Fremden', dem – allenfalls – Partikularinteressen zugebilligt werden, entwickelt und tradiert haben. Auf diese Unterscheidungen stützte sich die Maßnahmenpraxis für den Umgang mit sprachlichen oder kulturellen Minderheiten, beispielsweise in der Weimarer Republik (vgl. KRÜGER-POTRATZ u.a. 1998). Es gehört nach diesen Klärungen zu den Mythenbildungen über die deutsche Schule, dass sie es ‚eigentlich' immer mit homogenen Schülerschaften zu tun gehabt habe und dass daher die Zuwanderung in der zweiten Hälfte des 20. Jahrhunderts völlig neuartige Aufgaben stellte. Richtig ist vielmehr, dass die im Verlauf der Geschichte der deutschen Schule herausgebildeten Strategien der Behandlung von Schülergruppen, die – freilich nach über die Zeit wechselnden Merkmalen – als ‚fremd' wahrgenommen wurden, bis in die am Ende des 20. Jahrhunderts ergriffenen Maßnahmen zur Integration und Förderung von Zugewanderten wirken.[3] Ein Grundmuster, das sich tradiert hat, ist die Strategie der ‚Besonderung': „die mit der Bestimmung von ‚eigen' und ‚fremd' einhergehende Entweder-Oder-Logik, der Ausschluß des Partikularen aus dem Allgemeinen durch seine Bestimmung als etwas Nachrangigem, das man in guten Zeiten berücksichtigen, in schlechten aber ignorieren kann, wenn nicht gar zum Wohle des Ganzen ignorieren muß" (KRÜGER-POTRATZ 2000, S. 367). Praktisch wird dieses Grundmuster darin, dass für diejenigen, die als ‚fremd' identifiziert werden, (oft zeitlich befristete) Sondermaßnahmen errichtet werden – mit der Konsequenz, dass die übrigen Einrichtungen des Schulwesens für ‚die Normalen' gelten und unverändert bleiben können.

Dieser Grundzug des deutschen Schulsystems – die Strategie der ‚Besonderung' – zeigte sich auch im Ergebnis anderer Untersuchungen im FABER-Schwerpunktprogramm, die aktuelle Entwicklungen zum Gegenstand hatten (vgl. z.B. GOGOLIN/NEUMANN 1997; GOMOLLA/RADTKE 2002). Die komplementäre Seite dieser Strategie ist es, dass die als Allgemein geltenden Bereiche des Schulsystems keine integrierenden Modalitäten des Umgangs mit Verschiedenheit herausbilden mussten. Hinreichend und im gegebenen System funktional war es, dass Verfahren entwickelt, verfeinert und den jeweiligen Ausdruckformen von Fremdheit angepasst wurden, mit denen die Maßnahmen der Segregation der Schülerschaft durchgeführt und auf deren Basis sie legitimiert werden konnten.

---

3 Auf diesen Ergebnissen aufbauend, zeigte sich in einer Anschlussuntersuchung (vgl. GOGOLIN/NEUMANN/REUTER 2000), wie wenig ‚originell' die Maßnahmenpakete waren, die zur Betreuung und Integration allochthoner Minoritäten bis zum Jahr 1999 in der Bundesrepublik Deutschland entwickelt worden waren.

2. „Multiliteracies“

Wie sich im Resultat der PISA-Studie spiegelt, wurde hiermit ein nicht allein auf die Bewältigung von Migrationsfolgen oder andere Formen des Umgangs mit Minoritäten zutreffender, sondern ein genereller Grundzug des deutschen Schulsystems freigelegt. Hier bestätigt sich nachträglich noch einmal eine im Antrag zum FABER-Schwerpunktprogramm vertretene These, die besagt, dass die Reaktionsweisen eines Bildungssystems auf sprachliche und ethnische bzw. kulturelle Verschiedenheit in der Schülerschaft exemplarisch seien für seine generellen Strategien und Fähigkeiten, Heterogenität der Schülerschaft zu bewältigen (vgl. REICH u.a. 1990, S. 79). Historisch eingeschrieben ist dem deutschen System scheinbar der grundsätzliche Impetus zur Homogenisierung der Schülerschaft in Gruppen, die in segregierte Organisationseinheiten kanalisiert werden.[4] Es ist zu vermuten, dass hierin ein Erklärungsansatz dafür die relative Schwäche der deutschen Schule liegt, möglichst große Teile einer heterogenen Schülerschaft zu Bildungserfolg zu führen. Ausschlaggebend dafür sind freilich nicht allein die Struktur- und Organisationsprinzipien des Schulsystems, wie sie mit dem ‚system monitoring‘ freigelegt werden können, sondern auch Merkmale des Unterrichts. Dabei sind, so meine Annahme, die – durch den Unterricht miterzeugten und tradierten – habituellen Disponiertheiten der Lehrenden wie der Lernenden von besonderer Bedeutung, die die Art und Weise der Darbietung sowie der Aneignung von Lehr- bzw. Lernstoff entscheidend beeinflussen.

Über die Stichhaltigkeit dieser Annahme wird weiter geforscht werden müssen. Die Spuren, die ich selbst dabei gern weiterverfolgen möchte, betreffen den Themenkomplex der Herstellung eines sprachlichen Habitus bei Schülerinnen und Schülern, die durchaus nicht nur, aber auch im Unterricht geschieht. Die weitreichende Bedeutung des sprachlichen Lernens – nicht im Sinne des Lernens einer Einzelsprache, sondern als Dimension jeden Unterrichts –, wurde ebenfalls durch die PISA-Studie wieder bestätigt, und zwar am Ausschnitt der Lesefähigkeit in der jeweils vorherrschenden Verkehrs- und Schulsprache. Die Erzeugung fortgeschrittener Lesefähigkeit, verstanden als die Fähigkeit zum Durchdringen komplexer Texte, kann demnach als Schlüssel für erfolgreiche Bildungssysteme gelten (vgl. DEUTSCHES PISA-KONSORTIUM 2002; siehe auch OECD 2002).

In Untersuchungen, die im Kontext des FABER-Schwerpunktprogramms durchgeführt wurden, konnte ich die Herausbildung eines monolingualen Habitus und seiner Begleiterscheinungen im deutschen Schulsystem zeigen, verstanden als die Selbstauffassung, dass Einsprachigkeit die ‚eigentliche Normalsprachigkeit‘ eines Individuums und einer Gesellschaft sei. Dieser Habitus ist mitverantwortlich für die Reaktionsformen auf irritierende sprachliche Verschiedenheit, die am Leitmotiv der sprachlichen Homogenisierung orientiert sind – also daran, sprachliche Heterogenität durch ihre Beseitigung zu bewältigen, nicht aber daran, ihre

4 Gero LENHARDT hat darauf hingewiesen, dass dieser Modus auch auf ein spezifisches, naturalistisch fundiertes Begabungskonzept weist, das im deutschen Diskurs vorherrscht; vgl. ders. 2002.

Existenz leidenschaftslos hinzunehmen und flexible Formen des Umgangs mit ihr zu entwickeln.

Dieses Ergebnis hat ein Licht darauf geworfen, wie in der deutschen Schule auf sprachliche Heterogenität im Sinne der Existenz verschiedener Sprachen in einem Lernraum reagiert wurde. Eine andere Variante von sprachlicher Heterogenität ist ‚innersprachliche Mehrsprachigkeit': die Existenz verschiedener Register, Varietäten, Stile in einer Einzelsprache.[5] Für den schulischen Lehr- und Lernzusammenhang ist diese Variante sprachlicher Heterogenität von grundlegender Bedeutung, wenn nicht gar ausschlaggebend für Lernerfolg. Lernende müssen nämlich dahin gebracht werden, dass sie die explizite Differenzierung zwischen den Varianten zu leisten verstehen: z.B. zwischen den unterschiedlichen Gesetzmäßigkeiten, die für gesprochene und geschriebene Sprache gelten; zwischen den unterschiedlichen Vernakularen verschiedener Unterrichtsfächer oder, grundlegend, zwischen den Regeln, die für Alltagsverständigung gelten, und solchen, denen die Sprache der Schule unterliegt. Die möglichst weitgehende Eroberung dieses Spektrums von sprachlicher Heterogenität ist eine grundlegende Herausforderung an alle Lernenden; nach einem Vorschlag von COPE/KALANTZIS u. a. können die Fähigkeiten, um die es hier geht, als ‚Multiliteracies' bezeichnet werden (vgl. ders. 2000).[6]

Hiermit ist ein umfassenderes Verständnis von ‚Lesekompetenz' vorgestellt, als es im Kontext der PISA-Studie präsentiert wird. Es wäre aber möglich, dass die Leistungen, die der Unterricht für die Entwicklung dieser umfassenderen Literalität erbringt, erst wirklich darüber Auskunft geben, wodurch in dem einen Schulsystem ‚erfolgreiche Leser' erzeugt werden und in dem anderen nicht.

In Untersuchungen, die dieser Frage nachgehen, liegt das Augenmerk darauf zu ermitteln, welche Näherungsweisen an die Vielfalt von Text im beschriebenen Sinne den Schülerinnen und Schülern durch die Arrangements, die der Unterricht trifft, nahe gelegt werden: sind darin Komponenten enthalten, die es wahrscheinlich erscheinen lassen, dass ‚Multiliteracies' entwickelt werden können? Anhaltspunkte dafür, wie ein Unterricht aussieht, in dem das eher nicht geschieht, liegen aus einer international vergleichenden Unterrichtsuntersuchung vor, die dem FABER-Schwerpunktprogramm assoziiert war (vgl. GOGOLIN/KROON 2000). Es ging um Sprachunterricht in der Standardsprache, der in – den demographischen Verhältnissen nach – völlig gewöhnlichen Schulen in europäischen Großstädten stattfand: nämlich in Schulen, in denen Kinder vieler verschiedener Herkunftssprachen gemeinsam unterrichtet wurden. Das Interesse galt der Frage, ob das Problem

5 Nur nebenbei sei hier auf die Fragilität der Grenzziehungen aufmerksam gemacht, die dafür verantwortlich sind, dass eine Ausdrucksform als ‚eine Sprache' oder als Variante derselben gilt. In der Regel geht es dabei um politisch motivierte Entscheidungen, denen linguistische Beweisführungen nachgeordnet sind. Vgl. hierzu z. B. BORST 1957; ECO 1994.

6 In einer Kurzdefinition stellt die Forschergruppe dies vor als Kompetenz „to account for the multifarious cultures that interrelate and the plurality of texts that circulate [... and for] the burgeoning variety of text forms associated with information and multimedia technologies. This includes understanding and competent control of representational forms that are becoming increasingly significant in the overall communications environment, such as visual images and their relationship to the written word" (vgl. THE NEW LONDON GROUP 2000, S. 9).

sprachlicher Heterogenität in der Schülerschaft in den verschiedenen nationalen Kontexten unterschiedlich bewältigt wurde.

In den Unterrichtsbeobachtungen, die aus dieser Studie vorliegen, finden sich zahlreiche Beispiele für Lehr-Lern-Arrangements wie das folgende. Es stammt aus einer Grundschule in der belgischen Stadt Leuven, also im flämischsprachigen Teil Belgiens. Untersucht wurde hier der Sprachunterricht des Flämischen in der dritten Klasse. Eine aufgezeichnete Unterrichtsreihe dreht sich um ‚Sport'; das nachfolgend vorgestellte Fragment findet sich in der Eröffnungssequenz der Reihe. Der Unterricht war an das weit verbreitete Lehrwerk ‚Taaltrein' angelehnt. Im Lehrerkommentar zur Reihe wird empfohlen, mit einem ‚Brainstorming' zu beginnen, bei dem die Kinder zunächst ihre persönlichen Erfahrungen mit Sport(arten) artikulieren sollen. Dabei ereignete sich folgendes:[7]

Lehrer: Ja, etwas über Fußball. Wer ist ein erfahrener Fußballer? (Jürgen hebt die Hand) Ja, ich dachte schon, daß Jürgen einer ist, den man gut fragen kann. Kannst Du ein paar typische – äh – Wörter aus der Fußballwelt sagen?

Jürgen: Wie *corner* oder so?

Lehrer: Genau, *corner*, das ist ein englisches Wort, nicht wahr? Wie nennt man das in ... oder wie sagt man auf Flämisch? Na ...? Wenn ich zum Beispiel Rik D.[8] wäre ... ich würde nicht sagen *corner* sondern ...?

Omar: *Hoekschop* (Eckstoß)

Lehrer: schreibt kommentarlos *Hoekschop* (Eckstoß) an die Tafel

Mehrere Schüler: Wir sagen *corner*

Lehrer: und wenn einer der Fußballer ein *foul* im Strafraum macht haben wir einen...?

Mehrere Schüler: *Penalty* (z.T. in der Betonung: pénalty)

Lehrer: kein *penalty*, sondern ...

Schüler: Freistoß

Lehrer: nein, keinen Freistoß, sondern ...?

Mehrere Schüler: *Pénalty?*

Natalie: Es ist *pénalty*, nicht wahr?

Lehrer: Ja, aber wie (Pause) nennen wir das?

Natalie: wir nennen das immer *pénalty*

[...]

Lehrer: wenn der Ball auf den *penalty* Punkt gelegt wird ... (macht ein Zischgeräusch, um die unruhig gewordenen Schüler zur Ruhe zu bringen) wenn der Ball auf den *penalty* Punkt gelegt wird, wird kein Freistoß gegeben, sondern ein ...?

Schüler: *pénalty?*

Lehrer: *pénalty* ist das englische Wort für den ...?

Jürgen: Elfmeter (*strafschop*)

Lehrer: Elfmeter, genau (schreibt *strafschop* [Elfmeter] an die Tafel)

---

7 Das Beispiel ist JASPAERT/RAMAUT 2000 entnommen; um der Zugänglichkeit des Arguments willen habe ich die Sequenz aus dem Englischen übersetzt. Kursiv gesetzte Wörter sind im Original in englischer Sprache bzw. auf Flämisch gesagt worden.

8 Der Lehrer spielt auf einen in Belgien berühmten Sportkommentator an.

Die Schüler murmeln im Hintergrund; Natalie sagt noch einmal: Aber wir sagen immer ...; dann beginnt das nächste ‚Brainstorming' mit Rekurs auf die ‚eigene Erfahrung' der Schüler.

Soweit das Beispiel. Die erste Schicht des hier beobachteten Geschehens bildet eine alltägliche Wortfeldübung; sie nimmt sogar einen glücklichen Ausgang, denn Jürgen – der Fußballexperte – nennt das erlösende ‚richtige' Wort und wird durch die Publikation seiner Lösung an der Tafel belohnt. Aus der zweiten Schicht des Ereignisses kann etwas über die Diskrepanz zwischen den Erfahrungen der Schülerinnen und Schüler, die dem didaktischen Ratschlag des Lehrwerks gemäß hervorgelockt wurden, und den Erwartungen des Lehrwerks oder des Lehrers herausgelesen werden: Die Kinder besitzen offenbar eine Sprachpraxis im gefragten Feld, aber sie ist im Sinne der Lehrintention nicht ‚die richtige'. Die ‚Nebenbotschaft' dieses Unterrichtsfragments ist also die Übermittlung von Kriterien zur Maßstabsbildung über Sprache. ‚Verbreitete Praxis', ‚eigene Praxis' – „aber wir sagen immer..." – ist in diesem Fall offenbar kein geeignetes Kriterium dafür, ob ein Wort ‚richtig' ist oder nicht. Was ist es dann? Im gegebenen Beispiel machen die Kinder einen Versuch, ein besseres Kriterium anzubieten: Es könnte ja sein, dass die Aussprache entscheidend ist (penalty – pénalty). Damit aber treffen sie diesmal den Nagel nicht auf den Kopf; ein anderes Mal hätten sie wahrscheinlich damit Erfolg. Das Angebot zur Maßstabsbildung, das den Kindern in diesem Fragment explizit ebenso wie implizit von seiten des Lehrers angeboten wird, lautet: das Wort muss Flämisch/ darf nicht Englisch sein.

Wenn die Kinder in der Leuvener Grundschulklasse dieses Angebot aufgreifen, addieren sie etwas zu ihrem Wissen über das Funktionieren von Sprache hinzu – und damit haben sie, im weiteren Sinne, sprachlich etwas gelernt –, das man umschreiben könnte mit: Was zur Verständigung funktioniert, muss im Sinne der Schule noch lange nicht ‚richtig' sein. Dies wäre eine wichtige Erfahrung für die Herausbildung von ‚Multiliteracies'. Dennoch erscheint es mir zweifelhaft, ob dieser Typus des Arrangements eines sprachlichen Lehr-Lernprozesses tatsächlich das Potential besitzt, diese elaborierte Sprachfähigkeit anzubahnen. Die Zweifel werden dadurch genährt, dass ein Grundmuster des Umgangs mit sprachlicher Komplexität in diesem Dialog zwischen Lehrer und Schülern erkennbar ist: ihre Reduktion auf eine einzige akzeptierte Lösung. Die Schulklasse wird nicht darauf aufmerksam gemacht, dass in unterschiedlichen Kontexten verschiedene Lösungen möglich wären; das Wissen darum, das die Kinder ganz offensichtlich besitzen – es kommt zum Ausdruck in der Mitteilung: „aber wir sagen immer..." – verpufft in einer schwachen Form des Protests gegen die gleichwohl anerkannte Definitionsmacht des Lehrers über ‚richtig' und ‚falsch'. Lehrer und Schüler agieren auf der Basis einer gemeinsamen, geteilten Auffassung über ihre parts im Wortwechsel, über Verläufe und Ziele des Interaktionsgeschehens, das den Unterricht ausmacht. Die Erzeugung dieser Gemeinsamkeit – ANDERSON-LEVITT (1987) nennt sie ‚practical professional knowlegde' – ist ein steter, nur selten expliziter Subtext von Unterrichtsinteraktion. Das ‚practical professional knowledge ‚des Schülers' steht in komplementärem Verhältnis zu dem ‚des Lehrers', und das Verfügen beider darüber bildet eine verlässliche Basis dafür, dass vieler Unterricht – wie der Beobachtete – reibungslos ablaufen kann.

Selbstverständlich kann aus einzelnen Unterrichtsbeobachtungen nicht der weitreichende Schluss auf generelle Näherungsweisen an textliche Vielfalt gezogen werden, die der Unterricht anbahnt. Aber es kann immerhin eine Annahme formuliert werden, die der Prüfung unterzogen werden müsste. Sie lautet, dass das hier beobachtete Grundmuster des Umgangs mit sprachlicher Vielfalt nicht geeignet ist, einen sprachlichen Habitus (mit) zu formieren, der für die Entwicklung von ‚Multiliteracies' förderlich wäre. Hauptgrund dafür ist, dass es die Komponente der expliziten Auseinandersetzung mit Vielfalt nicht enthält, sondern statt dessen auf ein Sprachverständnis abzielt, nach dem mit Einheitlichkeit gerechnet wird: einer Ausdrucksform für alle Fälle. Dies ist ein Verständnis, das die ‚Entweder-Oder-Logik' hypostasiert, die nach Marianne KRÜGER-POTRATZ' Analysen eine generelle Strategie des Umgangs der (vielleicht nicht nur: deutschen) Schule mit Verschiedenheit zu sein scheint. Im Hinblick auf den sprachlichen Habitus, die Disposition zur sprachlichen Erschließung der Welt könnte dieses Grundmuster die fatale Folge der Anbahnung von Illiteralität in dem Sinne haben, dass kein Zugang zur Mannigfaltigkeit der Ausdrucksmöglichkeiten, zur Pluralität der uns umgebenden Texte verschafft wird.

3. Bildung durch Vielfalt

In Zentrum von Untersuchungen, mit denen diese Annahme überprüft werden kann, steht das Freilegen von Schichten des Interaktionsprozesses im Klassenzimmer, wie es mit dem vorgestellten Beispiel praktisch illustriert werden sollte. Methodisch eignet sich hierfür ein Vorgehen in der Tradition der ethnographischen Analyse von Unterrichtsprozessen („ethnography of schooling"; vgl. z.B. DELAMONT/BEYNON/ATKINSON 1988; HAMMERSLEY 1990). Die Untersuchungen richten sich auf die Grundschule, den Raum der Grundlegung der schulsprachlichen Bildung. Dem unterliegt die Annahme, dass die Ersteinführung in die Welt der Schrift für den ‚sprachlichen Habitus' entscheidend ist, den eine Schülerin oder ein Schüler entwickelt. Die Entwicklung der Lese- und Schreibfähigkeit fügt den vorhandenen, auch außerhalb der Schule und des Unterrichts sich weiterentwickelnden Registern eine Grundfähigkeit hinzu, der schulerfolgsentscheidende Bedeutung zukommt. Dies nicht nur, weil – was auf der Hand liegt – das Schrifttum überhaupt zugänglich wird, sondern darüber hinaus, weil hiermit Zugang zur Vielfalt von Texten im oben angedeuteten Sinne eröffnet wird. Zum sprachlichen Habitus eines erfolgreichen Schülers gehört es, innerhalb dieser Vielfalt aktiv funktionieren zu können, z.B. dadurch, dass die Register der Schule sowie der Fächer explizit von denen differenziert werden können, die in anderen Ausschnitten der Lebenswelt Gültigkeit haben.

Im Fokus der Untersuchungen steht der Unterricht, in dem die grundlegende Einführung in Literalität geschieht. Dass dem Unterricht selbst – also nicht nur den sozialen und kulturellen Rahmenbedingungen, unter denen ein Kind lebt, oder Strukturmerkmalen der Schule – eine beträchtliche Bedeutung dabei zukommt, wie gut diese Einführung gelingt, wird z.B. durch Zusatzauswertungen der Schweizer Resultate der ‚IAE Reading Literacy'-Studie untermauert (vgl. RÜESCH 1997). Sie ergaben, dass es in verschiedenen Schulklassen, die unter vergleichbaren Kontextbedingungen unterrichtet werden, unterschiedlich gut gelingt, die Strenge des Zusammenhangs zwischen (sozialer, ökonomischer, kultureller) Herkunft und Erfolg beim Lesenlernen zu lockern. Besonders auffällig ist das Ergebnis, dass das Maß des Leistungsrückstands bei der Lesefähigkeit, den zugewanderte Kinder gegenüber den Nichtgewanderten aufweisen, erheblich reduziert werden kann.

Auch aus England liegen vergleichende Untersuchungen von Schulen vor, die nach den Ergebnissen von nationalem ‚monitoring' sehr gute Schülerleistungen erzeugen, obwohl ihre Schülerschaften im Hinblick auf soziale Lage und sprachlich-kulturelle Herkunft sehr ungünstige Ausgangsbedingungen besitzen (vgl. z.B. BLAIR/BOURNE 1998; GILLBORN/MIRZA 2000). Auch hier weisen die Resultate einerseits, wie schon bei RÜESCH (1997; siehe auch dens. 1998) oder in anderer Forschung zur Schulqualität, auf pädagogische Gestaltungsmomente, die in erfolgreichen Schulen Geltung haben. Die ‚guten' Schulen waren zum Beispiel „outstanding in terms of the school ethos achieved, offering students a wide and rich curriculum, and inspiring full participation" (so BOURNE 2002, S. 2). Andererseits aber weisen die Ergebnisse auf den hohen Stellenwert, den die Vermittlung der Sprache der Schule für den Schulerfolg besitzt (z.B. MOSS 2001). Anknüpfend an Basil BERNSTEIN wird hier die Wichtigkeit der expliziten Einführung von sozial benachteiligten Schülerinnen und Schülern in die spezielle dekontextualisierte Sprache der Schule hervorgehoben (vgl. BERNSTEIN 1999). Es scheint, dass Schulen, deren Schülerinnen und Schüler insgesamt gute Erfolge erzielen, ein hohes Maß an Unterricht ausdrücklich darauf verwenden, sie mit ‚disembedded talk' bzw. ‚decontexualised language' vertraut zu machen: sie in den spezifischen, inhaltsarmen, aber strukturell komplizierten schul- oder fachsprachlichen Jargon einzuführen und dabei auf sprachliche Variation und Präzision zu achten (vgl. auch HASAN 2000).

In den anstehenden Untersuchungen soll diesen Spuren weiter nachgegangen werden. Insbesondere ist die Annahme zu prüfen, ob es zutrifft, dass sich Unterricht, der eine systematische und explizite Auseinandersetzung mit sprachlicher Variation und Vielfalt veranlasst, positiv auf die Entwicklung der Literalität der Schülerinnen und Schüler im oben vorgestellten Sinne auswirkt. Ertrag versprechen vergleichende Untersuchungen des Unterrichts in Schulen, die eine (sozial, sprachlich, kulturell) heterogen zusammengesetzte Schülerschaft zu guten Erfolgen führen, mit solchen, die unter der gleichen Bedingung schlechte Resultate erzielen. Längerfristige Unterrichtsbeobachtungen in Primarschulen – nicht nur im Sprachunterricht im engeren Sinne – sollen von regelmäßigen Überprüfungen des sprachlichen Lernerfolgs flankiert werden. Es wäre lohnenswert, die Untersuchungen international vergleichend anzulegen und dabei Schulsysteme einzubeziehen, die in ähnlicher Weise wie das deutsche mit Migrationsfolgen konfrontiert sind, die aber

– beispielsweise in der PISA-Studie – bessere Leistungen erzielten als deutsche Schulen.

Es ist davon auszugehen, dass die Ergebnisse vergleichender Untersuchungen, wie sie hier skizziert wurden, dazu beitragen, die alten, aber inzwischen wohlbekannten Muster des Umgangs mit Heterogenität zu überwinden, die sich in der deutschen Schule historisch entwickelt haben. Dies ist ein Anspruch an interkulturelle Forschung in der Erziehungswissenschaft: dass ihre Resultate, in den Worten von Marianne KRÜGER-POTRATZ (2000, S. 368), „helfen, zeitgemäße Integrationskonzepte zu entwerfen, die von sprachlicher, ethnischer, sozialer und kultureller Pluralität als Normalfall ausgehend den Beitrag von Schule und Pädagogik zur sozialen und kulturellen Integration der nachwachsenden Generation zu bestimmen suchen."

Literatur

ANDERSON-LEVITT, K.M. (1987): Cultural knowledge for teaching first grade. In: SPINDLER, J./ SPINDLER, L. (Hrsg.): Interpretive Ethnography of Education. At home and abroad. – Hillsday. S. 171-192.

BERNSTEIN, Basil (1999): Vertical and horizontal discourse: an essay. In: British Journal of Sociology of Education, 20/2, S. 157-173.

BLAIR, M./ BOURNE, J. (1998): Making the difference: teaching and learning strategies in successful multi-ethnic schools. – London (Dept. for Education and Skills/ www.gtce.org.uk/research/differencestudy.asp).

BORST, A. (1957): Der Turmbau von Babel. Geschichte der Meinungen über Ursprung und Vielfalt der Sprachen und Völker. Band 1. – Stuttgart.

BOURNE, J. (2002): Framing talk: the role of the teacher in the transmission and acquisition of decontextualised language. Paper presented for the ‚2nd International Basil Bernstein Symposium on Knowledges, Pedagogy and Society', University of Cape Town, 17-19 July 2002. Z.P.v. in Electronic Educational Research Journal (EERJ) 2003.

COPE, B./ KALANTZIS, M. (Hrsg.) (2000): Multiliteracies. Literacy Learning an the Design of Social Futures. – London.

DELAMONT, S./ BEYNON, J./ ATKINSON, P. (1988): In the beginning was the Bunsen. The foundation of secondary school science. In: Qualitative Studies in Education, 1, 4, S. 315-328.

DEUTSCHES PISA-KONSORTIUM (2002): PISA 2000. – Opladen.

DIEFENBACH, H./ NAUCK, B. (2000): Der Beitrag der Migrations- und Integrationsforschung zur Entwicklung der Sozialwissenschaften. In: GOGOLIN, I./ NAUCK, B. (Hrsg.), a.a.O., S. 37-52.

ECO, U. (1994): Die Suche nach der vollkommenen Sprache. – München.

ERICKSON, F. (1986): Qualitative methods in research on teaching. In: WITTROCK, M.C. (Hrsg.): Handbook of research on teaching. 3rd edition. – New York. S. 119-161.

GILLBORN, D./ MIRZA, H. (2000): Educational inequality: mapping race, class and gender. London (Office for Standards in Education OFSTED).

GOGOLIN, I. (1994): Der monolinguale Habitus der multilingualen Schule. – Münster.

GOGOLIN, I. (1998): Sprachen rein halten – eine Obsession. In: dies./ LIST, G./ GRAAP, S. (Hrsg.): Über Mehrsprachigkeit. Gudula List zum 60. Geburtstag. – Tübingen. S. 71-96.

GOGOLIN, I. (2000): Minderheiten, Migration und Forschung. Ergebnisse des DFG-Schwerpunktprogramms FABER. In: GOGOLIN, I./ NAUCK, B. (Hrsg.), a.a.O., S. 15-35.

GOGOLIN, I./ NEUMANN, U. (Hrsg., 1997): Großstadt-Grundschule. Eine Fallstudie über sprachliche und kulturelle Pluralität als Bedingung der Grundschularbeit. – Münster.

GOGOLIN, I./ KROON, S. (Hrsg., 2000): „Man schreibt, wie man spricht". Ergebnisse einer international vergleichenden Fallstudie über Unterricht in vielsprachigen Klassen. – Münster.

GOGOLIN, I./ NAUCK, B. (Hrsg., 2000): Migration, gesellschaftliche Differenzierung und Bildung. – Opladen.

GOGOLIN, I./ NEUMANN, U./ REUTER, L. (Hrsg., 2000): Schulbildung für Kinder aus Minderheiten in Deutschland. 1989-1999. Schulrecht, Schulorganisation, curriculare Fragen, sprachliche Bildung. – Münster.

GOMOLLA, M./ RADTKE, F.-O. (2002): Institutionelle Diskriminierung. Die Herstellung ethnischer Differenz in der Schule. – Opladen.

HAMMERSLEY, M. (1990): Classroom Ethnography. Empirical and Methodological Essays. – Milton Keynes/ Philadelphia.

HASAN, R. (2000): The ontogenesis of decontexualised language: some achievements of classification and framing. In: MORAIS, A./ DAVIES, B./ DANIELS, H./ SADOVNIK, A. (Hrsg.): Towards a sociology of pedagogy. – Berlin.

HERWARTZ-EMDEN, L./ WESTPHAL, M. (2000): Methodische Fragen in interkulturellen Untersuchungen. In: GOGOLIN, I./ NAUCK, B. (Hrsg.), a.a.O., S. 53-75.

JASPAERT, K./ RAMOUT, G. (2000): „Don't use English words in Dutch". Portrait of a Multilingual Classroom in Flanders. In: GOGOLIN, I./ KROON, S. (Hrsg.), a.a.O., S. 27-40.

KRÜGER-POTRATZ, M. (1983): Die problematische Verkürzung der Ausländerpädagogik als Subdisziplin der Erziehungswissenschaft. In: HAMBURGER, F./ KARSTEN, M.-E./ OTTO, H.-U./ RICHTER, H. (Hrsg.): Sozialarbeit und Ausländerpolitik. Argumente für einen sozialpädagogischen Beitrag zum Entwurf einer multikulturellen Gesellschaft. – Darmstadt. (Neue Praxis, Sonderheft 7), S. 172–182.

KRÜGER-POTRATZ, M. (1989): Die Ausländerpädagogik versichert sich ihrer Geschichte. Plädoyer für eine historische Minderheitenbildungsforschung. In: Unterrichtswissenschaft, Nr. 3, S. 223-242.

KRÜGER-POTRATZ, M. (1994a): Interkulturelle Pädagogik als Kritik der ‚gegebenen Pädagogik'. Eine disziplintheoretische Skizze am Beispiel der Historischen Pädagogik. In: LUCHTENBERG, S./ NIEKE, W. (Hrsg.): Interkulturelle Pädagogik und Europäische Dimension. Herausforderungen für Bildungssystem und Erziehungswissenschaft. Festschrift für Manfred Hohmann. – Münster. S. 199-208.

KRÜGER-POTRATZ, M. (1994b): „Dem Volke eine andere Muttersprache geben". Zur pädagogischen Diskussion über Zwei- und Mehrsprachigkeit in der Geschichte der Volksschule. In: Zeitschrift für Pädagogik, Nr. 1, S. 81-96.

KRÜGER-POTRATZ, M. (2000): Schulpolitik für ‚fremde' Kinder. In: GOGOLIN, I./ NAUCK, B. (Hrsg.), a.a.O., S. 365-384.

KRÜGER-POTRATZ, M./ JASPER, D./ KNABE, F. (1998): „Fremdsprachige Volksteile" und deutsche Schule. Schulpolitik für die Kinder der autochthonen Minderheiten in der Weimarer Republik. Ein Quellen- und Arbeitsbuch. – Münster.

LENHARDT, G. (2002): Die verspätete Entwicklung der deutschen Schule. Unpubl. Manuskr. – Berlin. (MPI für Bildungsforschung; http://www.mpib-berlin.mpg.de/dok/full/lenhardt/pisa.pdf).

LIST, G. (2000): Historische Annäherungen an ein interkulturelles Konstrukt: Die „Westmark". In: GOGOLIN, I./ NAUCK, B. (Hrsg.), a.a.O., S. 77-94.

MOSS, G. (2001): On literacy and the social organisation of knowledge inside and outside school. In: Language and Education 15/ 2, S. 146-161.

OECD (2002): Reading for Change: Performance and Engagement across countries. Results from PISA. – Paris.

REICH, H.H., u.a. (1990): Folgen der Arbeitsmigration für Bildung und Erziehung. Kurzfassung des Antrags auf Errichtung des Schwerpunktprogramms FABER (Folgen der Arbeitsmigration für Bildung und Erziehung) an die DFG (verf. von Ingrid Gogolin, Marianne Krüger-Potratz, Ursula Neumann und Hans H. Reich). In: Deutsch lernen, Heft 1, S. 70-88.

RÜESCH, P. (1997): Leistung und Chancengleichheit in Primarschulklassen der Deutschen Schweiz. Eine Sekundäranalyse von Schweizer Daten aus der ‚IEA Reading Literacy Study'. In: Bildungsforschung und Bildungspraxis 19, Heft 3, S. 269-291.

RÜESCH, P. (1998): Spielt die Schule eine Rolle? Schulische Bedingungen ungleicher Bildungschancen von Immigrantenkindern. – Frankfurt.

THE NEW LONDON GROUP (2000): A Pedagogy of Multiliteracies. Designing Social Futures. In: COPE, B./ KALANTZIS, M. (Hrsg.), a.a.O., S. 9-37.

HH K L

Helma Lutz, Rudolf Leiprecht

Heterogenität als Normalfall

Eine Herausforderung für die Lehrerbildung

In der jüngsten bildungspolitische Debatte in Deutschland wird angemahnt, dass die Schule des 19. Jahrhunderts in das 21. Jahrhundert geführt werden müsse. Gleiches sollte dann entsprechend auch für die Lehrerbildung gelten, die trotz vieler Reformen in der Vergangenheit immer noch erneuerungsbedürftig scheint. Man kann wohl davon ausgehen, dass die Debatte über Veränderungen der Schule gleichzeitig immer eine Debatte über Veränderungen der Ausbildung der pädagogischen Akteure in der Schule ist und entsprechend als *Doppelspur* gedacht werden sollte. Diese Verknüpfung ist, wenn auch nicht explizit, so doch implizit in dem Abschlussbericht der *Hamburger Kommission Lehrerbildung* zu finden, mit dem ein umfangreiches Planungswerk für die Umgestaltung der Lehrerbildung in Hamburg vorgelegt wurde (vgl. KEUFFER/OELKERS 2001, S.128).[1] Diese Kommission geht davon aus, dass auf absehbare Zeit drei Themen in der Lehrerbildung unbedingt Vorrang haben müssen:

a) Neue Medien als Mittel und Gegenstand von Lehren und Lernen,
b) Umgang mit kultureller und sozialer Heterogenität und
c) Schulentwicklung.

Im Folgenden werden wir auf das zweite Thema (b), den Umgang mit kultureller und sozialer Heterogenität, eingehen. Die Kommission konstatiert bei diesem Thema „erheblichen Steuerungsbedarf", sowie ein eminentes Theorieproblem, auf das die Selbstreflexion von Lehrerbildung noch kaum annähernd eingestellt sei: „Zwar ist die Erkenntnis, dass die Schülerinnen und Schüler sich je nach sozialer Herkunft, Geschlecht, Religion, Sprache usw. unterscheiden, nicht neu, wohl aber die Anerkennung von Heterogenität als Normalfall, verbunden mit der Forderung nach Überwindung der bisherigen homogenisierenden und zielgruppenspezifisch ausgerichteten kompensatorischen Strategien im Umgang mit Differenz." (ebd., S.150) Dabei geht es vor allem darum, dass Diversität als Leitkategorie und Erfahrungswirklichkeit der Setzung von kultureller Einheit und einheitlicher Identität entgegengehalten wird.

Wir werden im ersten Teil unseres Textes retrospektiv die Frage stellen, in welcher Weise sich die Erziehungswissenschaft bislang mit dem Thema sozialer und kultureller Vielfalt beschäftigt hat und danach erörtern, welche neuen Methodenvorschläge die Kommission vorlegt. Im zweiten Teil werden wir ein niederländisches Forschungsprojekt vorstellen, das, wie wir meinen, die Desiderate

1 Marianne KRÜGER-POTRATZ war Mitglied dieser Kommission und hat an der Ausarbeitung des zweiten Themas entscheidend mitgewirkt.

der Kommission bereits ansatzweise in Forschungsfragen umgesetzt hat, und uns schließlich damit beschäftigen, welche Lehren daraus zu ziehen sind.

I. Von der Ungleichheitsforschung zur Intersektionalität

Ein Rückblick auf Debatten in (West-) Deutschland über soziale Ungleichheit im Bildungswesen zeigt, dass es bereits seit der Entstehung des öffentlichen Schulwesens Auseinandersetzungen über den Gegenstand gibt; allerdings wurden diese nicht unter dem Stichwort ‚soziale Ungleichheit' geführt, sondern unter der Fragestellung, wie soziale *Homogenität* hergestellt werden kann (siehe den Beitrag von Georg HANSEN im vorliegenden Band). Erst in den vergangenen vierzig Jahren hat sich in der Debatte die heute relevante Terminologie und Fokussierung auf *Differenzlinien* in sehr konträr geführten Diskussionen entwickelt (vgl. dazu auch KRÜGER-POTRATZ/LUTZ 2002).

In den 1960er und 1970er Jahren war der Blick zunächst entlang der Differenzlinie ‚Klasse' auf die *Selektivität der Bildung* gerichtet und die Forschung beschäftigte sich vor allem mit der Situation von Arbeiterkindern. Untersuchungsgegenstand war die Frage, wie und warum Bildung soziale Ungleichheit systematisch verstärkt, obwohl doch Bildung – allgemeine schulische Bildung – Chancengleichheit herstellen sollte. Das Werk von drei Autoren ist besonders mit der Erforschung dieser Differenzlinien verbunden: Basil BERNSTEIN, Pierre BOURDIEU und Jean-Claude PASSERON.

Es waren die Arbeiten von BERNSTEIN aus den 1960er Jahren über den *restringierten Code* der Arbeiterkinder, die zu der Einsicht führten, dass Sprache den Zugang zu Bildung (mit-) reguliert. BERNSTEIN wies nach, dass die Schule sich primär am *elaborierten Code*, an der Sprachkompetenz der Kinder aus Mittel- und Oberschicht orientiert und damit gleichzeitig Arbeiterkindern und indirekt auch deren Eltern Sprachdefizite attestiert und anlastet. Doch, so BERNSTEIN, handele es sich dabei nicht um ein Defizit der Kinder, sondern vielmehr um das Unvermögen der Institution Schule, mit dieser Differenz adäquat umzugehen. Rückblickend muss festgestellt werden, dass die Versuche, nicht die Kinder, sondern die Schule und ihre institutionellen Routinen zu ändern, weitgehend erfolglos waren. Geblieben sind *Ansätze kompensatorischer Erziehung* und halbherzige institutionelle Reformen, wie etwa die *Gesamtschule* als vierte Schulform und schulpolitisches Streitobjekt oder *die innere Differenzierung als innerpädagogischer Reformansatz.*

BERNSTEINS Arbeiten können jedoch heute auch als Vorläufer für die Diskussion um Mehrsprachigkeit gesehen werden, denn sie haben darauf aufmerksam gemacht, dass es eine Verbindung gibt zwischen der Sprache des Elternhauses, der primären Lernumgebung und der Sprache der Schule als Institution, die über die Verteilung von Bildungserfolg und -misserfolg mitentscheidet.

Ein anderes viel diskutiertes Werk war die 1971 erschienene Arbeit von BOURDIEU/PASSERON mit dem Titel *„Die Illusion der Chancengleichheit"*. Die

Autoren hatten die unterschiedlichen *Zugangsvoraussetzungen* von Arbeiterkindern und Bürgerkindern beim Erwerb von Wissen in den Mittelpunkt ihrer Untersuchung gestellt. Bei Kindern, die in bürgerlichen Familien aufwachsen, akkumulieren sich, so die Autoren, verschiedene Wissensformen zu Kapitalformen: *Ökonomisches Kapital* (also direkt in Geld und Besitz konvertierbare Besitz- und Eigentumsformen) wird ergänzt von *sozialem*, *kulturellem* und *symbolischem* Kapital. Ähnlich wie BERNSTEIN ging es BOURDIEU und PASSERON vor allem darum, deutlich zu machen, dass Bildungsreformen nicht greifen können, solange die Selektionsmechanismen der Institution Schule nicht offengelegt werden. Anders gesagt sind Schülerinnen und Schüler bereits selektiert bevor sie überhaupt in der Schule ankommen, und darüber hinaus verstärkt Bildung die beim Schulbeginn gegebenen sozialen Ungleichheiten systematisch.

Diesen bahnbrechenden Arbeiten folgten andere, die neue Differenzlinien in die erziehungswissenschaftlichen Debatten einführten und damit die Dimensionen, Ursachen und Folgen von Ungleichheit erweiterten. So war etwa die Arbeit, die Carol HAGEMANN-WHITE im Jahre 1984 mit dem Titel *„Sozialisation: weiblich-männlich?“* vorlegte, ausschlaggebend für die Einführung der Kategorie ‚Gender‘ in die Theoriebildung. Ihre Terminologie von der *Zweigeschlechtlichkeit als kulturellem System* ist zum Ausgangspunkt für Debatten über Koedukation und geschlechtsspezifisches Lernen geworden. Auch die Differenzlinie ‚Gesundheit‘ bzw. (körperliche und geistige) ‚Behinderung‘ wurde in den 1970er Jahren in die Debatte über soziale Ungleichheiten eingeführt (vgl. Übersicht bei OPP/FINGERLE/PUHR 2001); und aus der Debatte über die Beschulung von Migrantenkindern, die in den frühen 1970er Jahren noch unter der Kategorie Klasse geführt wurde, kristallisierten sich allmählich Fragen heraus, die die Bedeutung von Migrationsbiographien und in der Einwanderungsgesellschaft vorherrschenden Zuschreibungsmustern und Exklusionsmechanismen in den Mittelpunkt stellten. Damit verbunden waren kritische Reflektionen über Begriffe wie Ethnizität und Kultur, aber auch Hinweise auf die historische Normalität von sozio-kultureller Heterogenität in der nationalen Bildungsinstitution Schule und des in aller Regel homogenisierenden bzw. ausgrenzenden Umgangs mit Heterogenität (siehe dazu die Arbeiten von KRÜGER-POTRATZ 1989; 1999).

Rückblickend auf diese Debatten fallen drei Aspekte auf:
Seit den 1970er Jahren hat sich das Verständnis von sozialer Ungleichheit, das zunächst als ‚Klasse‘ definiert und operationalisiert wurde, zunehmend ausdifferenziert und erweitert. Obgleich die Differenzlinie Klasse – mittlerweile verändert in ‚Sozialstatus‘ – auch heute noch von zentraler Bedeutung ist, ist sie mittlerweile um andere Differenzlinien und soziale Platzanweiser ergänzt worden: Geschlecht, Gesundheit, ethnische resp. nationale Zugehörigkeit, religiöse bzw. weltanschauliche Ausrichtung des Elternhauses usw. – und im internationalen Zusammenhang auch als Ungleichheit zwischen Nord und Süd.

Als Folge dieser sozialwissenschaftlich orientierten Debatten haben sich in Bezugnahme auf Differenzlinien besondere Fachrichtungen/Teildisziplinen herausgebildet: Integrative bzw. Integrationspädagogik bzw. Pädagogik für besondere Bedürfnisse (Gesundheit); feministische Pädagogik (Geschlecht); Interkulturelle Pädagogik (Kultur); etc.

Auseinandersetzungen und Ausdifferenzierungen innerhalb dieser Fachrichtungen bewegen sich bis heute zwischen den Polen *Skandalisierung* und *Essentialisierung*. *Essentialisierung* meint die Beschreibung der Unterschiedlichkeit von Menschen als ‚natürliche', im Kern unveränderbare Wesen. *Skandalisierung* dagegen richtet sich auf die Exklusionsmechanismen von Institutionen und gesellschaftlichen Strukturen. Dabei geht es sozusagen um die Dekonstruktion von zugeschriebenen (angeblich) ‚natürlichen Eigenschaften', die als gesellschaftliches Konstrukt ‚enttarnt' werden. In der Folge entwickelte sich ein Definitionskampf zwischen Defizit und Differenz.

Die Ausdifferenzierung der Kategorie soziale Ungleichheit, die sich heute etwa in der bereits zitierten Forderung der Lehrerbildungskommission nach Anerkennung der *Heterogenität als Normalfall* spiegelt, hat zu einem geschärften Blick auf die gesellschaftlichen und politischen Verhältnisse geführt, die mittlerweile auch durch fortschreitende Prozesse von Internationalisierung und Globalisierung schnelle und tiefgreifende Veränderungen erfahren haben. Die Herausbildung von Fachrichtungen entlang einzelner Differenzmerkmale kann als Zeichen dafür verstanden werden, dass die neue Qualität der Veränderungen als Herausforderungen begriffen werden, mit der Folge, dass die Offenlegung der Exklusionsmechanismen einen theoretischen Perspektivwechsel eingeleitet hat.

Die hier beschriebenen Debatten haben sich darüber hinaus auch auf Diskussionen in der Allgemeinen Pädagogik über das, was noch als ‚allgemein' gelten kann, ausgewirkt: Das als *allgemein Gesetzte* in der Allgemeinen Pädagogik wurde in Frage gestellt (vgl. ebd. 1994).

In der universitären Ausbildung, und damit auch in der Ausbildung zum Lehramt, haben sich diese Debatten niedergeschlagen in der Herausbildung von Teildisziplinen und der Etablierung von an Differenzkategorien orientierten Lehrstühlen:[2] *Geschlecht* etwa in der *Frauenforschung*, mittlerweile auch umbenannt in *Geschlechter-* oder *Genderforschung* und *Kultur*, ursprünglich in der *Ausländerpädagogik*, mittlerweile meist umbenannt in *Interkulturelle Pädagogik*.

In der Auseinandersetzung über die richtige Bezeichnung lässt sich in beiden Fachrichtungen auch die Veränderung in der Selbstverständnisdiskussion im Übergang von *Defizit-* oder *Benachteiligungs-* zu *Differenz*-Theorien verdeutlichen. Diese Suche nach dem richtigen Namen hängt eng mit der Komplexität der Gegenstandsfeldes zusammen, mit Widersprüchlichkeit und Brüchigkeit, die theoretisch nicht einfach zu fassen ist. Denn schließlich gibt es ein Anders-Sein (also z.B. Weiblichkeit, kulturelle Fremdheit usw.), das scheinbar spezieller pädagogischer Bearbeitung bedarf, nur deshalb, weil zuvor ein bestimmtes Eigenes (hier also Männlichkeit, das kulturell Eigene usw.) als *normal* definiert und als Maßstab gesetzt worden ist (siehe dazu auch den Beitrag von WENNING im vorliegenden

2 Wobei allerdings *nicht* davon ausgegangen werden kann, dass es sich hier um eine *flächendeckende* Ausweitung und Etablierung gehandelt hat.

Band). In beiden Fachrichtungen haben sich in den vergangenen zwanzig Jahren theoretische Auseinandersetzungen mit der Differenz entwickelt, die folgendermaßen zusammengefasst werden können:

a) Sowohl für die *Geschlechterforschung* als auch für die *Interkulturelle Pädagogik* gilt, dass sie sich zwar aus der Ungleichheitsforschung und damit aus der Kritik an vertikalen Differenzen heraus entwickelt haben, jedoch im Laufe der Zeit auch horizontale Differenzaspekte identifiziert und aufgenommen haben (nach dem Motto: ‚All different, all equal').

b) Die erwähnten Namensänderungen (*Frauenforschung* zu *Geschlechterforschung*; *Ausländerpädagogik* zu *Interkultureller Pädagogik*, *Behindertenpädagogik* zur *Integrationspädagogik* usw.) können sowohl als Zeichen für Perspektivwechsel betrachtet werden, als auch als Unsicherheit darüber, welche Perspektive und welches Differenzmerkmal für die Spezialisierung als leitend angesehen werden kann. Schließlich geht es dabei auch um die Legitimität der Spezialisierung.

c) Betrachten wir die Forschungsperspektiven, die von diesen Zugängen her entwickelt wurden, dann fällt auf, dass sie die Erziehungswissenschaft neu zu schreiben versuchen. Sie fokussieren den Umgang der Pädagogik mit Differenz und Gleichheit und betrachten sich als Projekte, die auf Veränderung gerichtet sind, also als Zukunftsprojekte, die zugleich noch ihre Vergangenheit ‚finden' und neu ‚schreiben' müssen. Zeitlich-räumliche, historisch-aktuelle und semiotische Forschungsperspektiven kommen dabei zum Einsatz.

d) Die vorgestellten Teildisziplinen räumen der jeweils eigenen Leitdifferenz Priorität ein und laufen somit ihrerseits Gefahr, diese isoliert zu betrachten. Nur wenige Arbeiten setzen dort an, wo sich Differenzlinien verschränken.

Eine Ausnahme in Bezug auf den letzten Punkt bilden beispielsweise Arbeiten von Marianne KRÜGER-POTRATZ (1989) und Annedore PRENGEL (1993).

KRÜGER-POTRATZ macht auf die Geschichte von Bildungsinstitutionen im Umgang mit Minderheiten aufmerksam und verdeutlicht dabei ein Diskursmuster, das in ähnlicher Weise bei der ‚Erklärung' (und Rechtfertigung) der Benachteiligung von Arbeiterkindern, Dorfbewohnern, Eingewanderten, ethnischen und religiösen Minderheiten, Frauen/Mädchen und sich *überlagernden* Kategorien (etwa das „katholische Arbeitermädchen vom Lande") benutzt wurde. Das persönliche Scheitern wird hier von der individualisierenden Ebene auf die Ebene von Gruppenmerkmalen verschoben. Ist festzustellen, dass viele Einzelne einer bestimmten Gruppe es nicht schaffen, wird das Versagen auf zugeschriebene (kulturell oder biologisch begründete psycho-soziale) Eigenschaften der Gruppe (die offenbar unzureichend sind) zurückgeführt (KRÜGER-POTRATZ 1989, S. 228ff.).

PRENGEL unternahm den Versuch, Verschiedenheit und Gleichberechtigung in interkultureller, feministischer und integrativer Pädagogik zu einer ‚Pädagogik der Vielfalt' zusammenzufassen. In der von PRENGEL vorgenommenen Bündelung von Fachdiskursen arbeitet sie die Gemeinsamkeiten der teildisziplinären Kritik an der

Allgemeinen Pädagogik heraus. Wenn auch an ihrer Arbeit problematisch ist, dass sie (vor allem in den praxisnahen Beschreibungen) eine Analogisierung der Differenzlinien Geschlecht, Gesundheit und Ethnie/Kultur vornimmt und dabei vernachlässigt, dass sich Differenzen in Bezug auf Genesis und Geltung unterscheiden, also *unterschiedlich verschieden* sind (zu einer ausführlichen Kritik siehe auch LUTZ 1999), so ist doch ihr Versuch, einzelne Fachdiskurse zu überschreiten und zu verbinden, kreativ und weiterführend.

Ähnlich wie bei KRÜGER-POTRATZ und PRENGEL ist auch bei anderen Sozial- und Erziehungswissenschaftler(inne)n in den vergangenen Jahren das Bewusstsein der Notwendigkeit der *Erweiterung der Differenzlinien* gestiegen; erstmals wird jedoch auch deutlich, dass nicht nur die Differenzen als separate Linien, sondern auch *Kreuzungen* und *Verschränkungen* derselben bedacht werden müssen. In der Abb. 1 verschränken sich 15 Differenzlinien, die ausgehend von den ihnen zugeordneten Grunddualismen aufgeführt sind (vgl. LUTZ/WENNING 2001, S. 20; KRÜGER-POTRATZ/LUTZ 2002; LUTZ, 2002). Sie alle spielen in der aktuellen erziehungswissenschaftlichen Diskussion über Ungleichheit im und durch das Bildungswesen eine Rolle. Jede Differenzlinie repräsentiert eine bestimmte soziale Positionierung oder Identität und hat gleichzeitig als (naturalisierte) soziale Konstruktion Einfluss auf das gesellschaftliche Leben. Diese Differenzparameter werden in einem heuristischen Analysemodell präsentiert, wobei die linke Seite jeweils die dominante oder ‚normalisierte' Position beschreibt und die rechte die dominierte und abweichende. Die dominanten und dominierten Positionen scheinen sich zu ergänzen, sind jedoch hierarchisch verortet. Sie werden zu analytischen Zwecken jeweils als Basisdualismus beschrieben, der durch seine Benennung die Möglichkeit bietet, eine Diskussion über Veränderungen, Verschiebungen und Überschneidungen anzuregen.

Aus der Genderforschung heraus hat sich dazu eine Debatte entwickelt, die vor allem von US-amerikanischen schwarzen Feministinnen vorangetrieben wurde. Kimberlé CRENSHAW (1994) und Valerie SMITH (1998) fordern eine, wie sie es nennen, *‚Intersektionalitätsanalyse'*, die davon ausgeht, dass es notwendig und möglich ist, Gender, Ethnizität, Klasse, sexuelle Orientierung, Nationalität usw. in ihrem Zusammenspiel und in Bezug auf die Gleichzeitigkeit ihrer Wirkung zu untersuchen. Ausgangspunkt dieser Argumentation ist die Feststellung, dass alle Menschen sozusagen am Schnittpunkt (intersection) dieser Kategorien positioniert sind und dort ihre Loyalitäten und Präferenzen entwickeln. Die Kategorien sind also nicht nur soziale Platzanweiser, sondern sie generieren auch Identität. Die Herausforderung an Theorie und Empirie ist nun, nicht nur von der Komplexität der Differenzlinie zu sprechen, sondern Instrumente zu entwickeln, mit denen diese Komplexität als *Verhältnis* untersucht und ‚fassbar' gemacht werden kann (siehe dazu auch den Versuch einer Darstellung der Linien als Spannungsverhältnisse im sozialen Raum bei KRÜGER-POTRATZ/LUTZ 2002).

Gleichzeitig ist es für die erziehungswissenschaftliche Diskussion von besonderer Bedeutung, darauf zu achten, dass das Verhältnis der Individuen zu ihrer Geschichte und ihren Zugehörigkeiten zu verschiedenen Kategorien und

Abb. 1: Liste 15 bipolarer hierarchischer Differenzlinien:

Kategorie	***Grunddualismus***
Geschlecht	männlich – weiblich
Sexualität	hetero – homo
'Rasse' / Hautfarbe	weiß – schwarz
Ethnizität	dominante Gruppe - ethnische Minderheit(en) = nicht ethnisch - ethnisch
Nation / Staat	Angehörige - Nicht-Angehörige
Klasse / Sozialstatus	'oben' - 'unten' / etabliert – nicht etabliert
Religion	säkular – religiös
Sprache	überlegen – unterlegen
Kultur	'zivilisiert' - 'unzivilisiert'
Gesundheit	nicht behindert – behindert
Alter	Erwachsene - Kinder / alt – jung
Sesshaftigkeit / Herkunft	sesshaft - nomadisch / angestammt – zugewandert
Besitz	reich/wohlhabend – arm
Nord - Süd / West – Ost	the West - the rest
Gesellschaftlicher Entwicklungsstand	modern – traditionell (fortschrittlich - rückständig, entwickelt - nicht entwickelt)

Schnittpunkten nicht vernachlässigt wird, genauso wenig wie die *Eigenbewegung* der Individuen in den mit diesen Kategorien und Schnittpunkten verbundenen gesellschaftlichen Räumen der Möglichkeiten und Behinderungen. Eine Erklärung des Handelns von Individuen, die lediglich auf der *Ableitung* von Makrofaktoren beruht, ist deshalb unangemessen, weil auf diese Weise allgemeine Vorstellungen konkreten Einzelnen oktroyiert werden. Genaue Kenntnisse über die *konkreten* Kinder und Jugendlichen, über deren subjektive Begründungsmuster, Biographien, Lebenslagen und Lebenssituationen, sind in der pädagogischen Arbeit unverzichtbar. Dabei kommt es gerade in pädagogischen Arbeitsfeldern darauf an, Theorien und Erkenntnisse über Differenzlinien und ihre Genese und Geltung an Schnittpunkten für eine *untersuchende Haltung* zu nutzen, die zwar durch theorie- und erkenntnisgeleitete Fragen die ‚empirische Wirklichkeit' in besonderer Weise aufzuschlüsseln vermag, jedoch ihre Fragen *nicht* mit Antworten verwechselt (vgl. LEIPRECHT 1994, 179ff.).

II. Implikationen für die Lehrerbildung

Während also die (erziehungs-) wissenschaftliche Wahrnehmung kultureller und sozialer Heterogenität komplexer geworden ist, sind auch die Anforderungen an die Ausbildung derjenigen, die mit dieser sozialen Realität umgehen müssen, gestiegen.

Die Hamburger Kommission für die Lehrerbildung empfiehlt, die Wahrnehmung von und den Umgang mit Differenz zur Querschnittsaufgabe der Lehrerbildung zu machen. Als mögliche thematische Schwerpunkte für das erziehungswissenschaftliche Studium werden genannt:

- Geschichte und Theorie der Migration, Multikulturalität der Gesellschaft und Monolingualität der Schule;
- Erziehung und Bildung in Klassen mit Schülerinnen und Schülern mit unterschiedlichem sprachlichen und kulturellen Hintergrund;
- Lernprozesse unter den Bedingungen von Mehrsprachigkeit;
- Deutsch als Zweitsprache;
- Didaktik einzelner Unterrichtsfächer in interkultureller Perspektive, z.B. interreligiöses Lernen (KEUFFER/OELKERS 2001, S. 157).

In den praktischen Ausführungen richtet sich die Kommission vor allem auf Veränderungen der Ausbildung in Bezug auf die Wahrnehmung des Spracherwerbs und des Primats der Sprache als Basis für Bildungserfolg und Bildungsgestaltung. Die Lehramtsstudierenden müssten lernen, dass jeder Unterricht gleichzeitig eine Sprachunterrichtskomponente besitzt und dass die Schule die vorhandene Mehrsprachigkeit der Kinder zum Ausgangspunkt des Lernens machen muss.

In einem Beitrag für das Forum Bildung hat Ingrid GOGOLIN diese Forderungen für den Raum der Grundschule folgendermaßen beschrieben:

„1. Jeder Unterricht – nicht nur der explizite Unterricht des Deutschen – muss eine Sprachlehr- und Sprachbildungsfunktion erfüllen und dabei berücksichtigen, dass mehrsprachiges Aufwachsen die weitere Sprachverarbeitung insgesamt beeinflusst.

2. Kinder, die in zwei Sprachen leben, müssen in jeder dieser Sprachen alphabetisiert werden, und zwar koordiniert mit der Alphabetisierung im Deutschen" (GOGOLIN 2001, S. 23).

Erinnern wir uns an die Forderungen von BERNSTEIN, dass es die Aufgabe der Schule ist, Sprache als Selektionsinstrument des Bildungserfolg zu beachten, dann kann heute konstatiert werden, dass mit den oben genannten Forderungen erstmals ernsthaft der Versuch gemacht wird, sprachliche Differenz ins Zentrum der Lehrerbildung zu setzen (siehe dazu etwa die Beiträge von GOGOLIN und LIST im vorliegenden Band).

Weniger ausgearbeitet sind bislang jedoch die Vorstellungen zum Umgang mit unterschiedlichen kulturellen Hintergründen. Die Auseinandersetzungen über den Kulturbegriff in der Debatte über Interkulturelle Pädagogik lassen ahnen, dass in diesem Feld viel Wildwuchs existiert, oder jedenfalls kein Konsens darüber, wie dieser Begriff im Schul*alltag* verstanden werden muss. Mittlerweile deutet sich immerhin an, dass sich in der *(erziehungs-) wissenschaftlichen* Debatte ein *anti-essentialistisches* Verständnis von Kultur durchsetzt. Dabei steht im Vordergrund, dass Kultur nicht als eine statische, homogene, hermetisch geschlossene und deterministische Makrostruktur betrachtet werden kann. Erste viel versprechende Ansätze zur Operationalisierung des Begriffs wurden in einem niederländischen Projekt gemacht, das wir im folgenden Abschnitt darstellen.

III. Interkulturelles Lernen in der Klasse

Es handelt sich dabei um das Entwicklungs- *und* Forschungsprojekt *Interkulturelles Lernen in der Klasse*, das dem Anspruch gerecht zu werden versuchte, interkulturelles Lernen als genuinen Bestandteil (je)des Unterrichts zu fassen (vgl. LEDOUX et. al. 2001).[3] Aufgabe des Projekts war es, konkrete Praxisansätze von Lernsituationen zu finden und/oder zu entwickeln. Landesweit wurden Lehrerinnen und Lehrer verschiedener Schultypen eingeladen, sich an Netzwerken zu beteiligen. Für vier Bereiche wurden Netzwerke gebildet: Primarstufe[4], Sekundarstufe, Berufliche Bildung/Erwachsenenbildung und Lehrerausbildung der Primarstufe. Lehrerinnen und Lehrer aus acht Schulen (bzw. Fachhochschulen) pro Netzwerk arbeiteten jeweils ein Jahr zusammen. Es wurden regelmäßige Treffen organisiert, bei denen die Lehrkräfte gegenseitig und im Austausch mit Expertinnen und Experten ihre Praxiserfahrung einbrachten und Unterrichtseinheiten präsentierten, diskutierten, reflektierten und neu gestalteten. So wurde innerhalb eines Jahres die Operationalisierung von interkulturellem Lernen praktisch erprobt. Soweit das *Entwicklungsprojekt.*

Das *Forschungsprojekt* bestand aus zwei Teilen, einem quantitativen und einem qualitativen. Im quantitativen Teil wurden den beteiligten Lehrerinnen und Lehrern zu Beginn und am Ende des Projekts Itemlisten vorgelegt, die interkulturelles Lernen in der Klasse beschreiben. In der Schlussphase des Projekts wurde die Befragung wiederholt, allerdings wurden beim zweiten Mal nur offene Fragen gestellt. Die Forschergruppe differenzierte – theoriegeleitet – zwischen vier möglichen Konzepten interkulturellen Lernens: a) Kulturalismus (dichotomisierendes ‚Wir'-‚Sie'-Denken); b) spezieller Pluralismus (Betonung ethnischer Diversität unter Vermeidung der ‚Wir'-‚Sie'-Dichotomie); c) allgemeiner Pluralismus (Hervorhebung von Diversität ohne Verweis auf Ethnizität); d) Beseitigung von Benachteiligung (Herstellung von Chancengleichheit, Aufhebung von Benachteiligung). Deutlich wurde hier u. a., dass die Lehrerinnen und Lehrer gegen Ende der Zusammenarbeit in den Netzwerken kulturalisierenden Konzepten kritischer gegen-

3 Das Projekt hat in den Jahren 1997 bis 1999 stattgefunden.

4 In den Niederlanden umfasst die Primarstufe die Altersgruppe von vier bis zwölf Jahren. Es handelt sich um eine Verbindung von Vorschule und Grundschule, die für alle Schülerinnen und Schüler obligatorisch ist; die Ausdifferenzierung in verschiedene Schultypen erfolgt danach.

überstanden und mehr Aufmerksamkeit sowohl *verschiedenen* sozialen Gruppenzugehörigkeiten als auch der Individualität *aller* Schülerinnen und Schüler widmeten.

Im qualitativen Teil wurde die *Beschreibung didaktischer Arrangements* (Anzahl 62) erfasst und analysiert. Bei den Arrangements der Primarstufe stand z.B. das Lernen über Diversität sowie die Gestaltung einer demokratischen Schule, in der Schülerinnen und Schüler über die Regeln ihrer Schule und Klasse mitbestimmen können, im Zentrum und damit auch die Verbindung von Interkulturellem Lernen mit Diversität. Die Arrangements wurden nach Regeln altersmäßiger Progression zusammengetragen: Im Unterricht für die Altersstufe vier bis acht Jahre stand der Austausch von Erfahrungen aus dem täglichen Leben im Mittelpunkt. Die Kinder sollten sich gegenseitig kennen lernen und dadurch auch Unterschiede erfahren und den Umgang mit Unterschieden üben. Die Arrangements für die Altersstufe von acht bis zwölf Jahren zielten auf die Entwicklung von Einfühlungsvermögen, das adäquate Reagieren auf Piesacken, Schikanieren und Ausschlussprozesse und die Fähigkeit, Sorgen, Konflikte und Pläne in der Gruppe zu besprechen.

Zwei Beispiele:

a) Das Arrangement *Bär Boris (*Altersstufe vier bis acht Jahre).

Der Bär Boris schläft jeweils eine Nacht bei einem Kind der Klasse und berichtet am nächsten Morgen über die jeweiligen Familienrituale des Essens, Schlafengehens, Aufstehens etc. Implizit erzählten sich die Schülerinnen und Schüler auf diese Weise gegenseitig, wie es bei ihnen zu Hause zugeht. In der Auswertung der Erzählung in der Klasse ist es zwar durchaus möglich, sich in den Fallstricken der Kulturalisierung zu verfangen, die zur Essentialisierung von Kultur, zu Überbetonung von kulturellen Differenzen, zur Folklorisierung führen können. Nach dem Motto ‚So sind die marokkanischen Familien' können kulturelle Stereotypisierungen reproduziert werden; ebenfalls besteht die Gefahr, dass die ‚niederländischen' Normen zum Maßstab erhoben und abweichende Rituale dethematisiert werden. In den Diskussionen mit den Lehrkräften zeigte sich jedoch, dass diese Fallstricke vermieden werden können, indem die konkreten, individuellen Beispiele zum Ausgangspunkt der Debatte gemacht werden. Im Laufe der Zeit zeigte sich bei der Auswertung des Arrangements, dass je nach Gruppenzusammenstellung sowohl Gemeinsamkeiten als auch Unterschiede im Alltag der Kinder herausgearbeitet werden können.

b) Das Arrangement *Klassenbuch für das Gruppengespräch* (Altersstufe von acht bis zwölf Jahren).

In einem gemeinsamen Klassenbuch können die Schüler/innen einer Klasse zu jeder Zeit notieren, welches Thema sie auf die Tagesordnung für das (in dieser Klasse wöchentlich stattfindende) Gruppengespräch setzen möchten. Im vorgestellten Arrangement beschreibt ein Lehrer den Fall von Carla. Carla fühlt sich nach dem Sportunterricht beim Umziehen von ihren Mitschülerinnen und Mitschülern beobachtet.[5] Sie hat bereits relativ weit entwickelte Brüste und empfindet das Verhalten ihrer Mitschülerinnen und Mitschüler als unangenehm. Carla hat dies im Klassenbuch notiert. Das anschließende Gruppengespräch verläuft sehr erfolgreich. Einige der Mitschülerinnen und Mitschüler machen deutlich, dass ihnen nicht klar gewesen sei, wie sich Carla angesichts ihrer Neugier fühle. Die Klasse verspricht – dem Vorschlag einer Mitschülerin folgend – nicht mehr ‚zu glotzen'. Es ist deutlich, dass Carla angesichts der verständnisvollen Reaktion der Klasse ein Stein vom Herzen fällt. Bei solchen Gruppengesprächen kommt es darauf an, die Eigenverantwortlichkeit der Schülerinnen und Schüler für den Umgang untereinander zu stimulieren. Die Lehrkräfte haben sich hier – so die Teilnehmerinnen und Teilnehmer des Netzwerks – soweit wie möglich zurückzuhalten.

Insgesamt ein anspruchsvolles Verfahren: Das Arrangement zeigt, dass solche Gruppengespräche ein Mittel sein können, um die Kommunikationsfähigkeit und das Verantwortungsgefühl einer Gruppe zu entwickeln, gleichzeitig jedoch – je nach subjektiver Bedeutung und Ernsthaftigkeit des Konflikts – ein jeweils ‚passendes' Ausmaß dieser Gruppenmerkmale bereits vorhanden sein muss. Die Lehrerinnen und Lehrer haben hier auf eine angemessene Balance zu achten. Neben dem Verfehlen dieser Balance kann eine Gefahr darin liegen, dass die Gruppe dazu neigt, Einzelnen gegenüber stark normierende und normalisierende Botschaften zu vertreten und die erwünschte Pluriformität gerade nicht zur Geltung kommen kann. Außerdem setzt das Verfahren auf Verbalisierungsfähigkeit. Kinder, die hier Schwierigkeiten haben, zeigen sich unter Umständen durch überlegene Wortbeiträge anderer Kinder beeindruckt, ohne jedoch eine wirkliche Lösung für ihr im Klassenbuch notiertes Problem gefunden zu haben.

Abgesehen von der Tatsache, dass die beteiligten Lehrerinnen und Lehrer in der Analyse mit den Forscherinnen und Forschern konkrete Anwendungshinweise erhielten, bezog sich der Lerneffekt auch auf die Ebene der Erweiterung der interkulturellen Kompetenzen der Beteiligten – also auch ein Beispiel für das anfänglich genannte *Lernen in der Doppelspur.* Denn bei der Analyse und Diskussion der Arrangements wurden Meinungen, Vorlieben, Lebensgeschichten der beteiligten Lehrerinnen und Lehrer eingebracht; ging es um persönliche Erfahrungen mit Flucht, Migration, Verlust, Mobbing, Diskriminierung und Religiosität. Ambivalenzen, Ängste und Hilflosigkeit der betroffenen Lehrkräfte konnten in diesem Zusammenhang thematisiert werden, Desiderate (z.B. Herstellung eines ‚sicheren Gruppenklimas') oder interkulturelle Lehrerkompetenzen ausformuliert werden. Im Gegensatz zu anderen Fortbildungsprojekten bot dieses Projekt den Vorteil des offenen Charakters eines Entwicklungs- und Forschungsprojektes, das kein fertiges Konzept vorlegte, sondern entwicklungsoffen und teilnehmerbezogen agierte.

Im Sinne der oben genannten Intersektionalitätsanalyse könnte man das Projekt erweitern und die jeweiligen geschlechts-, klassenspezifischen, ethnischen und nationalen etc. Aspekte der Kinder-Erzählungen auswerten. Damit könnte dann eventuell auch der Totalisierung von Individualität entgegengewirkt werden, die

5 Sowohl beim Sportunterricht als auch beim Umziehen sind die Mädchen und Jungen hier nicht getrennt.

die Wahrnehmung von kollektiven Loyalitäten und Selbstzuordnungen von Kindern und Jugendlichen vernachlässigt.

Wir denken, dass an diesem Beispiel exemplarisch aufgezeigt werden kann, dass Forschungsprojekte dieser Art Kriterien erfüllen können, die die Hamburger Kommission als Eckwerte für die Fort- und Ausbildung zukünftiger Lehrkräfte benannt hat. Die beschriebene Zusammenarbeit in bereichsspezifischen Netzwerken könnte zu einer *permanenten Fortbildung* und einer *fortlaufenden Evaluation* ausgeweitet werden. Zudem wurde auch in der Netzwerkzusammenarbeit deutlich, dass Lehrerinnen und Lehrer ihre Tätigkeit im Rahmen von Unterricht, Kollegium und Öffentlichkeitsarbeit als ‚lernendes System' verstehen müssen, dies bedeutet u.a.

- ihre Schule als Lern- und Entwicklungsfeld zu begreifen,
- ihre professionelle Kompetenz auf den Unterricht im engeren Sinne wie die schulische Entwicklungsarbeit im Allgemeinen zu beziehen,
- die Lehrtätigkeit auf neue Anforderungen einzustellen,
- das Rollenverständnis als Lehrkraft dynamisch zu halten.

IV. Schluss

Wenn die Anerkennung von *Heterogenität als Normalfall* mit Vehemenz in der Lehrerbildung eingebracht werden soll, dann müssten gleichzeitig auch *intersektionelle* Analysemodelle und Theoriemodelle weiterentwickelt und vorangetrieben werden, die sich endgültig von der Vorstellung verabschieden, dass Schulen als Einheitskulturen zu verstehen sind. Vielmehr gilt es, Verschiedenheit als individuelles *und* als strukturelles Merkmal wahrzunehmen und darauf bezogen adäquate Handlungsformen zu entwickeln. In diesem Sinne ist die Thematisierung der Heterogenität in der Schule eine Herausforderung für die Lehrerbildung. Allerdings wirken sich Paradigmenwechsel auf einer Ebene auch auf anderen Ebenen aus, denn die Ebene der Ausbildung muss auch umdenken. Der noch weitgehend vorzufindende *mono-kulturelle* und *mono-linguale Habitus* von Institutionen der Lehrerausbildung (Universitäten und Pädagogische Hochschule) müsste konsequenterweise ebenfalls zur Diskussion gestellt werden. Hier werden Ausbilderinnen und Ausbilder in die Pflicht genommen und hier schließt sich der Kreis.

Literatur

BERNSTEIN, B. (1975): Sprachliche Kodes und soziale Kontrolle. – Düsseldorf.

BOURDIEU, P./ PASSERON, J.-C. (1971): Die Illusion der Chancengleichheit. Untersuchungen zur Soziologie des Bildungswesens am Beispiel Frankreichs. – Stuttgart.

CRENSHAW, K. (1994): Mapping the margins: intersectionality, identity politics and violence against women of color. In: FINEMAN, M./MYKITIUK, R. (Hrsg.): The public nature of private violence. – New York, S. 93-118.

GOGOLIN, I. (2001): Die Verantwortung der Grundschule für Bildungserfolge und -misserfolge. In: Forum Bildung (Hrsg.) (2001). Bildung und Qualifizierung von Migrantinnen und Migranten. Anhörung des Forum Bildung am 21. Juni 2001 in Berlin. – Köln, S. 33-44.

HAGEMANN-WHITE, C. (1984): Sozialisation: weiblich – männlich? – Opladen.

KEUFFER, J./ OELKERS, J. (Hrsg.) (2001): Reform der Lehrerbildung in Hamburg. – Weinheim.

KRÜGER-POTRATZ, M. (1989): Die Ausländerpädagogik versichert sich ihrer Geschichte: Plädoyer für eine historische Minderheitenbildungsforschung. In: Unterrichtswissenschaft, Zeitschrift für Lernforschung, 17. Jg., Heft 3, S. 223-243.

KRÜGER-POTRATZ, M. (1994): Interkulturelle Pädagogik als Kritik der gegebenen Pädagogik? Eine disziplintheoretische Skizze am Beispiel der Historischen Pädagogik. In: LUCHTENBERG, S./ NIEKE, W. (Hrsg.) (1994): Interkulturelle Pädagogik und Europäische Dimension – Herausforderungen für Bildungssystem und Erziehungswissenschaft. – Münster, S. 199-208.

KRÜGER-POTRATZ, M. (1999): Stichwort: Erziehungswissenschaft und kulturelle Differenz. In: Zeitschrift für Erziehungswissenschaft, 2. Jg., Heft 2, S. 149-165.

KRÜGER-POTRATZ, M./LUTZ, H. (2002): Sitting at a crossroad – rekonstruktive und systematische Überlegungen zum wissenschaftlichen Umgang mit Differenz. In: Tertium Comparationis, 2.

LEDOUX, G./LEEMAN, Y./LEIPRECHT, R. (2001): Von kulturalistischen zu pluriformen Ansätzen. Ergebnisse des niederländischen Forschungsprojekts „Interkulturelles Lernen in der Klasse". In: AUERNHEIMER, G./VAN DICK, R./PETZEL, T./ULRICH, W. (Hrsg.): Interkulturalität im Arbeitsfeld Schule. – Opladen. S. 177-196.

LEIPRECHT, R. (1994): „Es ist doch näher dran ...". Ein vergleichender Blick auf Rassismen und Erklärungsmuster in den Niederlanden und in Deutschland und Hinweise auf Ansätze antirassistischer Praxis in pädagogischen Arbeitsfeldern. In: JÄGER, S. (Hrsg.): Aus der Werkstatt: Antirassistische Praxen. Konzepte – Erfahrungen – Forschung. – Duisburg. S. 160-186.

LUTZ, H. (1999): State of the Art: Zum Stand der Interkulturellen Pädagogik. In: Tertium Comparationis, 5. Jg., Heft 2, S. 134-149.

LUTZ, H. (2002): Zonder blikken of blozen. Het standpunt van de nieuwe realisten. In: tijdschrift voor genderstudies, 5. Jg. Heft 3, S. 7-17.

LUTZ, H./WENNING, N. (2001): Differenzen über Differenz – Einführung in die Debatten. In: ders. (Hrsg.): Unterschiedlich Verschieden. Differenz in der Erziehungswissenschaft. – Opladen, S. 11-24.

OPP, G./FINGERLE M./PUHR, K. (2001): Differenz als Konstitutionsproblem der Sonderpädagogik. In: LUTZ, H./WENNING, N. (Hrsg.): Unterschiedlich verschieden. Differenz in der Erziehungswissenschaft. – Opladen: S. 161-176.

PRENGEL, A. (1993): Pädagogik der Vielfalt. Verschiedenheit und Gleichberechtigung in interkultureller, feministischer und integrativer Pädagogik. – Opladen.

SMITH, V. (1998): Not just race, not just gender. Black feminist readings. – London.

Paul Mecheril

Jenseits von Affirmation und Transformation
Überlegungen zu einer Pädagogik des Anderen

„Andere" als prekäre Referenz Interkultureller Pädagogik

Die Frage des gesellschaftlichen Umgangs mit kulturell-ethnischer Differenz und Identität gehört zu den wichtigsten Themen politischer und sozialtheoretischer Auseinandersetzungen der Gegenwart. So besteht nach Seyla BENHABIB (1999, S. 13) die Aufgabe zeitgenössischer kritischer Gesellschaftstheorie darin, Klarheit über die neue Politik der Identität und Differenz zu gewinnen, innerhalb derer kulturelle und ethnische Gruppierungen Rechte und Handlungsräume einfordern. „Politik" etikettiert Handlungen, die auf die Regelung öffentlicher Angelegenheiten bezogen sind. Der Ort der Politik ist nun, anders als dies staatszentrierte Konzepte unterstellen, nicht der Staat, sondern findet sich dort, wo Öffentlichkeiten imstande sind, Macht über sich selbst wirksam werden zu lassen. In diesem Sinne können Beratschlagungen, Auseinandersetzungen und Verhandlungen in und um öffentliche Räume, in denen pädagogisch gehandelt wird, als politische Auseinandersetzungen beschrieben und rekonstruiert werden. Der Struktur dieser Räume, aber auch den Auseinandersetzungen um diese Räume liegen bestimmte politische Konzeptionen von kultureller Identität/Differenz zugrunde – und sei es lediglich das Konzept der Nicht-Beachtung von Differenz.

Die Frage des Umgangs mit Identität und Differenz will ich in diesem Text in den Vordergrund rücken, in dem ich in grundsätzlicher Einstellung prominente theoretische Leitlinien des pädagogischen Umgangs mit Identität und Differenz skizzenhaft rekonstruiere und kommentiere. Ich werde drei prominente Grundkonzepte des pädagogischen Umgangs mit dem und der Anderen ansprechen, nämlich das Konzept der Assimilation des Anderen, das der Anerkennung der Anderen und das der Dekonstruktion des Anderen. Assimilation und Dekonstruktion sind Zugänge, die den und die Andere – freilich in unterschiedlicher Weise – zu verändern suchen. Wir können sie als transformative Strategien des pädagogischen Einsatzes im Umgang mit den Anderen bezeichnen. Der Anerkennungsansatz hingegen bejaht den Anderen, er ist eine affirmative Strategie. Beide Strategien, die transformative wie die affirmative, greifen allerdings zu kurz, führen zu signifikanten Verkürzungen und Paradoxien. Bei dem assimilatorischen Zugang besteht das Problem darin, dass ein Zwang produziert wird, der zugleich partiell wirkungslos bleibt, Anerkennungsansätze neigen zur Essentialisierung gesellschaftlich-historisch konstruierter Verhältnisse, und das Problem dekonstruktivistisch-transformativer Ansätze besteht in der durch sie formulierten Zumutung den Alltagssubjekten gegenüber, was zuweilen als Irrelevanz dieser Ansätze kommentiert und erlebt wird. Auf diese Punkte werde ich – in einer eher ungeordneten Abfolge der

Erörterung einiger sozial- und differenztheoretischer Aspekte – eingehen, um in einem synthetisierenden Schritt, der nicht nach, sondern im Zuge der Kritik vorgenommen wird, eine Art Mehrfachstrategie im pädagogischen Umgang mit der und dem Anderen vorzuschlagen. Diese Mehrfachstrategie kennt transformierende und affirmierende Momente im Umgang mit dem Anderen und ist in der Vervielfältigung der strategischen Einsätze, wir können auch sagen: in der Vervielfältigung der Handlungs- und Beobachtungsstandpunkte, in der Lage, sich selbst als prinzipiell nicht gelingbares Unternehmen zu reflektieren.

Im Begriff und in der Vorstellung des und der Anderen, des kulturell, des ethnisch und/oder des national Anderen konzentriert sich jene Identität und Differenz, die für ein interkulturell-pädagogisches Nachdenken nicht allein bedeutsam, sondern konstitutiv ist. Dies ist die grundsätzliche Voraus-Setzung der weiteren Ausführungen, deren Anliegen es ist, einen Beitrag zu einer theoretischen Grundlegung der Interkulturellen Pädagogik zu leisten, die das mehrwertige Verhältnis zu dem sie konstituierenden Topos des kulturell, ethnisch, nationalen Anderen als prekäres Verhältnis theoretisch einholt. Zunächst aber einige kurze Erläuterungen zu der prinzipiellen Voraus-Setzung meiner Überlegungen.

Sowohl unter der Perspektive „Gerechtigkeit und Chancengleichheit" wie auch unter der Perspektive „Anerkennung und Verständigung" beschäftigt sich Interkulturelle Pädagogik mit spezifischen Differenzverhältnissen, nämlich solchen, die von transnationalen Wanderungsphänomenen[1] vermittelte Verhältnisse der Ungleichheit und des Unterschieds darstellen. Diese Verhältnisse sind Verhältnisse des Unterschieds und der Ungleichheit zwischen Anderen und Nicht-Anderen. Die Unterscheidung zwischen Anderen und Nicht-Anderen (Ausländer – Inländer; Migrantinnen – Nichtmigrantinnen; mit Migrationshintergrund – ohne Migrationshintergrund; Fremde – Nichtfremde; Hybride – Nichthybride; Diskriminierbare – Nichtdiskriminierbare; ....)[2] – gleich ob in affirmativer oder kritischer Hinsicht – ist die grundsätzliche Unterscheidung, die erst die Texte, Debatten, Kontroversen und Einverständnisse möglich macht, die in dem diskursiven Raum anzutreffen sind, den wir Interkulturelle Pädagogik nennen. Interkulturelle Pädagogik ist an die (diskursive) Existenz „der Anderen" geknüpft. Gäbe es „die Anderen" (diskursiv) nicht, gäbe es keine Interkulturelle Pädagogik – zumindest nicht die, die wir als Interkulturelle Pädagogik kennen. Der Ausdruck „die Anderen" verweist somit auf Konstitutionsbedingungen Interkultureller Pädagogik. „Die Anderen" stellen eine Konkretisierung der Differenz- und Dominanzverhältnisse dar, mit denen sich die Interkulturelle Pädagogik im deutschsprachigen Raum beschäftigt. „Die Anderen"

1 Ich spreche von „Wanderungsphänomenen", weil hier nicht nur konkrete Wanderungsprozesse und -erfahrungen, deren Bedingungen und Folgen bedeutsam sind, sondern auch Prozesse der Zurechnung und Attribuierung auf, der Imagination und Zuschreibung von Migration.

2 Die genauere Untersuchung der Gemeinsamkeiten und Unterschiede dieser und weiterer konkreter Differenzierungen zwischen Anderen und Nicht-Anderen, insbesondere mit Blick auf die Frage der Effekte und Angemessenheit transformativ-affirmativer Strategien des Umgangs mit konkreten Anderen, wird anderen Studien vorbehalten bleiben. *Mir geht es hier um einen prinzipiellen Punkt.*

sind imaginierte Phänomene; sie werden im häufig – dies gilt insbesondere für den deutschsprachigen Raum – unbenannten Blick der Nicht-Anderen geschaffen und erzeugen sich im Zuge der flexiblen Dominanz dieser Praktik des Angesehen-Werdens selbst, sie erzeugen sich in den institutionellen und alltäglichen Praxen der Irritation, der Versicherung, in der ganz „unsymbolischen" Verwehrung von Möglichkeiten und in dem Zurückweisen von Ansprüchen. „Die Anderen" sind Ausdruck einer gesellschaftlichen (damit meine ich hier: einer politischen und einer kulturellen) Relation[3]. Diese politische und kulturelle Relation zwischen Anderen und Nicht-Anderen ermöglicht die Interkulturelle Pädagogik, die wir kennen. Interkulturelle Pädagogik ist hierbei im Hinblick auf „die Anderen" in dreierlei Weise produktiv: Sie reflektiert und analysiert die symbolischen und politischen Praxen der Erzeugung der Anderen, sie wiederholt zweitens (das heißt: reproduziert und verschiebt) in ihrem performativem Bezug auf einerseits die Anderen, andererseits alteritätsgenerierende Relationsschemata die Differenz zwischen Anderen und Nicht-Anderen und schließlich hat sich die Interkulturelle Pädagogik immer schon als selbstreflexiver Raum dargestellt und verstanden, in dem es um eine kritische Auseinandersetzung mit den gesellschaftlichen und kulturellen Konstitutionsbedingungen der Interkulturellen Pädagogik ging und nach wie vor geht. Insofern diese Kritik als auf die „Abschaffung" dominanter Unterscheidungsschemata gerichtetes Engagement beschrieben werden kann, geht es der Interkulturellen Pädagogik implizit auch immer um eine „Abschaffung" der Interkulturellen Pädagogik (zumindest jener, die wir kennen und die wir in dieser gesellschaftlichen Situation möglicherweise benötigen und „verdienen"). „Gut" ist die Interkulturelle Pädagogik mit Blick auf ihre Produktivität im Umgang mit Anderen immer dann, wenn es ihr um ernsthafte Selbstbeseitigung über den „Umweg" der Kritik gesellschaftlich vorherrschender Unterscheidungspraxen geht.

Assimilation der Anderen

Der Umgang mit den durch die Arbeitsimmigration in der zweiten Hälfte des zwanzigsten Jahrhunderts in Deutschland ansässig werdenden Fremden war in vorherrschender Weise ihrem Verschwinden geschuldet (etwa Schiffauer 1997, S. 48). Weil sich umstandslose Vernichtung verbot, kamen Verfahren der Exilierung, prominenterweise aber Ignorierungsverfahren, wie etwa das der Weigerung zur Auseinandersetzung oder das der Verdrängung und der Verleugnung sowie Assimilationsprozeduren zum Einsatz. Da der Umgang mit den Fremden zudem in der Überzeugung seinen Ausgangspunkt fand, dass es sich bei „dem Fremden" um ein Problem handele, wurde in Deutschland „der Diskurs über den Fremden jahrelang ausschließlich von Pädagogen dominiert" (SCHIFFAUER 1997, S. 48), deren

3 Sobald der Ausgangspunkt und der Umstand dieser Relation unerwähnt bleibt, wird die Selbstverständlichkeit der Perspektive fundiert, unter der die Anderen oft naturalistisch als Andere erkannt und festgelegt werden. Diese Prozesse werden in der Literatur unter den Stichworten „Essentialisierung" oder „othering" untersucht.

theoretisches, handlungskonzeptuelles und praktisches Ziel es war, die Fremden und das Problem der Fremden durch Assimilation zum Verschwinden zu bringen. Gegenüber der unnachgiebigen, auf Anpassung bestehenden Variante konservativer Assimilationsanforderung nennt Werner SCHIFFAUER (ebd.) die liberale Variante der protektionistisch-pädagogischen Haltung „sanfte Assimilation". Sanfte Assimilation setzt auf die angleichende Einbeziehung der Fremden durch Erziehung. Freilich ist dieses Ansinnen zunächst allein eine *sanft gemeinte* Assimilation, deren Effekte durchaus unbarmherzig sein können.

Der Assimilationismus ist das dominante Paradigma der frühen, in den 1960er Jahren einsetzenden Beschäftigung der deutschsprachigen Erziehungswissenschaft mit den Themen „Migration" und „Interkulturalität" – prägnant und programmatisch als „Ausländerproblem" identifiziert und behandelt. Titel wie „Förderung verhaltensauffälliger Ausländerkinder" (SCHMIDTKE 1978) artikulieren Problembewusstsein und Selbstverständnis einer Disziplin, die sich ihrer pädagogischen Aufgabe gewiss ist: Das Problem sind die Ausländerkinder, die (noch) nicht in der Lage sind, so zu sein wie *wir*; sie weichen insofern ab und fallen durch ihr Verhalten auf, das durch entsprechende Förderung, die *wir* ihnen zukommen lassen werden, so verändert werden kann, dass sie werden wie *wir*: verhaltensunauffällig. Der Blick der Ausländerpädagogik ist *defizitorientiert*, die Beziehung, die sie zwischen Ausländerkindern und Pädagogen als gesellschaftlichen Repräsentanten und Mittlern kennt, ist die des *Paternalismus*. Dies ist in den kritischen Selbstreflexionen der Disziplin hinreichend herausgestellt worden (vgl. etwa AUERNHEIMER 1996; CZOCK 1993; GRIESE 1984; HAMBURGER 1994; NIEKE 1995). „Die Kritik des Defizitansatzes zugunsten des Differenzansatzes", so beschreibt dies Marianne KRÜGER-POTRATZ (1999), „wird in den 80er Jahren zu einer Art selbstverständlicher Übung".

Die Kritik an Assimilationsanforderungen und -ansätzen kann nun sowohl auf einer normativen wie auf einer funktional-praktischen Ebene formuliert werden. Normativ kann eingewandt werden, dass der Assimilationismus eine gewaltförmige Zumutung ist. Von den kulturell-nationalen Anderen wird verlangt, dass sie sich auf einen Umwandlungsprozess ihrer selbst einlassen, der durch ihnen äußerliche Kriterien, Interessen und Vorstellungen gesteuert wird. Dem Assimilationismus ist die Würde des Anspruchs auf Selbstbestimmung etwa von Minderheitengruppen fremd. Realpolitisch stärker als diese mit dem Assimilationismus einhergehende moralische Zumutung wiegt aber ihr partielles praktisches Scheitern. In durchaus polemischer Einstellung möchte ich mit Hilfe einer Selbstauskunft einen Grund für das Scheitern des Assimilationismus anführen. Dieser Grund macht auf eine signifikante *theoretische* Lücke in den Assimilationstheorien aufmerksam, deren Kenntnisnahme in zynischer Einstellung mit einigen praktischen, freilich außerpädagogischen Konsequenzen verknüpfbar ist. Ayşe Solmaz sagt[4]:

---

4 Die genauere Analyse dieser Auskunft von Ayşe Solmaz habe ich im Zusammenhang der Erläuterung rassistischer Diskriminierungserfahrungen an einem anderen Ort vorgestellt (MECHERIL 2000).

„[...] Und hier bin ich aufgewachsen, hier bin ich groß geworden, also ich weiß auch nicht, ich bin, ich sag ja also, ich hab hier geheiratet, ich bin hier zur Schule gegangen, also mein ganzes Leben ist praktisch in Deutschland gegangen, also bis jetzt 30 Jahren. Also aber ich weiß nicht, aber hier wird man auch als Ausländer angesehen, weil man ja schwarze Haare hat und braune Augen und was weiß ich, nee. Auch wenn ich 'n deutschen Pass hätte, dann würd ich trotzdem eine Ausländerin sein. Ist doch egal was man macht, man ist aber trotzdem 'n Ausländer, also in Deutschland [...]."

Gleich, was Ayşe macht, Ayşe ist Ausländerin, weil sie aussieht wie eine Ausländerin. Wer in Deutschland von der physiognomischen Konstruktion der Deutschen abweicht, ist mit der Botschaft konfrontiert, als Nicht-Mitglied des Zugehörigkeitskontextes behandelt zu werden. Die von Ayşe berichtete Erfahrung bringt insofern eine Konstruktion des und der Anderen zum Ausdruck, die als rassistische beschrieben werden kann.

Wenn wir nun Assimilationstheorien betrachten, dann werden zwar unterschiedliche Stufen und Stadien der Assimilation differenziert, es findet sich aber kein systematischer Bezug auf die von Ayşe formulierte Barriere des Zugangs, der Einbezogenheit und der Anerkennung. Das im deutschsprachigen Raum bekannte idealtypische Assimilationsmodell des Migrationssoziologen Hartmut ESSER (1980) beispielsweise unterscheidet vier Stufen der Assimilation: die strukturelle (Zugänglichkeit vertikaler Statuslinien in der Mehrheitsgesellschaft), soziale (Kontakte zu Angehörigen der Aufnahmegesellschaft), kulturelle (über Bildung ermöglichte kulturell-sprachliche Partizipation) und identifikative (affektiv getragene Selbstbeschreibung als der Aufnahmegesellschaft zugehörig) Assimilation. Diese idealtypische Unterscheidung zwischen struktureller, sozialer, kultureller und identifikativer Assimilation nimmt die Erfahrung von Ayşe, aufgrund äußerer Merkmale als Andere und Nichtzugehörige wahrgenommen und behandelt zu werden, nicht kategorial und systematisch in den Blick.

Zynisch formuliert versäumen Assmilationsansätze die Diskussion einer bedeutsamen Assmilationsdimension. Neben der kulturellen, der sozialstrukturellen, der interaktionistischen und identifikatorischen Dimension müsste Assimilation auch in physiognomischer Hinsicht ermöglicht und vorgenommen werden. Erst wenn der auch chirurgisch erweiterte, oder besser: vervollkommnete Assimilationismus zu einer Souveränität seiner Prozeduren gelangt und die Hoffnung einer im Ost-Berlin der DDR aufgewachsenen schwarzen Deutschen, immer „blond auf der Haut" sein zu wollen, wahr wird, erst dann ist mit Alfred SCHÜTZ gesprochen die unruhige Gegenwart des Fremden ausgelöscht und das Projekt des Assimilationismus geglückt[5]. Erst dann, unter Bedingungen dieser Identitätschirurgie ist, in den Worten von Alfred SCHÜTZ, „der Fremde kein Fremder mehr, und seine besonderen Probleme gelöst" (1972, S. 69)[6].

5 Den Film „Ich wollte immer blond sein auf der Haut" (von Gunter Scholz) strahlte das ZDF am 17.10.1993 aus.

6 Der normative Assimilationismus, den Alfred Schütz in seinem Aufsatz über „den Fremden" entfaltet, führt aus, dass „die zweifelhafte Loyalität des Fremden" leider sehr viel mehr sei, „als ein Vorurteil seitens der fremden Gruppe. Dies ist besonders in den Fällen wahr, wo sich der

Mit dem Assimilationismus haben wir ein erstes Transformationsmodell kennen gelernt. Das Modell legt es auf die Transformation abweichender Selbstbeschreibungen und Selbstpraktiken an. Der Assimilationismus ist das Programm der Modellierung des Anderen mit dem gleichermaßen unbarmherzig wie unerreichbar verfolgten Ziel, ihn zum Verschwinden zu bringen. Die Ausländerpädagogik ist ein Paradebeispiel für diese Programmatik, ebenso wie für ihr Scheitern.

Die assimilationistische Zumutung der Ausländerpädagogik ist von Beginn von kritischen Stimmen eskortiert worden, die aus normativen oder funktional-praktischen Gründen die Auflösung und Leugnung des und der Anderen im Assimilationismus kritisiert haben. Das Gegenteil von Leugnung, also das Zurkenntnisnehmen und die Frage, wie dies möglich sein soll, stellt meines Erachtens eine der zentralen Fragen der theoretischen Debatte über den auch pädagogischen Umgang mit Differenz und Identität in von kulturell-ethnischer Pluralität geprägten Gesellschaften dar. Die theoretischen Ansätze, die diese Frage der Zurkenntnisnahme am deutlichsten benennen und befragbar machen, sind anerkennungstheoretischer Herkunft. Komplementär zur Transformationsanforderung des Assimilationismus beruft sich das Anerkennungsprinzip affirmativ auf den und die Andere.

Anerkennung der Anderen

Anerkennungspolitiken plädieren für eine Regelung öffentlicher Angelegenheiten, die die Handlungsfähigkeit einzelner nahe legt und ermöglicht. Anerkennung zielt auf soziale, rechtliche, kulturelle und politische Strukturen, in denen einzelne ihren Handlungsmöglichkeiten entsprechende Bedingungen zum Handeln vorfinden. Politiken der Anerkennung reagieren darauf, dass durch die Beschränkung auf einen differenzunempfindlichen Egalitarismus gesellschaftlich vorherrschende kulturelle Traditionen bestärkt werden, da durch dieses Rechts- und Politikverständnis jene privilegiert werden, deren kulturelle und sprachliche Lebensform gesellschaftlich die dominante ist (vgl. etwa KYMLICKA 1995). Handlungsfähigkeit beschränkt sich im Rahmen eines Anerkennungsansatzes also nicht auf die schlichte Zubilligung, gleichberechtigt an öffentlichen Gütern partizipieren zu dürfen. Handlungsfähigkeit ist vielmehr an ein responsives Verhältnis zwischen Handlungssubjekt und Handlungsraum gebunden, in dem das Handlungssubjekt in seinen spezifischen, nur im Rahmen seiner spezifischen Geschichte und Biographie verstehbaren Dispositionen und Vermögen angesprochen und zur Geltung gebracht wird. Dieser starke Bezug auf biographische und dispositionale Besonderheit macht den Anerkennungsansatz für ein Nachdenken über Differenz und Identität attraktiv (und macht ihn zugleich anfällig für die Instrumentalisierung durch Identitätspolitiken). Auch die Interkulturelle Pädagogik beruft sich zunehmend auf Anerken-

---

Fremde als unwillig oder unfähig erweist, die neuen Zivilisationsmuster vollständig anstelle der der Heimatgruppe zu setzen. Dann bleibt der Fremde das, was Park und Stonequist treffend einen ‚marginal man' genannt haben, ein kultureller Bastard an der Grenze von zwei verschiedenen Mustern des Gruppenlebens, der nicht weiß, wohin er gehört" (SCHÜTZ 1972, S. 68).

nungsansätze. Denn das Prinzip der Anerkennung „soll der Bedeutsamkeit kultureller Bezüge für die Identitätsentwürfe der Individuen Rechnung tragen" (AUERNHEIMER 2001, S.10).

Ich will nun etwas genauer erläutern, was unter dem Begriff der Anerkennung verstanden werden kann, um im Anschluss an diese kurze Explikation auf einige Schwierigkeiten der Anerkennung des und der Anderen einzugehen, die im affirmativen Grundtenor des Anerkennungsansatzes begründet sind.

Anerkennung umfaßt immer zwei Momente, das der Identifikation und das der Achtung. An-Erkennung beschreibt eine Art von Achtung, die auf einem Zur-Kenntnis-Nehmen gründet. Um jemanden zu achten, ist es notwendig, ihn und sie zunächst erkannt zu haben. Und jeder Prozess der identifizierenden Wahrnehmung einer Person leitet – analytisch gesprochen – zu der Frage über, ob die Identifizierte auch respektiert werden soll und kann. Auf der Ebene sowohl der Identifikation als auch der Achtung kann nun das Verhältnis von Selbst-Erkennung, Selbst-Anerkennung und An-Erkennung durch andere betrachtet werden: Selbsterkennung und Fremderkennung, Selbstanerkennung und Fremdanerkennung sind zwei Dimensionen sozialer Anerkennung. Hierbei ist davon auszugehen, dass Selbst-Anerkennung sich letztlich nur in Strukturen der Anerkennung durch andere entwickeln kann. Die Anerkennung durch andere ist der Selbst-Anerkennung vorgelagert. Missachtungsformen wie Vergewaltigung oder Misshandlung als Gegenteil emotionaler Zuwendung, Entrechtung und Ausschließung als Gegenteil kognitiver Achtung sowie Entwürdigung und Beleidigung als Gegenteil sozialer Wertschätzung verhindern die Ausbildung respektvoller Selbstbeziehungen.

Die hier mit Axel HONNETH (1994; insbes. S. 148ff) angesprochenen Anerkennungsweisen machen deutlich, dass die Anerkennung des und der Anderen nicht allein auf körperliche Integrität und politisch-moralische Zurechnungsfähigkeit beschränkt bleibt, sondern sich auch auf die je spezifischen Eigenschaften und Fähigkeiten der und des einzelnen bezieht. „Der Andere ist nicht nur *als* Gleicher und *als* Träger allgemeiner, gemeinschaftlicher Rollen und Funktionen zu achten; er ist nicht nur Gemeinschaftsmitglied wie jeder andere und unterschiedlich erfolgreicher Agent gemeinsamer Werte und Ziele. Kurz: es sind nicht nur Teile seiner Person hinsichtlich allgemeiner Eigenschaften zu achten, sondern auch er selbst *als* individuelles, einzigartiges Ganzes, und d.h. auch: *als* Anderer." (FINK-EITEL 1995, S. 317).

Anerkennung *als Anderer* bedeutet nun aber nicht nur, dass allein den Selbstbeschreibungen der Subjekte zu folgen sei. Anerkennung ist nicht schlicht mit wertschätzender Empathie gleichzusetzen, sondern in Anerkennungsprozessen geht es um eine *„gerichtete Anerkennung"*. Damit ist zweierlei gemeint. Zum einen beziehen sich Anerkennungsprozesse normativ auf solche Lebensformen und -weisen, die das Prinzip der Wechselseitigkeit der Anerkennung von Lebensweisen nicht außer Kraft setzen. Anerkennungsprozesse können ausschließlich, wollen sie sich selbst nicht aufheben, im grundsätzlichen Rahmen von Reziprozität stattfinden. Zum zweiten geht es bei Anerkennungsprozessen – über eine bloße psychologistische Nachfolge hinausgehend – immer auch um eine „Anerkennung *als*", genauer um eine „Anerkennung *als* Subjekt“. Die Anerkennungsbemühung ist nicht ungerichtet, sondern bemüht sich um bestimmte Resultate, die um den Begriff der *Handlungsfähigkeit als Subjekt* kreisen. Es geht um die Anerkennung von Anderen, so dass sie als handlungsfähige Subjekte in Erscheinung treten, die sich in einer ihnen entsprechenden Art und Weise in unterschiedlichen Sphären der intersubjektiven und sozialen Realität entfalten und darstellen können.

Das Wort „Subjekt“ verwende ich hier in einer Weise, die das Verhältnis eines Individuums zu einem sozialen Kontext spezifiziert. Den Ausdruck verstehe ich nicht als Hinweis auf eine Substanz, sondern in einem entschiedenen Sinne als relationalen Begriff, der Auskunft gibt über die (wandelbare und kontextspezifische) Position, die ein Individuum in einem sozialen Kontext einnimmt und aufgrund derer ihm bestimmte Ansprüche erwachsen. Die relationale Auffassung von Subjekt bringt es als *dynamisches und kontextgebundenes Phänomen* zur Geltung. Die Beziehung, die in dem Subjektbegriff zum Ausdruck kommt, zielt nun idealer Weise auf zweierlei: zum einen, dass das Individuum (in seinem Status als Subjekt) in unterschiedlichen Sphären der intersubjektiven und sozialen Realität sich selbst entfalten und darstellen kann; zum anderen, dass es an den gesellschaftlichen Auseinandersetzungen teilnehmen kann, die zum Thema haben und regeln, welche Formen individueller oder gemeinschaftlicher Darstellung anerkennbar sind. Anerkennung der Anderen als handlungsfähige Subjekte zielt darauf, Strukturen zu ermöglichen, in denen Handlungsfähigkeit als Darstellung und Beteiligung in sozialen und intersubjektiven Räumen sinnvoll wird, sich bewährt und entwickeln kann.

Pädagogische Arbeit, die zur Anerkennung von Anderen als Subjekte beitragen will, muss sich hierbei auch auf die politische Dimension beziehen, weil der Subjektstatus sich letztlich darin konstituiert, in Räumen, die als politische Räume verstanden werden, handlungsfähig zu sein. Es geht hier um die Unterstützung, Stärkung und Ermöglichung von Formen der stellungnehmenden Einflussnahme auf relevante Lebenskontexte und Partizipationsstrukturen.

Unter einer pädagogischen Perspektive, die für die Handlungsfähigkeit Anderer eintritt, ist zweitens zu beachten, dass Handlungsfähigkeit der und des einzelnen auf soziale Kontexte angewiesen ist, die dem Handlungsvermögen entsprechen. Menschen sind soziale Wesen. Im Rahmen sozialer Kontexte entwickeln sie Selbstverständnisse und Praxen der Selbstdarstellung. Wer etwa im Rahmen eines sozialen Zusammenhangs eine Sprache erlernt, Vorlieben entwickelt oder im Rahmen dieses Zusammenhangs normative Verständnisse ausbildet, ist darauf angewiesen, will er oder sie diese Sprache, Vorlieben und Verständnisse pflegen, auf diesen Rahmen zurückgreifen zu können. Unter einer anerkennungstheoretischen Perspektive wird es somit erforderlich, für Strukturen einzutreten, in denen es Individuen möglich ist, ihren sozialen Subjekt-Status leben und auch verändern zu können.

Der personale Subjekt-Status kann als die grundlegende der drei hier unter analytischen Gesichtspunkten unterschiedenen Subjekt-Ebenen – Status als politisches, soziales und personales Subjekt – verstanden werden. Personaler Subjekt-status kommt Individuen dann zu, wenn sie über die entsprechenden Mittel verfügen, sich in Selbst- und Weltverhältnissen zu konstituieren. Insofern ist mit diesem Status eine kritische Distanz angelegt, die die einzelne in bezug auf ihre Mitgliedschaft zu politischen Kontexten und ihre Zugehörigkeit zu sozialen Gemeinschaften geltend machen muss, will sie sich als personales Subjekt verstehen können. Erst der personale Subjektstatus bringt die Unabhängigkeit und Verantwortung von Individuen zum Ausdruck, sich im Kontext ihrer inneren und äußeren Abhängigkeiten, Eingebundenheiten, Zwänge und Grenzen in ihrem Subjekt-Status performativ zu verwirklichen.

Ich habe drei analytisch unterscheidbare Felder skizziert, in denen sich das ideale Projekt der Anerkennung des Anderen als Subjekt konstituiert. Wie jedes soziale Projekt muss das Projekt der Anerkennung als solches und konkrete Unternehmen der Anerkennung als einzelne in den Beziehungen verstanden werden, die sich hier zu Phänomenen der Macht ergeben. Sobald soziale Anerkennung als Forderung oder Vorhaben konkret wird, schließt sie aus.

Dekonstruktion einer Unterscheidung

In jedem expliziten Modell der Anerkennung des Anderen finden sich Annahmen darüber, was „Wir" sind oder sein sollten. Jedes Anerkennungsmodell muss darüber Auskunft geben, was und wer anerkannt werden kann und nicht. Sobald Anerkennungsmodelle bemüht werden, um Auskunft über beispielsweise Fragen des Multikulturalismus, der Regelung territorialer, kultureller oder politischer Aufnahme von Personen zu geben, werden „Wir"-Vorstellungen mobilisiert.

Erst die Frage der Regelung eines Zugangs zur imaginär oder anders konstituierten Gemeinschaft macht es erforderlich, über formelle Kriterien des Zugangs nachzudenken und diese Kriterien zu explizieren. Sobald aber Kriterien angegeben werden, findet zweierlei statt. Erstens erstarkt die homogenisierende Rede von „Wir", sei dies nun ein kulturelles (wie bei Charles TAYLOR 1993) oder ein politisches Wir (wie bei Jürgen HABERMAS 1993), und zweitens wird nunmehr die Grenze der wie auch immer gearteten Zumutung benannt und damit gefestigt. Jede Politik der Anerkennung kann folglich in dem Sinne als produktiv bezeichnet werden, als sie die Grenze der Anerkennbarkeit benennt und durch diese Benennung die imaginäre Linie zieht, bis zu der *wir* noch von *„wir"* sprechen können. Über diese Linie gehen wir nicht hinaus, weil wir dazu nicht willens, nicht bereit oder nicht in der Lage sind.

Jede Anerkennungspolitik kann mithin nur Derivate ihrer selbst zulassen und achten. Das radikal und tatsächlich Andere wird nicht einbezogen und kann auch gar nicht einbezogen werden. Es muss ausgeschlossen bleiben, weil ansonsten der Ort, von dem aus Anerkennung formuliert und praktisch wird, aufgegeben würde. Ist erst einmal die tatsächliche Grenze der Zumutung durch das Fremde, das kulturell, sozial oder politisch Andere benannt, findet nicht ein Einbezug, sondern der Ausschluss des Anderen statt. Dies ist die unhintergehbare Voraussetzung jeder

Anerkennungspolitik. Sie lässt allenfalls domestizierte Varianten des Anderen zu; diese werden – gerne von moralischen Gesten der Großzügigkeit untermalt – aufgenommen. „Muslimische Fundamentalisten" aber, „kriminelle Ausländer" oder wie auch immer die Konkretisierung des und der rigoros Anderen in entsprechenden Diskursen und Praxen aussieht, müssen draußenbleiben.

Sobald etwa im Rahmen eines Ansatzes, den Jürgen HABERMAS (1996, S. 58) als „differenzempfindlichen Universalismus" bezeichnet hat, der und die Andere erkannt wird, findet – und dies ist das zweite Moment, in dem der Anerkennungsansatz als eine machtvolle Praxis verstanden werden muss – eine Festschreibung des Anderen als Anderer statt. Der differenzempfindliche Universalismus verlangt einen reziprok gleichmäßigen Respekt „von der Art einer *nicht-nivellierenden* und *nicht beschlagnahmenden* Einbeziehung des Anderen *in seiner Andersheit*" (ebd.). Das Problem der Einbeziehung des Anderen in seiner Andersheit, besteht darin, dass sie im Akt der Anerkennung die Logik, die das Anderssein produziert, reproduziert. Der subjektivierende Einbezug der Individuen ist zunächst eine Vereinnahmung durch eine Realität, die inhaltlich und performativ vorgibt, wie Anerkennung etwa mit Blick auf politische Partizipation, soziale Wohlfahrt oder individuelle Freiheit aussieht. Nicht ein vorgängiges Subjekt wird in einem freien Akt der Repräsentation einbezogen, das Subjekt konstituiert sich vielmehr im Prozess der einbeziehenden Anerkennung. Dieser Prozess der Anerkennung der kulturell Anderen als Subjekte, ihre Subjektivierung, der Prozess, der sie zu handlungsfähigen Subjekten macht, verlangt von ihnen, dass sie sich in jener vorherrschenden gesellschaftlichen und diskursiven Struktur darstellen, einordnen, begreifen und artikulieren, in der Subjekt-Sein überhaupt und dieses je spezifische Subjekt-Sein möglich ist.

Kulturell Andere, so sie anerkannt werden wollen, müssen hierbei zunächst lernen, ihre Erfahrungen so zu kodieren, einzuschränken und auszulegen, dass sie in diesem Kontext vernehmbar werden. Weiterhin sind sie gehalten, da dieser zu- und eingeschriebene Status ein signifikanter Aspekt ihrer selbst ist, fortwährend auf ihr Anderssein Bezug zu nehmen; dies können sie nur in den Kategorien bewerkstelligen, die ihnen in den dominanten Diskursen, in denen sie verstrickt und mit denen sie ambivalent verbunden sind, angeboten werden. Der Versuch Anderer, sich im Rahmen der bestehenden Strukturen als „Subjekt" zu verstehen, zu artikulieren und einzubringen, reproduziert mithin genau jene Struktur, die mit der Kategorie dieses Anderen operiert und das Andere erst hervorbringt.

Nancy FRASER (1995) hat gegenüber dem Anerkennungsansatz kritisch eingewandt, dass dieser gefährdet ist, in seinem Engagement für Verhältnisse von Handlungsfähigkeit symbolische und soziale Strukturen zu bejahen, die als Strukturen der Dominanz verstanden werden müssen. Anerkennung ist also nicht nur affirmativ im Hinblick auf die Identitäten Anderer, sondern auch im Hinblick auf die Strukturen, die zwischen Anderen und Nicht-Anderen unterscheiden, und damit die Anderen als Andere hervorbringen. So aktivieren und verfestigen Politiken der Anerkennung minoritäre Gruppenzugehörigkeiten, sie bestätigen das Schema, das zwischen Majorität und Minorität unterscheidet, und intensivieren zugleich

Differenzen zwischen den Gruppen der Minderheiten. Sobald Minderheitengruppen am Diskurs, der sie hervorbringt, direkt oder advokatorisch, etwa durch Pädagoginnen repräsentiert, teilnehmen, bestätigen sie den Diskurs.

Vor diesem Hintergrund unterscheidet Fraser zwei Sorten von Anerkennung, die affirmative und die transformative Anerkennung. Transformative Strategien zielen auf die Dekonstruktion der Schemata, die die von Machtverhältnissen vermittelten und Macht mittelnden Unterscheidungen auf der Ebene von Gruppendifferenzierung erst hervorbringen. Dekonstruktion des und der Anderen ist eine transformative Strategie, die nach Möglichkeiten sucht, in denen Handlungsfähigkeit Anderer nicht an die Bejahung der binären Unterscheidung zwischen *Andere und Nicht-Andere* geknüpft bleibt. Hier könnte es somit um die Anerkennung von Zwischenformen und -tönen, um die Anerkennung von Innen-Außen-Verschränkungen und Mehrfachzugehörigkeiten gehen, eine Anerkennung, die unter der Voraussetzung transformativ ist, dass sie nicht die Eindeutigkeit der Grenzgänger, die Zugehörigkeit der Unzugehörigen, den Inländerstatus der Ausländerinnen fordert, sondern das Deplazierte, den Ort der Ortlosigkeit bejaht. Die transformative Strategie widersteht der verführerischen Kraft des Identitätsdenkens, eben weil sie – in den Worten von Zygmunt BAUMAN (1995, S. 80) – das dritte Element, das dem binären Kodex nach nicht sein darf, bejaht und damit das Prinzip der Unterscheidung zwischen *anders und nicht-anders* in Frage stellt.

Transformativ wird eine Politik und Pädagogik der Anderen, wenn sie sich auf das ihr zugrunde liegende und sie letztlich generierende bipolare Schema *anders-nichtanders* bezieht. Zu dieser selbstauflösenden Ambition, also einer Ambition, die an einer Auflösung des Anderen und damit an der Auflösung der Pädagogik des Anderen Gefallen findet, zu dieser Ambition der Vervielfältigung von Zugehörigkeitsverhältnissen gibt es keine Alternative. Denn erst diese Ambition verweist auf Arrangements, in denen die Gewalt gemindert ist, die von dem zwischen Ja und Nein unterscheidenden Schema ausgeht, das das Wir von dem Nichtwir zu trennen weiß und zu der grandiosen Unterscheidung zwischen Etablierten und Außenseitern, zwischen Illegitimen und Legitimen imstande ist.

Handlungsfähigkeit in Dominanzkontexten

Der Weg, der in der Verschränkung von dekonstruktiv-transformatorischen und affirmativ anerkennenden Ansätzen erkennbar wird, scheint mir für eine Pädagogik des Anderen interessant und bedeutsam zu sein. Er reicht jedoch nicht aus. Wenn die pädagogische Einstellung nicht daran vorbei kommt, einen Beitrag zur gesellschaftlichen Handlungsfähigkeit (hier: Anderer) zu leisten, die das Vermögen zur (gegenstands-, welt- und selbstbezogenen) Stellungnahme begründet und befördert, dann sind neben affirmativen und dekonstruktiven auch solche Strategien zu bedenken, die auf die Handlungsfähigkeit Anderer unter gegebenen gesellschaftlichen Verhältnissen zielen. Bedingungen, an die alltagsweltliche Handlungsfähigkeit geknüpft ist, dürfen nicht übersehen werden. Jeder gesellschaftliche Kontext ist ein kultureller Dominanzkontext, der bestimmte Lebensformen präferiert und andere benachteiligt oder gar verunmöglicht. Kontingente Vorherrschaften bestimmter Lebensformen sind unumgänglich; wer daran zweifelt, sitzt einer totalisierenden Illusion auf. Deshalb sind trotz und mit aller Kritik am Assimilationismus auch Transformationen auf die Vorgaben des dominanten Wirksamkeitsraumes hin bedeutsam. Unter „Wirksamkeit" verstehe ich jene Handlungsfähigkeit der und des einzelnen in natio-ethno-kulturellen Kontexten, in deren Rahmen es Personen möglich ist und ermöglicht wird, hinsichtlich für sie selbst bedeutsamer Aspekte Stellungnahmen zu entwickeln und diese Stellungnahmen in signifikante interaktive Situationen handlungsrelevant und effektvoll einzubringen. Diese Wirksamkeit ist an strukturierende Vorgaben der Wirksamkeitsräume gebunden[7]. Deshalb sind Transformationen zu bedenken, die als „akkulturative Strategien" bezeichnet werden können. Im Rahmen einer Pädagogik des und der Anderen ist es bedeutsam, strukturell die Entwicklung von individuellen Dispositionen *zwanglos* zu ermöglichen, die dem durch die dominanten Lebensformen geprägten und symbolisierten Kontext antworten. In Abgrenzung vom Assimilationsbegriff ist Akkulturation[8] nicht an die Voraussetzung der Aufgabe der in einem Handlungsraum nicht vorherrschenden (sub-)kulturellen Praxen gebunden. Akkulturation ist der Prozess *zusätzlichen* Lernens von Fertigkeiten und der Prozess *zusätzlichen* Erwerbs von Qualifikationen, welche die Handlungsfähigkeit von „anderen" Gruppen und Personen in Dominanzzusammenhängen ermöglichen (sollen). Ich denke nicht, dass es hierbei einen legitimen Anspruch der kulturellen und politischen Mehrheit geben kann, der natio-kulturell Andere zwingt, diese Möglichkeiten anzunehmen. Es kann *Angebote, nicht aber einen Zwang zur akkulturativen Transformation* geben. Gleichwohl müssen Strukturen vorhanden sein, in denen einzelne habituelle Vermögen erwerben können, die zu angemessener Teilhabe beitragen.

Angebote, die sich an Andere wenden und die es mit Teilhabe durch Akkulturation ernst meinen, und Akkulturation nicht als bloße Vorgabe formulieren, an denen jene, denen Akkulturation zugemutet wird, scheitern müssen, ernsthafte akkulturative Angebote müssen unter der Prämisse einer antirassistischen Perspektive konzipiert werden. Denn solange Akkulturation auf Sozialisationshilfen beschränkt bleibt, die zu einer Ausbildung von kulturellen Vermögen der Teilhabe beitragen sollen, werden die mühsam Akkulturierten durch die unvermuteten Verletzungen des Rassismus dessen gewahr, dass ihre Anstrengung nichts anderes als Akte der Selbstunterwerfung bezeichnet. Genau dieser Zusammenhang führte mich eingangs zum Zynismus der physiognomischen Assimilation. Zygmunt BAUMAN

---

7 In Anlehnung an den Strukturierungsansatz von Anthony Giddens habe ich an anderer Stelle ausgeführt, inwiefern Wirksamkeitsstrukturen als das Gesamt der Regeln der Bedeutungsproduktion und der Regeln normativen Sollens sowie der auf materielle und interpersonelle Zusammenhänge bezogenen Ressourcen verstanden werden können. Diese Strukturen stellen die dominante Ordnung des natio-ethno-kulturellen Wirksamseinkönnens reproduktiv her (MECHERIL 2000).

8 „*Akkulturation* meint durch Kulturkontakte hervorgerufene Veränderungen von Werten, Normen und Einstellungen bei Personen, den Erwerb von Kenntnissen, Fähigkeiten und Qualifikationen [...] sowie Veränderungen von Verhaltensweisen und ‚Lebensstilen' [...]; auch Veränderungen der Selbstidentität sind damit notwendigerweise verbunden" (HECKMANN 1992, S. 168).

schreibt hierzu: „Ethnisch-religiös-kulturelle Fremde sind allzu oft versucht, sich die liberale Vision der Gruppenemanzipation (das Auslöschen eines kollektiven Stigmas) als Belohnung für die individuellen Anstrengungen zur Selbstverbesserung und Selbsttransformation zu eigen zu machen. Häufig geben sie sich alle Mühe, alles, was sie von den rechtmäßigen Mitgliedern einer einheimischen Gemeinschaft unterscheidet, zu unterdrücken – und zu hoffen, daß eine devote Nachahmung einheimischer Bräuche sie von den Gastgebern ununterscheidbar macht und eben dadurch ihre Reklassifikation als Insider garantiert, die ein Recht auf die Behandlung haben, die Freunde gewohnheitsmäßig erfahren. Je angestrengter sie sich bemühen, desto schneller scheint die Ziellinie zurückzuweichen. Wenn sie endlich in Reichweite zu sein scheint, wird unter dem liberalen Mantel der Dolch des Rassismus hervorgezogen. Die Spielregeln werden ohne große Vorwarnung geändert. Oder eher, erst jetzt entdecken die Fremden, die sich ernsthaft um ‚Selbstverfeinerung' bemühen, daß das, was sie fälschlicherweise für ein Spiel der Selbstemanzipation gehalten haben, in Wirklichkeit ein Spiel der Beherrschung gewesen ist" (BAUMAN 1995, S. 95).

Eine anti-rassistische Politik, die nicht zu einer Essentialisierung von Gruppenzugehörigkeiten beiträgt[9], macht die Wirklichkeit dessen zum Gegenstand, dass das degradierende Erkennen und Behandeln der Anderen der interaktiven und institutionellen Ordnung eingeschrieben ist; sie thematisiert die phänotypischen und kulturrassistischen Kriterien der Grenzziehung zwischen uns und ihnen, die unbenannten, aber wirksamen Grenzen, die gewiss nicht ursächlich durch „falsche Einstellungen" (vgl. z. B. HOLZKAMP 1994) etwa pädagogischer Professioneller bewirkt werden, sondern als konstitutives Merkmal gesellschaftlicher Institutionen (in denen „Einstellungen" geformt werden) betrachtet werden müssen. Im Hinblick auf pädagogische Zusammenhänge könnte eine anti-rassistische Perspektive, die ihre „Halbierung" (RADTKE 1995) auf einen Psychologismus überwunden hat, zu einer Aufklärung solcher organisierter Praxen des Ausschlusses Anderer beitragen, die „sich unabhängig von einzelnen Individuen und ihren Intentionen als Routinen durchsetzen [...]. Die Schule als Organisation könnte sich einmal im Jahr fragen, ob das Ergebnis, das sie mit der Zuteilung von Schulerfolg und -mißerfolg erzielt hat, den selbst gesetzten Maßstäben von Gerechtigkeit entspricht, warum sich nichts zum Besseren gewendet hat und welche Maßnahmen ergriffen werden könnten" (RADTKE 1995, S. 863).

So unumgänglich die auf Handlungsfähigkeit in dominanten Räumen zielende Transformation des Anderen ist, so aussichtslos ist ihr Bestreben nach angeglichener Unsichtbarkeit. Auch deshalb habe ich hier eine Art Mehrfachstrategie empfohlen, der folgende These zugrunde liegt: Weder der akkulturative Bezug auf Wirksamkeit im dominanten Handlungszusammenhang, noch die Anerkennung der Anderen, noch die Dekonstruktion machtmittelnder Unterscheidungen können jeweils an sich und als solche überzeugen. Es bedarf Ansätze, die sowohl affirmative wie transformative Strategien aufnehmen, und dadurch sowohl das Affirmative wie das Transformative überwinden. Wie diese „Überwindung" konkret aussieht, mit

9 Auf diese Gefahr hat beispielsweise Maria del CASTRO VARELA (1997) hingewiesen.

welchen Ein- und Ausschlüssen sie verbunden ist, kann – dies halte ich für einen Vorteil der hier vorgestellten Mehrfachstrategie – nicht generell angegeben werden, sondern muss sich in lokalen Kontexten der Beratschlagung konkretisieren. An diesen Orten (etwa in Schulen, Jugendzentren, Beratungsstellen), die als heterotopische Räume gelesen und zur Geltung gebracht werden können, finden, so könnte ich es mir vorstellen, lokale Praxen der handlungsrelevanten Beratschlagung darüber statt, was „Transformation" und „Affirmation" sowie was „jenseits von Transformation und Affirmation" konkret heißen und nicht heißen kann. Eine Pädagogik der Anderen wird nun nicht anders können, als für konkrete Räume der Beratschlagung einzutreten, in denen den von den Ergebnissen der Auseinandersetzung unmittelbar Betroffenen ein *faktischer* Zugang zu der Auseinandersetzung möglich ist, und in denen zweitens gewährleistet ist, dass insbesondere die unmittelbar von den Beratschlagungsergebnissen Betroffenen sich nicht allein fomell, sondern *faktisch wirksam* in dem durch das Prinzip einer egalitären Reziprozität konstituierten Gespräch artikulieren können. Aus machttheoretischen Gründen ist es sinnvoll, diese entlang idealer Kennzeichen der Beratschlagung (BENHABIB 1995) konzipierten Räume nicht als Ende, sondern Anfang der immer zu im Geruch der Festlegung und Zumutung stehenden Erzeugung des Anderen zu denken. Denn aus der Notwendigkeit der (Selbst-)Beobachtung und (Selbst-)Kritik kann sich eine Pädagogik der Anderen erst ganz an ihrem Ende entlassen.

Literatur

AUERNHEIMER, G. (1996): Einführung in die interkulturelle Erziehung. – Darmstadt.

AUERNHEIMER, G. (2001): Pädagogische und soziale Institutionen im Zeichen der Migration. In: ders. (Hrsg.): Migration als Herausforderung für pädagogische Institutionen. – Opladen. S. 9-16.

BAUMAN, Z. (1995): Moderne und Ambivalenz. – Frankfurt a. M.

BENAHBIB, S. (1995): Selbst im Kontext. – Frankfurt a. M.

BENHABIB, S. (1999): Kulturelle Vielfalt und demokratische Gleichheit. Politische Partizipation im Zeitalter der Globalisierung. Horkheimer Vorlesungen. – Frankfurt.

CZOCK, H. (1993): Der Fall Ausländerpädagogik. Erziehungswissenschaftliche, bildungspolitische Codierung der Arbeitsmigration. – Frankfurt a. M.

ESSER, H. (1980): Aspekte der Wanderungssoziologie. Assimilation und Integration von Wanderern, ethnischen Gruppen und Minderheiten – eine handlungstheoretische Analyse. – Darmstadt.

FINK-EITEL, H. (1995): Gemeinschaft als Macht. Zur Kritik des Kommunitarismus. In: Brumlik M./ Brunkhorst, H. (Hrsg.): Gemeinschaft und Gerechtigkeit. – Frankfurt. S. 306-322.

FRASER, N. (1995): From Redistribution to Recognition? Dilemmas of Justice in a "Post-Socialist" Age. In: New left review, 212, S. 68-93.

GRIESE, H. (Hrsg.) (1984): Der gläserne Fremde. Bilanz und Kritik der Gastarbeiterforschung und der Ausländerpädagogik. – Opladen.

HABERMAS, J. (1993): Anerkennungskämpfe im demokratischen Rechtsstaat. In: A. GUTMANN (Hrsg.): Multikulturalismus und die Politik der Anerkennung. – Frankfurt a. M. S. 147-196.

HABERMAS, J. (1996): Die Einbeziehung des Anderen. Studien zur politischen Theorie. – Frankfurt a. M.

HAMBURGER, F. (1994): Pädagogik der Einwanderungsgesellschaft. – Frankfurt a. M.

HECKMANN, F. (1992): Ethnische Minderheiten, Volk und Nation. Soziologie inter-ethnischer Beziehungen. – Stuttgart.

HOLZKAMP, K. (1994): Antirassistische Erziehung als Änderung rassistischer „Einstellungen"? Funktionskritik und subjektwissenschaftliche Alternative. In: Das Argument. Zeitschrift für Philosophie und Sozialwissenschaften, 203, S. 41-58.

HONNETH, A. (1994): Kampf um Anerkennung. Zur moralischen Grammatik sozialer Konflikte. – Frankfurt a. M.

KRÜGER-POTRATZ, M. (1999): Stichwort: Erziehungswissenschaft und kulturelle Differenz. In: Zeitschrift für Erziehungswissenschaft 2,2. S.149-165.

KYMLICKA, W. (1995): Multicultural Citizenship. A Liberal Theory of Minority Rights. – Oxford.

MECHERIL, P. (2000): Prekäre Verhältnisse. Über natio-ethno-kulturelle (Mehrfach-) Zugehörigkeit. Unveröffentlichte Habilitationsschrift. Fakultät für Pädagogik, Universität Bielefeld [überarbeitete Publikation erscheint in Kürze; – Münster.]

NIEKE, W. (1995): Interkulturelle Erziehung und Bildung. Wertorientierungen im Alltag. – Opladen.

RADTKE, F.-O. (1995): Interkulturelle Erziehung. Über die Gefahren eines pädagogisch halbierten Rassismus. In: Zeitschrift für Pädagogik, 41, 6, S. 853-864.

SCHIFFAUER, W. (1997): Fremde in der Stadt. – Frankfurt a. M.

SCHMIDTKE, H. P. (1978): Förderung verhaltensauffälliger Ausländerkinder. – Düsseldorf.

SCHÜTZ, A. (1972): Der Fremde. In: ders., Gesammelte Aufsätze. Band 2. Studien zur soziologischen Theorie. – Den Haag. S. 53-69.

TAYLOR, C. (1993): Die Politik der Anerkennung. In: GUTMANN, A. (Hrsg.): Multikulturalismus und die Politik der Anerkennung. – Frankfurt a. M. S. 13-78.

Hans H. Reich

Sprachstandsanalyse und Bildungsreform

Widmung

Marianne KRÜGER-POTRATZ gehört zu den wenigen, die nie dem Trugbild gefolgt sind, Interkulturalität als „Querdimension" zeitgenössischer Bildung bedeute im Wesentlichen, dass Schule und Lehrer sich einer durchgehend freundlichen Haltung gegenüber der Multikulturalität der Lernenden und ihrer Lebenswelt zu befleißigen hätten, alles Übrige gebe sich dann schon. Sie hat gewusst und geschrieben, dass konkrete Kenntnisse der Lernvoraussetzungen, geschichtliches Wissen, systematische Theorien und gründliche Sprachbildung gefordert sind, um dieser Haltung Ernsthaftigkeit zu verleihen und Geltung zu verschaffen, und dass pädagogische Entwicklungsarbeit dabei in einem steten Spannungsverhältnis zur bildungspolitischen Kontextarbeit der Parlamentarier, Administratoren und Interessenvertreter steht, welche die Pädagogen zumindest zur Kenntnis zu nehmen haben, in die sie sich aber nach Maßgabe ihrer Expertise und ihrer Möglichkeiten auch einmischen sollten. Das kann man nachlesen von den frühen Schriften an, in denen sie für interkulturelle Erziehung als Daueraufgabe des regulären Bildungssystems plädiert und doch zugleich vor den Gefahren der Oberflächlichkeit warnt, die damit verbunden sein können (KRÜGER-POTRATZ 1983, 1987), bis hin zum Hamburger Plan für die Lehrerbildung, der in dieser Frage ganz und gar ihre Handschrift trägt. In Hochachtung für die Konsequenz dieses Denkens sind die folgenden Zeilen geschrieben.

Thema

Es geht um ein Detail der – immer noch reformbedürftigen – Sprachbildung im Kontext interkultureller Bildung, nämlich um die Frage der Bestimmung des Sprachstandes bei zweisprachigen Kindern. Seit die (nie überprüfte) Aussage die Runde machte, die „ausländischen Kinder" könnten heute schlechter Deutsch als vor 20 Jahren, ist das Thema wieder virulent geworden. Dann kam die internationale Vergleichstudie zum Leseverstehen und anderen Schulleistungen der 15-Jährigen hinzu (OECD 2001), die Schlussfolgerungen, die daraus gezogen wurden, richteten sich nicht, wie man hätte erwarten können, in erster Linie auf eine Verbesserung des Unterrichts dieser Altersgruppe, sondern auf die Voraussetzungen der Voraussetzungen dieses Unterrichts, will heißen auf den Elementar- und Primarbereich, und das hat das Interesse an Instrumenten zur Bestimmung des Sprachstandes noch einmal deutlich erhöht. Mehrere Bundesländer, Berlin und Bayern an der Spitze, haben in dieses Thema investiert, meine eigenen Arbeiten in

Hamburg gehören mit in diese Entwicklung. Überall wird auf eilige Erledigung gedrängt.

Geschichte

Sich der eigenen Geschichte zu vergewissern – auch dies ein steter Zug im Denken von Marianne KRÜGER-POTRATZ (vgl. KRÜGER-POTRATZ 1989) – kann in dieser Situation einen Rückhalt schaffen, der vor Übereilung schützt. Es ist nur eine kleine Geschichte, aber sie ist nicht ohne symptomatische Bedeutung für die Bildungsreformdebatte in Deutschland.

Damals am Anfang – das war gegen Ende der 70er Jahre, als die Einwanderung in die Schulen einen Umfang erreicht hatte, der es unmöglich machte, sie als vorübergehende Erscheinung abzutun – waren schul- und unterrichtsorganisatorische Regelungen geschaffen worden und didaktische Gewohnheiten entstanden, die, wie es nicht anders sein konnte, aufbauten auf dem Wissen, das verfügbar war. Vom Bildungsauftrag des Elementarbereichs war noch nicht viel die Rede, das schulische Deutschlernen stand im Vordergrund. Formen eines vereinfachten grundschulischen Sprachunterrichts und Anleihen bei der Didaktik des Deutschen als Fremdsprache an deutschen Auslandsschulen waren die ersten Behelfe.

Dass überhaupt Forderungen nach Instrumenten zur Sprachstandsbestimmung erhoben wurden, vor allem aus dem Primarbereich, das war schon ein Symptom der Überwindung der Anfänge. Man erkannte, dass sprachliche Bildung in der Einwanderungssituation sich weder auf die Intuition von muttersprachlich deutschen Lehrkräften noch auf feste curriculare Vorgaben wie im Fremdsprachenunterricht verlassen kann, sondern auf vielfältige und wechselhafte Voraussetzungen bei den Lernenden gefasst sein muss, und dass es zu deren Wahrnehmung eines Stücks professioneller Qualifikation bedarf, das bis dahin in der Ausbildung nicht vorgekommen war. Es wurde erkannt, dass die einfache Aufteilung der Sprachenwelt in eine einzige Muttersprache (sozialisatorische Grundlage aller Bildung) und viele fremde Fremdsprachen (kognitiv und im Sekundarschulalter zu lehren) nicht mehr der pädagogischen Wirklichkeit entsprach. Zwar wurde die neu erkannte Unterschiedlichkeit vorerst in dem Sinne verarbeitet, dass man ihre Bewältigung als eine zusätzliche pädagogische Aufgabe verstand, und diese Richtung des Denkens ist später oft kritisiert worden. Sie enthielt aber seinerzeit auch ein fortschrittliches Element; denn sie ging über die Vorstellung hinaus, man könne und solle die neue Aufgabe mit den hergebrachten Mitteln lösen.

Die gerade erst entstehende Didaktik des Deutschen als Zweitsprache bemühte sich, den Forderungen aus der Praxis nachzukommen. In dichter Folge entstanden in der ersten Hälfte der 80er Jahre die „Sprachstandsmessung bei Schulanfängern", der sogenannte PI-Test (FLIEGNER/GOGOLIN 1980), das „Soziolinguistische Erhebungsinstrument [...] zur Beschreibung der Sprach- und Kommunikationsfähigkeit ausländischer Schüler in deutschen Schulen" (PORTZ/PFAFF 1981), die „Beobachtungswoche für türkische Schulanfänger" (LANGENOHL-WEYER/ SCHLOTMANN 1983), die „Beobachtungswoche in der Berufsbildung" (NEUMANN/

SCHLOTMANN 1983), das „Projektive Linguistische Analyseverfahren“ (BRUCHE-SCHULZ/HEß/STEINMÜLLER 1983), die deutsche Version des C-Tests (SÜßMILCH 1984), eine Version der Profilanalyse für Lerner des Deutschen als Zweitsprache (CLAHSEN 1985) und die „Skalen zur Einschätzung der deutschen Sprachkompetenz von Schülern anderer Muttersprache“ (FREESE/STELL 1986), um nur die wichtigsten zu nennen. Keines dieser Instrumente und Verfahren – mit Ausnahme des PI-Tests, der seinerzeit in Nordrhein-Westfalen eine gewisse Verbreitung erlangte – hat es zu mehr als modellhafter Erprobung und punktuellem Einsatz in der Praxis gebracht. (Der Einsatz bei wissenschaftlichen Untersuchungen soll hier außer Betracht bleiben.)

Die Gründe für dieses Scheitern haben schon auch etwas mit der Bildungspolitik der damaligen Zeit zu tun. Die Einsicht in die didaktische Besonderheit der Sprachbildung von Migrantenschülern kreuzte sich mit der vom KÜHN-Memorandum (1979) angestoßenen, vom nordrhein-westfälischen Erlass zum „Unterricht für ausländische Schüler“ (1982) und nachfolgend von den Erlassen anderer Bundesländer umgesetzten Auflösung besonderer schulorganisatorischer Formen, deren negative Wirkungen erkannt worden waren. Es war eine Zeit bildungspolitischen Glaubens an die akkulturierenden Wirkungen der (äußerlichen) Integration. Elemente einer besonderen Sprachdidaktik weiter zu entwickeln lag nicht im Sinne dieser Glaubensrichtung. Und aus dem Elementarbereich wurde keinerlei in diese Richtung zielendes Interesse angemeldet, dort war die Zeit der großen interkulturellen Modellversuche, keine Zeit für Analysen. Generelle Test-Abneigung war ohnedies eine allgemein verbreitete Erscheinung. So duldete man gewisse Zweckentfremdungen der besonderen Fördermittel der Schulen und tröstete sich leicht über die anhaltenden Misserfolgszahlen hinweg, mit dem Argument, es sei ja von Jahr zu Jahr eine gewisse Besserung zu registrieren. Die deutsche Bildungskatastrophe der 60er Jahre war längst vergessen und der PISA-Schock noch nicht erfunden. Aber die Bildungspolitik war nicht entscheidend für das Steckenbleiben der Bemühungen um Sprachstandsanalyse. Sie hat nichts aktiv verhindert.

Lehren

Entscheidend waren schon Mängel der wissenschaftlichen Arbeit. Einige dieser Mängel haben mit dem damaligen Stand der Grundlagenforschung zu tun: Die Ergebnisse der Zweitspracherwerbsforschung wurden gerade erst vorgelegt und waren noch nicht in der Breite rezipiert; die Bilingualismusforschung hatte in Deutschland noch nicht Fuß gefasst; die Kindersprachforschung hatte die Phase linguistischer Präzisierung in Deutschland noch vor sich, auch sprachdidaktische Entwicklungen wie die Erarbeitung des Europäischen Referenzrahmens lagen noch in der Zukunft. Andere Mängel muss man auf Übereilung und ungenügende Durchdringung von Problemen zurückführen. Es waren, abgesehen von den ebenfalls nicht unbeträchtlichen Schwierigkeiten der Implementation, drei theoretische Hauptprobleme, die damals ungelöst, z.T. sogar undiskutiert geblieben sind: die

Definition des Gegenstandes, die Verbindung mit dem pädagogischen Verwendungszweck und die Angemessenheit der Maßstäbe. Sie sind immer noch aktuell.

Die Auswahl der als sprachliche Lernvoraussetzungen zu erhebenden Fähigkeiten war ein solches Thema, über das wenig systematische Diskussion geführt wurde. Es gab nur diverse vor-entschiedene Orientierungen, die sich an den Endprodukten ablesen lassen. Dass es allein auf die Analyse des Sprachstandes im Deutschen ankomme, war eine solche Vor-Entscheidung, die kaum begründungsbedürftig erschien, und wenn, dann mit praktischen Argumenten (z. B. mangelnden Sprachkenntnissen der Forscher), nicht mit linguistischen, psychologischen oder pädagogischen Gründen gerechtfertigt wurde. Nur die „Beobachtungswochen" machten eine Ausnahme davon. Alle anderen Instrumente und Verfahren der damaligen Zeit haben die strikte Einsprachigkeit gewählt.

Etwas mehr Variation, aber genau so wenig systematische Begründung gab es hinsichtlich der inneren Strukturierung des Gegenstands Sprache: In den „Beobachtungswochen" werden die Sprachen des Kindes als Medium seines sozialen und kognitiven Handelns gefasst; die „Skalen zur Einschätzung der deutschen Sprachkompetenz" halten sich an die guten alten skills der Fremdsprachendidaktik, der PI-Test konzentriert sich auf Wortschatz und Grammatik, produktiv und rezeptiv, das „Psycholinguistische Analyseverfahren" nur auf Grammatik, der C-Test verzichtet ganz auf innere Strukturierung und begnügt sich mit einem pauschalen Punktewert, der eine allgemeine Sprachfähigkeit im Deutschen ausdrücken soll.

Was wozu hätte gebraucht werden können, das wäre anhand von Analysen, ggf. auch von Neuentwürfen pädagogischer Verwendungszusammenhänge zu entscheiden gewesen. Diskutiert wurde nur um einen einzigen Punkt, die Nutzung von Sprachstandsanalysen zu Entscheidungen über die Zuweisung von Schülern zu bestimmten unterrichtsorganisatorischen Formen. Der PI-Test, die „Beobachtungswochen" und die „Skalen zur Einschätzung der deutschen Sprachkompetenz" beziehen eine solche Funktion in ihre Verwendungszwecke mit ein, während die Autoren des „Psycholinguistischen Analyseverfahrens" und der „Profilanalyse" einen solchen Verwendungszweck ablehnen. CLAHSEN (1985) möchte seinen Analysebogen sogar ausdrücklich so konstruiert haben, dass er für Zuweisungsentscheidungen gänzlich unverwendbar ist. Förderdiagnostik kontra Zuweisungsdiagnostik lautete der Schlachtruf! Und weil sich darüber so herrlich streiten ließ, wurde versäumt, ernsthaft und dicke Bretter bohrend an der rationalen Aufklärung der damit verbundenen Probleme zu arbeiten.

Für die Verfechter rationaler Zuweisungsentscheidungen hätte es darum gehen müssen, die prognostische Validität ihrer Instrumente zu beweisen. Dies wiederum hätte eine intensive empirische Aufarbeitung der Misserfolge und der möglichen Erfolge der Vorbereitungsklassen verlangt, querschnittlich und längsschnittlich, an woran damals niemand denken konnte und die auch danach nicht geleistet worden ist. Aber auch die Verfechter einer „reinen" Förderdiagnostik haben ihre Anschlussarbeiten nicht geschafft. Die Frage, wie von den Analyse-Ergebnissen her „richtige" Förderentscheidungen, wenn schon nicht abgeleitet, so doch zumindest begründet oder gerechtfertigt werden könnten, wurde nicht beantwortet, z. T. nicht einmal gestellt, d. h. im einen wie im andern Fall den Lehrkräften überlassen.

Wissenschaftlich bedeutete das, dass auch die pädagogisch angemessenen Maßstäbe nicht eingehend genug diskutiert worden sind. Man war sich einig darin, dass es „unfair" wäre (in einem technischen Sinne) zweisprachige Kinder und Jugendliche nach Tests, die für Einsprachige konstruiert sind, zu beurteilen. Aber sollte nicht Chancengleichheit im Regelsystem das Ziel sein? Verlangt das nicht auch gleiche Maßstäbe? Aber auch ein Maßstab für Zweisprachige wäre erst zu etablieren gewesen. Und wären nicht Zweifel an einem solchen Maßstab geblieben, wenn er auf Kinder und Jugendliche unterschiedlicher Aufenthaltsdauer, unterschiedlicher Wohnsituation, unterschiedlicher Versorgung mit Bildungs- und Betreuungsangeboten angewandt worden wäre? Ein beträchtlicher Teil der Autorinnen und Autoren hat Verantwortung für Zuweisungsentscheidungen abgelehnt – eine begreifliche Vorsicht. Aber wäre dann nicht die Entwicklung von Instrumenten zur Kontrolle der sprachlichen Lernfortschritte die Alternative gewesen, also doch so etwas wie ein Klassen- oder Alterskriterium als Maßstab? Sprachförderung sollte das Ziel sein, darin waren sich alle einige, unbeschadet ihrer unterschiedlichen Stellung zur Zuweisungsproblematik. Hätte nicht auch dieses Ziel die Formulierung von Einzelzielen erfordert, deren Erreichung oder Nichterreichung zu überprüfen war?

Zwischenschritt

Es gab Versuche, die Entwicklung doch noch zum Besseren zu wenden: Konferenzen, auf denen die Vertreter verschiedener Verfahren aufeinander trafen (RAA 1981, 1984), Sammlung und vergleichende Betrachtung der zur Debatte stehenden Verfahren (LUCHTENBERG 1984, 1988, HORN 1986), eine scharfe fachliche Kritik (FRIED 1986) und eine exemplarische Auseinandersetzung um den PI-Test und seine Leistungsfähigkeit (BOOS-NÜNNING u.a. 1985, RÖHR-SENDLMEIER 1988). Sie führten nicht aus den Sackgassen heraus. Hilfreicher war eine empirische Untersuchung zur Qualität des PI-Tests (BOOS-NÜNNING/GOGOLIN 1988), der auf der Ebene der Durchführung eine beträchtliche Fehleranfälligkeit, auf der Ebene der Aufgabenkonstruktion geringe Trennschärfe und eine ungünstige Verteilung der Aufgabenschwierigkeit nachgewiesen und Zweifel an der Validität begründet hat. Damit war zumindest eine negative Klarstellung erfolgt.

Ende der 80er Jahre war das Thema erschöpft. Eine Änderung der Strategie war angezeigt. „Die wirkliche Alternative", schrieben BOOS-NÜNNING/GOGOLIN damals (1988, S.69), „liegt [...] in der Qualifizierung von Lehrerinnen und Lehrern für spachdiagnostische Tätigkeiten". Fortbildung statt Instrumententwicklung, hieß die neue Devise, die weiterführen sollte und wenigstens noch eine Zeit lang in Nordrhein-Westfalen und dann noch an einzelnen Universitäten weiter verfolgt wurde (vgl. GOGOLIN u.a. 1989). Paradoxerweise haben gerade die Erfahrungen in der Fortbildung dazu beigetragen, aus dem „statt“ ein „und“ werden zu lassen. Das Bemühen, mit den Teilnehmenden der Fortbildungskurse und den Studierenden der Universitätsseminare konkret und genau zu arbeiten, die Rückfragen der Praktiker nach dem pädagogisch eigentlich Wichtigen und der Zwang zum ökonomischen Umgang mit Arbeitszeit haben die Suche nach sinnvollen Verbindungen in dieser Zeit bildungspolitischer Ruhe vorangebracht. Gleichzeitig machte die Grundlagenforschung, wie schon angedeutet, beträchtliche Fortschritte. Als dann bildungspolitischer Alarm geschlagen wurde, waren zwar die theoretischen Probleme immer noch die alten, aber die Voraussetzungen zu ihrer Lösung waren doch ein wenig besser geworden.

Aktualität

Unmut aus der Praxis und Betriebsamkeit nach PISA haben das Thema „Sprachstandsanalyse zu pädagogischen Zwecken“ Ende der 90er / Anfang der 2000er Jahre erneut aktuell gemacht. Der Horizont freilich, in dem das Thema jetzt steht, ist sehr viel weiter geworden: Gesellschaftliche Mehrsprachigkeit und individuelle Zweisprachigkeit sind zu anerkannten Forschungsthemen avanciert und werden auch außerhalb der Fachgrenzen als zeittypische Erscheinungen wahrgenommen und diskutiert. Sprache als Medium des Lernens in allen Fächern genießt ein Höchstmaß an öffentlicher Aufmerksamkeit, sie wird in unmittelbarem Zusammenhang mit der sozialen Organisation von Unterricht gesehen und mit Leitbegriffen der Bildungsreform wie Offener Unterricht, Entdeckendes Lernen und Lerner-Autonomie in Verbindung gebracht. Dass sprachliche, kognitive und soziale Entwicklung Hand in Hand gehen, dass Sprache also nicht kurzfristig und sozusagen ein für alle Mal gelernt werden kann, dass die Herausforderung und die Unterstützung der sprachlichen Entwicklung mithin eine Aufgabe aller Einrichtungen des Bildungswesens ist, wird (auch wenn hier in der öffentlichen Diskussion einige bemerkenswerte Einseitigkeiten zu verzeichnen sind) grundsätzlich anerkannt. Und der Konsequenz aus dieser Einsicht, dass nämlich die sprachliche Förderung einsprachiger wie zweisprachiger Schülerinnen und Schüler möglichst integriert erfolgen sollte, wird zumindest nicht offen widersprochen.

Der Gang der aktuellen bildungspolitischen Debatte hat dazu geführt, dass der vorschulische Bereich und der Schuleingangsbereich zu vordringlichen Handlungsfeldern erklärt worden sind. Die Einrichtungen des Elementarbereichs werden an ihren Bildungsauftrag erinnert, sollen womöglich Bildungspläne verordnet bekommen. Vorschulklassen werden neu eingeführt oder dort, wo sie schon bestanden haben, re-aktiviert und ausgebaut. Um den Förderbedarf, genauer: die davon abhängigen personellen und finanziellen Ressourcen, wird gekämpft. Methoden zur Ermittlung des Förderbedarfs, darunter auch die Methoden der Sprachstandsanalyse, werden daher seitens der zuständigen Landesministerien vorangetrieben und treffen auf ein lebhaftes Interesse auf Seiten der Betroffenen. Für den Elementar- und Vorschulbereich ist Sprachstandsanalyse ein Novum.

Zwei neu entwickelte Verfahren sind bereits veröffentlicht und werden im Folgenden besprochen. Über meine eigene Entwicklungsarbeit habe ich andernorts berichtet (REICH 2001). Weitere Entwicklungsarbeiten, über die noch nicht berichtet werden kann, sind im Gange. Zu fragen ist, wie die Neuentwicklungen mit den drei Problemen umgehen, die oben als bearbeitungsbedürftig genannt wurden, und wie sie sich zu den aktuellen Bildungsreformideen verhalten.

Berlin

Berlin war der Vorreiter. „Bärenstark" nennt sich – anspielungsreich – die dortige Neuentwicklung (Senatsverwaltung ... 2001). Sie basiert z. T. auf dem PI-Test und verfährt wie dieser einsprachig. Erfragt werden die deutschen Benennungen von Körperteilen (aktiv und passiv), Handlungsbeschreibungen, die nach morphologischen und syntaktischen Gesichtspunkten analysiert werden (Situationsbild), Beschreibungen von Unterschieden (Bildpaare) und Präpositionalgruppen mit lokaler Bedeutung (aktiv und passiv). Ein Teddy spielt die Rolle des Motivators dabei. Die Schülerantworten werden nach Falsch und Richtig bewertet, wobei die grammatische Korrektheit im Vordergrund steht. Die Ergebnisse werden in Punktwerten zusammengefasst, deren Begründung im Dunkeln bleibt.

Auch die verwendeten Maßstäbe sind schlecht erkennbar. Die Punktewerte bleiben in jeder Hinsicht uninterpretiert, während die in den einzelnen Aufgaben implizierten Lernziele wohl als notwendige Voraussetzungen eines normalen Unterrichts in der 1. Jahrgangsstufe verstanden werden. Doch wird dies nicht ausdrücklich gesagt, und die Auswahl der lexikalischen, semantischen, morphologischen und syntaktischen Items wird nirgends begründet.

„Bärenstark" wendet sich an alle Schulanfänger, einsprachige und zweisprachige. Empfohlen wird die Durchführung „zu Beginn des 1. Schuljahres im Anschluss an eine Beobachtungswoche" (Senatsverwaltung ... 2001, S.8). Der weitere Verwendungszusammenhang bleibt jedoch etwas im Unklaren: „Die Sprachstandserhebung gibt bezüglich der Deutschkenntnisse einerseits Auskünfte über die Lernausgangslagen der künftigen (sic!) Erstklässler und dient andererseits einer stichprobenartigen Datenerhebung mit dem Ziel, den spezifischen Förderbedarf zu bestimmen, der dann individualisiert und lernzielbezogen umgesetzt werden kann" (ebd., S.9). Verstehen kann man, dass es einerseits um Ressourcen, andererseits um die Bestimmung von Lernzielen geht. Letzteres wird durch die „Anregungen zur Sprachförderung" konkretisiert, die zum Testmaterial hinzugehören. Sie beschreiben mit direktem Bezug auf die Testaufgaben mögliches defizitäres Sprachverhalten sprachentwicklungsverzögerter Kinder und bieten dazu geeignete Übungen und Spiele an. Viele dieser Übungen sind motivierend und – über Grammatik und Lexik hinaus – mit kognitiven Lernzielen verbunden. Dass man es aber auch mit sprachlich normal entwickelten Kindern zu tun haben könnte, die gerade dabei sind, Deutsch als ihre zweite Sprache zu erlernen, und was dann zu tun wäre, wird nicht diskutiert.

Fazit: „Bärenstark“ hat eine relativ enge Gegenstandsbestimmung von seinem Vorgänger übernommen. Das Problem der Maßstäbe ist nicht bearbeitet worden. Der Verwendungszweck ist nur im Hinblick auf die sprachentwicklungsverzögerten Kinder eindeutig klar. Es scheint, dass bei der Konzeption vor allem Gesichtspunkte der praktischen Handhabbarkeit eine Rolle gespielt haben. Ihnen verdanken sich die motivierende Einkleidung der Testaufgaben, die knappe Zeitvorgabe für die Testdurchführung und die auf ein Versagen bei den Testaufgaben direkt bezogenen Förderanregungen für sprachentwicklungsverzögerte Kinder. Diese Anregungen zeugen von einer soliden und erfahrenen Grundschulpädagogik, mit neueren bildungsreformerischen Bestrebungen haben sie nichts im Sinne.

München

Das Münchener Staatsinstitut für Schulpädagogik legt ein vierstufiges Screening-Verfahren vor, das die Deutschkenntnisse von Kindern nichtdeutscher Erstsprache vor dem Eintritt in die Grundschule erfassen soll (Staatsinstitut 2002). Zwar wird konstatiert, dass gegenüber dem früher ausschließlichen Interesse an den Deutschkenntnissen Zweisprachiger ein „Umdenken“ stattgefunden habe, „so dass nun das gesamte sprachliche Spektrum zunehmend eine Rolle spielt“ (ebd., S.79). Für das Verfahren selbst hat dies aber keine Konsequenzen. Gegenstand der Erhebung sind (überwiegend) kommunikative Fähigkeiten des Kindes im Deutschen: die Beantwortung einiger persönlicher Fragen bei der Schuleinschreibung, ein ggf. anschließendes Gespräch mit einer Lehrkraft über kindgemäße Themen, ggf. zusätzlich ein Spielen mit Bildkarten (das einen begrenzt kommunikativen Charakter hat), und schließlich, wenn weitere Klärung erforderlich erscheint, ein Durchlaufen von Spielsituationen in einer Kindergruppe, das von zwei Lehrkräften beobachtet wird. Linguistische Gesichtspunkte spielen bei der Erhebung keine und bei der Auswertung nur eine ganz untergeordnete Rolle. Von einer Bewertung der sprachlichen Korrektheit wird durchgehend abgeraten.

Die aus den Erläuterungen zu entnehmenden Maßstäbe lassen sich mit den Begriffen Verstehensfähigkeit, kommunikative Extrovertiertheit und Verständlichkeit der kindlichen Äußerungen zusammenfassen. Diesen Kriterien wird prognostische Kraft für das Zweitsprachlernen zugeschrieben (ebd., S.7). Die Bewertung erfolgt auf einer dreistufigen Verbalskala; über die Einstufung des Kindes auf dieser Skala entscheidet die Lehrkraft aufgrund ihrer Beobachtungen.

Der Verwendungszweck ist eindeutig: Das Verfahren ist verbindliche „Grundlage für die Feststellung, ob das Kind der Sprachlernklasse bedarf“. Es werden drei mögliche Empfehlungen vorgesehen: „Zur Aufnahme in die Regelklasse (mit Fördermaßnahmen) empfohlen“ – „Sollte am Unterricht der Regelklasse teilnehmen, benötigt aber zusätzliche intensive Fördermaßnahmen“ – „Kann dem Unterricht in der Regelklasse vorerst nicht folgen und sollte in einer Sprachlernklasse gefördert werden".

Fazit: Das bayerische Screening-Verfahren betrachtet die deutsche Sprache als Medium des Sozialverhaltens der Kinder. Das ist eine zwiespältige Position. Dass Kommunikationsfreudigkeit ungeachtet möglicher Fehlerhaftigkeit des Sprechens viel mit erfolgreichem Zweitspracherwerb zu tun hat, kann als sprachpsychologische Aussage akzeptiert werden, und ist Ausdruck eines wohl angebrachten pädagogischen Optimismus. Ob aber das Beobachten des Sprechens in der Zweitsprache genügt, um diese Verhaltensdisposition zu erfassen, muss mit einem Fragezeichen versehen werden. Und zu fragen ist auch, ob dieses Kriterium für sich genommen schon die richtige Trennungslinie zwischen einer Zuweisung zur Regelklasse und einer Zuweisung zur Sprachlernklasse zieht. Wären hier die tatsächlichen Deutschkenntnisse nicht doch stärker zu berücksichtigen?

Die Einfügung des Verfahrens in den Einschreibeprozess erscheint gelungen. Man muss freilich hoffen, dass die Schulen durchgehend in der Lage sein werden, die Vorkehrungen für die vierte Stufe, das sprachbetonte Spielen in einer Kindergruppe, zu treffen, von dem die letztgültige Zuweisungsentscheidung abhängt. In diesem Gedanken der Spielstationen drückt sich eine erfreuliche Nähe zu neueren didaktischen Entwicklungen aus, die dem Klima des Spracherwerbs in pädagogischem Kontext nur gut tun kann. Die Einfügung in den weiteren Kontext bietet wieder ein zwiespältiges Bild: Die kurzen Hinweise auf die Arbeitsgrundlagen für den Unterricht in Deutsch als Zweitsprache sind klar und weiterführend, während die Aussagen zur Sprachlernklasse diffus sind, mehr drum herum als von der Sache reden und den sonderpädagogischen Bedarf übermäßig stark betonen. Es mag mit der generellen Fragwürdigkeit der Einrichtung solcher Sprachlernklassen zu tun haben.

Schluss

Das Fazit aus den beiden Fazits lautet, dass der Fortschritt eine Schnecke ist. Die Erkenntnisse der Spracherwerbsforschung dringen noch kaum durch, eine Diskussion der angemessenen Maßstäbe steht weiterhin aus, von einer Einfügung in mehrjährige Förderkonzepte ist wenig zu sehen, eine wissenschaftliche Fundierung für Zuweisungsentscheidungen fehlt immer noch. Worin besteht der erreichte Fortschritt? Es gibt eine vorsichtige Öffnung hin zu den Neuerungen der Allgemeinen Didaktik (auch wenn die Verbindung zwischen Allgemeiner Didaktik und Sprachdidaktik weiter entwicklungsbedürftig ist). Es gibt den Versuch, Analyseergebnissen konkrete Fördervorschläge zuzuordnen (auch wenn sie vorerst noch sehr punktuell erscheinen). Es gibt den Ansatz, Sprachstandsanalyse bei ein- und zweisprachigen Kindern gleichermaßen durchzuführen und darin mag sich auch die Idee einer Sprachförderung für alle als Regelaufgabe des Bildungssystems abzeichnen, die in den weiten Horizont einer interkulturellen Bildung gehört, bei der „nicht zwischen ‚Schon-Integrierten' und ‚Noch-zu-Integrierenden' unterschieden" wird

(KRÜGER-POTRATZ 2001, S.34), sondern sich ein kontinuierlicher Lernraum konstituiert für das Lernen, auch das sprachliche Lernen von Kindern unterschiedlicher sprachlicher und kultureller Lernvoraussetzungen. Vorstellbar ist dies nur als ein langfristig angelegter Prozess.

Anhang

1. Verzeichnis der angeführten Analyseverfahren

BRUCHE-SCHULZ, Gisela/HEß, Hans Werner/STEINMÜLLER, Ulrich (1983) (Neufassung 1985): Sprachstandserhebungen im Grundschulalter. Ein Projektives Linguistisches Analyseverfahren. – Berlin.

CLAHSEN, Harald (1985): Profiling Second Language Development: A Procedure for Assessing L2 Proficiency. In: HYLTENSTAM, Kenneth/PIENEMANN, Manfred (Hrsg.): Modelling and Assessing Second Language Acquisition. – Clevedon, S. 283-331.

FLIEGNER, Josef/GOGOLIN, Ingrid (1980; Neufassung 1982 unter Mitarbeit von Rüdiger Urbanek): Sprachstandsmessung bei Schulanfängern. – Düsseldorf.

FREESE, Hans-Ludwig/STELL, W. (1986): Skalen zur Einschätzung der deutschen Sprachkompetenz von Schülern anderer Muttersprache. Lernen in Deutschland, Heft 1, S. 20-24.

LANGENOHL-WEYER, Angelika/SCHLOTMANN, Barbara (1983): Beobachtungswoche für türkische Schulanfänger. – Essen.

NEUMANN, Ursula/SCHLOTMANN, Barbara (1983): Beobachtungswoche in der Berufsbildung. Konzept – Materialien – Beobachtungsbögen für türkische Jugendliche. – Essen.

PORTZ, Renate/PFAFF, Carol W. (1981): Soziolinguistisches Erhebungsinstrument zur Sprachentwicklung. Ein Instrument zur Beschreibung der Sprach- und Kommunikationsfähigkeit ausländischer Schüler in deutschen Schulen. – Berlin.

SENATSVERWALTUNG FÜR SCHULE JUGEND UND SPORT (Hrsg.) (2000; Neufassung 2002): Bärenstark. Berliner Sprachstandserhebung und Materialien zur Sprachförderung für Kinder in der Schuleingangsphase. – Berlin.

SENATSVERWALTUNG FÜR SCHULE, JUGEND UND SPORT (Hrsg.) (2000; Neufassung nach Überarbeitung 2001): Bärenstark hören und sprechen. Anregungen zur Sprachförderung sowie Erläuterungen zur Entwicklung und zu Störungen im Spracherwerb. – Berlin.

STAATSINSTITUT FÜR SCHULPÄDAGOGIK UND BILDUNGSFORSCHUNG (Hrsg.) (2002): Kenntnisse in Deutsch als Zweitsprache erfassen. Screening-Modell für Schulanfänger. – München.

SÜßMILCH, Edgar (1984): Sprachleistung mittels C-Test. – Düsseldorf, Erziehungswissenschaftliches Institut.

SÜßMILCH, Edgar (1985): C-Tests für ausländische Schüler: Sprachdiagnose im Unterricht Deutsch als Zweitsprache. Fremdsprachen und Hochschule. AKS-Rundbrief 13/14, S. 72-82.

2. Literatur

BOOS-NÜNNING, Ursula/GOGOLIN, Ingrid/VOLLERTHUN, Margret (1985): Sind Tests der richtige Weg zur Sprachstandsfeststellung bei ausländischen Schülern? Ausländerkinder 22, S. 37-58.

BOOS-NÜNNING, Ursula/GOGOLIN, Ingrid (1988): Sprachdiagnose bei ausländischen Schulanfängern: Resultate der empirischen Prüfung eines „Sprachtests". Deutsch lernen, Heft 3-4/88, S. 3-71.

FRIED, Lilian (1986): Zur Diagnose des sprachlichen Entwicklungsstandes unter besonderer Berücksichtigung des Ausländerkindes. Tests und Trends, S. 63-91.

GOGOLIN, Ingrid/GOLL, Alfred/REICH, Hans H. (1989): Sprachwahrnehmungstraining für Lehrer ausländischer Schüler. – Soest.

HORN, Dieter (1986): Sprachstandsbestimmung bei ausländischen Schülern: Ein Überblick über einige Testverfahren. In: TUMAT, Alfred J. (Hrsg.): Zweitsprache Deutsch. Schwellenwortschatz. Baltmannsweiler, S. 113-130.

KRÜGER-PORTATZ, Marianne (1983): Die problematische Verkürzung der Ausländerpädagogik als Subdisziplin der Erziehungswissenschaft. In: HAMBURGER, Franz u.a. (Hrsg.): Sozialarbeit und Ausländerpolitik. – Darmstadt, S. 172-182.

KRÜGER-POTRATZ, Marianne (1987): Interkulturelle Erziehung – Eine Daueraufgabe der Ausbildung. In: Informationsdienst zur Ausländerarbeit. Nr. 1/87, S. 70-74.

KRÜGER-POTRATZ, Marianne (1989): Die Ausländerpädagogik versichert sich ihrer Geschichte: Plädoyer für eine historische Minderheitenbildungsforschung. In: Unterrichtswissenschaft 17, Nr. 3, S. 223-242.

KRÜGER-POTRATZ, Marianne (2001): Integration und Bildung: Konsequenzen für Schule und Lehrerbildung. In: BADE, Klaus (Hrsg.): Integration und Illegalität in Deutschland. – Osnabrück, S. 31-40.

LUCHTENBERG, Sigrid (1984): Sprachstandsdiagnoseverfahren für ausländische Kinder und Jugendliche – ein kritischer Vergleich. Deutsch lernen, Heft 1/84, S. 25-41.

LUCHTENBERG, Sigrid (1988): Annotierte Bibliographie zur Sprachstandsdiagnostik im Deutschen als Zweitsprache. Deutsch lernen, Heft 3-4/88, S. 120-135.

OECD (2001): Lernen für das Leben. Erste Ergebnisse von PISA 2000. – o. O.

RAA (= Regionale Arbeitsstellen zur Förderung ausländischer Kinder und Jugendlicher) (Hrsg.) (1981): Sprachstandserhebung bei ausländischen Kindern und Jugendlichen – ein Tagungsbericht. Zusammengestellt von Barbara SCHLOTMANN. – Essen.

RAA (Hrsg.) (1984): Sprachstandserhebung bei ausländischen Kindern und Jugendlichen – Tagungsbericht II. Zusammengestellt von Barbara SCHLOTMANN. Essen.

REICH, Hans H. (2001): Verfahren zur Beschreibung der Sprachentwicklung zweisprachiger Kinder. In: Deutsches Jugendinstitut (Hrsg.): Treffpunkt deutsche Sprache. Sprachförderung von mehrsprachigen Kindern in Tageseinrichtungen. – München, S. 77-82.

RÖHR-SENDLMEIER, Una (1988): Pädagogisch sinnvolle Sprachdiagnose bei Migrantenkindern: Probleme – Forderungen – Lösungsansätze. Deutsch lernen, Heft 3-4/88, S. 89-97.

Mechtild Gomolla

Schulautonomie und pädagogische Schulentwicklung – neue Handlungsspielräume zum Abbau institutioneller Diskriminierung?

Ein Vergleich von Strategien in England und in der Schweiz[1]

Die Suche nach den Bedingungen und Möglichkeiten einer Schulentwicklung, die von einer Vielfalt von individuellen Lernvoraussetzungen und -bedürfnissen ihren Ausgangspunkt nimmt, und die Heterogenität als Ressource nutzt, ist ein Leitmotiv, das sich durch viele Studien von Marianne KRÜGER-POTRATZ zieht. In der wissenschaftlichen Begleitung zahlreicher Modellprojekte bestätigte sich, dass ein solcher Ansatz nicht nur Erfolg bei der Integration[2] von Kindern und Jugendlichen mit einem Migrationshintergrund verspricht, sondern auch wichtige Impulse zur generellen Erneuerung der Schule angesichts veränderter gesellschaftlicher Ausgangsbedingungen.

In den 1980er und 1990er Jahren ergriffen vor allem engagierte Lehrerinnen und Lehrer die Initiative, ihre Schulen und Unterrichtsangebote mit Hilfe pädagogischer Entwicklungsarbeit besser auf die Bedingungen und Problemlagen im Schulbezirk abzustimmen und sich zu diesem Zweck mit benachbarten Schulen und anderen lokalen Institutionen und Interessengruppen zu vernetzen (vgl. REINHARDT 1992). Insbesondere in Wohnvierteln mit hohen Anteilen zugewanderter Wohnbevölkerung wurde eine Bandbreite von Strategien entwickelt, um die Zugangsvoraussetzungen von Kindern mit Migrationshintergrund zur Schule zu verbessern und das Zusammenleben der verschiedenen Bevölkerungsgruppen in Schule und Stadtteil positiv zu gestalten (z.B. vorbereitende Sprachkurse für Kinder und Eltern, Müttergruppen, Behandlung interkultureller, interreligiöser und antirassistischer Themen im Unterricht, zusätzliche Lernangebote am Nachmittag, gezielte Elternarbeit, aktive Gestaltung des Schullebens unter den Zielsetzungen eines friedlichen und respektvollen Miteinanders etc.). Das Anliegen des schulischen Wandels an sich blieb jedoch auch im Rahmen solcher Initiativen eher implizit und diffus. Fragen nach geeigneten Strategien, um die Schulorganisationen

---

1 Der vorliegende Beitrag stützt sich auf Befunde aus meinem Dissertationsprojekt, einem Vergleich von Schulentwicklung in multikulturellen Kontexten in Deutschland (Nordrhein-Westfalen), der Schweiz (Zürich) und England unter Gesichtspunkten der institutionellen Diskriminierung. Da die Studie noch nicht ganz abgeschlossen ist, hat er noch den Charakter eines Werkstattberichts.

2 Der Begriff der „Integration“ beschreibt einen Zustand, in dem Angehörigen verschiedener ethnischer Gruppen die Partizipation in den relevanten gesellschaftlichen Institutionen und Zugang zu den Statuspositionen der Gesellschaft möglich ist. Wichtig ist die klare Abgrenzung zum Begriff der Assimilation, der sich auf den kulturellen und sprachlichen Annäherungsprozess bezieht (vgl. CASHMORE 1996, 172f.).

wirksam an die sprachliche und sozio-kulturelle Pluralisierung anzupassen, nach den Dynamiken, die bei der Umsetzung solcher Konzepte entfaltet werden und nach ihren genauen Wirkungen wurden in der interkulturellen Bildungsdebatte in Deutschland bisher weitgehend vernachlässigt[3].

Aus Schulentwicklung als einer von der Basis getragenen Bewegung ist im Rahmen der Verlagerung von Entscheidungskompetenzen auf die einzelnen Schulen nun offizielle Politik geworden, die seit Ende der 1990er Jahre in vielen Bundesländern als „Top-Down-Reform" umgesetzt wird. Diese veränderte Situation bietet auf der einen Seite – so meine erste These, die ich in meinem Beitrag untermauern möchte – neue Handlungsspielräume, um auf breiter Ebene Programme zu implementieren, die auf eine bessere Anpassung der Schulorganisationen an die Heterogenität gerichtet sind und sich als wirksam erwiesen haben, Ungleichheiten in der Bildungsbeteiligung entlang der Trennlinien ethnischer Herkunft und sozialer Schichtzugehörigkeit abzubauen. Da solche Herangehensweisen in Deutschland bisher noch relativ selten sind, stelle ich zwei neuere schulpolitische Handlungsansätze aus England und der Schweiz vor. Beide versuchen, im Rahmen der jeweiligen Variante von Schulautonomie die neuen Formen der Qualitätssicherung mit multikulturellen Schulrealitäten und Zielen der Chancengleichheit zu verbinden.

Ich gehe jedoch auf der anderen Seite davon aus, dass sich nicht im Sinne von simplen *„best practice"*-Modellen von solchen Strategien lernen lässt. Die Chancen und Schwachstellen von schulpolitischen Strategien in Begriffen von Gleichheit, Gerechtigkeit und Partizipation lassen sich nur abschätzen, wenn man sie nicht als isolierte Maßnahmen, sondern in dem breiteren Kontext betrachtet, in dem sie eingesetzt werden (DALE 1999). So gehe ich zweitens der Frage nach, welche Risiken und Einschränkungen im schulischen Umgang mit Vielfalt und welche neuen Formen der Institutionalisierung von ethnischer und sozialer Ungleichheit sich abzeichnen, die der hinter dem Schlagwort „Autonomisierung" stehende Gesamtrahmen der veränderten Finanzierung, Organisation und Kontrolle der schulischen Bildung mit sich bringt, in den die jeweiligen Strategien eingebettet sind. Bevor ich zur Beschreibung der beiden schulpolitischen Strategien komme, hole ich daher etwas weiter aus und gehe zunächst auf die aktuellen Tendenzen zur Deregulierung im Bereich der öffentlichen Bildung und deren Auswirkungen auf die Chancengleichheit ein, sowie auf den Erklärungsansatz der institutionellen Diskriminierung, den ich zur Entwicklung von Kriterien für eine vergleichende Analyse der beiden Modelle verwende.

---

3 Die Zielperspektive des „school restructuring" – verstanden als Implementierung von Programmen, um die Organisationen und die Leistungen von Organisationen im Bildungsbereich unter Zielen der Integration und der Chancengleichheit zu verbessern (vgl. MCGEE BANKS 1993; vgl. auch FERGUSON 1998) erlangte in Deutschland nie den systematischen Stellenwert wie in der wesentlich stärker von der Schuleffektivitätsforschung geprägten multikulturellen Bildungsdebatte in den USA und in Großbritannien (zusammenfassend z. B. TROYNA 1993); als Ausnahmen im deutschen Kontext s. z. B. AUERNHEIMER u. a. (1996), FISCHER u. a. (1996).

Schulautonomie und Chancengleichheit – internationale Tendenzen

In den 1990er Jahren wurde die von basisdemokratischen und reformpädagogischen Ideen geprägte Schulentwicklungsbewegung auch in Deutschland zunehmend von Forderungen nach Autonomie überlagert, die stärker ökonomisch und steuerungspolitisch motiviert waren und eher von politischer und administrativer Seite vorgebracht wurden. Die gegenwärtigen Autonomieforderungen sind Teil internationaler Strukturreformen im Bereich der öffentlichen Bildung, die allgemein mit Veränderungen der globalen Wirtschaft und dem Abbau wohlfahrtsstaatlicher Sicherungssysteme erklärt werden (DALE 1999). Die neuen Leitbilder der Politik sind „Kostenwirtschaftlichkeit, hohe Leistungsqualität, ‚Kundenorientierung', Angebotsvielfalt, Flexibilität, Autonomie und Deregulierung" (WEIß 2000, S. 35). Versprochen wird eine nie zuvor dagewesene Innovationsbereitschaft und Qualitätssteigerung in den Schulen (vgl. STEINER-KHAMSI 2002, S. 133). Obwohl die Reformen in einzelnen Ländern in höchst unterschiedlichen Ausprägungen auftreten, gibt sich ein allgemeines Reformmuster zu erkennen, das auf zwei grundlegenden Elementen basiert:

Ein Hauptziel der Reformen ist die Etablierung eines neuen Bildungsmanagements. Im Zuge von Kompetenzverlagerungen vom „Zentrum" an die „Peripherie" erhalten die einzelnen Einrichtungen mehr institutionelle und finanzielle Autonomie, mit größerer Handlungs- und Entscheidungsfreiheit der Akteure. *New Public Management* soll die Schulen befähigen, unter Abbau unnötiger Bürokratien, flexibler und situativ angemessener auf lokale Problemlagen und Bedürfnisse der Wirtschaft zu reagieren und eine größere und effizientere Problemlösungskompetenz zu entwickeln. Die Lern- und Leistungsergebnisse der Schülerinnen und Schüler werden zunehmend zum einzigen Gütekriterium für Bildung.

Prominent ist ferner die Etablierung von Wahl- und Marktmechanismen, vor allem die Ausweitung der freien Schulwahl *(„school choice")*, verbunden mit der Stärkung der Rolle der Eltern als „Kunden", etwa durch die Betonung eines vielfältigen Bildungsangebots und von Leistungstransparenz (z.B. Veröffentlichung von Schulrankings in den Medien; öffentliche Zugänglichkeit von Inspektionsergebnissen einzelner Schulen und Kommunen; Verträge zwischen Schulen und Eltern, in denen die Rechte der Eltern herausgehoben werden). Der freigesetzte Wettbewerb soll die Schulen und Kommunen unter Druck setzen, ein attraktives Bildungsangebot zu entwickeln und aufrecht zu erhalten. Schlechte Schulen verschwinden nach der Logik des Marktes von selbst, da sie keine Klientel mehr finden (vgl. ebd.). Für diese Versuche, Marktelemente und private Entscheidungen in die wohlfahrtsstaatliche Versorgung einzuführen, hat sich der Begriff „Quasi-Märkte" etabliert. Quasi-Märkte definieren sich vor allem dadurch, dass Finanzierung und Bereitstellung öffentlicher Dienste getrennt und unterschiedliche Anbieterinnen und Anbieter, auch aus dem privaten und ehrenamtlichen Bereich, in ein Konkurrenzverhältnis gespannt werden (LEVACIC 1995; WHITTY u. a. 1998)[4].

Markt- und Gleichheitsprinzip sollen in der Rhetorik neoliberaler Befürworter der Autonomie keine Konfliktziele darstellen (vgl. z.B. CHUBB/MOE 1990). Durch die Verlagerung von pädagogischen, organisatorischen und finanziellen Entscheidungskompetenzen von staatlichen Instanzen auf die Einzelschule bei gleichzeitiger Einrichtung neuer Formen der Qualitätskontrolle soll sowohl mehr Demokratie und pädagogische Freiheit gewährleistet, als auch die Qualität und Effektivität im Schulsystem verbessert werden. Ein mittlerweile umfangreicher Fundus an Forschungsergebnissen – vor allem aus den angelsächsischen Ländern, in denen die Deregulierung weiter fortgeschritten ist – weist jedoch in die gegenteilige Richtung. Speziell für Schülerinnen und Schüler mit einem Migrationshintergrund und aus unteren Sozialschichten werden übereinstimmend markante Verschlechterungen und Benachteiligungen festgestellt. Die Verfestigung alter bzw. die Entstehung neuer Ungleichheiten resultiert dabei nicht allein aus der Kopplung von Autonomie mit freier Schulwahl und dem dadurch freigesetzten Wettbewerb zwischen den Schulen. Als ausschlaggebend erweist sich auch ein tiefgreifender Wandel der Unterrichtsinhalte und -methoden und der schulischen Lernkulturen in allen Bereichen, der die Spielräume für jegliche emanzipatorische und egalitäre Erziehungsaspekte drastisch beschneidet. Im Zuge der Autonomisierung könnten Chancengleichheit und demokratische Partizipation als bildungspolitische Reformziele vollkommen abgehängt werden (z.B. WHITTY u. a. 1998; MAGOTSIU-SCHWEIZERHOF 1999; RADTKE/WEIß 2000; STEINER-KHAMSI 2002).

Solche Befunde warnen vor einem naiven Vertrauen auf Schulautonomie als Patentlösung, sowohl im Hinblick auf die ungelösten pädagogischen Probleme in den Schulen, als auch in Anbetracht der zunehmend engeren finanziellen Spielräume der öffentlichen Hand. In forschungspolitischer Hinsicht verweisen sie auf die Notwendigkeit, mit Hilfe geeigneter empirischer Studien sorgfältig zu klären, wie sich Ziele der Qualität und Effizienz mit Kriterien der Bildungsgerechtigkeit und Chancengleichheit verbinden lassen.

Die Erklärungsperspektive der institutionellen Diskriminierung

Für eine kritische Analyse von schulpolitischen Strategien zur Verbesserung der Chancengleichheit im Kontext der gegenwärtigen Bildungsreformen scheint mir

4 Die Bezeichnung trägt den gravierenden Unterschieden zwischen Bildungssystemen und dem Markt Rechnung, v. a. da der Schulbesuch obligatorisch ist und der Staat der hauptsächliche Anbieter bleibt und weiterhin die zentralen Steuerungsfunktionen innehat. Der neuseeländische Bildungsforscher Roger DALE (1999) arbeitet auf Basis international vergleichender Studien sehr klar heraus, dass es sich bei den geschilderten Entwicklungen keineswegs um einen Rückzug des Staates aus der Bildungskontrolle handelt. Die zunehmende Selbstbeschränkung des Staates auf die Funktion, zu bestimmen und eventuell zu überprüfen, welche nicht-staatlichen und quasi-staatlichen Agenturen seine koordinierende Rolle übernehmen sollen, bedeutet eher einen Zuwachs an staatlicher Macht.

die Theorie der institutionellen Diskriminierung besonders geeignet. Dieser auf die Diskussion zum institutionellen Rassismus in den USA und in Großbritannien zurückgehende[5] Ansatz zielt auf die Beobachtung von organisatorischem Handeln speziell unter Gesichtspunkten der Ungleichheit. Organisationen werden jedoch nicht als isolierte Einheiten begriffen. Der Begriff der institutionellen Diskriminierung gewinnt seine Perspektive durch das Aufzeigen von Zusammenhängen zwischen breiteren sozialen Prozessen und organisatorischen Entscheidungspraktiken, die – entweder explizit oder implizit – bewirken, dass klar identifizierbare Gruppen systematisch weniger psychische, soziale oder materielle Belohnungen oder Leistungen erhalten. Die Herausforderung besteht darin, dass institutionelle Diskriminierung in die „normale" Alltagskultur einer Organisation und in die Berufskultur der in ihr tätigen Professionellen eingebettet ist. Sie werden, in den Worten von Stuart HALL „auf informellen und unausgesprochenen Wegen durch ihre Routinen und täglichen Verfahren als ein unzerstörbarer Teil des institutionellen Habitus weitergegeben. Diese Art von Rassismus wird Routine, gewohnt, selbstverständlich." (HALL 2001, S. 165).

Aus der Perspektive der institutionellen Diskriminierung lassen sich Strategien der Schulentwicklung im Kontext der aktuellen Bildungsreformen auf zwei Ebenen beobachten:

Auf der Ebene der Schulentwicklung wäre zu untersuchen, ob Ansätze der Schulentwicklung in multikulturellen Kontexten tatsächlich dazu beitragen, dass (a) die schulischen Arrangements die Vielfalt der Lernvoraussetzungen und -bedürfnisse besser reflektieren und (b) in gemeinsamen Anstrengungen, vor allem seitens der Lehrkräfte in den Schulen, diskriminierende Mechanismen sichtbar gemacht und der Veränderung zugänglich werden (soweit dies im begrenzten Handlungsrahmen einzelner Schulen möglich ist).

Zusätzlich zum Prozess des organisationalen und pädagogischen Wandels in den Schulen wäre in den Blick zu nehmen, inwiefern die gegenwärtigen Umstellungen der Kontrolle und Finanzierung der Bildung neben neuen Spielräumen auch neue Mechanismen institutioneller Diskriminierung schaffen, wodurch die Wirkungen von Maßnahmen, die explizit auf die Verbesserung der Chancengleichheit gerichtet sind, unterlaufen werden.

Strategien zur Verbesserung der Schulqualität im multikulturellen Umfeld

Bei den im folgenden vorgestellten Konzepten handelt es sich zum einen um Initiativen der britischen Labour-Regierung zur Verbesserung der Leistungsergebnisse ethnischer Minoritäten-Schülerinnen und -Schüler und zum Abbau von Rassismus und institutioneller Diskriminierung; zum anderen um das Projekt „Qualität in multikulturellen Schulen" (QUIMS) der kantonalen Bildungsdirektion Zürich.

---

5 Für einen kritischen Überblick s. TROYNA/WILLIAMS 1986; GOMOLLA/RADTKE 2002; zur neueren Rezeption des Begriffs im britischen Kontext s. MACPHERSON OF CLUNY 1999.

Strategien zur Verbesserung der Bildungsbeteiligung von ethnischen Minoritäten in England

In England nahmen Ende der 1970er, zu Beginn der 1980er Jahre das Bewusstsein und Engagement in Bezug auf die Bekämpfung ethnischer Ungleichheiten merklich zu, vor allem im Bildungsbereich (z. B. DES 1985). Im Zuge der tiefgreifenden Strukturreformen ab 1988 (v. a. Einführung eines Nationalen Curriculums mit landesweiten Tests an Schlüsselstufen und Errichtung eines (Quasi-) Bildungsmarktes) wurden die in einem Großteil der lokalen Schulbezirke implementierten multikulturellen und antirassistischen Schulentwicklungsprogramme (vgl. z.B. STEINER-KHAMSI 1992) vollkommen von einer „farbenblinden" Schuleffektivitätspolitik verdrängt, welche die Verbesserung der Standards als vorrangiges Ziel propagierte[6].

Die im Mai 1997 angetretene Labour-Regierung legte ebenfalls den Schwerpunkt auf die Verbesserung der Standards. Sie baute das vorgefundene *School-Effectiveness/School-Improvement*-Modell zu einem kohärenten System des Qualitätsmanagements aus, das alle Schulformen und alle Ebenen des Schulsystems umfasst. Es basiert auf einem korporatistischen Management-Ansatz aus dem privatwirtschaftlichen Bereich: Interne Management-Prozesse sind von Geschäftsplanung, Targetsetting und Leistungsmanagement, wie auch von der Entwicklung korporativer Zustimmungen zu bestimmten Organisationszwecken bestimmt, gekoppelt an die Überlebenszwänge in einer Wettbewerbsumgebung. Oberstes Ziel ist die Steigerung der Leistungsresultate. Die Technologie besteht in lokalem Schulmanagement, *Rankings*, dem Nationalem Curriculum, nationalen Tests, *Benchmarking*, *Targetsetting*, Entwicklungsplänen und dem System der Inspektionen des *Office for Standards in Education* (OFSTED) (HATCHER 1998).

Obwohl es zunächst wenig danach aussah, hat es die Blair-Regierung bis Ende der 1990er Jahre geschafft, mit dem aggressiven „farbenblinden" Diskurs der Vorgänger-Regierung zu brechen und die Bekämpfung von Rassismus und institutioneller Diskriminierung wieder zur offiziellen Politik zu machen. Bereits im Sommer 1997 verabschiedete sie ein erstes Weißes Papier zur Bildungspolitik (DfEE 1997) mit dem Hauptziel, die Quote der 11-jährigen, die die nationalen Standards in Mathematik und Englisch erreichen, von 60 auf 80% im Jahr 2002 zu steigern, nicht zuletzt zur Bekämpfung ethnischer Ungleichheit. Der Inauguralbericht der von der Regierung neu gegründeten *„Social Exclusion Unit"* (SEU 1998), der dem Problem des Schulschwänzens und der Schulexklusionen gewidmet ist, geht explizit auf den in den 1990er Jahren stark angestiegenen Anteil schwarzer afro-karibischer Jugendlicher ein, die vom Unterricht ausgeschlossen werden (vgl. GILLBORN/GIPPS 1996). Beide Papiere führen Statistiken an, die das Ausmaß ethnischer Ungleichheit belegen und zitieren Studien, die auf eine aktive (wenn

6 Der Einfluss der „Neuen Rechten" in der Reformpolitik der 1980er und 1990er Jahre drückt sich etwa in dem berühmt gewordenen Ausspruch des damaligen Premierministers John Major in einer Parteitagsrede 1992 aus: *„Primary teachers should learn how to teach children to read, not waste their time on the politics of gender, race and class"* (SIRAJ-BLATCHFORD/SIRAJ-BLATCHFORD 1999, S. 128).

auch oft unbeabsichtigte) Rolle von Lehrern und Schulen für die Aufrechterhaltung oder Vergrößerung dieser Effekte hindeuten.

Die Regierung entwickelte ein breites Bündel von Maßnahmen, einschließlich kleinerer Klassen für die 5- bis 7-jährigen Kinder, „*early-excellence*"-Zentren zur Verbreitung guter Unterrichts- und Lernpraktiken, Aktionszonen *(Education Action Zones)* zur Unterstützung von Innovationen in deprivierten Schulbezirken und einer täglichen Unterrichtsstunde in den Grundlagenfächern „*Literacy*" und „*Numeracy*". Diese Maßnahmen sind überwiegend auf die Verbesserung der Leistungen *aller* gerichtet, berücksichtigen jedoch zum Teil explizit die besonderen Bedürfnisse ethnischer Minoritätenschülerinnen und -schüler (vgl. BARBER 1999). Als zentrale Strategie zur Verbesserung unterdurchschnittlicher Leistungswerte einzelner ethnischer Gruppen gilt systematisches *ethnisches Monitoring* auf allen Ebenen des Schulgeschehens. Ethnisches Monitoring meint das statistische Erfassen und kontinuierliche Beobachten von Unterschieden der Resultate in Schule, Berufsausbildung und auf dem Arbeitsmarkt, differenziert nach den Kriterien ethnischer Herkunft, sozialer Schichtzugehörigkeit und Geschlecht (s. OFSTED 1999; BARBER 1999, S. 7). Systematische statistische Vergleiche in allen Schulen und Schulbezirken sollen dazu beitragen, dass die institutionellen Arrangements und Prozesse kontinuierlich beobachtet werden, ob sie zur Schaffung oder Verfestigung niedriger Leistungsresultate beitragen; Problembereiche sollen spezifischer identifiziert und koordinierte Interventionen angestoßen werden.

Eine weitere wesentliche Veränderung im April 1999 war die Umwandlung des 1966 eingerichteten *Section*-11-Fonds, der Mittel zur Sprachförderung der Immigrantenkindern aus den Ländern des ehemaligen Commonwealth bereit stellte. Der neue *Ethnic Minority Achievement Grant (EMAG)*, der zugleich vom Innenministerium zum Bildungsministerium verlagert wurde, soll alle Primar- und Sekundarschulen in ihrem Bemühen unterstützen, die unterdurchschnittlichen Schulerfolge der ethnischen Minoritäten-Schülerinnen und -Schüler zu bekämpfen. Die durch den EMAG unterstützten Maßnahmen sollen auch aus Kostengründen eng auf die Mainstream-Aktivitäten zur Leistungsverbesserung bezogen sein. Der EMAG ist systematisch auf unterdurchschnittliche Leistungsergebnisse aller ethnischen Minderheitengruppen in den Curriculumsfächern gerichtet, nicht nur auf die Probleme von Kindern mit Englisch als zusätzlicher Sprache. Die lokalen Behörden sollen den Großteil der Mittel (85%) den Schulen übertragen, damit diese flexiblere und gezieltere Maßnahmen ergreifen können. Bei der Beantragung der Mittel müssen die Schulen eine detaillierte Bestandsaufnahme und Handlungsplanung vorlegen, einschließlich konkreter Zielwerte zur Verbesserung der Lernerfolge der betreffenden Gruppen. Über den EMAG eingestellte Speziallehrkräfte sollen nicht nur im Klassenzimmer tätig sein, sondern nach Bedarf auch spezifische Koordinierungstätigkeiten auf gesamtschulischer Ebene erfüllen, die auf die Verbesserung der Leistungen der ethnischen Minoritätengruppen bezogen sind (z. B. Kontakte zu Eltern oder lokalen Immigrantenorganisationen intensivieren, spezielle Projekte oder Fortbildungen organisieren, Durchführung von Monitoring und Datenanalysen etc.). Die lokalen Behörden, an denen ein zentrales Team von EMAG-Fachberaterinnen und -beratern lokalisiert ist, sind vor allem für die Fortbildung der Spezial- und der Mainstream-Lehrkräfte zuständig. Positive Effekte auf die Bildungsbeteiligung ethnischer Minoritätengruppen werden auch von den seit dem Schuljahr 1999/2000 in den Schulen obligatorischen Leistungstargets für die 11- und 16-jährigen Schülerinnen und Schüler erwartet. Die LEAs sind ferner seit dem Schuljahr 1999/2000 angehalten, Audits in den Schulen durchzuführen, in denen auch die Leistungsförderung der ethnischen Minoritäten untersucht wird und auf dieser Basis in ihren Entwicklungsplänen konkrete Schritte festzulegen, wie sie die Schulen bei der Leistungsverbesserung unterstützen werden. Bei all diesen Maßnahmen wird die Verbindung von instrumentellen Strategien zur Leistungsverbesserung mit Bewusstsein für die eher informelle Welt zwischenmenschlicher Beziehungen, Werte, Einstellungen und wechselseitigen Wahrnehmungen betont. Klare Vorkehrungen zur Bekämpfung von Rassismus und zur Förderung guter interethnischer Beziehungen werden als unerlässlich betrachtet, um die Bildungsbarrieren ethnischer Minoritäten abzubauen.

Ein Ereignis, das eine intensive öffentliche Debatte über institutionellen Rassismus auslöste und wesentlich dazu beitrug, dass das Ziel ethnischer Gleichheit im Erziehungswesen wieder Priorität erlangte, war die Veröffentlichung des Abschlussberichts der Macpherson-Kommission, die in einem 70-tägigen Tribunal die durch die Polizei verschleppte Aufklärung des rassistischen Mordes an dem schwarzen College-Schülers Stephen Lawrence untersuchte, im Februar 1999 (MACPHERSON OF CLUNY 1999). Alle Empfehlungen der Kommission, die sich auf die Schule bezogen, wurden vom Innenministerium in einem Handlungsplan umgesetzt (Home Office 1999)[7]. Der Macpherson-Report hatte im Jahr 2000 auch eine Verbesserung des Antidiskriminierungsgesetzes zur Konsequenz. Das *Race Relations (Amendment) Act* (The Stationary Office 2000) verpflichtet lokale Behörden und Schulen, Diskriminierung aus rassischen Gründen zu vermeiden und gute interethnische Beziehungen zu gewährleisten. Von der *Commission for Racial Equality* wurden detaillierte Handlungsschemata zur Umsetzung und Kontrolle dieser Bestimmungen erarbeitet[8].

Während die geschilderte Entwicklung in England zeigt, wie Aspekte der Pluralität und Themen der ethnischen Ungleichheit und Diskriminierung quasi im Nachhinein sukzessive wieder in die „de-rassialisierte" Schulpolitik aufgenommen wur-

7 Folgende Empfehlungen beziehen sich direkt auf das Erziehungssystem: 1.) wurden Ergänzungen des Nationalen Curriculums gefordert, im Hinblick auf die Wertschätzung der Diversität, zur Prävention von Rassismus und um allgemein der gesellschaftlichen Verschiedenheit und Vielfalt besser zu entsprechen (*"better reflect the needs of a diverse society"*); 2.) verwies die Kommission auf die Pflicht von LEAs und Schulbeiräten, Strategien zu entwickeln, um Rassismus in Schulen zu verhindern und zu bekämpfen; 3.) forderte sie OFSTED-Inspektionen, die die Implementation dieser Strategien untersuchen und 4.) appellierte sie an *Communities* und Gemeinden, Initiativen zur Förderung der kulturellen Vielfalt und zur Bekämpfung von Rassismus zu ergreifen (MACPHERSON OF CLUNY 1999).

8 Diverse Dokumente finden sich auf der Homepage der *Commission for Racial Equality*: http://www.cre.gov.uk (August 2002).

den, stellt das folgende Beispiel aus der Schweiz den Versuch dar, die Multikulturalität von Anfang an bei der Einführung der Teilautonomie zu berücksichtigen.

„Qualität in multikulturellen Schulen" (QUIMS) – ein Projekt der Volksschulreform im Schweizer Kanton Zürich

Das 1996 begonnene kantonale Schulentwicklungsprojekt „Qualität in multikulturellen Schulen" (QUIMS) ist eines von 14 Teilprojekten einer umfassenden Reform der Zürcher Volksschule, deren Kern die Einführung der Teilautonomie darstellt. Die Einrichtung der Schule als „Handlungs- und Verantwortungseinheit" (ED Zürich 1997, S. 5) ist zugleich Teil der Modernisierung der öffentlichen Verwaltung auf Basis des *New Public Management* (DUBS 1996). Anders als in England wird bisher auf die Einführung von Markt- und Wettbewerbsmechanismen verzichtet. Betont wird die Suche nach positiven Ergänzungen von *New Public Management* und pädagogischen Zielen, bei Erhalt der Grundsätze einer staatlich getragenen Volksschule (ED Zürich 1997, S. 3).

Das QUIMS-Projekt zielt auf die Entwicklung spezieller Instrumente der Qualitätsentwicklung und -sicherung in Schulen mit hohen Anteilen von Migrantenkindern und Jugendlichen. Diese Schulen sollen dadurch auch für Schweizer Eltern und Kinder attraktiv bleiben. Auch hier ist das Ziel, die unterdurchschnittlichen Erfolge der Migrantenkinder und -jugendlichen in Richtung einer durchschnittlichen Bildungsbeteiligung anzuheben.

Im Kanton Zürich gingen Impulse für eine Politik der Qualitätssicherung in multikulturellen Schulen von mehreren Seiten aus: Die bis dahin erprobten Maßnahmen im Bereich der interkulturellen Pädagogik erwiesen sich als unzulänglich, um den (gemessen v. a. an den Anteilen in den Sonderklassen und auf den unterschiedlichen Schultypen der Sekundarstufe I) zunehmenden Diskrepanzen in den Bildungserfolgen von Schweizer Kindern und von Kindern aus Migrantenfamilien entgegenzuwirken (vgl. z.B. EDK 2000; KRONIG u. a. 2000). Um den Schulerfolg ihrer Kinder besorgte Eltern wanderten zunehmend aus multikulturellen Stadtvierteln und Gemeinden ab, wodurch die soziale Segregation zunahm. Ende der 1990er Jahre unternahmen zudem rechtspopulistische Parteien im Kantonsrat und in einzelnen Gemeindeparlamenten Vorstöße zur Einrichtung separater Klassen für fremdsprachige Kinder, die sie mit dem sinkenden Leistungsniveau in Schulen mit hohen Anteilen von Migrantenkindern begründeten (vgl. OCHSNER u. a. 2000). Bereits Anfang der 1990er Jahre versuchten engagierte Lehrkräfte mit den Behörden, eine Vielzahl erfolgreicher vereinzelter Schulprojekte zu kohärenteren Konzepten zu bündeln und geeignete Rahmenbedingungen für ihre Verbreitung zu schaffen (TRUNIGER 2001, S. 43f.). Der kantonale Erziehungsrat gab in seinen 1995 verabschiedeten „Empfehlungen zur Schulung der fremdsprachigen Kinder und zur Interkulturellen Pädagogik" (Erziehungsrat des Kantons Zürich 1995) die Untersuchung der Ursachen der mangelnden Schulerfolge der Migrantenkinder und die Entwicklung von pädagogischen Mitteln zur Verbesserung des Schulerfolgs dieser Gruppen in Auftrag. Die schulpolitischen Anstrengungen wurden durch Integrationsleitbilder in den größeren Städten abgestützt, die dem Bereich von

Schule und Bildung eine herausragende Bedeutung für ein gutes Zusammenleben verschiedener Bevölkerungsgruppen beimessen.

Das QUIMS-Projekt bietet Schulen mit Migrantenanteilen von mehr als 50% fachliche und finanzielle Unterstützung, damit diese auf lokale Bedürfnisse abgestimmte pädagogische Maßnahmen entwickeln können[9]. Die beteiligten Schulen erhalten ein jährliches Budget von 70.000 SFR für zeitliche Entlastungen der Lehrpersonen, externe Fachleute für Weiterbildungen und Fachberatung und die Realisierung einzelner Teilprojekte. Sie erhalten ferner eine systematische Schulbegleitung durch eine Mitarbeiterin oder einen Mitarbeiter der Projektgruppe in der kantonalen Bildungsdirektion. Pädagogische Interventionen sind in sechs Feldern vorgesehen. Eine Schule wählt daraus im Sinne einer Schwerpunktsetzung in ihrem lokalen Schulprogramm jeweils ein bis zwei Module zur Bearbeitung für eine zwei- bis dreijährige Projektphase aus:

- Verstärkung der Leistungsförderung
- Verstärkung der Sprachförderung
- Angepasste Lernbeurteilung und Förderplanung
- Einbezug und Mitwirkung der Eltern
- Vor- und außerschulische Lernanregungen
- Schulkultur der Anerkennung

Alle Module sind didaktisch aufbereitet. Zu jedem Modul ist eine ausführliche Sammlung spezifischer Beiträge aus der Schulforschung in einem Reader zusammengestellt, die allen Interessierten zur Verfügung stehen. Inhaltliches Hintergrundmaterial, Vorgaben für die Projektplanung unter Einbezug erprobter Praxisbeispiele, nützliche Informationen und Adressen sowie ausformulierte Qualitätsmerkmale zu jedem Modul, mit deren Hilfe Schulen die eigene Praxis überprüfen und reflektieren können, sind auch in dem von der Projektgruppe herausgegebenen Handbuch zur Schulentwicklung zusammengefasst (QUIMS 2001; MÄCHLER u. a. 2000).

In methodischer Hinsicht führt QUIMS die Grundsätze und Strategien der Organisationsentwicklung aus dem Projekt „Teilautonome Volksschule" in den beteiligten Schulen ein (Einrichtung von Projektleitung, Steuer- und Arbeitsgruppen; Zyklus von Projektorganisation, -durchführung und -evaluation). Betont wird die Klärung und Festlegung spezifischer inhaltlicher Ziele, um einen tatsächlichen Wandel der Lernkultur herbeiführen zu können, wie vor allem die Grundsätze der *Integration* (von integrativen Formen der Organisation des Unterrichts bis zur Auseinandersetzung mit unreflektierten Mustern der Wahrnehmung und Interpretation von Lernproblemen), der *Einbeziehung der Betroffenen* auf allen Ebenen des Schulgeschehens sowie der kompromisslosen *Ablehnung jeglicher Diskriminierung* (vgl. STRÄULI 2000, S. 19ff.).

Im Unterschied zum output-orientierten englischen Schuleffektvitätsmodell setzt QUIMS bei der Verbesserung der Lernbedingungen an. Das QUIMS-Projekt ist

9 Ausführlichere Informationen sind auf der Homepage des Projekts im Internet abrufbar unter: http://www.quims.ch. (August 2002)

einer pädagogischen Schulentwicklung verpflichtet, die sowohl das Lernen der Organisation wie der Einzelnen fördern will. Qualität wird sowohl auf die Ebene der *Einzelschulen* als auch auf das *Schulsystem* bezogen (FEND 1998). Grundlegend ist ein Modell der pädagogischen Schulentwicklung, bei dem die vier Interventionsfelder „Klasse", „Schulhaus", „Schulumfeld" und „Elternhaus" unterschieden werden. Nach diesem Konzept muss pädagogische Schulentwicklung vor allem am Geschehen im Klassenzimmer und an der Beziehung der Schule zum Elternhaus ansetzen, da diese Faktoren das Lernen direkt beeinflussen. Damit Verbesserungen im Unterricht oder in der Arbeit mit den Eltern gelingen können, müssen solche Anstrengungen jedoch durch ein entsprechendes pädagogisches Klima im Schulhaus gestützt sein. Gegebenenfalls sind auch Maßnahmen im weiteren Umfeld der Schule erforderlich. Erfolgreiche Schulentwicklung bedarf vor allem einer Gesamtstrategie, welche die verschiedenen Ebenen des Schullebens miteinander verknüpft und gleichgerichtetes Arbeiten im gesamten Schulhaus ermöglicht (vgl. RÜESCH 1999).

Außer der Arbeit in den Schulen nimmt QUIMS die Effizienz und Leistungsfähigkeit des kantonalen Systems sowie dessen Wirkungen auf einen Ausgleich der Bildungschancen verschiedener Bevölkerungsgruppen in den Blick. Langfristig soll auf Basis aller verfügbaren Erfahrungen ein Modell der Qualitätssicherung in multikulturellen Schulen ausgearbeitet werden, das auf alle Schulen mit hohen Anteilen von Migrantenkindern und Jugendlichen übertragen werden kann. Dieses soll mit dem neuen Volksschulgesetz ab dem Schuljahr 2005/06 institutionalisiert werden (QUIMS 2001a, S. 8). Unter dieser Zielsetzung zielt QUIMS auf eine Rückkopplung der gewonnenen Erfahrungen mit anderen Feldern der gesamten Volksschulreform, in der neue Rahmenbedingungen für Integrations- und Leistungsförderung festgelegt werden.

Chancen und Risiken unter Gesichtspunkten der institutionellen Diskriminierung

Da sich die beiden beschriebenen Handlungsansätze noch mehr oder weniger in der Implementierungsphase befinden, ist über ihre pädagogischen Wirkungen zur Zeit noch wenig Genaues zu sagen. Für sich genommen illustrieren sie jedoch, dass sich Leistungsverbesserung und Effizienz durchaus mit emanzipatorischen und egalitären Bildungszielen verknüpfen lassen. Eine gemeinsame Stoßrichtung beider Ansätze ist, dass sie – anders als die Schulentwicklungsbewegung der 1980er Jahre – nicht mehr bei der Verbesserung der sozialen Beziehungen und des Schulklimas ansetzen, sondern die Unterrichts- und Lernprozesse im Klassenzimmer im Vordergrund stehen. Das schulische Lernen soll unter Bedingungen sozialer und kultureller Vielfalt besser gestaltet werden, so dass alle Schülerinnen und Schüler möglichst gute Leistungen erbringen und Bildungsungleichheiten ausgeglichen werden. In dieser Herangehensweise werden ethnische und sprachlich-kulturelle Differenzen potenziell stärker aus den konkreten Belangen der Unterrichts- und Betreuungspraxis heraus wahrgenommen und werden zum Gegenstand pädagogischer Entwicklungsarbeit. Von einem solchen „Projekt" der Transformation schulischer Lehr- und Lerninhalte, Unterrichtsdidaktiken, Organisationsstrukturen und Schulkulturen unter Gesichtspunkten der Vielfalt ist ein Beitrag zum allgemeinen Verständnis schulischer Prozesse und zur Sicherung einer guten Bildungsqualität für *alle* Kinder und Jugendlichen zu erwarten. Die Verlagerung der Aufmerksamkeit von den Individuen auf das zu entwickelnde organisatorische und pädagogische Setting könnte aber auch einen Ausweg aus den Dilemmata der pluralistischen Bildungskonzepte der 1980er Jahre darstellen, die zur „Kultivierung" statischer, rückwärtsgewandter Vorstellungen kultureller Identität beitragen. Gleiches gilt für die Überwindung eines symbolischen, moralischen Antirassismus, der zwar leicht zugängliche Slogans bietet, in einer simplifizierenden „Schwarz-Weiß-Linse" jedoch die komplexen Dynamiken von Identitäts- und Ethnizitäts-Politik und deren Verwobenheit in institutionelle Muster von Unterdrückung und Ausschluss verfehlt – und in dieser Realitätsferne ebenfalls wenig zur Entwicklung wirksamer Strategien zur Prävention und zum Abbau von Diskriminierung beitragen kann (GILLBORN 2000).

Hinsichtlich ihres Beitrags zum Abbau institutioneller Diskriminierung weisen die Konzeptionen jedoch wesentliche Unterschiede auf: Im englischen Schulsystem ist jegliche Schulentwicklung unmittelbar an den Leistungs-Output der Schule und ein spezifisches Set von Technologien zur Leistungssteigerung gebunden. Evaluation, Reflexion und Zielbildung bleiben in einem instrumentellen und technizistischen Sinn eng an einzelne operative Einheiten der Organisation gekoppelt (z.B. Audits der Schulleitung und des Schulmanagements mit Beraterinnen der lokalen Behörden). Hier stellt sich die Frage, inwieweit in einem solchen System – trotz der Entschiedenheit und Klarheit, mit der die Bekämpfung institutioneller Diskriminierung im politischen Diskurs wieder als Ziel deklariert wird – beispielsweise eine tatsächliche Reflexion der pädagogischen Praxis seitens der beteiligten Akteure überhaupt möglich ist. Auch der immense Druck durch die rigiden Rechenschaftssysteme und die Kopplung des Überlebens der Schulen an die Leistungsresultate dürfte ein Aufbrechen von Diskriminierungsmechanismen versperren, zumal wenn sie an die wirtschaftlichen- und die Überlebenssinteressen der Schulen gekoppelt sind. Solche Mechanismen wären etwa Praktiken offener oder versteckter Selektion, um leistungsfähigere Schülerinnen und Schüler ohne kostenaufwendige besondere Lernbedürfnisse an die Schule zu bekommen, die prioritäre Verwendung von Förderressourcen zugunsten derjenigen Schülergruppen, die die Gesamtresultate der Schule steigern oder die Favorisierung von Unterricht in Leistungsgruppen. Ethnisches Monitoring in Bezug auf die Leistungsresultate lässt auch die durch die freie Schulwahl verschärfte soziale Segregation unangetastet, verbunden mit der zunehmenden Hierarchisierung von Schulen. Die Integration ethnisch-spezifischer Kriterien in das Qualitätsmanagement in einzelnen Schulen wird wohl kaum etwas daran ändern, dass sich in deprivierten „schwarzen Schulen" grundsätzlich mehr Kinder mit besonderen Lernbedürfnissen weniger Ressourcen teilen müssen als in den „weißen" Nachbarschulen (vgl. z. B. TOMLINSON 2000; GILLBORN/YOUDELL 2000).

Obgleich die gesetzlichen Regelungen und einzelne Instrumente zum Abbau von Bildungsungleichheiten im britischen Kontext zur Zeit ohne Zweifel Vorbildcharakter haben, scheint das Zürcher Modell allein durch den Verzicht auf die Einführung der freien Schulwahl und von Markt- und Wettbewerbsmechanismen die besseren Voraussetzungen aufzuweisen, Bildungsungleichheiten abzubauen. Das Zürcher Modell setzt stärker auf positive Anreize und die Unterstützung der Entwicklungsarbeit in den Schulen durch gut durchdachte pädagogische und methodische Konzepte, sowie finanzielle und fachliche Hilfestellungen. Im Unterschied zum Output-fixierten, technizistischen *School-improvement*-Modell in Großbritannien bleiben die Instrumente der Organisationsentwicklung stärker als „Mittel zum Zweck" auf die Verbesserung der Rahmenbedingungen für die pädagogische Arbeit bezogen. Die beteiligten Lehrpersonen fühlen sich durch die Angebote des Kantons unterstützt, aber auch bei einheimischen und zugewanderten Eltern, die sich in ihren Sorgen um die Bildungserfolge ihrer Kinder ernstgenommen fühlen, stößt das Projekt auf eine hohe Akzeptanz. Allerdings muss sich auch beim QUIMS-Modell noch erweisen, ob die angebotenen Instrumente geeignet sind, Mechanismen der institutionellen Diskriminierung im Schulalltag sichtbar und veränderbar zu machen. Hier deutet sich eher das Problem an, ob nicht womöglich ein Mangel an Explizit in Bezug auf Themen der Diskriminierung dazu beitragen könnte, dass die ursächlichen institutionellen Arrangements, die an der Herstellung und Verfestigung von Bildungsungleichheiten beteiligt sind, ebenfalls unangetastet bleiben. In pädagogischer Hinsicht darf die starke Betonung der Organisations- und Unterrichtsentwicklung unter dem Gesichtspunkt der Leistungsförderung nicht davon ablenken, dass für eine emanzipatorische Bildungspraxis qualifizierte pädagogische Handlungsansätze, die die breiteren Machtkonstellationen reflektieren, in die das schulische Lernen eingebettet ist, unerlässlich sind – Konzepte individualisierten Lernens, die Schülerinnen und Schüler auch als aktive Subjekte in der Konstruktion und Rekonstruktion dominanter Ideologien anerkennen und sie beispielsweise im Rahmen kooperativer Lernformen auffordern, sich an einem dekonstruktiven Prozess zu beteiligen (vgl. EPSTEIN 1993).

Literatur

AUERNHEIMER, G./VON BLUMENTHAL, V./STÜBIG, H./WILLMANN, B. (1996): Interkulturelle Erziehung im Schulalltag. Fallstudien zum Umgang von Schulen mit der multikulturellen Situation. – Münster.

BARBER, M. (1999): The Big Picture: The National Achievement Agenda and Minority Ethnic Pupils. In: Multicultural Teaching, Vol. 17, No. 3, S. 6-16.

CASHMORE, E. (1996): Integration. In: ders. (ed.): Dictionary of Race and Ethnic Relations. – London [1984; 4. überarbeitete Auflage], S. 172-174.

CHUBB, J./MOE, T. (1990): Politics, Markets and America's Schools. – Washington DC .

DALE, R. (1999) [1997]: The State and Governance of Education: An Analysis of the Restructuring of the State-Education Relationship. In: Halsey et al. (eds.): Education. Culture, Economy, and Society. – Oxford, S. 271-282.

DEPARTMENT FOR EDUCATION AND DEPLOYMENT (DfEE)(1997): Excellence in schools. Cm 3681. – London.

Department for Education and Science (DES) (1985): Education for All. Report of the Enquiry into the Education of Children from Ethnic Minority Groups (Swann Report). London, HMSO.

DUBS, R. (1996): Schule, Schulentwicklung und New Public Management. – St. Gallen.

EPSTEIN, D. (1993): Changing classroom cultures: anti-racism, politics and schools. – Stoke-on-Trent.

ERZIEHUNGSDIREKTION DES KANTONS ZÜRICH (ED)(1997): TaV. Teilautonome Volksschulen. Entwicklungsrahmen. – Zürich.

ERZIEHUNGSRAT DES KANTONS ZÜRICH (1995): Empfehlungen zur Schulung der fremdsprachigen Kinder und zur interkulturellen Pädagogik. – Zürich.

FEND, H. (1998): Qualität im Bildungswesen. Schulforschung zu Systembedingungen, Schulprofilen und Lehrerleistung. – Weinheim.

FERGUSON, D. L. (1998): Changing tactics: Embedding inclusion reforms within general education restructuring efforts. In: International Journal of Educational Research 29, S. 143-159.

FISCHER, D./SCHREINER, P./DOYÉ, G./SCHEILKE, C. T. (Hrsg.) (1996): Auf dem Weg zur interkulturellen Schule. Fallstudien zur Situation interkulturellen und interreligiösen Lernens. – Münster.

GILLBORN, D.: Rassismus, Identität und Moderne: Pluralismus, moralischer Antirassismus und modellierbare Ethnizität. In: QUEHL, T. (Hrsg.) (2000): Schule ist keine Insel: Britische Perspektiven antirassistischer Pädagogik. Münster u. a., S. 72-96.

GILLBORN, D./GIPPS, C. (1996): Recent Research on the Achievements of Ethnic Minority Pupils. – London.

GILLBORN, D./YOUDELL, D. (2000): Rationing Education: Policy, Practice, Reform and Equity. – Buckingham.

GOMOLLA, M./RADTKE, F.-O. (2002): Institutionelle Diskriminierung. Die Herstellung ethnischer Differenz in der Schule. – Opladen.

HALL, S. (2001): Von Scarman zu Stephen Lawrence. In: SCHÖNWÄLDER, K./ STURM-MARTIN, I. (Hrsg.): Die britische Gesellschaft zwischen Offenheit und Abgrenzung: Einwanderung und Integration vom 18. bis zum 20. Jahrhundert. – Berlin; – Wien, S. 154-168.

HATCHER, R. (Vol. 1, No. 2, October 1998): Social Justice and the Politics of School Effectiveness and Improvement. In: Race Ethnicity and Education, S. 267-289.

Home Office: Stephen Lawrence Inquiry (1999): Home Secretary's Action Plan. – London.

KRONIG, W./HAEBERLIN, U./ECKHART, M. (2000): Immigrantenkinder und schulische Selektion. Pädagogische Visionen, theoretische Erklärungen und empirische Untersuchungen zur Wirkung integrierender und separierender Schulformen in den Grundschuljahren. – Bern.

LEVACIC, R. (1995): Local Management of Schools: Analysis and Practice. – Buckingham.

MÄCHLER, S. und Autorenteam (2000): Schulerfolg: kein Zufall. Ein Ideenbuch zur Schulentwicklung im multikulturellen Umfeld. – Zürich.

MACPHERSON OF CLUNY (März 2002): The Stephen Lawrence Inquiry. http://www.archive.official-documents.co.uk/document/cm42/4262/sli-00.htm [1999].

MAGOTSIU-SCHWEIZERHOF, E. (Mai 2000): Schulautonomie, Profilbildung und freie elterliche Schulwahl am Beispiel von Erfahrungen in angelsächsischen Ländern. Ein Literaturbericht [1999]. http://www.elcd.auth.gr/rcds/txt/education/schulautonomie.htm

MCGEE BANKS, C. (1993): Restructuring Schools for Equity. What We Have Learned in Two Decades. In: Phi Delta Kappan, 75, S. 42-44, S. 46-48.

OCHSNER, P. E./KENNY, U./SIEBER, P. (Hrsg.) (2000): Vom Störfall zum Normalfall: kulturelle Vielfalt in der Schule. – Chur.

OFSTED (Office for Standards in Education) (1999): Raising the attainment of minority ethnic pupils. School and LEA responses. HMCI. – London.

BILDUNGSDIREKTION DES KANTONS ZÜRICH (2001): „Qualität in multikulturellen Schulen" (QUIMS): Zwischenbericht über die zweite Phase (1999 und 2000) (Fassung vom 29. Mai 2001). – Zürich.

BILDUNGSDIREKTION DES KANTONS ZÜRICH (2001): „Qualität in multikulturellen Schulen" (QUIMS): Projektplan für die dritte Phase (2002-2005). Fassung vom 29. Mai 2001, vom Bildungsrat bewilligt mit Beschluss vom 12.06.01. – Zürich.

RADTKE, F.-O./WEIß, M. (Hrsg.) (2000): Schulautonomie, Wohlfahrtsstaat und Chancengleichheit. Ein Studienbuch. – Opladen.

REINHARDT, K. (1992): Öffnung der Schule. Community Education als Konzept für die Schule der Zukunft? – Weinheim.

RÜESCH, P. (1999): Gute Schulen im multikulturellen Umfeld. Ergebnisse aus der Forschung zur Qualitätssicherung. Bildungsdirektion des Kantons Zürich (Hrsg.). – Zürich.

SCHWEIZERISCHE KONFERENZ DER KANTONALEN ERZIEHUNGSDIREKTOREN (EDK) (Hrsg.) (2000): Ausbildung und Integration von fremdsprachigen Jugendlichen auf der Sekundarstufe II. – Bern.

SIRAJ-BLATCHFORD, I./SIRAJ-BLATCHFORD, J. (1999): 'Race', Research and Reform: the impact of the three R's on anti-racist pre-school and primary education in the UK. In: Race Ethnicity and Education, 2; 1, S. 127-148.

SOCIAL EXCLUSION UNIT (1998): Truancy and School Exclusion. Report by the Social Exclusion Unit. Cm 3957. – London.

STEINER-KHAMSI, G. (1992): Multikulturelle Bildungspolitik in der Postmoderne. – Opladen.

STEINER-KHAMSI, G. (2002): School Choice – wer profitiert, wer verliert? In: LOHMANN, I./RILLING, R. (Hrsg.): Die verkaufte Bildung. Kritik und Kontroversen zur Kommerzialisierung von Schule, Weiterbildung, Erziehung und Wissenschaft. – Opladen, S. 133-151.

STRÄULI, B. (2000): Schulentwicklung in multikulturellen Schulen. In: MÄCHLER, S. und Autorenteam: Schulerfolg: kein Zufall. Ein Ideenbuch zur Schulentwicklung im multikulturellen Umfeld. – Zürich, S. 19-33.

THE STATIONERY OFFICE (Juli 2002): Race Relations (Amendment) Act 2000. http://www.legislation.hmso.gov.uk/acts/acts2000/20000034.htm

TOMLINSON, S.: Wie wirken sich Bildungsmärkte auf ethnische Minderheiten aus? In: RADTKE, F.-O./WEIß, M. (Hrsg.) (2000): Schulautonomie, Wohlfahrtsstaat und Chancengleichheit. Ein Studienbuch. – Opladen, S. 201-221.

TROYNA, B. (1993): Racism and Education. – Buckingham.

TROYNA, B./WILLIAMS, J. (1986): Racism, Education and the State. – Beckenham.

TRUNIGER, M. (2001): Von besonderen Maßnahmen für Schulen in besonderen Verhältnissen zu einem Schulentwicklungsprojekt in multikulturellen Schulen in Zürich. In: Schweizerische Konferenz der kantonalen Erziehungsdirektoren (EDK) (Hrsg.): Leistungsförderung und Bildungschancen. Studien + Berichte 14A. – Bern, S. 43-45.

WEIß, M.: Privatisierung des Bildungsbereichs – Internationale Tendenzen. In: RADTKE, F.-O./WEIß, M. (Hrsg.) (2000): Schulautonomie, Wohlfahrtsstaat und Chancengleichheit. Ein Studienbuch. – Opladen, S. 35-51.

WHITTY, G./POWER, S./HALPIN, D. (1998): Devolution and Choice in Education. The School, the State and the Market. – Camberwell.

Ursula Neumann

Integrationspolitik im Stadtstaat: Bildung, Arbeitsmarkt und Wirtschaftsförderung

Erfahrungen und Positionen als Ausländerbeauftragte

Von September 1999 bis Juni 2002 habe ich als Erziehungswissenschaftlerin für interkulturelle Bildung einen Ausflug in die Politik gewagt. Auf Vorschlag der Grün-Alternativen-Liste (GAL) und mit Zustimmung der Sozialdemokraten (SPD) war ich ehrenamtlich als Ausländerbeauftragte des Senats der Freien und Hansestadt Hamburg tätig. Unterstützt von einem Arbeitsstab von zehn Personen und ausgestattet mit einem Etat für Öffentlichkeitsarbeit war es meine Aufgabe, die Interessen von Migrantinnen und Migranten in Hamburg gegenüber der Bürgerschaft, dem Senat und gesellschaftlichen Gruppen wahrzunehmen, um im Sinne des Gemeinwohls Integrationsprozesse zu fördern. Als weitere Aufgaben der Ausländerbeauftragten waren in Hamburg die Einflussnahme auf Verwaltungshandeln, die Beratung des Senats, eine Öffentlichkeitsarbeit gegenüber der Presse und den deutschen und nichtdeutschen Einwohnerinnen und Einwohnern von Hamburg in rechtlichen und politischen Fragen grundsätzlicher Art sowie Konfliktvermittlung und Verbandsarbeit festgelegt worden. Nach einem Wahlsieg der CDU, FDP und der „Partei rechtsstaatliche Offensive“ (Schill) wurde das Amt der Ausländerbeauftragten zum 1. 7. 2002 nach zwölfjährigem Bestehen in Hamburg abgeschafft. Es gibt in der BRD Ausländerbeauftragte oder besser: unabhängige Stellen, die sich der Aufgabe der Integrationsförderung widmen, weil wir in einer sprachlich, kulturell und sozial vielfältigen Gesellschaft leben, aber nicht so gut damit zurecht kommen. Der Anspruch der Demokratie, Minderheiten zu schützen, Rassismus und Diskriminierungen zu verhindern und die Chance zur gesellschaftlichen Teilhabe jedem zu eröffnen, bedarf offenbar eigener Aufmerksamkeit. Sollte dies in Hamburg nicht mehr nötig sein?

Meine Arbeit im Amt der Ausländerbeauftragten habe ich an drei Leitvorstellungen orientiert, von denen die erste lautete, die Potentiale der multikulturellen Gesellschaft und der Migrantinnen und Migranten darin sichtbar zu machen. Das zweite Ziel, die Förderung der politischen Partizipation, wurde auf mehreren Wegen zu erreichen versucht, der Schwerpunkt lag bei der Werbung für Einbürgerungen und der Information von Jugendlichen über deren Voraussetzungen und Vorteile. Die dritte Leitvorstellung bestand in dem Bemühen, die Behörden dazu anzuregen, eigene Zielvorstellungen im Sinne einer integrierten Gesellschaft zu entwickeln und zu verfolgen. Leider ist es in Hamburg bisher nicht gelungen, ein Integrationskonzept zu entwickeln, das diese Querschnittaufgabe für alle gesellschaftlichen Bereiche beschreibt und Handlungsschwerpunkte setzt.

Neben der Ausländerbeauftragten der Bundesregierung haben alle Bundesländer, mit Ausnahme von Bayern, ein Amt zur Förderung von Integrationsprozessen („Ausländerbeauftragte“ oder „Integrationsbeauftragte“) eingerichtet, die aber sehr unterschiedlich in Politik und Verwaltung eingebunden und mit Kompetenzen ausgestattet sind. Die Hamburger Konstruktion sicherte durch die unmittelbare Verantwortung der Beauftragten der Landesregierung gegenüber sowie durch die ehrenamtliche Berufung mit Unterstützung durch einen hauptamtlichen Mitarbeiterstab weitgehende politische Unabhängigkeit. Hinzu kam das (mittelbare) Recht auf Akteneinsicht bzw. eine Auskunftspflicht der Behörden, wodurch ebenfalls effektive Formen der Intervention möglich waren. Eines der Mittel, auf die Politik und das Behördenhandeln Einfluss zu nehmen – bzw. den Versuch dazu zu unternehmen – war der in zweijährigem Rhythmus vorzulegende Bericht. Ein Auszug aus meinem Bericht, den ich Ende des Jahres 2001 vorgelegt habe, gibt im Folgenden einige Positionen zu zentralen Integrationsfaktoren wieder.[1]

Bildung, ein wichtiger Integrationsfaktor

Die Bedeutung von Bildung für Integrationsprozesse ist hoch zu bewerten. Differenziertheit des Denkens, Einblicke in gesellschaftliche Zusammenhänge, berufliche Qualifikation und Demokratiefähigkeit zum Beispiel machen den gebildeten Menschen aus, der zur friedlichen Mitgestaltung des Gemeinwesens in der Lage ist. Kommunikation ist dabei das Mittel der Verständigung und des Aushandelns, das als Voraussetzung erworben und ständig gepflegt werden muss. In der Einwanderungsgesellschaft ist dies eine Frage interkultureller Kompetenz für die einzelnen Menschen, aber auch für die Institutionen der öffentlichen Verwaltung, die politischen Gremien und Medien. Sprachliche Verständigung spielt eine wichtige Rolle, sowohl in deutscher Sprache – der Verkehrssprache in Deutschland – als auch im Englischen – der Weltverkehrssprache – und in den Herkunftssprachen der Migrantinnen und Migranten, die diese in der Kommunikation mit Freunden und Verwandten im Ausland und im Inland brauchen. In der Einwanderungsgesellschaft müssen alle Menschen in der Lage sein, sich in mehrsprachigen Situationen angemessen zu verhalten, sich nicht unwohl darin zu fühlen und die Kommunikation aufrecht zu erhalten. Rassismus und Ressentiments gegenüber Personen oder Gruppen, die als „fremd“ oder „anders“ etikettiert werden, kann durch Bildung entgegengewirkt werden, in Kindertagesstätten, Vorschule und Schule, in der Erwachsenenbildung, der politischen Bildung und in den Medien.

1 Ich danke an dieser Stelle meinen Mitarbeiterinnen und Mitarbeitern, die an diesem Bericht mitgewirkt haben.

Monokulturelle Ausrichtung in Kindertageseinrichtungen (Kita) und Schule entwickelt keine Potenziale

In Hamburg sind – wie in der übrigen Bundesrepublik – Kindergarten und Schule vorwiegend monokulturell ausgerichtet und besitzen ein an Einsprachigkeit orientiertes Selbstverständnis. Dies lässt sich historisch mit der Rolle der Schule bei der Herausbildung von Nationalstaaten erklären (vgl. GOGOLIN 1994). Für die Gestaltung von Bildungsprozessen und Bildungsinstitutionen ist es heute aber eine wesentliche Voraussetzung, dass die Gesellschaft im Nationalstaat als heterogen und im Wandel befindlich wahrgenommen wird. Das Aufwachsen in einer Migrationsgesellschaft, d.h. die Sozialisation im Einwanderungsland stellt die Erziehungs- und Bildungsinstitutionen dieser Gesellschaft vor die Anforderung, interkulturelle Kompetenzen zu vermitteln. Alle Kinder – die „ausländischen Kinder" ebenso wie die „deutschen Kinder" – müssen lernen, mit Unterschiedlichkeiten adäquat umzugehen und in pluralen Verhältnissen handlungsfähig zu sein.

In Hamburg hat ca. ein Drittel aller Kinder und Jugendlichen einen Migrationshintergrund. Seien ihre Eltern oder Großeltern als Arbeitsmigranten nach Hamburg gekommen, seien sie die Kinder von Aussiedlern oder von Flüchtlingen oder seien ihre Eltern gemischt-nationale Ehen eingegangen. In ihren Familien mischen sich die kulturellen Einflüsse, sie haben Beziehungen zu Verwandten in verschiedenen Ländern und sie lernen die Sprachen, nicht selten auch die Minderheitensprachen ihrer Herkunftsländer. Wollen Bildungsinstitutionen auf diese Situation adäquat reagieren, so greifen pädagogische Maßnahmen, die nur auf die Eingewöhnung in oder die Anpassung an vermeintlich „Deutsches" zielen, zu kurz. Vielmehr gilt es, die Engführung der monokulturell und einsprachig ausgerichteten Bildungsansätze zu erweitern und dabei das Verhältnis von partikularen Ansprüchen Einzelner bzw. Minderheiten und verbindlichen Gemeinsamkeiten für alle neu zu bestimmen.

Erziehung und Bildung im Einwanderungsland ist jedoch nicht nur in Hinblick auf Zielsetzung und Inhalte zu überprüfen und neu zu bestimmen, sie ist es auch in Bezug auf die Gewährleistung von Chancengleichheit für Eingewanderte und Einheimische. Die hierzu vorliegenden Daten zeigen allerdings, dass das Bildungssystem dieser Aufgabe bisher nicht ausreichend gerecht geworden ist, auch nicht in Hamburg. Weder gelingt es den vorschulischen Einrichtungen, die allgemeine Sprachfähigkeit der Kinder – unter Einschluss des Deutschen – vor Eintritt in die Schule soweit zu entwickeln, dass keine Basiskenntnisse mehr vermittelt werden müssten, noch erreichen Migrantenkinder ihren Lernpotenzialen angemessen höhere Bildungsabschlüsse, noch sind sie angemessen im System der Berufsausbildung und bei den Berufsabschlüssen repräsentiert. Besonders besorgniserregend an dieser Situation ist es, dass das Niveau der erreichten Bildungsabschlüsse in den letzten Jahren stagniert und der Anteil von Migrantenjugendlichen in der betrieblichen Ausbildung sogar zurückgeht. Wie kann erreicht werden, dass die Bildungsinstitutionen das leisten, was sie leisten sollten: Die Nutzung der Potenziale von Kindern und Jugendlichen, deren weiterer Aufbau und eine gerechte Verteilung von Chancen auf gesellschaftliche Teilhabe.

Der Elementarbereich: Kindertageseinrichtungen in Hamburg

In Hamburg besuchen 93% der drei- bis sechsjährigen Kinder vorschulische Einrichtungen; die deutschen Eltern nutzen diese Einrichtungen für ihre Kinder im selben Maß wie die nichtdeutschen. Doch sind die Gründe für die Inanspruchnahme durchaus verschieden. Den Eltern der Migrantenkinder ist am wichtigsten die Sprachförderung (82%), aber auch die Gemeinschaftserfahrung (70%), die den deutschen Eltern am wichtigsten ist (90%). Die Erwerbstätigkeit der Migranteneltern ist nur bei einem Drittel der Grund dafür, das Kind in eine Betreuungseinrichtung zu geben (vgl. BMFSFJ 2000, S. 160). Es gibt nach unseren Untersuchungen in Hamburg kein Akzeptanzproblem der Einrichtungen durch die Migranteneltern; entsprechend gibt es auch keine Notwendigkeit dafür, bei Migranteneltern speziell für den Kindergartenbesuch zu werben oder gar eine „Kindergartenpflicht“ zu fordern. Durchschnittlich beträgt in den Betreuungseinrichtungen der Anteil der Migrantenkinder an allen Kindern 20,8%, was genau dem durchschnittlichen Anteil Hamburger nichtdeutscher Kinder der Altersgruppe bis zwölf Jahren entspricht (DIE AUSLÄNDERBEAUFTRAGTE 2001b). Beim Verbandsträger „VEREINIGUNG HAMBURGER KINDERTAGESSTÄTTEN E.V.“ (2001, S. 9) liegt dieser Anteil mit 33,5% überdurchschnittlich hoch.

Untersuchungen des DEUTSCHEN JUGENDINSTITUTS in Kindergärten haben gezeigt, dass dort ein reges „multikulturelles Kinderleben“ existiert (BERG/JAMPERT 2000). Die Kinder sind es inzwischen gewöhnt, die Feste verschiedener Kulturen und Religionen gemeinsam zu feiern; die Spiel- und Freundschaftsgruppen sind ethnisch gemischt; die Kinder wachsen mehrsprachig auf, das heißt, dass es in Migrantenfamilien selten ist, dass nur eine Sprache gesprochen wird – sei es Deutsch oder eine andere Sprache –, vielmehr sprechen die Kinder häufig mit ihren Eltern in einer anderen Sprache als mit ihren Geschwistern, mischen auch im Familiengespräch die Sprachen oder nutzen sie zu verschiedenen Gelegenheiten unterschiedlich (vgl. ebd.). Die Autorinnen der Studie stellen fest, dass die Kinder interkulturelle Kompetenzen aufbauen, die aus ihrer Perspektive normal sind. Die Frage ist, wie solche Kompetenzen in den Kindertageseinrichtungen aufgegriffen und ausgebaut werden können.

Nach den Ergebnissen unserer Befragung in den Betreuungseinrichtungen der Hansestadt Hamburg sind auf Seiten der Kinder unter Einschluss der deutschen Sprache durchschnittlich mehr als drei verschiedene Sprachen vertreten. Die häufigsten Sprachen sind neben Deutsch Türkisch, Polnisch, Dari und Russisch. Insgesamt wurden 37 Sprachen genannt, die von den Kindern im Betreuungsalltag gesprochen würden (bei 83 befragten Einrichtungen). Dennoch muss konstatiert werden, dass sich die Betreuungseinrichtungen erst langsam auf die Mehrsprachigkeitssituation einstellen. Nur 11% der Angestellten sind selbst nichtdeutscher Muttersprache, könnten also die Kinder der entsprechenden Sprachen darin fördern. Entsprechend sehen nur 12% der befragten Einrichtungen Förderangebote in den Muttersprachen der Kinder außer Deutsch vor. Aber auch das Förderangebot in der deutschen Sprache lässt erheblich zu wünschen übrig: Nur 25%

der befragten Einrichtungen machen solche Angebote. Es besteht also ganz deutlich Handlungsbedarf für die inhaltliche und organisatorische Weiterentwicklung der Förderung einer koordinierten Zweisprachigkeit der Kinder. Problematisch ist, dass die vielfältigen sprachlichen Kompetenzen der Kinder nicht einem ausreichenden Spektrum an Sprachen gegenüberstehen, die durch das Personal vertreten werden. Dem Ziel, allen Kindern eine interkulturelle Lebens- und Lernsituation bieten zu können, stehen nach Aussagen des befragten Betreuungspersonals neben den unzureichenden Förderangeboten zur deutschen Sprache und zu den Muttersprachen, die sich am Bedarf und nicht an „Ausländerquoten“ orientieren sollten, hemmend auch die unterrepräsentierte Einstellung von Mitarbeiterinnen mit nicht-deutscher Muttersprache sowie unzureichende Fortbildungsangebote für Erzieherinnen entgegen. Hierfür bestehen aber in Hamburg – anders als in anderen Bundesländern – gute Ausgangsbedingungen mit der „Erzieherinnenausbildung“, bei der in Form einer Weiterbildungsmaßnahme kontinuierlich Einwanderinnen dazu ausgebildet werden, in Kindergärten eine interkulturelle und zweisprachige Erziehung zu entwickeln.

Gute Ansätze zur Entwicklung von tragfähigen Konzepten einer interkulturellen, der mehrsprachigen Lebenswelt von Kindern angemessenen Pädagogik im Elementarbereich bestehen auch bei den Kindertageseinrichtungen, die sich dies zum Programm gemacht haben. Sie sind meist auf Initiative von Eltern entstanden, die selber zweisprachig leben oder dies für ihre Kinder wünschen. Hierzu zählen deutsch-türkische Einrichtungen wie die „Mottenkiste – Koza“ in Altona und die „Türkisch-deutsche Kindertagesstätte“ in Eimsbüttel ebenso wie „Maimouna“, eine mehrsprachige Kindertagesstätte für „schwarze Kinder“, ebenfalls in Altona. Die „Vereinigung Hamburger Kindertagesstätten“, der größte städtische Träger von Kindertageseinrichtungen, hat ebenfalls mit der Konzeptentwicklung begonnen. Im Sinne einer Querschnittaufgabe sollen Interkulturalität und Mehrsprachigkeit als Merkmale von Qualitätsentwicklung verfolgt werden.

Die Schule

In interkultureller Perspektive ist die hamburgische Bildungssituation durch eine besonders große Vielfalt an sprachlicher und nationaler Herkunft der Schülerinnen und Schüler gekennzeichnet. Der Anteil von ausländischen Schülerinnen und Schülern mit türkischer Staatsangehörigkeit liegt mit 40% vergleichsweise niedrig, 14% der Schüler stammt aus den Nachfolgestaaten Jugoslawiens; weitere große Gruppen, die typisch für Hamburg sind, wie Iraner, Afghanen und Polen, werden durch die Schulstatistik nicht einzeln erfasst. So bildet die Gruppe der „Sonstigen“, mit 35% die zweitgrößte. Die Kinder aus Aussiedlerfamilien machen etwa 5% der Migrantenschülerschaft aus.

Die meisten der hamburgischen Schülerinnen und Schüler ohne deutschen Pass sind in Hamburg geboren und aufgewachsen. Ihre Bildungssituation und ihre Bildungschancen sind nicht durch den Umstand einer Einwanderung, verbunden mit Schulwechsel, Wechsel der Bezugspersonen und aller Lebensumstände, beeinflusst oder beeinträchtigt worden, sondern sie sind durch die Bedingungen dieser Gesellschaft selbst bestimmt. Die Verantwortung für die Bildungserfolge der Kinder liegt bei den Eltern, Lehrerinnen und Lehrern und bei denen, die in Verwaltung und Politik tätig sind. Alle einschlägigen Untersuchungen haben nachgewiesen, dass in diese Kinder von Seiten der Eltern hohe Erwartungen gesetzt werden. Sie sollen gute Schulabschlüsse erreichen, nach Möglichkeit mit Abitur und ein Studium soll sich anschließen. Die Eltern schicken die Kinder auch gegen die Empfehlung der Grundschulen auf Gymnasien, wo allerdings viele Kinder anschließend scheitern. Den Erwartungen steht kein entsprechender Schulerfolg gegenüber. Zwar ist im Verlauf der 40jährigen Einwanderung die Quote derjenigen, die die Schule ohne Abschluss verlassen, erheblich zurückgegangen, sie beträgt aber immer noch ca. 20% und – was alarmierend ist – sie geht nicht weiter zurück. Bei Betrachtung der statistischen Daten ist jedoch zu bedenken, dass viele dieser Schülerinnen und Schüler weitere Abschlüsse in den beruflichen Schulen (Berufsvorbereitungsjahr, Berufsfachschule, Wirtschaftsgymnasium) erwerben.

Die hamburgische Schulpolitik gegenüber Minderheitenkindern war lange Zeit vom kompensatorischen Gedanken geprägt. Für die zusätzliche Förderung von Kindern, die aus dem Ausland nach Hamburg kamen, wurden Mittel in Form von Sonderzuweisungen an Lehrerstunden in erheblichem Maße eingesetzt. Im Schuljahr 2000/2001 waren dies insgesamt 605 Stellen, davon 382 für zusätzliche Deutschförderung. Doch mit der Novellierung des hamburgischen Schulgesetzes ist im Jahre 1997 eine Umorientierung erfolgt mit dem Ziel der größtmöglichen Erschließung der Qualifikationspotenziale dieser Kinder und Jugendlichen insbesondere im Hinblick auf ihre sprachliche Bildung. So wurde in § 3 die Förderung der Zweisprachigkeit als Bestandteil des Bildungs- und Erziehungsauftrags der Schule festgelegt: „Kinder und Jugendliche, deren Erstsprache nicht Deutsch ist, sind unter Achtung ihrer ethnischen und kulturellen Identität so zu fördern, dass ihre Zweisprachigkeit sich entwickeln kann und ihnen eine aktive Teilnahme am Unterrichtsgeschehen und am Schulleben ermöglicht wird". (Vgl. HAMBURGISCHES SCHULGESETZ von 1997) Darüber hinaus wurde in § 5 „Interkulturelle Erziehung" als eines von mehreren fächerübergreifenden Aufgabengebieten der Schule festgelegt. Leitgedanke der Formulierung des § 3 ist die ausdrückliche Anerkennung von Zweisprachigkeit als individuelle Kompetenz und gesellschaftliche Ressource. Alle schulischen Maßnahmen sollen dem Ziel verpflichtet sein, die Zweisprachigkeit der Kinder bestmöglich zu fördern. Darunter ist sowohl Deutschunterricht zu verstehen, als auch die Berücksichtigung der sprachlichen Aspekte im Fachunterricht sowie die Vermittlung der Herkunftssprachen der Kinder, die sie in ihren biografischen Zusammenhängen erworben haben und in die Schule mitbringen. Mit der Wahl des Begriffs „Herkunftssprache" wird behördlicherseits signalisiert, dass es für dieses Bildungsangebot unerheblich ist, wie gut oder wie selbstverständlich ein Kind seine andere Sprache neben Deutsch erworben hat („Muttersprache"). Voraussetzung für die Teilnahme am Unterricht dieser Sprache ist nicht die entsprechende Nationalität, sondern die Bedeutung, die die

Sprache im Leben des Kindes besitzt. Die Zielsetzung „Förderung der Zweisprachigkeit“ hat für die Gestaltung der Schule verschiedene Konsequenzen, z.B. die, dass auch der Regelunterricht in den verschiedenen Fächern die Zweisprachigkeit der Schülerinnen und Schüler fördern soll. Die Rahmenpläne zu vier speziellen Bereichen liegen im Entwurf vor: „Deutsch als Zweitsprache“ (in Vorbereitungsmaßnahmen), Deutsch als Zweitsprache (im Regelunterricht) „Herkunftssprachlicher Unterricht“ und „Interkulturelle Erziehung“. Daneben nehmen die Rahmenpläne aller anderen Fächer das Ziel zweisprachiger und interkultureller Erziehung auf. Die konkrete Umsetzung der Rahmenpläne ist schulspezifischen Konzepten überlassen, die Schulen im Rahmen ihrer Programmentwicklung entwickeln, diskutieren und verabschieden sollen.

Die dargestellte Entwicklung ist eingebettet in eine breite Verstärkung des bilingualen Unterrichts auch für Kinder, deren Erstsprache Deutsch ist. Bilinguale Zweige an den Gymnasien mit Fachunterricht in englischer oder französischer Sprache, die Verstärkung des frühen Englischunterrichts in der Grundschule und die Einrichtung von Modellklassen zur zweisprachigen Alphabetisierung (italienisch-deutsch, portugiesisch-deutsch, spanisch-deutsch; geplant: polnisch-deutsch, türkisch-deutsch) sind Ausdruck einer an Zweisprachigkeit orientierten Schulsprachenpolitik. Wenn auch mit der Sprache nur ein Merkmal kultureller Heterogenität in den Blick genommen wird, wird dennoch nicht länger eine ausschließlich kompensatorische, auf die Reduzierung von Defiziten ausgerichtete Pädagogik („Reparaturpädagogik“) betrieben, sondern eine Querschnittaufgabe für die gesamte Institution Schule formuliert, deren Umsetzung ein langfristiger Prozess ist.

Aus wissenschaftlicher Perspektive wird der Hamburger Ansatz einer Erziehung zur Zweisprachigkeit positiv bewertet. In einer gutachterlichen Stellungnahme zur nationalen und internationalen Spracherwerbsforschung (vgl. HAMBURGISCHE BÜRGERSCHAFT 2001) wird gezeigt, dass alle aktuellen empirischen Untersuchungen darauf hinweisen, dass die Zweisprachigkeit in Deutschland in den unterschiedlichsten Mischungen und Dominanzen in absehbarer Zeit eher verbreiteter als seltener wird und das Bildungswesen sich auf diese Situation einstellen muss. Eine Zweiteilung des Sprachenlernens in muttersprachliches Lernen auf der einen Seite und fremdsprachliches Lernen auf der anderen, wie es traditionell der Organisation des Schulwesens zugrunde liegt, ist ein Relikt des nationalstaatlichen Denkens, das der tatsächlichen Realität der Einwanderungsgesellschaft nicht entspricht. Die Gutachter kommen zu dem Schluss, dass

- eine zeitlich hinreichende und systematische didaktische Einbeziehung der Herkunftssprache als Gegenstand und Medium des Unterrichts zu besseren Schulerfolgen führe;
- eine planlose Herangehensweise an das Lernen der Zweitsprache, d.h. ein Vertrauen auf die quasi natürliche Wirkung des Sprachkontakts, zu negativen Effekten führe;
- eine Kombination von systematischer Förderung der Zweitsprache und der Einbeziehung der Herkunftssprache bei im Übrigen gleichen Bedingungen zu

deutlich besseren Ergebnissen gegenüber solchen Programmen, die die Kinder ins Sprachbad der neuen Sprache tauchen (Submersionsprogramme), führe und

- eine isolierte Zweitsprachförderung ohne Anschluss an den übrigen (Fach-) Unterricht wirkungslos bliebe.

Die hamburgische Schulpolitik folgt diesen gutachterlichen Empfehlungen, wenn sie einerseits dafür sorgt, dass die Kinder, die in ihren Familien eine andere Sprache als Deutsch sprechen, schon im Vorschulalter einen relativ stabilen Sockel von Zweisprachigkeit entwickeln können und die Schule auf dieser Zweisprachigkeit aufbaut. Für Kinder, die aus dem Ausland neu nach Hamburg kommen, sind auch weiterhin Eingliederungsmaßnahmen vorzusehen, wie sie zur Zeit als Auffang- und Vorbereitungsklassen bestehen. Die Mehrsprachigkeit der Kinder als Ressource zu betrachten und für alle, auch für die einsprachig deutschen Kinder, als Bereicherung zu sehen und entsprechend aufzugreifen, bedarf allerdings einiger Voraussetzungen: Für die mehrsprachig aufwachsenden Kinder wäre eine Alphabetisierung und weitere Unterrichtung ihrer Herkunftssprachen nötig – und zwar in einer Weise, die auf ihre Zweisprachigkeit Bezug nimmt. Der Unterricht müsste fremdsprachendidaktische Aspekte enthalten und die Beziehung zwischen der Herkunftssprache und dem Deutschen explizit herstellen. Schließlich darf die Möglichkeit des Besuchs des Unterrichts nicht davon abhängig gemacht werden, ob das Kind die entsprechende Staatsangehörigkeit besitzt oder nicht. Entsprechendes gilt für den Deutschunterricht: Auch hier können die Lehrerinnen und Lehrer nicht davon ausgehen, dass alle Kinder über ein intuitives Wissen der Regeln und Strukturen des Deutschen verfügen, ihnen die Grammatik also nicht erklärt werden müsste, sondern dass sie sie selber aus dem sprachlichen Wissen selbst ableiten könnten. Aber auch aller anderer Unterricht muss immer auch als Sprachunterricht begriffen werden. Die Schulsprache Deutsch ist eine andere als die Alltagssprache und muss in Form von Fachsprachen eigens gelernt werden. Dies ist deshalb zu berücksichtigen, um dem Phänomen zu begegnen, dass Kinder auf dem Schulhof sprachlich nicht von anderen deutschen Kindern zu unterscheiden sind, jedoch beim Schreiben von Texten in den Sachfächern erhebliche Schwierigkeiten haben.

Positiv wird von der Berichterstatterin auch beurteilt, dass nicht allein die Migrantenkinder im Mittelpunkt des Bemühens stehen, sondern der Auftrag interkultureller Erziehung als alle Schülerinnen und Schüler und die Gestaltung der Schule insgesamt betreffend verstanden wird. Zu beachten ist allerdings, dass solche Querschnittaufgaben leicht in den Hintergrund rücken zugunsten fachlicher Fragen im engeren Sinne. Es ist daher in Zukunft ein entsprechendes Controlling nötig, um die gewünschten Prozesse zu steuern und ihre Wirkung zu überprüfen. Dies sollte in Form eines *ethnic monitoring* Teil der Hamburger Bildungsberichterstattung sein.

Berufliche Integration von Jugendlichen und Erwachsenen ist unzureichend

Ohne eine gute berufliche Qualifikation von jugendlichen Migrantinnen und Migranten ist das Ziel der gesellschaftlichen Integration nicht zu erreichen. Der enge Zusammenhang zwischen Ausbildungsniveau und Arbeitslosigkeit hat für diese Gruppe der Bevölkerung besonders nachteilige Folgen. Ihre spezifischen interkulturellen, z.B. zweisprachigen Kompetenzen werden häufig zu wenig entwickelt, entwertet oder übersehen. Auf dem Arbeitsmarkt werden diese hoch bewerteten und gesuchten Fähigkeiten und Fertigkeiten eher bei deutschen Jugendlichen vermutet.

Die bisherigen integrationspolitischen Sichtweisen für die berufliche Qualifizierung jugendlicher oder jungerwachsener Migrantinnen und Migranten leidet darunter, dass das, was für deutsche Jugendliche noch überwiegend als normaler Einstieg in ein Berufsleben vorausgesetzt werden kann, für Migranten sehr häufig nicht zutrifft. Der Normalfall, an dem sich die Politik orientiert, sieht folgendermaßen aus: Der oder die deutsche Jugendliche ist in Deutschland zur Schule gegangen, hat anschließend eine duale Berufsausbildung durchlaufen, und es gelingt der Einstieg in eine sozialversicherungspflichtige Tätigkeit. Damit werden Beiträge an die Bundesanstalt für Arbeit gezahlt, die das im Leben nachfolgende Risiko der Arbeitslosigkeit in hohem Maße abfedert durch die Gewährung von unterhaltssicherndem Arbeitslosengeld und insbesondere die Möglichkeiten, berufliche Qualifikationen den veränderten Erfordernissen des Arbeitsmarktes durch Fortbildung und Umschulung anpassen zu können.

Dieser „Normalfall" liegt sehr häufig bei Migrantinnen und Migranten nicht vor. Wenn sie als Flüchtlinge oder im Wege des Familiennachzuges nach Deutschland kommen, sind sie nicht in dieser Gesellschaft sozialisiert, haben nicht von vornherein Sprach- und Strukturkenntnisse (z.B. Berufsorientierung, Aufbau des Sozialversicherungssystems, etc.), ihre mitgebrachten beruflichen Qualifikationen werden in der Regel nicht anerkannt, eine Anpassungsqualifizierung wird aus diesen wie aus sozialversicherungsrechtlichen Gründen nicht durchgeführt, der Einstieg in das duale System scheitert häufig aus vielfältigen Gründen und durch das dieses System insgesamt unterstützende Arbeitsgenehmigungsrecht werden die Migrantinnen und Migranten viel zu häufig in Tätigkeiten abgedrängt, in denen ihre Qualifikation nicht gebraucht wird oder vonnöten ist. Diese Tätigkeitsbereiche mit niedrigen Qualifikationsanforderungen sind aber mit dem besonderen Risiko der Arbeitslosigkeit verbunden, was zur Folge hat, dass Sozialversicherungsbeiträge nicht in vergleichbarer Weise wie bei deutschen Arbeitnehmern erbracht werden und die Ansprüche auf Fortbildung und Umschulung keine vergleichbare formale Grundqualifikationsbasis haben, auf der sie aufbauen können.

Es ist daher zu prüfen, ob das auf dem Beitragsprinzip beruhende Arbeitslosenversicherungssystem nicht im Sinne einer Investition in Humankapital größere Freiräume zuerkannt bekommen kann, um die berufliche Integration von Einwanderinnen und Einwanderern, besonders dann, wenn sie als Erwachsene nach Deutschland kommen, besser fördern zu können. Wenn es richtig ist, dass

Deutschland im Jahre 2010 bereits einen umfassenden Arbeitskräftemangel aufweisen wird, kann es konsequenterweise auch nur richtig sein, die bislang brachliegenden Potenziale stärker zu erschließen. Dies würde der Gesamtgesellschaft ebenso wie individuell den Migrantinnen und Migranten helfen, denen die Integration wesentlich erleichtert würde.

Ausbildung im dualen System

Die oben dargestellte Zielsetzung schulischer Bildung, die Zweisprachigkeit von Migrantenkindern als Potenzial aufzufassen, das es zu erfassen, zu fördern und als gesellschaftliche Ressource einzusetzen gilt, findet in der beruflichen Bildung bisher keine Fortsetzung. Im Gegenteil, es werden in Auswahlverfahren gerade Fertigkeiten abgeprüft, die sprachlich und kulturell deutsche Muttersprachler bevorteilen. In der beruflichen Ausbildung selber werden kaum Angebote zur deutschsprachigen Förderung gemacht. Außer in speziellen Schulformen, die der Aufnahme neu aus dem Ausland zuziehender Schülerinnen und Schüler dienen (Berufsvorbereitungsjahr für Migranten – BVJM; Vorbereitungsjahr für Migranten – VJM), werden keine Mittel für die sprachliche Förderung im Berufsschulbereich eingesetzt, weder im Deutschen, noch in den Herkunftssprachen der Jugendlichen.

Angesichts der Verlagerung der Ausbildungsstellen vom gewerblichen in den Dienstleistungssektor gewinnen sprachliche Kompetenzen auch in der Ausbildung und für die späteren Chancen auf dem Arbeitsmarkt erheblich an Bedeutung. Dies gilt nicht nur für Deutsch und Englisch, sondern zunehmend auch für die „kleineren" Sprachen der Migrantinnen und Migranten, die in den Handelsbeziehungen und überall dort, wo diese Bevölkerungsgruppe Kunde ist (öffentlicher Dienst, Arztpraxen, Servicekräfte, Export-Import-Geschäfte, etc.), eine wichtige Rolle spielen. Gefragt sind allerdings sichere schriftsprachliche Kenntnisse und Übersetzungskompetenzen in beiden Sprachen, d.h. eine entwickelte Zweisprachigkeit fachspezifischer Art. Diese stellt sich nicht durch familiären Sprachgebrauch im Alltag ein, sie erfordert eine systematische Förderung während der schulischen und beruflichen Ausbildung. In der Zweisprachigkeit der Migrantenjugendlichen liegt nicht nur eine Ressource, die es auszuschöpfen gilt, sondern auch ein wirtschaftlicher Bedarf der Gesellschaft im globalen Wettbewerb.

Ende 2000 befanden sich in Hamburg (Angaben der Behörde für Schule, Jugend und Berufsbildung, BSJB) rund 34.000 Jugendliche in einer dualen Berufsausbildung, davon knapp 3.000 Jugendliche (2.952 = 8,7%) mit einem anderen als dem deutschen Pass; die Hälfte davon waren Mädchen (49%). Überproportional viele von ihnen erlernten einen Handwerksberuf. Diese knapp 9% Migrantenjugendlichen in Ausbildung sind gemessen an ihrem Anteil im Jahrgang von rund 18% bei weitem zu wenig. Weiter verdüstert wird dieses Bild dadurch, dass von den knapp 3.000 Jugendlichen 1.200 solche Ausbildungsverhältnisse eingegangen sind, die außerbetrieblich organisiert, also aus staatlichen Mitteln finanziert werden. Die Eigenleistung der Wirtschaft entspricht demnach nur rund 600 neu zu besetzenden Ausbildungsplätzen pro Jahr für Migrantenjugendliche. Es verlassen aber jedes Jahr etwa 2.700 nichtdeutsche Jugendliche die allgemeinbildenden Schulen, im Jahr 2000 waren es 15% (443) mit einer Hochschulzugangsberechtigung, 31% (831) mit Realschulabschluss, 32% (870) mit Hauptschulabschluss und 21% (570) ohne Hauptschulabschluss (eigene Berechnung auf Basis der Statistik der hamburgischen Behörde für Schule, Jugend und Berufsbildung, V 121-2 im Jahr 2001).

Diese Daten besagen allerdings nur wenig über die Leistungsfähigkeit der Jugendlichen, insbesondere derjenigen, die keinen Hauptschulabschluss erreicht haben, denn in dieser Zahl sind sowohl Jugendliche enthalten, die ihre gesamte Schulzeit in Deutschland verbracht haben, als auch solche, die als ältere Jugendliche, meist als Flüchtlinge, in die Bundesrepublik eingereist sind, und für die in der zur Verfügung stehenden Zeit entsprechende Lernfortschritte noch nicht möglich waren. Zu diesen Schulabgängern aus den allgemeinbildenden Schulen kommen diejenigen hinzu, die die Berufsfachschule in der Regel mit einem dem Realschulabschluss gleichgestellten Abschluss verlassen. Dies sind durchschnittlich 1.100 Jugendliche ohne deutschen Pass. Die Heterogenität in der Zusammensetzung der Gruppe der „ausländischen Jugendlichen“, zumal in ihrer komplexen Einbindung in ausländer- und arbeitsrechtliche Regelungen, geht aus diesen Zahlen und den in der BSJB üblicherweise geführten Statistiken nicht hervor. Insofern bieten diese Zahlen lediglich Anhaltspunkte, aber noch keinen genügenden Aufschluss darüber, mit welchen spezifischen Fördermöglichkeiten eine Verbesserung der Situation zu erreichen wäre.

Folgt man den Argumenten der Wirtschaft und unterstellt, dass in erster Linie Realschulabsolventen und nicht Hauptschüler die Zielgruppe der ausbildenden Wirtschaft sind, stehen jedes Jahr rund 2.000 leistungsfähige Jugendliche als Bewerber für Ausbildungsplätze zur Verfügung. Rein statistisch gelingt es allerdings insgesamt nur der Hälfte von ihnen, das erwünschte Ziel einer Berufsausbildung zu erreichen (2.952 geteilt durch 3 Ausbildungsjahre = ca. 1.000). Diese Gruppe der ausländischen Jugendlichen mit einem Realschulabschluss bildet die Mehrheit der Jugendlichen; ein Blick auf diese Gruppe macht deutlich, dass das Grundproblem der niedrigen Ausbildungsquote nicht bei den Jugendlichen und ihren vermeintlichen Defiziten liegt. Der typische „ausländische Jugendliche“ hat eben nicht zu wenig Deutschkenntnisse, ist nicht leistungsunwillig und bringt keinen schlechten Schulabschluss mit. Es wirken andere gesellschaftliche Ausschlussmechanismen, die verhindern, dass Migrantenjugendliche in angemessenem Verhältnis in eine duale Berufsausbildung einmünden.

Die Ausbildungssituation hat sich seit den 1980er Jahren trotz aller staatlichen Fördermaßnahmen, trotz Berufsorientierung und Berufsvorbereitung, trotz ausbildungsbegleitender Hilfen sowie staatlich finanzierter Ausbildungsprogramme stetig verschlechtert. Auch die Beschäftigung der „Hamburger Initiative für Arbeit und Ausbildung“ hat nicht zu einer Verbesserung der Ausbildungssituation von Migrantenjugendlichen beigetragen. Wenn bereits heute für Hamburg repräsentativ festgestellt wird, dass knapp 33% der ausländischen Jugendlichen zwischen 20 und

29 Jahren keine abgeschlossene Berufsausbildung vorweisen können, während dies nur auf 8% der deutschen Vergleichsgruppe zutrifft, kann man die Wirkung dieser Entwicklung sehen. Die im Jahr 2000 vom Arbeitsamt durchgeführten Ausbildungskonferenzen haben gezeigt, dass sich das Berufswahlverhalten der nichtdeutschen Bewerberinnen und Bewerber nicht von dem der deutschen Jugendlichen unterscheidet. Auch sie drängen stark in den kaufmännischen Bereich, wenn sie einen Realschulabschluss erworben haben, oder sind realistisch genug, eine Stelle im gewerblichen Bereich oder gar in Mangelberufen zu suchen, wenn sie einen schlechteren Schulabschluss besitzen. Allerdings scheitern sie im Wettbewerb um Ausbildungsplätze überall dort, wo sie in starker Konkurrenz zu deutschen Bewerberinnen und Bewerbern stehen.

Die berufliche Orientierung in Richtung auf eine qualifizierte Ausbildung gilt für Mädchen genauso wie für Jungen. Eine familiär bedingte Orientierung auf eine Arbeitsaufnahme ohne vorherige Berufsausbildung ist eher selten, und wenn sie geschieht, dann oftmals aufgrund der Ausschlussverhältnisse auf dem Ausbildungsmarkt und des Zwangs aus dem BSHG, bei Sozialhilfeanspruch dem Arbeitsmarkt zur Verfügung zu stehen und jede Möglichkeit der Arbeitsaufnahme nutzen zu müssen.

Die großen Betriebe versuchen im Unterschied zu den Handwerksbetrieben, mit der Einstellung von Auszubildenden ein immer geringeres Risiko einzugehen. Sie testen mit vielfältigen Methoden und mehrstufig, bis ihre Entscheidung feststeht. Im Ergebnis fallen überproportional viele Jugendliche nichtdeutscher Staatsangehörigkeit heraus, weil die Tests unter interkulturellen Gesichtspunkten für sie nicht geeignet sind: Weder berücksichtigen sie in der Aufgabenstellung, ob Deutsch die Muttersprache des Getesteten ist, noch sind sie kulturneutral, und schon gar nicht messen sie die Kompetenzen der Jugendlichen in ihren anderen Sprachen oder ihren interkulturellen Aspekten.

Die Meinung vieler für die Einstellung und Ausbildung in den Betrieben verantwortlichen Personen beruht nicht selten auf Einzelfällen und ist von Vorurteilen geleitet, so meinen z.B. manche, man handele sich mit Migrantenjugendlichen unkalkulierbare Schwierigkeiten in potenziellen Konfliktfällen ein. Die Unkenntnis der familiären Einbindung und ihrer Bedeutung, die Unkenntnis einer als „fremd" gekennzeichneten Kultur und der damit vermuteten sprachlichen Beeinträchtigung sowie die Unkenntnis über einen vermuteten religiösen Hintergrund und dessen Bedeutung lassen die Verantwortlichen allzu häufig zu der Entscheidung kommen, dass hier ein Risiko liege und der Ausbildungsmisserfolg vorprogrammiert sei.

Das Ziel einer sozial integrierten Gesellschaft ist ohne eine ausreichende berufliche Qualifizierung nicht zu erreichen. Jungen Menschen mit Migrationshintergrund müssen die gleichen Zugangschancen zur Ausbildung und gegebenenfalls ergänzende Hilfe zur Berufsvorbereitung und zur Erreichung eines erfolgreichen Abschlusses einer Ausbildung gegeben werden. Auch die Umsetzung der EU-Bestimmungen zur Antidiskriminierung auf die nationale Ebene kann hierfür hilfreich sein.

Anpassungsqualifizierung

Auf die grundlegenden Folgen mangelnder beruflicher Integration wurde bereits hingewiesen. Nicht nur ein großer Teil der in Deutschland aufgewachsenen Migrantenjugendlichen erhält keine Ausbildung. Besonders problematisch ist auch die Situation von solchen Jugendlichen und Erwachsenen, deren im Herkunftsland erworbene schulische oder berufliche Ausbildung in Deutschland nicht anerkannt wird, nicht fortgesetzt werden kann oder die eine solche Ausbildung nicht erhalten haben. Gerade weil der Anteil von jungen Frauen oder Männern, die im Zuge des Familiennachzuges nach Deutschland einreisen und einen hochqualifizierten Schulabschluss aus dem Herkunftsland mitbringen, nicht zu niedrig geschätzt werden darf,[2] sind entsprechende Instrumente der Nachqualifizierung und Weiterbildung von großer Bedeutung. In der Regel sind nachziehende Ehegatten auf Erwerbseinkommen angewiesen und haben keinen Anspruch auf die Förderung von Umschulungsmaßnahmen üblicher Art. Notwendig wäre ein spezifischer Qualifizierungsansatz, der auf den mitgebrachten Qualifikationen (Allgemeinbildung, sprachliche Qualifikationen, abgebrochene/nicht anerkannte Ausbildung) aufbaut und den Bedarfen auf dem lokalen Arbeitsmarkt entspricht („Anpassungsqualifizierung"). Ein wesentliches Element dieser Förderung ist der Erwerb von fachsprachlichen Qualifikationen in der deutschen Sprache.

Es tut sich hier ein grundlegender Widerspruch der Politik auf: Zu Zeiten des Bundesarbeitsministers Blüm wurde 1995 im Wege eines Erlasses („Clüver-Erlass") bestimmt, dass zum Zwecke der beruflichen dualen Erstausbildung keine Arbeitsgenehmigungen mehr erteilt werden. Damit wurde es unmöglich, dass Jugendliche mit Wohnsitz außerhalb eines Landes der Europäischen Union zum Zwecke der beruflichen dualen Ausbildung in die Bundesrepublik einreisen können. Begründet wurde dies damit, dass in allen Ländern der Welt inzwischen anerkannte berufliche Erstqualifizierungssysteme vorhanden seien, so dass die Bundesrepublik sich in der Entwicklungszusammenarbeit ausschließlich darauf konzentrieren könne, im Bereich der Aufstiegsfortbildung (z.B. Meisterausbildung) fördernd tätig zu werden. Wenn dies richtig ist, dann ist unverständlich, dass diese im Heimatland erworbenen Qualifikationen regelmäßig überhaupt nicht oder nur teilweise anerkannt werden. Angesichts der gleichen, bislang nicht befriedigend gelösten Probleme auf der Ebene der Europäischen Union und vor dem Hintergrund der beabsichtigten Unionserweiterung ist zu befürchten, dass sich das deutsche Berufsausbildungssystem angesichts der sich rasch verändernden Gesellschaft in Deutschland und Europa immer mehr in eine Sonderrolle manövriert, die die wirtschaftliche Entwicklung behindern kann.

---

2 Nach einer Untersuchung des Zentrums für Türkeistudien vom März 2001 in Familien türkischer Herkunft mit einem Kind unter 10 Jahren sind 41% der Mütter und 24% der Väter im Zuge der Heiratsmigration nach Deutschland gekommen. 30% dieser Mütter und 40% der Väter verfügen über einen Gymnasialabschluss in der Türkei. (Vgl. ZENTRUM FÜR TÜRKEISTUDIEN 2001, S. 25 und 32)

Arbeitsmarkt und Wirtschaftsförderung

Wie die Beschäftigung von so genannten Gastarbeitern vor inzwischen 40 Jahren steht auch die aktuelle Debatte um Einwanderung nach Deutschland unter dem Zeichen von Arbeitsmarktpolitik. Die erwartete demografische Entwicklung in Deutschland, die jedoch nicht anders als in anderen Ländern der Europäischen Union verlaufen wird, führt nicht nur zu einer Verringerung der Bevölkerungszahl und insbesondere der Zahl der Arbeitskräfte, sondern vor allem auch zu einem sehr ungünstigen Verhältnis zwischen der Bevölkerung im Rentenalter und der Bevölkerung im Erwerbsalter. Dieses Verhältnis betrug 1996 noch 38 zu 100; bis zum Jahre 2050 wird es sich ohne Zuwanderung auf ein Verhältnis von 1 zu 1 verschlechtern, bei einer Nettozuwanderung von 300.000 Personen pro Jahr wird immer noch eine Verschlechterung auf ein Verhältnis von 80 zu 100 prognostiziert (alle Daten: CDU 2001). Es ist deutlich geworden, dass ein Erhalt der gegenwärtigen Verhältnisse allein mit Zuwanderung nicht möglich ist. Unstrittig ist, dass eine Zuwanderung aus arbeitsmarktpolitischen Gründen als „Beitrag zur Sicherung des Sozialstaates" (BUNDESANSTALT FÜR ARBEIT 2001) nötig und sinnvoll ist.

Nach Ansicht der Bundesanstalt für Arbeit sollte der Weg zu einer gezielten arbeitsmarktorientierten Zuwanderung eröffnet werden, allerdings nur dann, „wenn die Voraussetzungen für eine langfristige Integration in Gesellschaft und Arbeitsmarkt vorliegen" (ebd., S. 2). Gleichzeitig sollten verstärkt Anstrengungen unternommen werden, die Arbeitslosigkeit abzubauen, insbesondere auch die von Migrantinnen und Migranten, die bereits in Deutschland leben, und die gesellschaftliche und berufliche Integration von Zuwanderern zum Gradmesser für den Erfolg einer solchen Politik gemacht werden. Die Arbeitgeberverbände, der Deutsche Gewerkschaftsbund und das Bundesministerium für Arbeit und Sozialordnung sind sich darin einig, dass eine Anwerbung von Arbeitnehmern aus dem Ausland kompensatorisch einer Arbeitsmarktpolitik im Inland bedürfe, die auf die Erhöhung der Erwerbsbeteiligung gerichtet ist – auch von Frauen und älteren Menschen. Neben dem Argument, dass Zuwanderung allein die demografische Entwicklung nicht korrigieren kann, gibt es ein zweites wichtiges Argument für diese inlandsbezogene Arbeitsmarktpolitik: Einwanderung setzt ein integrationsbereites und diskriminierungsfreies Klima in der Bevölkerung voraus; es darf also nicht zu Neid, Konkurrenz und Missgunst zwischen den Bevölkerungsgruppen kommen. Unsere Untersuchungen haben gezeigt, dass die *Furcht* vor Benachteiligung, Arbeitslosigkeit und vor Migrantinnen und Migranten Fremdenfeindlichkeit und Rassismus fördert, nicht die *Anwesenheit* von Migrantinnen und Migranten selber (vgl. DIE AUSLÄNDERBEAUFTRAGTE DER FREIEN UND HANSESTADT HAMBURG 2001c). Wichtig ist also, solche Ängste abzubauen, Perspektiven für Arbeitslose, besonders für arbeitslose Jugendliche zu schaffen, will man ein einwanderungsfreundliches Klima erreichen. Dies gilt auch für den Teil der Bevölkerung in Deutschland, der zugewandert ist und seit vielen Jahren hier lebt, aber dennoch rechtlich und politisch benachteiligt ist.

Der Hamburger Arbeitsmarkt

Seit 1992 ist die Zahl der sozialversicherungspflichtig Beschäftigten insgesamt rückläufig, bei Deutschen stärker als bei Nichtdeutschen. Betrachtet man die verschiedenen Wirtschaftszweige, so sind dort durchschnittlich 8,7% der Beschäftigten ohne deutschen Pass. Überrepräsentiert sind sie mit 11% in der Abteilung Verkehr (dies geht überwiegend auf die Beschäftigung in der Schifffahrt mit 20% zurück), sowie in der Abteilung Dienstleistungen mit 10,4%, dabei in der Gruppe Gaststätten/Beherbergungen mit 32,7% am höchsten von allen Branchen. Aber auch im Schiffbau, in der Eisen- und Stahlerzeugung, der Kunststoffverarbeitung und anderen sind Ausländerinnen und Ausländer überrepräsentiert. Unterrepräsentiert sind Migrantinnen und Migranten ohne deutschen Pass im Kredit- und Versicherungswesen (2%) und in den Wachstumsbereichen der gewerblichen Wirtschaft (Zahlen aus: SONDERAUSWERTUNG 2001).

Die wichtigste Branche in Hamburg ist der Dienstleistungssektor, in dem mehr als 36% aller Deutschen und 40% aller Ausländerinnen und Ausländer beschäftigt sind. Die zunehmende Bedeutung des tertiären Sektors ist Ausdruck eines langanhaltenden Strukturwandels, der für eine Metropole wie Hamburg typisch ist. Auch die in Hamburg lebenden Migrantinnen und Migranten haben den Übergang zur Dienstleistungsgesellschaft vollzogen, allerdings liegt ihre Beschäftigung in diesem Sektor hauptsächlich in ganz bestimmten Teilbereichen, die Minderqualifizierte beschäftigen und auch geringer bezahlen: als Reinigungskräfte arbeiten 14% aller Nichtdeutschen, jedoch nur 2,3% der Deutschen. In den Verwaltungs- und Büroberufen ist es genau umgekehrt: Hier liegt der Anteil bei den Deutschen bei knapp 30%, während nur 10% der Nichtdeutschen dort arbeiten. Bedenkt man, dass der Bedarf an ungelernten Arbeitskräften in den nächsten Jahren auf ein Zehntel des Bedarfs von 1991 zurückgehen wird (so die Prognose der Bundesanstalt für Arbeit für den Zeitraum 1991 bis 2010), wird sich diese Tendenz eher verstärken als abschwächen. Verantwortlich dafür ist das unterschiedliche Qualifikationsprofil zwischen Deutschen und Nichtdeutschen. Zwar haben die nichtdeutschen Arbeitnehmerinnen und Arbeitnehmer in den letzten Jahren durchschnittlich ein höheres Niveau erreicht, im Wettbewerb mit den Deutschen hat sich jedoch nichts verändert, weil auch das Ausbildungsniveau der deutschen Arbeitnehmerschaft gestiegen ist. Ohne Ausbildung waren 1992 noch 21% der Deutschen gegenüber 40% der Ausländer, 1998 waren es 13% Deutsche gegenüber 31% der Ausländer.

Blickt man auf die Jugendlichen, so ist auch hier, wie bereits ausgeführt, keine Verbesserung der Situation, sondern eher eine Verschlechterung zu erwarten. Bei den gemeldeten ausländischen Arbeitslosen hat der überwiegende Teil keinen Berufsabschluss (2000: 74%) und ist vor der Arbeitslosenmeldung vorwiegend als Arbeiter bzw. Arbeiterin beschäftig gewesen. Von Arbeitslosigkeit sind Migrantinnen und Migranten fast doppelt so stark betroffen wie deutsche sozialversicherungspflichtig Beschäftigte. Doch trotz dieser kumulierten Benachteiligung weisen Ausländerinnen und Ausländer eine kürzere Dauer der Arbeitslosigkeit auf als die Gesamtheit aller Arbeitslosen. Dies lässt auf kurzfristige und flexiblere Beschäftigungsverhältnisse schließen. Erklären kann man diese einerseits mit dem geringeren Durchschnittsalter dieser Gruppe (je älter ein Arbeitsloser ist, je länger ist durchschnittlich seine Arbeitslosigkeit), andererseits ist aber auch das restriktive Arbeitsgenehmigungsrecht für diese Tatsache verantwortlich.

Steuerung des Arbeitsmarkts mit Hilfe des Arbeitsgenehmigungsrechts?

Das Arbeitsgenehmigungsrecht ist in Deutschland das Verwaltungsinstrumentarium, mit dem der Arbeitsmarkt gesteuert und eine Konkurrenz zwischen Deutschen und Nichtdeutschen verhindert werden soll. Funktion und Schutzzweck der Arbeitsgenehmigung ist es, den Vorrang deutscher und ihnen gleichgestellter Arbeitnehmer (z.B. Unionsbürger, Asylberechtigte, Inhaber einer Aufenthaltsberechtigung) zu gewährleisten. Es liegen keine Informationen darüber vor, ob bei Nichterteilung einer Arbeitserlaubnis tatsächlich arbeitslose Deutsche oder andere Bevorrechtigte diese Arbeitsplätze besetzen konnten. Im Jahr 2000 wurden an diesem Recht zwei wesentliche Veränderungen vorgenommen. Zunächst wurde die *„Green-Card“* eingeführt: mittels eines Sofortprogramms der Bundesregierung wurde die Bundesanstalt für Arbeit in die Lage versetzt, in einem vereinfachten Verfahren die Beschäftigung von Drittstaatsangehörigen zuzulassen. Im Dezember desselben Jahres wurde das generelle Arbeitsverbot für Flüchtlinge von 1997 aufgehoben. Nunmehr dürfen Asylbewerber und die Familienangehörigen von Inhabern befristeter Aufenthaltserlaubnisse und Aufenthaltsbewilligungen nach einer einjährigen Wartefrist arbeiten.[3] Daneben gibt es eine Reihe von Ausnahmen, die dem Interesse der international agierenden Wirtschaft geschuldet sind (z.B. für leitende Angestellte internationaler Unternehmen, studentische Praktika und Austauschprogramme, etc.), die belegen, „dass mit dem Instrument der Arbeitsgenehmigungspflicht integrationsorientierte Rechtssetzung gefördert bzw. auch behindert werden kann“ (SIEVEKING 2001, S. 5). Im Sinne der gesellschaftlichen Integration ist es daher, diesen Rechtsbereich abzuschaffen, mindestens aber ihn stark zu vereinfachen.

Viele Migrantinnen und Migranten, die sich in Deutschland aufhalten, würden gern ihren Lebensunterhalt aus eigener Kraft erwirtschaften, dürfen dies aber nicht, weil sie einem Arbeitsverbot unterliegen oder ihr Zutritt zum Arbeitsmarkt dadurch erheblich erschwert wird, dass Deutsche, EU-Angehörige und solche Ausländer bevorrechtigt sind, die bereits sehr lange hier sind. Der freie Zugang zum Arbeitsmarkt und damit die Bestreitung des Lebensunterhalts aus eigener Kraft gehören aber zu den Grundlagen eines menschenwürdigen Lebens und individueller Freiheit. Die Aufnahme einer Berufstätigkeit ist außerdem das wichtigste Mittel zur gesellschaftlichen Integration der Migrantinnen und Migranten. Asylbewerber in langjährigen Verfahren und Bürgerkriegsflüchtlinge haben kaum eine Chance auf den rechtlichen Status einer Aufenthaltsbefugnis, wenn sie ihren Lebensunterhalt

3 Sie erhalten die Arbeitserlaubnis aber nachrangig, d.h. nur dann, wenn kein Deutscher, EU-Angehöriger oder diesen Gleichgestellter den Arbeitsplatz übernehmen kann.

nicht selbst bestreiten können (vgl. Abschnitt 3.4.4). Tausende[4] von Hamburgerinnen und Hamburgern dürfen auf lange Sicht nicht arbeiten, was einerseits die Sozialkassen belastet und andererseits die so genannte Schwarzarbeit verstärkt. Doch selbst diejenigen, die einen Arbeitsplatz gefunden haben, der dem Arbeitsamt bis dahin nicht bekannt war, müssen ein langwieriges Prüfverfahren (4 bis 6 Wochen) in Gang setzen, ohne eine wirkliche Chance auf diesen Arbeitsplatz zu haben. Im Gegenteil, sie dienen dazu, dem Arbeitsamt die versteckten Arbeitsplatzreserven der Wirtschaft zuzuführen, denn in der Regel sind sie es ja, die dem Arbeitsamt eine Stelle mit ihrem Antrag mitbringen, die vom Arbeitsamt versucht wird mit anderen Arbeitslosen zu besetzen. Im Interesse der Ausschöpfung der Potenziale des Arbeitsmarktes sollte diese Rechtslage geändert werden, zumal eine Vielzahl von Beschäftigten der Arbeitsämter so für sinnvollere Arbeiten Zeit hätten und Nischenbereiche der Wirtschaft, die bisher durch das Arbeitsamt nicht besetzbare Arbeitsplätze aufweisen, gefüllt werden können.

Diese Gedanken haben auch ihren Niederschlag in den Vorschlägen der Unabhängigen Kommission „Zuwanderung“ gefunden. Alle Menschen, die als Ausländer sich rechtmäßig oder längere Zeit geduldet in Deutschland aufhalten, also keine Touristen sind, sollten für die Dauer ihres Aufenthaltes in den Stand versetzt werden, für ihren eigenen Lebensunterhalt zu sorgen und einer Beschäftigung nachzugehen. Wenn also Genehmigungen dafür erteilt werden müssen, sollten sie nicht den Vorrang bestimmter Gruppen festschreiben, die durch Prüfung der Arbeitsämter und den Ausschluss ganzer Beschäftigungszweige[5] bestimmt sind und unabhängig von einer bestimmten Beschäftigung bei einem bestimmten Arbeitgeber gelten. Die Tarifbindung einer Beschäftigung ist aber wie bisher unbedingt zu wahren. Besonders für Jugendliche ist der Zugang unabhängig vom Aufenthaltsstatus auch zu beruflicher Ausbildung außerhalb des Berufsschulsystems arbeitsgenehmigungsrechtlich zu ermöglichen. Der Innenminister ist dem mit seinem Referentenentwurf leider nicht uneingeschränkt gefolgt.

Es gibt noch einen zweiten Bereich rechtlicher Hürden, der Nichtdeutsche auf dem Arbeitsmarkt diskriminiert. Es handelt sich um das Standesrecht der freien Berufe, das einer Niederlassung von Drittstaatsangehörigen erhebliche Hürden setzt. Es sollte künftig nicht von einer besonderen Bedarfsprüfung abhängig gemacht werden, in der z.B. festgestellt werden muss, ob es kulturspezifische Gründe für die medizinische Versorgung einer bestimmten Bevölkerungsgruppe gibt. Niederlassungs- und Gewerbefreiheit für alle Migrantinnen und Migranten würde die Zahl der Existenzgründungen erhöhen, weitere Arbeits- und Ausbildungsplätze schaffen und damit die öffentliche Hand entlasten.

---

4 Derzeit (2002) befinden sich nach Auskunft des Einwohnerzentralamtes in Hamburg rd. 26.000 Personen mit einer Duldung oder Aufenthaltsgestattung.

5 Vgl. Anhang in: DIE AUSLÄNDERBEAUFTRAGTE DER FREIEN UND HANSESTADT HAMBURG 2001a.

Existenzgründungsförderung muss sich an den Existenzgründern ausrichten

Die Anzahl und Struktur ausländischer Unternehmen in Hamburg kann ohne eine gezielte Auswertung der Daten für Gewerbean- und -abmeldungen nicht ermittelt werden. Die Ausländerbeauftragte hat deshalb in Kooperation mit der Handels- und Handwerkskammer im Projekt Integration eine Sonderauswertung für die Jahre 1995 bis 2000 angeregt, die dort seit Anfang 2001 durchführt wird. Die Probleme beginnen bereits bei der Definition dessen, was ein „ausländisches Unternehmer" ist. Im Zusammenhang dieses Berichts geht es um solche Unternehmen, die von Migranten, die sich selbständig gemacht haben, als Betriebsinhaber oder als Geschäftsführer geführt werden, nicht aber um internationale Konzerne. Da die Sonderauswertung noch durchgeführt wird, kann hier nur auf Teilergebnisse aus der Auswertung der Handwerksbetriebe zurückgegriffen werden. Allerdings sind daraus durchaus Trends abzuleiten:

In Hamburg ist insgesamt eine Abnahme der Betriebe im Vollhandwerk festzustellen. Die Zahl der deutschen Betriebe hat von 1987 bis 2000 um fast 1500 abgenommen, während die Zahl der von Ausländern geführten Betriebe um fast 400 zugenommen hat – die Entwicklung ist aber seit 1998 leicht rückläufig. Mit anderen Worten, ohne die Neugründungen nichtdeutscher Existenzgründer wäre der Bestand Hamburger Handwerksbetriebe noch weitaus stärker rückläufig. Sie machen jedoch nur 7% aller Betriebe aus.

Im Unterschied dazu machen im handwerksähnlichen Betriebsbereich die von Ausländern geführten Betriebe fast 25% des Gesamtbestandes aus. Ihr Zuwachs in der Zeit von 1987 bis 2000 betrug rund 100%, bei den von Deutschen geführten handwerksähnlichen Betrieben betrug der Zuwachs gerade einmal 33%.

Die ausländischen Betriebe verteilten sich im Jahre 2000 fast gleichmäßig auf Vollhandwerk und handwerksähnliche Betriebe (46:54 Prozent), während deutsche Betriebe zu 79 Prozent Betriebe des Vollhandwerks sind. Eine der Ursachen kann die geringere Qualifikation ausländischer Handwerksbetriebsinhaber sein, eine weitere, dass sie in Tradition der Zünfte durch die Handwerkskammer u. U. nicht zugelassen werden, wenn sie dort einen Antrag stellen müssen, weil sie „nur" eine unbefristete Aufenthaltserlaubnis haben. Mit dem Status der befristeten Aufenthaltserlaubnis ist ohnehin in aller Regel keine selbständige Tätigkeit möglich. Hier schließt sich ein fataler Kreislauf: Ausländische Jugendliche münden sehr viel weniger in eine qualifizierte Berufsausbildung als ihre deutschen Alterskolleginnen und -kollegen. Wer keine Ausbildung besitzt, kann den notwendigen Meistertitel für das Vollhandwerk nicht erreichen, kann keine Ausbildungsplätze anbieten und besitzt ein erheblich größeres Risiko wegen der eingeschränkten Angebotsbreite seines Betriebes bei Konjunkturschwankungen. Um diesen Kreis zu durchbrechen, wurden einige Anstrengungen unternommen, Existenzgründungen von Migrantinnen und Migranten zu unterstützen. Seit ca. zwei Monaten besteht nun auch eine in Wilhelmsburg angesiedelte Existenzgründungsberatung unter der Trägerschaft des Unternehmer ohne Grenzen e.V., die Beratungsmöglichkeiten für Migranten auch in der Herkunftssprache bietet.

In der hamburgischen Bevölkerung steckt ein hohes Potenzial von Fähigkeiten, Ideen und die Bereitschaft, die eigene und die gemeinsame Zukunft so zu gestalten, dass wirtschaftliche und soziale Verhältnisse gerecht und zukunftsfähig sind. Dies reicht von den vielen Sprachen der eingewanderten Bevölkerung, ihren mitgebrachten kulturellen und sozialen Ressourcen, über die erworbenen interkulturellen Kompetenzen bis hin zu der Risikobereitschaft, sich selbständig zu machen, einen eigenen Betrieb zu gründen und zur Ausbildung von Jugendlichen beizutragen. Restriktive Regelungen, die über Verbote versuchen, Vorrechte zu sichern und Konkurrenz nicht entstehen zu lassen, schaffen Vorurteile, Neidgefühle und bestätigen rassistische Haltungen. Außerdem widersprechen sie marktwirtschaftlichem Denken. Die Potenziale unserer Gesellschaft auszuschöpfen und weiter zu entwickeln, sollte Ziel einer Integrationsförderungspolitik des Senats sein.

Literatur

BERG, ULRIKE /JAMPERT, KARIN (2000): Wie Kinder multikulturellen Alltag erleben. Ergebnisse einer Kinderbefragung. In: DEUTSCHES JUGENDINSTITUT (Hrsg.) Projektheft 4/2000 – München.

BMFSJF – BUNDESMINISTERIUM FÜR SENIOREN, FRAUEN, JUGEND UND FAMILIE (Hrsg.) (2000): 6. Familienbericht, Bundestagsdrucksache 14/4357 – Bonn.

BUNDESANSTALT FÜR ARBEIT (2001): Presseinformation vom 11. Mai 2001

CDU (2001): Abschlussbericht der Kommission „Zuwanderung und Integration" der CDU Deutschlands, April 2001. – o.O.

DIE AUSLÄNDERBEAUFTRAGTE DER FREIEN UND HANSESTADT HAMBURG (2001a): Bericht an den Senat der Freien und Hansestadt Hamburg. Berichtszeitraum 1999 bis 2001. – Hamburg.

DIE AUSLÄNDERBEAUFTRAGTE DER FREIEN UND HANSESTADT HAMBURG (2001b): Nutzung von Kindergärten und Kindertagesstätten durch Migrantenkinder. Hamburg und Altona Altstadt, Themenheft Migration. Band 2. – Hamburg.

DIE AUSLÄNDERBEAUFTRAGTE DER FREIEN UND HANSESTADT HAMBURG (Hrsg.) (2001c): Leben und Wohnen in Hamburg. Ergebnisse einer repräsentativen Umfrage vom Sommer 1999 in Hamburg, durchgeführt von Werner Grabowski. – Hamburg.

FREIE UND HANSESTADT HAMBURG, BEHÖRDE FÜR SCHULE, JUGEND UND BERUFSBILDUNG (Hrsg.) (2001): Statistiken. V 121-2. – Hamburg.

GOGOLIN, I. (1994): Der monolinguale Habitus der multilingualen Schule. – Münster.

HAMBURGISCHE BÜRGERSCHAFT (Hrsg.) (2001): Sprachkompetenz von Grundschülerinnen und Grundschülern. Dies. 16 / 2928 – Hamburg.

SIEVEKING, K. (2001): Arbeitsgenehmigung als Integrationshindernis. Vortrag beim 3. Forum der Ausländerbeauftragten am 16. 5. 2001 – Hamburg.

SONDERAUSWERTUNG (2001): Projekt Integration – anlässlich des 4. Forums der Ausländerbeauftragten des Senats. – Hamburg.

VEREINIGUNG HAMBURGER KINDERTAGESSTÄTTEN e.V. (Hrsg.) (2001): Jahresbericht 2000. – Hamburg.

ZENTRUM FÜR TÜRKEISTUDIEN (Hrsg.) (2001): Untersuchung vom März 2001 in Familien türkischer Herkunft. – o. O.

Beiträge zur Überwindung der traditionellen Arbeitsteilung zwischen „Allgemeiner“, „Vergleichender“ und „Interkultureller“ Erziehungswissenschaft

Jürgen Helmchen

Vergleich, Geschichte und System

Dass jede moderne Wissenschaft und unter ihnen auch die Sozialwissenschaften auf dem Vergleich ruhen, ist ihnen spätestens seit dem Durkheimschen Diktum zur „vergleichenden Soziologie“ in den „Regeln der soziologischen Methode“ (Durkheim 1961, S. 205 f.) ins Stammbuch geschrieben; dass damit aber die methodischen und konzeptionellen Probleme moderner Sozialwissenschaft nicht etwa erledigt, sondern nur auf einen bestimmten Begriff gebracht worden sind und insofern erst richtig beginnen, erweisen die seither nicht enden wollenden Diskussionen um den Status und die Funktion des Vergleichs in diesen Wissenschaften. Mehr oder weniger deutlich haben sich in der Soziologie, den Politischen Wissenschaften, der Ökonomie, der Ethnologie, der Psychologie und auch in der Erziehungswissenschaft – um nur einige der sich selbst wenigstens teilweise historisch verstehenden Sozialwissenschaften zu nennen – einmal mehr, einmal weniger parallel zu den disziplinären Herausbildungen selbst Auffassungen verbreitet, wonach das Vergleichen nicht bloß eine jedem Forschungsprozess zugehörige Praxis sei, die die „Methodisierung und Positivierung sozialwissenschaftlicher Theoriebildung“ befördere (vgl. SCHRIEWER 2000, S. 507). In einigen Sektoren oder Phasen dieser Wissenschaften wurde gar bekräftigt, dass über diese spezifische Operation des Vergleichs in der Form eigener methodologischer Überlegungen oder aber auch innerhalb disziplinärer Abteilungen eigens nachzudenken sei, oder es wurde gar die Meinung vertreten, der Vergleich stelle ein primäres Spezifikum innerhalb eines wissenschaftlichen Areals dar.

Über die Begründbarkeit solcher disziplinärer Abspaltungen des Vergleichs in eigenen Abteilungen mit eigener wissenschaftlicher Dignität, eigenen Regeln, Kommunikationsformen und sozialen Gruppenbildungen ist immer schon gestritten worden. Ein Feld, wo dieser Streit viel sichtbarer ist als in anderen Disziplinen, war bereits von Anbeginn an die Erziehungswissenschaft[1]. Der Kontrast zwischen der relativen Gelassenheit, mit der in der Politischen Wissenschaft oder in der Soziologie geographisch-räumliches oder kulturell-historisches Vergleichen betrieben und rezipiert wurde, und den intensiven Diskussionen, die in der Vergangenheit häufig in der Erziehungswissenschaft ausbrachen, wenn es um das Vergleichen ging, verweist über die Problematik des Vergleichs selbst hinaus auf die Frage nach den Ursachen solcher Diskrepanz zwischen den disziplinären Abteilungen der Sozialwissenschaften.

1 So der über die Nestoren der Vergleichenden Erziehungswissenschaft – SCHNEIDER, HILKER, RÖHRS, KANDEL, HANS et al. – in die Jüngere Vergangenheit vermittelte Streit, ob sie eher als eine „Disziplin“ oder als ein „Forschungsansatz“ anzusehen sei (vgl. BUSCH 1974).

Hieran schließt sich aktuell die Frage an, ob die in der Vergangenheit als „Subdisziplin“ der Erziehungswissenschaft apostrophierte Vergleichende Erziehungswissenschaft von der neueren internationalen Qualifizierungs- und Leistungsforschung (TIMSS, PISA), die auf ihre Dienste als spezifische Forschungsdisziplin von vornherein weitgehend verzichtet hatte, soweit desavouiert ist, dass ihr der wissenschaftliche Kredit fürderhin abgesprochen werden kann – oder viel mehr, ob sie nicht sogar besser daran täte, ihre Ansprüche darauf zurückzuziehen, was HÖRNER ihr noch am ehesten reserviert, nämlich das Areal für heuristische Methodenkompetenz (vgl. HÖRNER 1999, S. 115). In einem weiteren Aspekt führt dies auch zur Frage danach, ob diese neueren internationalen Qualifizierungsstudien überhaupt noch von einem – möglicherweise obsolet gewordenen – Feld der Vergleichenden Erziehungswissenschaft her beurteilt werden können, beziehungsweise ob überhaupt jemand an den von dieser Seite abgegebenen Kommentaren noch Interesse findet. Brauchen wir sie also noch, oder sollten wir sie als Erinnerungsstück aus den Zeiten der mit Dampfkraft angetriebenen Gesellschafts- und Bildungskonzeptionen auf dem Speicher abstellen?

Diesen Fragen wird auf den folgenden Seiten in der Form von Skizzen nachgegangen. Dabei sollen folgende Aspekte besonders zur Sprache kommen:

1) der historische Charakter des methodischen Kerns der modernen Sozialwissenschaften, als der der Vergleich angesehen wird;

2) darauf bezogen die Genese der Ausdifferenzierung bei der Entstehung der modernen Sozialwissenschaften, und besonders die Lokalisierung der Erziehungswissenschaft innerhalb dieser Differenzierungen und

3) der paradigmatische und gesellschaftstheoretische Unterschied zwischen den sozialwissenschaftlichen Studien, die sich der erwähnten Qualifizierungsforschung zurechnen, und den methodischen und substanziellen Grundannahmen in der noch vorfindbaren Erziehungswissenschaft, besonders in ihrer vergleichenden Variante.

Dass Perspektiven und Probleme im Rahmen eines solchen begrenzten Beitrags dabei teilweise nur angedeutet werden können, mag einleuchten.

Das Vergleichen hat selbst (s)eine Geschichte

Erst neuerlich ist also von Jürgen SCHRIEWER in einem gerafften Gang durch die Geschichte der Entstehung moderner Sozialwissenschaften im Gesamtrahmen der umfassenden Verwissenschaftlichung seit dem Beginn der Moderne wieder darauf hingewiesen worden, dass die Operation des Vergleichens ein Zentralstück moderner wissenschaftlicher Arbeit sei (vgl. SCHRIEWER 2000, S. 497ff.). Diese Hinweise brauchen hier deshalb nicht weiter aufgenommen zu werden. Sie aktualisieren in der disziplinären und methodologischen Diskussion in der Vergleichenden Erziehungswissenschaft erneut eine Einsicht, die zwar in ihr schon immer durchschimmerte, die aber aus Gründen der Abgrenzung gegen andere Sektoren der Erziehungswissenschaft und wegen der besonderen Mission, in der sich Vergleichende Erziehungswissenschaft häufig sah, im Hintergrund der Debatte blieb.[2] In den letzten Jahrzehnten ging es in erster Linie um die Aufgabenstellung und die Wirkungsweise der Vergleichenden Erziehungswissenschaft. Auch wenn neben der Beschreibung der Tätigkeit selbst explizit oder implizit etliche Geschichten der Vergleichenden Erziehungswissenschaft geschrieben worden sind (vgl. SCHNEIDER 1961, HILKER 1962)[3], ist bis auf wenige Ausnahmen die historische Rückbindung sowohl der Aufgabenstellung der Vergleichenden Erziehungswissenschaft als auch ihrer als Besonderheit empfundenen Methode trotz aller methodologischen Diskussionen nur unzureichend erfolgt: d. h. die Gestalt und das Vorgehen Vergleichender Erziehungswissenschaft sind nicht konsequent auf die Geschichte des modernen wissenschaftlichen Denkens zurückbezogen worden. Ganz überwiegend haben auch die in verschiedene Zweige aufgespaltenen Sozialwissenschaften sich des Seitenthemas „Vergleichende Erziehungswissenschaft" nie auf eine Weise angenommen, die ihr bei diesem Rückbezug etwa eine Art Hilfestellung gewesen wäre. Sie hat die Problematik ihrer Besonderheit überwiegend als eine endogene Frage wahrgenommen und diskutiert.

Zwar wurde bemerkt, dass die Frage nach ihrer ‚Berechtigung', ihrer ‚Besonderheit' und ihren methodologischen Standards ‚irgendwie' gesellschaftlich oder politisch induziert war – bis auf wenige Ausnahmen hat jedoch eine Interpretation dieser ‚induzierten' Fragestellung an die Disziplin in Form der Frage nach der historischen Qualität der Gegenstände und der Verfahrensweise der Disziplin nicht stattgefunden. Unter historisch-systematischen Gesichtspunkten nimmt die Dissertation von Bernd KRÜGER 1974 diese Fragestellung in der jüngeren Geschichte der Disziplin – und zwar bereits relativ früh in der Periode der neueren methodologischen Diskussion in der Vergleichenden Erziehungswissenschaft, die dort seit den 1970er Jahren erfolgte – mit dem Ziel auf, eben jene historische Qualität des Forschungsansatzes und der methodischen Regeln der Vergleichenden Erziehungswissenschaft in die allgemeine Diskussion zu bringen (vgl. KRÜGER 1974)[4]. Mit der wissenschaftsgeschichtlichen Einordnung des Vergleichsparadigmas in den Gang der modernen Wissenschaften und der Sozialwissenschaften im Besonderen hat nun SCHRIEWER die Debatte für die Vergleichende Erziehungswissenschaft noch einmal auf eine Ebene gehoben, auf der es möglich wird, die Frage nach dem historischen Charakter dieser Subdisziplin im Zusammenhang mit den übrigen Sozialwissenschaften weiter zu diskutieren. Jedoch droht dadurch die Spezifizität des ‚Faches' zu verschwinden; ist nicht auch die Soziologie, sind nicht

---

2 So erhielt sie z.B. durch internationale politische Entwicklungen seit dem Beginn des 20. Jahrhunderts auch die Aufgabe der Völkerverständigung und der Friedenserziehung (vgl. RÖHRS 1983). Ebenso ließen sich hier die Begründungen für die Tätigkeit des 1926 in Genf gegründeten Bureau International d'Education/ International Bureau of Education anführen (vgl. SUCHODOLSKI 1979, bes. Kap. 2).

3 vgl. auch die zahlreichen Abhandlungen von Hermann RÖHRS zu diesem Thema – um nur den deutschsprachigen Bereich anzudeuten.

4 hier v. a. Abschnitte 2.2: „Konstitutionsproblematik und Disziplingeschichte" und 2.3: „Gegenstand, Methode und Konstituierung".

die Politischen Wissenschaften, die Ethnologie u.a. grundsätzlich vergleichend, ohne davon besonders Aufhebens zu machen?

Die Modernität der Sozialwissenschaften liegt in ihrer Historizität

Der Vergleich gilt als das grundlegende operative Paradigma der modernen Wissenschaften, die Sozialwissenschaften eingeschlossen. Die mit der Renaissance auf dem europäischen Kontinent eintretende Öffnung der Vorstellungswelten, Verkehr, Handel, Entdeckungen und die zunehmende Institutionalisierung des intellektuellen Austauschs sind Motoren für die Verallgemeinerung einer Auffassung von den Möglichkeiten der Erkenntnis, die sich von der deduktiven Scholastik abwendet und zur Geltendmachung von Wahrnehmung und Erfahrung übergeht. Zivilisationshistoriker wie Norbert ELIAS haben diesen Prozess ausführlich dargestellt, und innerhalb der einzelnen Wissenschaftsbereiche wurde dieser Übergang von einer autoritativen zur selbstbestimmten Vergesellschaftung (als deren Zweig dann der Konstitutionsprozess des Wissens und seiner Verkehrsformen angesehen werden muss) häufig dargestellt. Wir wissen aber, dass diese historisch mit dem Ausgang des Mittelalters beginnende Selbstbestimmung in den Vergesellschaftungsformen zugleich auch die Mechanismen erfahrbar machte, mittels derer Macht- und Herrschaftsformen Gesellschaft in ihrer konkreten historischen Gestalt prägten. Diese Mechanismen erschienen nunmehr als von den Menschen selbst produzierte Bedingungen ihrer Existenz. Würden diese Bedingungen nicht als eben auf diese Weise selbst produziert erfahren, erübrigte sich ein Vergleichen, und umgekehrt ernötigt das Bewusstsein über die Tatsache des Hervorbringens eines jeden gesellschaftlichen Zustands neben der Veränderung des Begriffs der Zeit auch die Operation des Vergleichens, in die dann nicht allein die räumliche Dimension eingeschlossen ist, sondern auch die Zeit als ein weiteres Element. Kein Vergleich braucht angestellt zu werden, wenn nicht auf Veränderung gesonnen wird.

Das sich bis zur Aufklärung hin durchsetzende Prinzip der Vernunft als Gestaltungsgrundlage eines jeden sozialen menschlichen Verkehrs beherbergt als Zentralstück die Operation des Vergleichs. Ihm liegt die Berufung auf ein ‚einheitliches Gemeinsames' zugrunde – eine Vorstellung von der Einheit der Welt – ob ‚in ihrer Materialität', im ‚Tausch', in der Vorstellung des Austauschbaren oder im ‚Verstehen' des gegenständlichen oder persönlichen, sozialen Anderen, noch nicht als Eigenes Bekannten. Das empirische – und in der Pädagogik dann zum Didaktischen *par excellence* entwickelte – Vorgehen selbst gründet sich auf der Vergleichsoperation, auf der auch das Wissenschaft ermöglichende Prinzip der Klassifikation beruht: ein Fortschreiten vom Bekannten (oder Vorausgesetzten) zum Unbekannten, um mittels des Bekannten das Unbekannte zu einem Bekannten zu machen. Hiermit wird auch erstmals in der neuzeitlichen Vorstellung das Verhältnis von Qualität und Quantität systematisch beschrieben. Die Vorstellung von der Austauschbarkeit, der Veränderbarkeit und Ersetzbarkeit, oder – weniger radikal – der Vergleichbarkeit von Gegebenheiten sowie der Relationierung von

Qualitäten enthält eine erkenntnistheoretische Option, die zu einem bestimmten historischen Moment neuzeitlicher Entwicklung sowohl die Begreifbarkeit des Vorliegenden, Bekannten neu regelt – nämlich in einer universellen Art als Möglichkeit, gar als Notwendigkeit, Wissen darüber zu erlangen – als aber auch von der methodischen Festlegung her postuliert, dass das, was als noch nicht Bekanntes erst in der Zukunft der Erkenntnis liegt, prinzipiell mit den Mitteln des Vergleichs, der rationalen Operation *sui generis*, erschlossen werden kann. Insofern ist der Vergleich als Methode zentraler Bestandteil des Postulats von der Universalität der Erkenntnis im Raum und in der Zeit.[5]

Galt dieses allgemeine Paradigma historisch zunächst für die Wissenschaften von den materiellen Dingen, die gemeinhin heute mit „Naturwissenschaften" bezeichnet werden, so ist – das ist mehrfach dargestellt worden – die vergleichende Operation nicht auf diesen Bereich der Erkenntnis beschränkt geblieben. Es war nur eine Frage der Zeit, bis die für die ‚unbelebte' Materie sich als gültig durchsetzende Methode sich auch der ‚belebten Welt' und schließlich – nach den Pflanzen und Tieren – auch des bis dahin noch aus dem neuen wissenschaftlichen Universalismus herausgehaltenen ‚Gegenstands', nämlich des bislang noch einer ‚Schöpfung', d.h. sich einer Ausnahme von den Gesetzen der Natur verdankenden Menschen bemächtigte.

Die als allgemein und grundlegend angesehenen Denkvorstellungen und Modelle solcher universeller Verwissenschaftlichung sind im Laufe der Zeit immer wieder verändert worden: waren es zunächst mechanische Systeme, die eine allgemeine Modellvorstellung abgaben, so wurden sie später durch pneumatische, dann – mit anderer systematischer Lagerung und Ausrichtung – durch evolutive oder schließlich durch allgemeine Regelungs- und Steuerungsmodelle ersetzt, bzw. in jeweils abstraktere Modellvorstellungen integriert. Je höher die Stufe der Abstraktion solcher allgemeinen Modellvorstellungen, umso mehr wurde nicht nur der Mensch als bestimmtes einzelnes Wesen, sondern auch das spezifische menschliche Verhältnis Gesellschaft in sie einbezogen. Staats- und Bürokratietheorien sowie die absolut grundlegende Vorstellung, dass menschliche Gesellschaften und demzufolge auch die in ihnen lebenden Individuen von Regeln beherrscht werden, sind demnach auch die Grund-„Regeln der soziologischen Methode", und wenn einer der Ahnherren der Soziologie im zwanzigsten Jahrhundert, Emile DURKHEIM (1961, a. a. O., S. 115), davon spricht, dass die gesellschaftlichen Tatsachen zu betrachten seien „wie Dinge" (*„de considérer les faits sociaux comme des choses"*), dann ist dies weniger eine Aussage über ein bestimmtes methodisches Vorgehen, als eher eine begriffliche Annäherung an die zu jener Zeit in die Sozialwissenschaften eindringenden „positiven" Erkenntnisverfahren, zu deren Zweck die Tatsache der Gesellschaft als eine Realität *‚sui generis'* beschrieben wird[6] – und im übrigen eine implizite Kampfansage an den zum Vitalismus mutierten Evolutionismus des späten 19. und beginnenden 20. Jahrhunderts.

5 Ich beanspruche selbstverständlich nicht die Originalität dieser hier gemachten Bemerkungen.

6 – worauf René KÖNIG in seiner Einleitung zur neuen deutschen Übersetzung der „Regeln ..." insbesondere insistiert, vgl. ebd. S. 36 u. pasim.

Charakteristikum jeder dieser Modellvorstellungen war und ist, dass sie sich selbst als letztendliche Erklärung des empirischen Umstands ‚Gesellschaft' (und der darin befindlichen Teilprobleme wie desjenigen der Individualität) auffassen. Sie reflektieren daher nicht selbst ihre eigene Geschichtlichkeit[7] und begreifen sich nicht als eine bestimmte Form der Auffassungsweise, die für sich genommen auch wieder der historischen Erklärung bedürfte[8]. Eine solche historische Rückbindung der Methoden wissenschaftlichen Vorgehens und der ihm zugrundeliegenden allgemeinen Modellvorstellungen ist in aller Regel nicht das Geschäft derer, die diese Vorstellungen erzeugen, die überdies in bestimmten Konjunkturen auch gleich als Normen auftreten[9]. Wissenschaftshistorische und wissenssoziologische Untersuchungen lassen indes den normativen Charakter von derlei Grundlagen des wissenschaftlichen Denkens erkennen, das sich dabei auch gleich als ein einer bestimmten Sozialität verhaftetes Denken erweist[10]. Es ist die Grundvorstellung der

---

7 Die mit der Methodologie des Positivismus ausgestattete Wissenschaft beansprucht für sich selbst, Wissenschaft deshalb zu sein, weil sie Umstände aufdeckt, die unmittelbar nicht zutage liegen. Nur sie selbst soll diesem Aufdeckungszwang nicht unterliegen. (vgl. u.a. SCHNÄDELBACH 1969, S. 71 ff.).

8 Hier mag getrost die auch heute noch gültige Kritik zitiert werden, die ELIAS an PARSONS übt. In der Einleitung von „Über den Prozess der Zivilisation" schreibt ELIAS (1997, S. 19): „Es ist sicherlich die Aufgabe jeder soziologischen Theorie, über die Eigentümlichkeiten Klarheit zu schaffen, die alle möglichen menschlichen Gesellschaften miteinander gemeinsam haben. Der Begriff des sozialen Prozesses und viele andere Begriffe, die in den folgenden Untersuchungen gebraucht werden, gehören zu den Kategorien mit dieser Funktion. Aber die von PARSONS ausgewählten Grundkategorien erscheinen mir in hohem Maße willkürlich. Hinter ihnen steht unausgesprochen und ungeprüft die oft als selbstverständlich erscheinende Vorstellung, dass es die Aufgabe jeder wissenschaftlichen Theorie sei, alles Wandelbare begrifflich auf etwas Unwandelbares zu reduzieren und alle komplexen Erscheinungen durch Zerlegung in ihre einzelnen Komponenten zu vereinfachen."

9 Dabei werfen diese Vorgänge auch die Frage auf, warum „plötzlich" bestimmte theoretische Modellannahmen gesellschafts- und politikkompatibel werden – vielleicht ist die Reihenfolge auch umgekehrt. Einen Hinweis darauf gibt Peter WEINGART (1976, S. 67 f.): „In den formalen und empirischen Wissenschaften, in denen es an allgemein akzeptierten Kriterien zur Relevanzbeurteilung von Problemen fehlt, ist eine größere Bedeutung von Moden zu erwarten. Vor allem für die Soziologie wird man annehmen können, dass das Schichtungssystem relativ uneinheitlich ist, über Spezialgebiete hinaus anerkannte ‚Eliten' kaum bestehen und eine von ihnen ausgehende autoritative Orientierung kaum ausgeprägt ist. Von daher wäre eine relativ starke ‚Anfälligkeit' für Moden zu vermuten, die auf ‚außerwissenschaftliche'. d.h. gesellschaftliche Zielsetzungen zurückzuführen sind. Entsprechend der von Kuhn für die Sozialwissenschaften konstatierten vorparadigmatischen Verfassung sind die Zielsetzungen einem vergleichsweise arbiträren Wandel unterworfen, der kaum durch eine institutionalisierte Sozialstruktur der Wissenschaft determiniert wird."

10 TJADEN (1969, S. 34-42, hier S. 35 f.) stellt in Bezug auf die Entstehungsgeschichte der Soziologie auf dem Hintergrund des 18. und des 19. Jahrhunderts eine „Umdeutung des Gegenstandbereichs der Sozialtheorie" fest. Die Soziologie unternehme es, „den geschichtlich gegebenen Zustand der Gesellschaft in den Rang eines selbständigen, nach Herkunft und Zukunft überschaubaren Bereich [...] positiver wissenschaftlicher Erfahrung zu erheben. Die einst, im vergangenen Jahrhundert, als wesentlich veränderlich geltende historische Welt erscheint der Soziologie von Anfang an als Bereich eines in sich ruhenden und dauernd gegenwärtigen gesetzmäßigen Seins." Das „soziologische Programm" ziele darauf, „die historisch-praktische Entstehungsweise und Überwindbarkeit [des gegebenen Gesellschaftszustandes – J.H.] grundsätzlich auszuklammern." Es gebe also eine „Wende von der frühbürgerlichen Sozialphilosophie zur positiven Gesellschaftswissenschaft".

Homöostase in der Gesellschaft, die vom positiven und Systemdenken in den Sozialwissenschaften besonders goutiert wird: solange eine „Historisierung" der Sozialwissenschaften sowohl in Bezug auf ihre Gegenstände als auch in bezug auf sie selbst nicht stattfindet, kreist sozialwissenschaftliches Denken unweigerlich um die beiden dominierenden „Modell-Zustände" der „Ruhe", des „Gleichgewichts" oder des „Normalzustands" einerseits, die durch irgendwelche intervenierenden Faktoren andererseits nur immer zeitweisen „Störungen" ausgesetzt sind, die dann wiederum zu beheben seien (vgl. ELIAS, a. a. O., S. 21 ff.). Das sich dahinter verbergende kreisförmige bürokratische und Regelungsdenken charakterisiert die historischen Entstehungsbedingungen der Soziologie: sie erscheint in diesem Licht plötzlich als die umfassendere Verwaltungswissenschaft, die im historischen Verlauf für komplexer werdende Regelungsbedürfnisse ein soziale Bereiche weitläufiger durchdringendes Instrumentarium anbietet.

In unserem Zusammenhang erhellt dieser Rekurs auf die Kritik von Norbert ELIAS an einem Kernstück moderner Soziologie eine auch für das Vergleichen virulente Problematik, ist doch Vergleichende Erziehungswissenschaft von Anbeginn an konzipiert worden als ein Beitrag zur systematischen Fassung des Erziehungsphänomens in der Gesellschaft in sozialwissenschaftlich-regulativer Absicht: JULLIEN DE PARIS (1954, S. 15f.) formuliert 1817 ihre Aufgabe darin, „Tatsachen und Beobachtungen zu sammeln [...] mit der Maßgabe, sie aneinander zu reihen, sie zu vergleichen, um daraus gewisse Grundsätze und bestimmte Regeln abzuleiten. Nur so kann die Wissenschaft von der Erziehung zu einer einigermaßen positiven Wissenschaft werden [...]."

Differenzierungen in der Gesellschaft und Differenzierungen in der Wissenschaft

Die Wissenschaften vom Menschen und seiner Gesellschaft haben sich auf der Wende vom 19. zum 20. Jahrhundert ausdifferenziert. Was als „Geschichte" zwischen dem 18. und dem 19. Jahrhundert sich noch in politischer Absicht verstand und von uns in der Rückschau auch so wahrgenommen wird – nämlich z.B. als eine „Geschichte in weltbürgerlicher Absicht" – und insofern aus der Philosophie und teilweise auch aus der Nationalökonomie heraus auf Gesellschaftswissenschaft im modernen, uns heute vertrauten Sinne zielte[11], ist in

11 Ich gebe hier nur die – freilich sehr zeitgebundene – aufklärerische Auffassung Immanuel KANTs (1784, S. 385-411, hier zit. n. Immanuel KANTs Werke, hrsg. V. E. CASSIRER, Berlin 1922) wieder, die als solche hier gar nicht weiter interpretiert werden soll: „*Ein philosophischer Versuch, die allgemeine Weltgeschichte nach einen Plane der Natur, der auf die vollkommene bürgerliche Vereinigung in der Menschengattung abziele, zu bearbeiten, muss als möglich und selbst für diese Naturabsicht beförderlich angesehen werden.* Es ist zwar ein befremdlicher und dem Anscheine nach ungereimter Anschlag, nach einer Idee, wie der Weltlauf gehen müsste, wenn er gewissen vernünftigen Zwecken angemessen sein sollte, eine *Geschichte* abfassen zu wollen; es scheint, in einer solchen Absicht könnte nur ein *Roman* zu Stande kommen. Wenn man indessen annehmen darf: dass die Natur selbst im Spiele der menschlichen Freiheit nicht ohne Plan und Endabsicht verfahre, so könnte diese Idee doch

Wissenschaften von der Politik (unter Einschluss der Soziologie), also *grosso modo* in die Sozialwissenschaften einerseits und Geschichte andererseits aufgespalten worden, so sehr sich die moderne Gründergeneration der Soziologie selbst auch historisch betätigte (vgl. DURKHEIM 1938), oder ihre Wissenschaft historischer Reflexion verdankte und sie in ihre Spezialität einwob (wie etwa Max WEBER). K.H. TJADENs oben zitierte Charakterisierung der Soziologie kennzeichnet eine historische Interessenverschiebung in den auf die Gesellschaft in ihrer empirischen Gestalt bezogenen Wissenschaften, die an dem wechselvollen Schicksal der Erziehungskomponente in der Politik und in den frühbürgerlichen normativen Theorien über die zu erreichende Gesellschaftsverfassung abzulesen ist. Im politischen Instrumentarium der französischen Revolution und denjenigen politischen Bewegungen bzw. Konstellationen des 19. Jahrhunderts, für die sie weiterhin den Bezug abgab (z.B. für die französischen Reformen der III. Republik), spielte die auf der Vernunftanrufung basierende Erziehung und ihre Institutionalisierung eine herausragende Rolle. Demgegenüber dürften Vorstellungen von Gesellschaft, die sich von der Erziehung nicht mehr die Garantie für die Herausbildung des Citoyen versprachen und deshalb statt der bloß appellativen (und daher unsicheren) Form der Erziehung eher in den konsolidierten institutionellen und ökonomisch-politischen Strukturen die entscheidenden Vergesellschaftungsmechanismen erkannten, mit der über das neunzehnte Jahrhundert erfolgenden Verallgemeinerung und Konsolidierung der bürgerlichen Produktionsweise und den darauf bezogenen Gesellschafts(-system-)vorstellungen leichter in Verbindung zu bringen sein. Damit deutet sich eine Umlenkung des auf Gesellschaft bezogenen theoretischen Interesses an, und es treten auch – wie in der politischen oder nationalen Entwicklung – stärker nationaltypische Unterschiede auf. Während z.B. in der gesellschaftstheoretischen Debatte in Frankreich das Thema Erziehung auf dem Hintergrund einer Ende des 19. Jahrhunderts erreichten hohen institutionellen Vereinheitlichung schließlich verblasst und trotz punktueller Virulenz vor allem von der akademischen Psychologie aufgesogen oder in Randbereiche des wissenschaftlichen Gesamtrahmens und des in der Gesellschaft dominierenden intellektuellen Diskurses abgedrängt wird (was freilich die Infragestellung der Erziehungsformen auf der politischen und auf der pädagogischen Bühne nicht ausschließt), behält die pädagogische Reflexion in Deutschland noch lange ein sehr viel größeres öffentliches Gewicht. Auch aus Gründen der Tradition sowie über die Tätigkeit öffentlich anerkannter Fachvertreter lagert sie sich hier leichter an die philosophische Gesellschaftsdeutung an. Im Kontrast hierzu erlangen Soziologie, Philosophie (und eingeschränkt Psychologie) in Frankreich eine von jeder Pädagogik im emphatischen Sinne befreite, allgemeine gesellschaftliche Reputation.

Der in dieser Hinsicht noch weite Perspektiven eröffnende Kontrast zwischen Frankreich und Deutschland mag hier nur als Andeutung zu verstehen sein, dass es

---

wohl brauchbar werden; und ob wir gleich zu kurzsichtig sind, den geheimen Mechanismen ihrer Veranstaltung zu durchschauen, so dürfte diese Idee uns doch zum Leitfaden dienen, ein sonst planloses *Aggregat* menschlicher Handlungen wenigstens im Großen als ein *System* darzustellen."

gleichsam eine ‚Sozialgeschichte' der wissenschaftlichen Disziplinen und ihrer gesellschaftlichen Bedeutung gibt und dass speziell diese Sozialgeschichte der Erziehungswissenschaft (ob unter dem Namen Pädagogik oder nicht) in vergleichender Hinsicht erst noch zu schreiben ist. Was den deutschen Sprachraum anbelangt, ist die Pädagogik traditioneller Prägung von den sich – freilich sehr viel später und schwerer als anderswo – herausbildenden Sozialwissenschaften gleichsam ‚nicht mitgenommen' worden oder hat sich zunächst nicht ‚mitnehmen' lassen. Man mag argwöhnen, dass sie Ende des 19. und über weite Strecken des 20. Jahrhunderts ihre Rolle als nationales Identifikationsinstrument noch lange nicht ausgespielt hatte und im übrigen diese Rolle pflegte, wo es nur ging; wohingegen die modernen Sozialwissenschaften sich gerade zur Aufgabe stellten, auf dem Gebiet der Theorie über Gesellschaft im allgemeinen – und nicht in der Besonderheit nationaler Grenzen – systematische Aussagen zu treffen (vgl. KUHN 1967)[12]. War also die Pädagogik – selbst wo sie anfing, sich Erziehungswissenschaft zu nennen –, jedenfalls ihr größter Teil, bereits zur Zeit der Herausbildung der modernen Sozialwissenschaften in jenem Hintertreffen, das für die ganze Disziplin – und erst recht für eine solche Subdisziplin wie die Vergleichende Erziehungswissenschaft – gegen Ende des 20. und zu Beginn des 21. Jahrhunderts so offenkundig geworden zu sein scheint?

Man kann diesen Prozess auch anders interpretieren, wenn man nämlich veranschlagt, dass es – um mit Kuhn zu sprechen – historische Abfolgen wissenschaftlicher Paradigmen in der Form von dominanten Leitvorstellungen gibt, die im obigen Sinne ganz wie die Sozialwissenschaften selbst auf ihre historischen gesellschaftlichen Entwicklungsbedingungen zurückgeführt werden müssten[13]. Dann nämlich wäre die Abkoppelung der Disziplin der Geschichte und auch diejenige der Pädagogik für die Sozialwissenschaften funktional. Beide – aus unterschiedlichen Gründen heraus und mit unterschiedlichen Perspektiven und Instrumentarien – beziehen sich auf Gesellschaft und auf das Verhältnis von Individualität und Gesellschaftlichkeit als auf etwas Wandelbares – eine Grundannahme, die – wie uns oben Norbert ELIAS zeigte – eine bestimmte, dominierende Richtung in den Sozialwissenschaften nur missmutig in ihren Gedankenkreis einziehen lässt. Daraus ließe sich die Auffassung gewinnen, dass Erziehungswissenschaft oder Pädagogik von ihrer disziplinären Provenienz her den historisch geprägten Wissenschaften über Gesellschaft (und Individualität) mehr verhaftet ist als die Soziologie und die übrigen Sozialwissenschaften (eingeschlossen die Psychologie). Sollte dies zutreffen, dann gäbe es – zusammen mit der relativen Nähe der Pädagogik zur Praxis

---

12 Man könnte auf die Idee kommen, die besondere Geschichte der deutschen Sozialpädagogik, in deren Hintergrund spezifische – auch auf den eigenen Sprachraum bezogene und (etwa in Bezug auf Siegfried BERNFELD) vielleicht sogar absichtsvolle – Blindheiten stehen, im Zusammenhang mit diesem Beharrungsvermögen traditioneller deutscher Pädagogik zu sehen.

13 Wenn auch KUHN sich vor allem der Paradigmenabfolge in den Naturwissenschaften zuwendet und daraus hervorgeht, dass diese aus inneren Bedingungen, Widerspruchskonstellationen etc. entstehen, die ihrerseits aus widerstreitenden Beobachtungen eines Gegenstands hervorgehen, so kann mit Fug und Recht dieser Befund in einer Weise auf die Sozialwissenschaften übertragen werden, dass nach den sozialen, also gegenstandsspezifischen Bedingungen von Paradigmenwechseln diesen Wissenschaften gefragt wird. S. dazu weiter WEINGART, a.a.O.

der Gesellschaft – ein Indiz ab hinsichtlich der Entstehungsbedingungen des in bezug auf die Erziehungswissenschaft und ihre zugehörigen Bereiche immer verhältnismäßig hurtig vorgebrachten Ressentiments. Es erklärte auch, warum eine Gesellschaft, die sich zwar für dynamisch hält, deren Systembedingungen und deren Funktionieren als ein solches System aber als endgültig ausgegeben werden, die sich selbst mithin nicht als eine überwindbare, sondern als eine endgültige Gesellschaft ansieht, Bestandsaufnahmen ihrer selbst nunmehr lieber an systemisch denkende und zustandsorientiert verfahrende Sozialwissenschaften vergibt, denn an eine entwicklungsoffene und damit notwendigerweise an normativen Elementen mehr oder weniger offen anschließende Pädagogik, deren Auffassung von der grundsätzlichen Wandelbarkeit der gesellschaftlichen Verhältnisse demnach bestenfalls als „idealistisch“, andernfalls als „ideologisch“ apostrophiert wird.

Die Abkoppelung der modernen Sozialwissenschaften von Geschichte bewirkt für sie insgesamt gesehen auch, was speziell den in ihnen eingeschlossenen vergleichenden Verfahren vorgehalten werden kann, oder was zumindest als eine ihrer Gefahren beständig thematisiert wird: dass in ihnen nämlich – über einen Begriff „moderner Gesellschaft“ vermittelt – die Vorstellung von einer fortschreitenden und zunehmend weltumspannenden Harmonisierung oder Homogenisierung aller sozialen Bereiche vorherrscht, oder dass einheitliche Maßstäbe für eine – wie auch immer, jedenfalls aber universell verstandene – „Melioration“[14] veranschlagt werden. Diese Vorstellung fasst damit das in operative wissenschaftliche Begriffe und präsentiert es als ein allgemeines gesellschaftliches Resultat, was doch nur als ein historisch begrenztes und partikulares Interesse auftritt und eine herrschaftsspezifische, politisch und sozial lokalisierbare Interessenpolitik zugunsten der Herstellung weltumspannend überall gleicher gesellschaftlicher Funktionsweisen darstellt. Der bürgerlichen Gesellschaft erscheint ihr eigener Zustand als der historisch letztmögliche Zustand, da es ihr um die Aufrechterhaltung der spezifischen ökonomischen Mechanismen der Verwertung geht. Deshalb mag zwar Geschichte stattgefunden haben, aber nur bis zum Erreichen des gegenwärtigen Zustands. Dessen Apologie lässt sich durch historisch abstinente Sozialwissenschaften sehr viel besser bewerkstelligen, als durch historisch rückbeziehende Wissenschaften wie etwa die Pädagogik. Denn bereits aus dem ihr inhärenten Rückbezug auf Geschichte und Entwicklung heraus wendet sie sich notwendigerweise Fragen zu, die außerhalb der definierten Reichweiten systemischer und abschließend strukturorientierter Theoriebildung liegen. Da ist es nicht verwunderlich, wenn seitens der auf Systeme selbst bezogenen Theorie der Erklärungswert pädagogischer Theorien gering eingeschätzt wird oder ihnen gar die theoretische Qualität selbst abgesprochen wird[15]. Die Theoretiker reagieren da bloß wie die Gesellschaft insgesamt:

14 – ein Begriff den HÖRNER als eine Beschreibung von Absichten der Vergleichenden Erziehungswissenschaft wieder aufgreift, der aber schon früher in den „Selbstverständnisdiskussionen“ der Vergleichenden Erziehungswissenschaft Verwendung gefunden hatte (vgl. KRÜGER, a.a.O., S. 34 und HÖRNER, a.a.O.).

15 – denn wie anders lässt sich etwa die von LUHMANN/SCHORR (1979, S. 383 ff.) zusammenfassend geäußerte Ansicht verstehen, Erziehungswissenschaft erreiche nur eine ausschließlich auf ihren eigenen Kreis gerichtete, also nur in ihr eigenes Innere zurückwirkende Theoreti-

es mag zwar einen Prozess gegeben haben, der zum erreichten Stand geführt hat; nunmehr, da dieser Stand aber erreicht ist, hat sich alles in den Theorierahmen zu fügen, der sich selbst für den letzten hält. Selbstverständlich, dass unter diesen Bedingungen Kritik insgesamt keinen Raum hat, die auf das theoretische Ensemble selbst angelegt ist. Es ist ja Kennzeichen von Theorie, die sich an die Gesellschaftsmechanismen der bürgerlichen Gesellschaft bindet, dass sie ihre grundlegenden Parameter so setzt, dass eine – sie selbst historisierende – Kritik nicht mehr als möglich erscheint. Sie ist somit affirmativ, im Hinblick auf sich selbst und insofern immanent unkritisch, wie auch affirmativ im Hinblick auf ihre sozialen Entstehungszusammenhänge, die als ihre eigenen Grundlagen bestehen bleiben müssen, weil ohne diese das theoretische Gebäude in sich zusammenfallen würde. Auch in der Wissenschaft gilt die einfache Feststellung, dass – zunächst – die herrschenden Gedanken die Gedanken der Herrschenden sind.

Sozialwissenschaftliche Qualifizierungsforschung und Vergleichende Erziehungswissenschaft

Wenn wir die Mechanismen begreifen wollen, die die gegenwärtige internationale Qualifizierungsforschung als ein Hilfsmittel für großräumige gesellschaftliche Regulierungsprozesse (üblicherweise gegenwärtig mit dem Reklameschild „Globalisierung" bezeichnet) in den Vordergrund der politischen und wissenschaftlichen Aufmerksamkeit rücken, dann scheint es nützlich, diejenigen Dimensionen zu untersuchen, die bei der sozialwissenschaftlich induzierten Verschiebung weg vom Analyserahmen „Vergleich in den Erziehungswissenschaften" hin zum Analyserahmen „Gesellschaftsvergleich"[16] in den Vordergrund gelangen.

Gegen die Absicht, Vergleichende Erziehungswissenschaft in den Rahmen von „Gesellschaftsvergleichen" einzustellen, ist zunächst nichts einzuwenden. Unbezweifelbar und vor allem auch, wenn die historische Dimension der Gesellschaftsentwicklung mitbedacht werden soll, ist Vergleichende Erziehungswissenschaft Bestandteil dessen, was als vergleichende Sozialgeschichte der Gesellschaft und ihrer Teilbereiche als ein fruchtbares Forschungsfeld angesehen werden müsste. Es ist selbstverständlich eine notwendige disziplinäre Ausweitung, wenn der Interdependenz der Konzepte im Gesamtrahmen der Sozialwissenschaften insofern

---

sierung – was so viel heißt, als dass sie nur Legitimationsfiguren hervorbringt, nicht aber Theorie. Dabei bleibt freilich unklar, woher die anderen, zur Theorie fähigen Wissenschaften ihre theoretische Qualität beziehen, und es wird auch die in diesem Zusammenhang äußerst interessante Frage nicht verhandelt, welche Beschaffenheit die zu solcher Legitimation herangezogenen Elemente besitzen und welche Geschichte ihnen eigen ist. Diese sozialwissenschaftliche „Abschreibung" der Erziehungswissenschaft hat einerseits ihr einen noch lange nach innen nachwirkenden Schock versetzt und andererseits erheblich zum gesellschaftlichen „Umbau" der ideologischen Kreditvergabe im Gesamtrahmen von zur Planung und Gestaltung herangezogenen Wissenschaften beigetragen.

16 Hier interessiert dann insbesondere die Beteiligung Vergleichender Erziehungswissenschaftler an gesellschaftsvergleichenden Arbeiten (vgl. KAELBLE/ SCHRIEWER 1999 [Komparatistische Bibliothek 9]).

Rechnung getragen wird, als die einzelnen Disziplinen sich nicht gegenseitig isolieren, sondern die ihnen gemeinsame Logik auch in weitergefassten Perspektiven zum Ausdruck bringen. Ist nun in wissenschaftlichen Feldern eine solche Perspektive noch grundsätzlich offen, so sehen sich Sozialwissenschaft und Erziehungswissenschaft vor allem in ihren vergleichenden Varianten doch innerhalb und außerhalb des Areals wissenschaftlicher Argumentation der Dominanz von Analysemodellen und Darstellungsweisen ausgesetzt, die reale Differenzen überwiegend unter vorbestimmten Performanz-Kriterien betrachten. Damit wird vielfach die wissenschaftliche Analyse, auch wenn sie sich politischen Anforderungen gegenüber autonom zu verhalten versucht, in das Korsett einzwängt, das gegenwärtig insbesondere durch dominierende Konzept-Konstellationen wie „Qualität – Leistung – Evaluation" oder andere Wahrnehmungs-Prägfigurationen dieser Art gebildet wird.

Aus der Schwerpunktverschiebung innerhalb der Wissenschaften von der Gesellschaft, die die historisch-generative Sichtweise zugunsten von systemischen Betrachtungsweisen in den Hintergrund drängte, ergab sich auch, dass die Vorstellung von einer relativ autonomen Erziehung (sowohl als Praxis als auch in einer Theorie des Pädagogischen) zugunsten einer auf sachzwangorientierte Sozialisationsprozesse und entsprechende gesellschaftliche Integration zentrierten Bestimmung gesellschaftlichen Lebens aufgegeben wurde. Im Kern ist dies eine Tendenz, die den Abgesang auf das autonome bürgerliche Subjekt und seine Individualität und damit auch den Abgesang auf die prinzipielle Gestaltbarkeit von Gesellschaft in vernunftgeleitet-demokratischen Prozessen zu verallgemeinern gedenkt. Freilich ist dieser Abgesang nicht neu, so wenig neu wie die Postmoderne neu ist. Das Zugeständnis autonomer Individualität hat historisch-konkret ohnehin nur für eine Minderheit gegolten. In der Geschichte moderner okzidentaler Gesellschaften hat sich auf dem Hintergrund verschiedener Konjunkturen immer einmal wieder – manchmal auf dem Hintergrund eines bestimmten historischen Bildes bürgerlicher Individualität – Misstrauen oder gar Ablehnung gegenüber der vor allem von Bildungstheorie beanspruchten Gestaltungskraft und -möglichkeit des bürgerlichen Individuums erhoben. Gegenwärtig geschieht dies, obgleich die Rede von der persönlichen Initiative innerhalb und außerhalb des verallgemeinerten Lohnarbeitsverhältnisses modern ist. Wurde Individualität zu bestimmten Zeiten des historischen Bürgertums Ausdruck gesellschaftlicher Dynamik, so umzäunt die Massenlenkung der spätbürgerlichen Gesellschaft nunmehr die Vorstellung des Individuums wieder und reserviert sie nur noch für eine Elite.

Neu ist also nicht die Behauptung, die bürgerlichen Bildungsideale, die aufklärerischen Prinzipien in der Erziehung, das Entwicklungspostulat und die philosophische Begründung der Individualität seien obsolet[17]; neu ist der Absolutheitscharakter, der dem Gemisch aus akzidentiellen Schlussfolgerungen und theoretischen Begründungen zuerkannt wird und der – das ist zuzugeben – mit einer neuen („medialen") Qualität die intellektuelle, und damit auch die *scientific*

17 Die zweite Hälfte des neunzehnten und das ganze zwanzigste Jahrhundert lässt sich trefflich nach solchen Bekundungen durchforsten.

community durchzieht, so dass fast automatisch nicht anders gedacht wird als gewünscht.

Ein neuer „mechanischer Materialismus“?

Die moderne Gesellschaft wird überwiegend als ein konsequentes und geschlossenes, in seiner Entwicklung vollendetes und nur noch nach innen sich ausdifferenzierendes System aufgefasst. Sie klammert auch die sie betreffenden politischen und sozialen Wissenschaften als „System“ zusammen. Noch darüber hinausgehend wird neuerdings einmal wieder ein Erkenntnis organisierendes Prinzip auf dem Felde der biologischen, also der Naturwissenschaften gesucht oder gar behauptet. Die Übergänge zwischen den verschiedenen Arealen mögen noch unbestimmt bleiben: Jedenfalls beinhaltet dieser normative Vorgriff auf gesellschaftliches und je individuelles Denken die Vorstellung von einem Netz mit teilweise noch als unbekannt bezeichneten Knotenpunkten, das aber objektiven Bestand habe und in das sich menschliche Gesellschaft und individuelles Leben zu fügen hätten. Das allgemeine Paradigma ist hier die in der neueren Wissenschaftsgeschichte schon immer vorhandene konservative Variante der Vorstellung von der – autoritativen – Einheit der Wissenschaften; wissenschaftshistorisch haben wir es hier mit einer etwas komplizierter ausfallenden Wiederbelebung des mechanischen Materialismus des 18. Jahrhunderts (allerdings ohne den diesem eigenen Emanzipationsgedanken) zu tun, speziell auch mit der Vorstellung der Erzeugbarkeit des Menschen und der menschlichen Verhältnisse aus einem Material, das einzig aus der Analyse des physisch Gegebenen, des Vorliegenden, also aus der materialisierten Vergangenheit des Menschen genommen wird[18]: Die Vorstellung deutet sich als allgemeine und autoritär verallgemeinerte an, dass die Reproduktion der Gesellschaft und der Individuen lediglich als eine weitere Etappe auf erweiterter Stufenleiter, aber in derselben Qualität anzusehen ist. Das Modell ist dasjenige der Verwertung des Werts – die fröhlich-zynischen Modewörter wie etwa das von der „Ich-AG“ oder die ernsthaft vorgebrachte Auffassung vom Individuum als „Unternehmer seiner Arbeitskraft“[19] lassen die philosophisch begründete und für den Bildungsprozess in individueller und in gesellschaftlicher Hinsicht konstitutive Offenheit nur noch in der Form der „Innovation“ oder der „Geschäftsidee“ vorkommen. Was sich nun auf der Ebene der gesellschaftlichen und individuellen Lebenspraxis zynisch gebärdet,

18 Solche Rückgriffe, die eigentlich Reaktivierungen noch vorhandener, zeitweise aber nicht virulenter Gesellschaftsdeutungen sind, werden freilich nicht absichtlich vollzogen. Sie treten allerdings mit einem Gestus auf, in dem neben der autoritären Form diese Neuheiten sich selbst als die endlich erfolgende Überwindung alter Beschränkungen, wenn nicht Borniertheiten preisen.

19 – „Vielmehr ist das Leitbild der Zukunft der Mensch als Unternehmer seiner Arbeitskraft und Daseinsvorsorge“, so eine von politischer Seite hoch gelobte Formulierung aus dem Bericht der sächsisch-bayrischen „Zukunftskommission“ aus dem Jahre 1997 – Zukunftskommission der Freistaaten Sachsen und Bayern: Erwerbstätigkeit und Arbeitslosigkeit in Deutschland, Entwicklung, Ursachen und Maßnahmen, Zusammenfassung. Internetquelle, Sept. 2002: http://wo6.saxony.de/Scripts/

erhält seine höheren Weihen in der Sphäre der Wissenschaft von den sozialen Dingen durch die Apotheose des Systems.

Allerdings: Innerhalb des Bezugs auf ein nicht mehr weiter in Frage stehendes System erhält der ansonsten eher hoffnungslos unbestimmte Begriff der „Modernisierung" seinen Sinn. In dem besonderen Zuschnitt des Wissens über Gesellschaft und über die Bedingungen ihrer Entstehung, den die systemische Beschränkung mit sich bringt, ist Pädagogik oder Erziehungswissenschaft nicht mehr ein aus eigenen Begründungen heraus sich legitimierendes Feld der Kritik und der Pragmatik, wie sie es als einzelne Theorie im Rahmen der Gesamtheit der theoretischen Vorstellungen über den Gang der Gesellschaft (in aller Relativität und bei allem Bewusstsein über die Relativität) einmal gewesen ist[20]. Auch auf dem Areal ihrer Wissenschaft selbst bestimmen Pädagogik und Erziehungswissenschaft nicht mehr die Ziele, weder für den pädagogischen Prozess, noch für den Bereich der Bildung und Erziehung in der Gesellschaft, wie es für eine Pädagogik noch galt, deren zentrales Selbstverständnis etwa noch im „pädagogischen Bezug" bestehen sollte – die also überhaupt noch ein Selbstverständnis aufwies. Eine pädagogisch begründete Relation zur Wirklichkeit zu pflegen war möglich und notwendig, solange von gelingender Individualität das gesellschaftliche Ganze abhängig gesehen wurde. Hierin besteht ja historisch gesehen der Streit zwischen den Spätformen des Philanthropismus und des Neuhumanismus. Das Versiegen dieser Ansicht und die spezifischen sozialwissenschaftlichen Weltsichten signalisieren indes die erneute Unterordnung unter bloß gegenwärtige Zweckbestimmungen. Die Wissenschaften vom Verhältnis zwischen Individuum und Gesellschaft – darunter die Erziehungswissenschaft – unterwerfen sich damit weitgehend der dominanten Tendenz, sie nur mehr als Auskunftsmittel über die Wirkungsweise systemgerechter Parameter zu benutzen. Was Otto Rühle angesichts des Aufkommens der „experimentellen Pädagogik" schon zu Beginn des 20. Jahrhunderts kritisierte, dass die „Einsicht in den Mechanismus der menschlichen Seele" die „Taylorisierung" (vgl. RÜHLE, 1925) insgesamt vorantreibe, lässt sich ohne viel Umstände als Befund gegenüber den Wirkungen moderner Sozialwissenschaft im pädagogischen Feld anführen. Dabei ist Rühle sicherlich nicht verdächtig, ganzheitlichem „Lebensglauben" anzuhängen, wie man es etlichen Reformpädagogen seiner Zeit zuschreiben muss.

Vergleichende Erziehungswissenschaft, Politik und System

Die „klassische" Epoche der Vergleichenden Erziehungswissenschaft in der BRD bis in die 1970er Jahre wurde alimentiert durch das besondere historisch-politische Profil der Erziehungsdebatte, die in der Wiederaufbauphase über *„german reeducation"* bis hin zur „Politischen Bildung" eine deutliche Abgrenzung zu den

---

20 Die Gesellschaft, bzw. die in ihr betriebene Politik bedürfen deshalb auch keines „Bildungsrates" mehr!— Es geht hier nicht darum zu behaupten, Pädagogik müsse eben so verfahren; hier ist nur Bezug genommen auf die historischen Begründungsformen von Pädagogik als Wissenschaft und gesellschaftlichem Handlungsfeld (vgl. z.B. FLITNER 1980, hier besonders den Teil: „Die pädagogische Wissenschaft", S. 13 ff.).

Bildungssystemen und zu den Konzepten „sozialistischer" Länder beinhaltete. Dann aber verschiebt sich der Bezugsrahmen. Bereits die Curriculumdebatte der siebziger Jahre, erst recht aber die bildungsökonomischen Studien, die beginnenden OECD-Länderberichte, die zunächst die Bildungssysteme selbst beobachteten, dann aber auch die auf dem Humankapital-Ansatz beruhenden Qualifikationsstudien, die Veranschlagung der Systemtheorie als allgemeines wissenschaftsmethodisches Paradigma enthalten schon nicht mehr die Verpflichtung, auf spezifische Kompetenzen der Komparatisten zurückzugreifen oder gar ihre Tätigkeit als eigenständige zu entwickeln. Diese ‚neuen' Vergleiche sind unmittelbar in sozialwissenschaftliche Fragestellungen eingebettet und bedürfen nicht mehr der disziplinären und damit auch nicht mehr der institutionellen Vermittlung durch besondere Einrichtungen der Vergleichenden Erziehungswissenschaft.

Mit dem Verschwinden der politischen Dimension der Vergleichenden Erziehungswissenschaft entstand also eine neue Form von internationaler Wissenschaft auf dem Felde der Erziehung und Bildung, die sich um die Entwicklungsphasen der Vergleichenden Erziehungswissenschaft und ihre Paradigmenabfolge, ihre historisch gewachsenen Einteilungen in „Deskription, Interpretation, Juxtaposition, Komparation" – so z.B. Hilkers Stufenfolge (vgl. HILKER, a.a.O., S. 107 ff.) – „internationale Pädagogik", „pädagogisches Reisen", etc.[21] – herzlich wenig scherte. Man könnte auch sagen, dass diese neue Leistungs- und Qualifizierungsforschung, die Bildungspolitik und Bildungsadministration einschließt, ein Postulat aufgreift, ohne indes viel Aufhebens davon zu machen: nämlich auf eine selbstverständliche Weise internationale Wissenschaft zu sein, so wie es vernünftigerweise auch keine ‚dänische Biologie' gibt. Die Initiatoren dieser Vergleichsstudien, wie sie beispielhaft hier mit TIMSS oder PISA angesprochen werden sollen, haben also nicht die Kompetenz der Vergleichenden Erziehungswissenschaft bemüht, um zu erfahren, wie etwa zu vergleichen wäre (vgl. in schöner Deutlichkeit GRUBER 2002, S. 67 f.). Auf der Grundlage von allseits als gültig angesehenen Testfeldern und Prüfstücken, Itemkonstruktionen etc. haben sie nicht allein den Vergleich durchgeführt, sondern auch Rangfolgen erstellt, was so viel behauptet, als dass an der Objektivität der Gewinnung der Resultate und an den Resultaten selbst kein Zweifel bestehe.

Gegenüber diesen Studien und v.a. ihren medial umfassend gestützten Resultaten nehmen sich alle bisherigen Arbeiten aus dem Rahmen traditioneller Vergleichender Erziehungswissenschaft eher provinziell aus. Der Rahmen für derlei vergleichende Bildungs- und Qualifizierungsforschung ist nunmehr die Frage nach der „Leistungsfähigkeit" und „Qualität" sozialer Institutionen, wobei als eine allgemeine Auffassung zu herrschen scheint, dass quasi betriebswirtschaftliche Beurteilungskriterien die innere Normativität solcher Leistung und Qualität abgeben, nicht aber die klassischen *pädagogischen* Anforderungen an Bildungsinstitutionen. Das Ziel der Forschung ist, aus einer ‚besseren Erkenntnis' ‚Konzepte und

21 Das ist ein Konzept-Mix, der sich aus den diversen Gegenstandsbeschreibungen und Problematisierungen aus der Geschichte der Vergleichenden Erziehungswissenschaft ergibt (vgl. z. B. ANWEILER 1974, S. 19-26 und z.B. auch Hermann RÖHRS 1966).

Theorien‘ der sozialen Steuerung zu gewinnen. Für die Vergleichende Erziehungswissenschaft alter Provenienz ist ein solches Vorgehen neu; sie hat aus ihrem traditionellen Zuschnitt heraus gar nicht die sozialwissenschaftlichen, verwaltungs- oder betriebswirtschaftlichen Dimensionen und Instrumente parat, derlei Diagnosen zu erbringen. Gegenüber diesen ambitionierten Perspektiven nimmt sich also die ehedem von Friedrich SCHNEIDER vorgeschlagene Beschreibung der Vergleichenden Erziehungswissenschaft als einer „prospektiven Pädagogik" (SCHNEIDER 1958, S. 36-50) – die ja doch eher eine *Pädagogik* sein sollte – eher unzeitgemäß aus, ebenso wie die Beschreibung der Leistung der Vergleichenden Erziehungswissenschaft durch Franz HILKER (1962, S. 106): „Vergleichen ist ein geistiges Verfahren, das, von der Betrachtung realer Gegebenheiten ausgehend, auf dem Wege der Analyse und der Wertunterscheidung zu gültiger Erkenntnis gelangt.". Natürlich kündigte sich dieser Umschwung schon lange zuvor an, und es war absehbar, dass die noch im Umkreis deutscher Geisteswissenschaft anzusiedelnde zaghafte Bezeichnung „prospektive Pädagogik" dem Druck zur Wende in Richtung auf *„models [...] to aid in the process of planning for education an the Labour-market policies, tacitly assuming that ways and means can be found to induce the population to seek the desirable education*"(vgl. Jan TINBERGEN, zit. n. RÖHRS 1994, S. 36) nicht widerstehen konnte. Wir merken (bescheiden) gegenüber dieser neuen *„science"* an, dass der entscheidende Einspruch, den der bürgerliche Neuhumanismus zu Beginn des 19. Jahrhunderts dem seiner historischen Dynamik verlustig gegangenen Philanthropismus entgegen hielt, darin bestand, dass letzterer bei zunehmender gesellschaftlicher Differenzierung schließlich die Notwendigkeit von etwas wie einer ‚Passgerechtheit‘ zwischen Individuum und Sozial- (und Berufs)system behaupten musste. In der modernen Qualifizierungsforschung, den aufs Bildungssystem bezogenen Organisationswissenschaften, etc. wiederholt sich – durch den Industrialismus des neunzehnten und des zwanzigsten Jahrhunderts noch genährt – dieselbe Vorstellung von der quasi-logistischen Planung von Biografien und Kohorten, so als hätten wir es mit durch die Lebenszeit rollenden Last- und Lieferwagen mit Teil- und Fertigprodukten zu tun, die zur Vermeidung von überflüssigen Kosten zum rechten Zeitpunkt in weitere Produktionsabläufe eingefügt werden müssen.

Gegenüber dem je nach Konjunktur politisch verwendbaren und aus diesen Planungsvorstellungen sich speisenden empirischen Wahn müsste jedoch wenigstens eingewendet werden, dass, wenn die allgemeine Vorstellung von der Welt und der Gesellschaft allein auf den Vergleich gegründet wird, dies dazu führt, nicht mehr erkennen zu können, woher die Antriebe für gesellschaftliches Handeln entstehen. Denn die Dynamik des Vergleichs ist widersprüchlich: Wenngleich das beherrschende, so darf er indes nicht das alleinige Prinzip moderner Rationalität sein, denn als alleiniges Prinzip lässt der Vergleich alles nur immer wieder auf sich selbst zurückfallen. Die Frage, wofür der Vergleich gut sein soll, lässt sich nicht wieder mit dem Vergleichsargument beantworten: Ich vergleiche, um zu vergleichen, ist eine unsinnige Absichtserklärung.

Vergleichende Erziehungswissenschaft und Internationale Bildungs- und Qualifizierungsforschung neuer Art: Vergleichen und Differenz

Das aus der modernen Form der Rationalität entstehende Modell der Vergleichung beinhaltet also offenbar Schwierigkeiten. Diese Schwierigkeiten liegen in der Natur der Vergleichung als Behauptung oder als konzeptionelle Herstellung von Gleichheit – auch dort, wo, wie etwa in der oben von JULLIEN DE PARIS zitierten Perspektive, Differenzen oder unterschiedliche Leistungsgrade festgestellt werden sollen. Gegenüber der bis in unsere Zeit hinein entwickelten Praxis und ihren methodischen Standards wendet nun der portugiesische Bildungsforscher António NÓVOA ein, dass man in Bezug auf die jüngere Geschichte der Vergleichenden Erziehungswissenschaft „die Verbindung erkennen muss, die zwischen der Konzeptualisierung auf dem Felde der Wissenschaft und der Formulierung der jeweiligen Erziehungs- und Bildungspolitiken im nationalen, aber auch im internationalen Rahmen besteht: Es handelt sich dabei nicht um zwei voneinander unabhängige Wirklichkeiten, sondern eher um zwei Momente ein und desselben Prozesses, der als Modellierung einer internationalen Ordnung aufgefasst werden muss, von der man behauptet, dass sie natürlich sei (weil sie nämlich auf ‚objektiven', ‚quantitativen', ‚wissenschaftlichen' Kriterien beruhe), die jedoch in Wirklichkeit Produkt einer historischen Konstruktion ist, die wiederum auf kulturellen Voraussetzungen und ökonomischen Interessen beruht" (NÓVOA 1998, S. 19; Übers. – JH).

In seiner Revision der Entwicklung der vergleichenden Methode in der Erziehungswissenschaft kommt NÓVOA schließlich zu der Aussage, dass – neben der impliziten Hierarchie in den verglichenen Ländern und internationalen Arealen – Vergleichende Erziehungswissenschaft vier äußerst problematische Zonen aufweise: Erstens gehe sie von einer „Ideologie des Fortschritts" aus, zweitens erhebe sie sich auf einem problematischen Wissenschaftsbegriff, drittens nehme sie einen ebenso problematischen Begriff des Nationalstaats zum Ausgangspunkt und viertens sei die Vergleichsmethode selbst problematisch. Auf dem Hintergrund des oben Gesagten interessiert hier vor allem NÓVOAs Kritik an der Vergleichsmethode selbst. Er hebt dabei heraus, dass die Vergleichsmethode „Vereinfachungen hervorgerufen hat, d.h. verschiedenartige Situationen auf gemeinsame Nenner reduziert hat" (ebd.). Für ihn stützt diese Kritik ein Einwand von Pierre BOURDIEU und Jean-Claude PASSERON: „Eine derartige Methode", schreiben diese in einem Aufsatz über die Vergleichbarkeit der Bildungssysteme aus dem Jahre 1967, „zerstört das Vergleichsobjekt selbst in seiner kulturellen Bedeutung und seiner soziologischen Besonderheit, da die Vergleichbarkeit nur hervorgerufen werden kann auf Kosten einer Verstümmelung der verglichenen Wirklichkeiten". (BOURDIEU/PASSERON 1967, hier zit. n. NÓVOA, S. 24) Das Argument, das uns hier begegnet, ist theoretisch schwerwiegend: Der Vergleich zerstört die Besonderheit des Dings zugunsten eines Vorstellungsmodells, das sich aus den verglichenen Dingen heraus durch nichts legitimiert.

Die Feststellung ist hier genau die gegenteilige zu derjenigen, die traditionell die Verfechter des Vergleichs als empirisches Verfahren seit M.-A. JULLIEN DE PARIS beanspruchten. Wurde in der Vergleichsoperation vorher ein Mittel zum Fortschritt in der Erkenntnis sozialer Bereiche zum Zwecke ihrer künftigen Gestaltung gesehen, so wird hier in der Tendenz behauptet, der pragmatische Gewinn des Vergleichs reduziere sich auf Null, weil die verglichenen Dinge durch die Operation, die vorher als eine erkenntnisfördernde angesehen wurde, in ihrer Besonderheit gerade ausgelöscht würden und es insofern gar nichts mehr zu erkennen gebe. Auf diese Weise würde die Herstellung von Vergleichbarkeit aus dem individuellen und gesellschaftlichen Lebenszusammenhang die Dynamik gerade herausnehmen und drohe dazu zu führen, was die moderne Gesellschaft, die sich ja als eine fortschreitende und dynamische versteht, als ihr glattes Gegenteil beschreibe: Spannungslosigkeit und Stillstand.

Der Vergleich von Gesellschaftssystemen und demzufolge auch der Vergleich von Erziehungssystemen – so führt uns diese Orientierung auf NÓVOA zurück – muss sich angesichts dieser Gegebenheiten der zugrundegelegten Untersuchungs-Einheiten und Methoden neu vergewissern. So gehe es nicht mehr an, den Nationalstaat als hauptsächliches Analysefeld zu veranschlagen, ebenso wenig wie input-output-Relationen, exklusive Quantifizierung oder auch den Strukturfunktionalismus als allgemeine Referenztheorie (vgl. NÓVOA 1998, S. 21). NÓVOAs Einschätzung ist insofern besonders bedeutsam, als sie sprachraum- und herkunftsbedingt die ganze deutschsprachige und geisteswissenschaftliche Tradition auslässt und insofern nicht unter dem Verdacht steht, in konservativer Absicht auf einer von Seiten der Sozialwissenschaften als schimärisch angesehenen Autonomie der Pädagogik zu beharren.

NÓVOA formuliert am Schluss seiner Auseinandersetzung mit den modernen Tendenzen in der Vergleichenden Erziehungswissenschaft eine Reihe von Perspektiven für ihre Entwicklung. NÓVOAs (ebd. S. 43f.) Perspektiven sind folgende:

„In der Zukunft – so schreibt er – scheint es mir wichtig, zu betonen, dass die vergleichende Anstrengung als allererstes die Anerkennung der ‚unauflöslichen Individualität des Anderen' beinhalten muss [...]. Vergleichende Erziehungswissenschaft muss zu einem Mittel werden, den anderen zu verstehen, vor allem denjenigen Anderen, der sehr verschieden ist und der die Welt mit einer anderen Vernunft und anderen Gefühlen anschaut. Deshalb wiederhole ich hier, dass der Vergleich in der Erziehungswissenschaft eine Geschichte des *Sinns* ist und nicht etwa ein systematisches Aufstellen von Fakten.".

In diesem Zusammenhang argumentiert NÓVOA auch gegen sogenannte „Welt-System-Modelle", die – um eine Charakterisierung von SCHRIEWER, HENZE et al. aufzunehmen – „die evolutionäre Dynamik fortschreitender transnationaler Verflechtungs- und Integrationsprozesse und damit das Zusammenwachsen der *einen Welt* [thematisieren]" (SCHRIEWER et al.1999, S. 167) – und damit behaupten.

Geschichte oder System?

Worauf aber, neben der Pflege des Begriffs der Differenz und ihrer wissenschaftlichen Wahrnehmung, wie es uns NOVÓA nahe legt, kann sich aber Vergleichende Erziehungswissenschaft als auf eine spezifische Leistung berufen? Die von HÖRNER ihr zugeschriebene erhöhte Methodenkompetenz, die wohl auch ein kritisches Potential gegenüber vorschnellen Vergleichsoperationen sichern soll, kann sich ja nur entfalten, wenn jenes kritische Potential auch abgefragt wird.

Das Bestehen auf Differenz macht sich auch in einem anderen Ansatz bemerkbar, der ebenfalls seine Reserven gegenüber dem Welt-System-Modell bekundet. Es scheint nämlich fraglich, wie SCHRIEWER, HENZE u.a. betonen, ob das hegemoniale Denken vergleichender Sozialwissenschaft im oben kritisierten Sinne von einer Konzeption vermieden werden kann, die der Vorstellung folgt, „dass die Erziehung nicht etwa eine nationale Einrichtung ist, sondern vielmehr ein rationalisierender Bestandteil einer weltweiten Technologie des Fortschritts und der Modernisierung" (NÓVOA 1998, a.a.O., S. 38). NÓVOAs Ansicht zufolge müsse gegenüber den „Welt-System-Modellen" überdies die Widersprüchlichkeit des Feldes, von dem her die Vergleichende Erziehungswissenschaft ihre Erkenntnisse beziehe, berücksichtigt werden. Auch in der Sicht von SCHRIEWER, HENZE et al. (1999, S. 167 f.) sei von der „evolutionäre[n] Dynamik fortschreitender transnationaler Verflechtungs- und Integrationsprozesse ... die Sozio-Logik gesellschaftsintern entworfener Konstrukte [, die] unterschiedlichen national- oder zivilisationsspezifischen Perspektiven [, der] Eigen-Sinn soziokultureller Konfigurationen und damit das Fortbestehen von *multiple worlds*" zu unterscheiden.

„Klassische Vergleichsforschung", – so soll hier dieser Ansatz abschließend mit seinen eigenen Worten beschrieben werden – sei also nicht dazu aufgerufen, „Bestätigungen von Welt-System-Analysen" zu liefern. Vielmehr gehe es darum, sich derlei Analysen gegenüber „kritisch-prüfend" zu verhalten. „Denn wir vermuten" – so die zitierten Autoren – „nicht unaufhaltsame Tendenzen der Globalisierung und Standardisierung, sondern zugleich und im gleichen Zusammenhang auch immer erneut sich formierende Diversifizierungsprozesse [...]." (ebd. S. 171)

Der theoretische Hintergrund für dieses kritische Potential wird noch durch eine weitergreifende Perspektive gebildet, die auf eine verwickelte Weise Positionen neu zur Geltung kommen lässt, die in der sozialwissenschaftlichen Wende auch der Vergleichenden Erziehungswissenschaft seit den siebziger Jahren des 20. Jahrhunderts in Vergessenheit geraten waren. In seiner perspektivischen Bestandsaufnahme der Vergleichenden Erziehungswissenschaft nimmt SCHRIEWER – nicht ganz überraschend, weil sich das aus den feststellbaren Defiziten bereits andeutete – neu Bezug auf Friedrich SCHNEIDER und seine Bestimmung des spezifischen und theoretischen Beitrags der Vergleichenden Erziehungswissenschaft zu einer allgemeinen Erziehungswissenschaft.

SCHRIEWER begründet nun in diesem partiellen Rekurs auf SCHNEIDER, der den Beitrag der Vergleichenden Erziehungswissenschaft vor allem als Beitrag zur allgemeinen Theorie der Erziehungswissenschaft ansah, dass die vergleichende

Methode nicht deshalb eine besondere sei, weil sie vergleicht, sondern weil sie eine besondere analytische Qualität hervorbringe – und nur dann wäre sie eine vergleichende. Damit ist die traditionell in der Vergleichenden Erziehungswissenschaft diskutierte Problematik des *„tertium comparationis"* vermieden und nicht jede, über gewisse nationale, staatliche Grenzen hinwegschreitende Forschung wäre damit eine vergleichende, so wie Ozeanforschung, die die Gewässer vor der norwegischen und der holländischen Küste untersucht, nicht gleich „vergleichende Ozeanforschung" wäre.

Ausgehend hiervon gibt es eine für die Vergleichende Erziehungswissenschaft tröstliche Perspektive: Es führt nämlich dazu, dass auch die neueren internationalen Qualifizierungsstudien nicht eigentlich vergleichende sind und man deshalb in die Irre geht, wenn man meinen würde, diese letzteren hätten Vergleichende Erziehungswissenschaft ‚ersetzt' oder seien die gegenwärtige Form der Vergleichenden Erziehungswissenschaft. Sie haben in der Tat mit dem besonderen analytischen Instrumentarium einerseits und andererseits mit der Frage nach dem Beitrag zu einer allgemeinen theoretischen Fassung des Erziehungsproblems nichts zu tun. Sie sind sozialwissenschaftliche Institutionen-, betriebswirtschaftliche Leistungs- und Qualifizierungsforschung, die sich – aus politischen Gründen und aus Gründen der internationalen hegemonialen Prozesse – einem Areal zuwendet, das – statt die Differenz zwischen Bayern und Schleswig-Holstein zu ergründen – nunmehr (und jeweils mit spezifischen regionalen Auslassungen) die Spanne zwischen Japan und Finnland mit dem Umweg über Deutschland, Portugal, etc. umfasst. Die theoretische Arbeit, die nunmehr Ziel der Vergleichenden Erziehungswissenschaft wäre, käme erst ‚nach' solchen Studien.

Allerdings: die solchermaßen eingeführte Unterscheidung zwischen „internationaler pädagogischer Reformreflexion" (SCHRIEWER 1999, S. 509) und „Vergleichender Erziehungswissenschaft", die ihre Existenz dadurch zu sichern sucht, dass auf eine „Duplizität von Wissensformen" (ebd.), also auf eine Art Koexistenz gebaut wird, dürfte jedoch nur zu einer wenig aussichtsreichen Selbstbehauptung führen, solange aus der „Methodenkompetenz" und aus der „theoretischen" Spezialität erziehungswissenschaftlicher Vergleichsforschung heraus das Dilemma der Sozialwissenschaften nicht thematisiert wird, das in der Austreibung der Geschichte besteht, wie es oben mit Rekurs auf TJADEN angedeutet wurde. Es ist deshalb auch nicht etwa bereits eine Gewissheit, dass „im Anschluss an Konzepte wie ‚Sinn', ‚Kommunikation' oder ‚Selbstreferenz' [...] das von Wilhelm von Humboldt diskutierte Theorieproblem: die in der Gegenstandsspezifik des Sozialen angelegte Differenz von ‚Gesetzmäßigkeit' und ‚selbsttätiger Energie', eine sozialwissenschaftlich ausgearbeitete Antwort" findet (ebd., S. 511) – wie SCHRIEWER hofft. Nicht – wie SCHRIEWER BADIE zitiert – ginge es um die „Wiederversöhnung von Geschichte und Vergleich" (ebd.), sondern im Hinblick auf eine erneuerungsbedürftige Gesellschaftswissenschaft um die kritische Aufhebung der Dominanz der Systemannahme gegenüber einer Geschichte, die sich – innerhalb der Sozialwissenschaften und sicherlich auch anderswo – fürderhin wieder als Kritik zu verstehen hätte und als solche auch anzuerkennen wäre.

Literatur

ACHTENMANN, Frank; GOGOLIN, Ingrid (Hrsg.) (2002): Bildung und Erziehung in Übergangsgesellschaften. Beiträge zum 17. Kongress der Deutschen Gesellschaft für Erziehungswissenschaft. – Opladen.

ANWEILER, Oskar (1974): Konzeptionen der Vergleichenden Pädagogik. In: Adelheid Busch u.a. (Hrsg.): Vergleichende Erziehungswissenschaft. – Pullach bei München.

BOURDIEU, Pierre; PASSERON, Jean-Claude (1967): La comparabilité des systèmes d'enseignement. In: Education, Développement et Démocratie. – Paris.

BUSCH, Adelheid u. a. (Hrsg.) (1974): Vergleichende Erziehungswissenschaft. – Pullach bei München.

DURKHEIM, Emile (1961): Regeln der soziologischen Methode. – Neuwied.

DURKHEIM, Emile (1938): L'Evolution Pédagogique en France de la Renaissance à nos jours. – Paris.

ELIAS, Norbert (1997): Über den Prozess der Zivilisation, neu durchgesehene u. erw. Aufl. – Frankfurt am Main.

FLITNER, Wilhelm (1980): Allgemeine Pädagogik. – Frankfurt/Main.

GRUBER, Karl-Heinz (2002): Die OECD – Anatomie eines pädagogischen „global player". In: ACHTENHAGEN, Frank/GOGOLIN, Ingrid (Hrsg.): Bildung und Erziehung in Übergangsgesellschaften. Beiträge zum 17. Kongress der Deutschen Gesellschaft für Erziehungswissenschaft. – Opladen.

HÖRNER, Wolfgang (1999): Historische und gegenwartsbezogene Vergleichsstudien – Konzeptionelle Probleme und politischer Nutzen angesichts der Internationalisierung der Erziehungswissenschaft. In: Tertium comparationis. Journal für internationale Bildungsforschung 5, S. 107-117.

HILKER, Franz (1962): Vergleichende Pädagogik. Eine Einführung in ihre Geschichte, Theorie und Praxis. – München.

JULLIEN DE PARIS, M.A. (1954): Skizzen und Vorarbeiten zu einem Werk über die Vergleichende Erziehung [*Esquisse et vues préliminaires d'un ouvrage sur l'Éducation comparée*], [1817].

KAELBLE, Hartmut; SCHRIEWER, Jürgen (Hrsg.) (1999): Gesellschaften im Vergleich. Forschungen aus Sozial- und Geschichtswissenschaften. – Frankfurt am Main.

KANT, Immanuel (1784): Idee zu einer allgemeinen Geschichte in weltbürgerlicher Absicht. In: Berlinische Monatsschrift Nov. 1784.

KRÜGER, Bernd (1974): Bildungswesen und Pädagogik im Prozess ihrer Internationalisierung – ein Gegenstandstheoretisches Modell der Geschichte der Vergleichenden Erziehungswissenschaft, Diss. Westfälische Wilhelms-Universität Münster.

KUHN, Thomas S. (1967): Die Struktur wissenschaftlicher Revolutionen. – Frankfurt/Main.

LUHMANN, Niklas/SCHORR, Karl Eberhard (1979): Reflexionsprobleme im Erziehungssystem. – Stuttgart.

NOVOA, António (1998): Modèles d'analyse en éducation comparée: le champ et la carte. In: Education comparée. Les sciences de l'éducation, pour l'ère nouvelle. – Paris.

RÖHRS, Hermann (1994): Gesammelte Schriften. – Weinheim.

RÖHRS, Hermann (1983): Frieden – eine pädagogische Aufgabe. Idee und Realität der Friedenspädagogik. – Braunschweig.

RÖHRS, Hermann (1966): Schule und Bildung im internationalen Gespräch. Studien zur Vergleichenden Erziehungswissenschaft. – Frankfurt am Main.

RÜHLE, Otto (1925): Die Seele des proletarischen Kindes. – Dresden.

SCHNÄDELBACH, Herbert (1969): Was ist Ideologie? In: Das Argument 50.

SCHNEIDER, Friedrich (1961): Vergleichende Erziehungswissenschaft: Geschichte, Forschung, Lehre. – Heidelberg.

SCHNEIDER, Friedrich (1958): Prospektive Pädagogik. In: International Review of Education 4.

SCHRIEWER, Jürgen (2000): Stichwort: Internationaler Vergleich in der Erziehungswissenschaft. In: Zeitschrift für Erziehungswissenschaft 3, S. 495-516.

SCHRIEWER, Jürgen et al. (1999): Konstruktion von Internationalität: Referenzhorizonte pädagogischen Wissens im Wandel gesellschaftlicher Systeme (Spanien, Sowjetunion/Russland, China). In: Hartmut KAELBLE und Jürgen SCHRIEWER (Hrsg.): Gesellschaften im Vergleich. – Frankfurt/Main[2].

SUCHODOLSKI, Bogdan (u.a.) (1979): Le Bureau international d'éducation au service du mouvement éducatif, UNESCO.

TJADEN, K. H. (1969): Konservative Gehalte soziologischer Theorien. In: Das Argument 50.

WEINGART, Peter (1976): Wissensproduktion und soziale Struktur. – Frankfurt am Main.

Internetquellen:

http://wo6.saxony.de/Scripts/ (Sept. 2002)

Wolfgang Hörner

Bildungsreform in den Ländern Mittel- und Osteuropas in vergleichender Sicht – ein Erklärungsmodell[1]

Vorbemerkung

Synthetische Zusammenfassungen der Bildungsentwicklung im östlichen Europa sind nicht gerade selten, und gerade die deutschsprachige vergleichende Bildungsforschung – aber nicht nur diese – hat diesem Thema seit dem Beginn des Transformationsprozesses ihre besondere Aufmerksamkeit geschenkt (vgl. u.v.a. ANWEILER 1990, 1992; HÖRNER 1991, 1999; KOTÁSEK 1993, 1996, 2003; ŠVEC 1999). Das auf den ersten Blick etwas beunruhigend uferlose Thema soll hier auf drei Fragen konzentriert werden:

- Was kennzeichnet diese Wandlungsprozesse konkret?
- Welche gemeinsamen Züge gibt es in diesen Wandlungsprozessen?
- Lassen sich aus den Gemeinsamkeiten allgemeinere Schlüsse ziehen?

Die Polaritätsmodelle

In einem frühen Beitrag zur Charakteristik der Transformation des Bildungswesens in Mittel- und Osteuropa hat Oskar Anweiler 1990 in seinem Festvortrag anläßlich der Verleihung des Erich-Hylla-Preises die schematische Gegenüberstellung der Leitbegriffe der Auswirkungen der gesellschaftlichen Transformation auf das Bildungswesen vorgestellt (vgl. ANWEILER 1990, S. 241), betrachte dazu Tabelle 1.

Damit will der Autor andeuten, daß die in den 50er Jahren eingeleitete Entwicklung der mittel- und osteuropäischen Bildungssysteme in Richtung auf ihre Anpassung an ein sowjetisches Vorbild 40 Jahre später ganz einfach wieder umgekehrt wurde. Dies mag auf den ersten Blick sicherlich etwas schematisiert erscheinen, entbehrt aber nicht einer gewissen inneren Logik. Der Autor bemerkt ausdrücklich, dieses Schema sei in einem Kreis osteuropäischer Bildungsforscher ohne Widerspruch geblieben, allerdings hätten einige Diskussionspartner es teilweise für zu optimistisch angesehen (ebd.).

In der Tat faßt auch ein knappes Jahrzehnt später der slowakische Autor Štefan ŠVEC in seiner Vorstellung der „neuen" Prinzipien von Bildung und Erziehung in der postkommunistischen Gesellschaft das „Neue" ebenfalls in eine Reihe von Gegensatzpaaren, die einen deutlichen Anklang an die zuvor genannten Dichotomien haben (vgl. ŠVEC 1999), betrachte Tabelle 2.

---

1 Die Idee zu diesem Artikel geht zurück auf einen Vortrag des Verfassers an der Universität Lettland in Riga vom 03.05.2002.

Tabelle 1:

1950		**1990**
Zentralisierung	*	Dezentralisierung
Bürokratisierung	*	Partizipation
Unifizierung	*	Differenzierung
Ideologischer Monismus	*	Pluralismus
Sowjetisierung/Russifizierung	*	Re-Nationalisierung
Ökonomisierung	*	Entflechtung

Tabelle 2:

Dialektischer Materialismus	*	philosophischer Pluralismus
Kollektivismus	*	Respektierung der Individualität
Politische Ideologisierung	*	Erziehung ohne Indoktrination
Klassenpolitik	*	Gleichheit der Bildungschancen für alle sozialen Schichten
Einheitsschule	*	Diversifizierte Schule
Sozialistischer Internationalismus	*	interkulturelle Erziehung
Zentralistische Regierung	*	Dezentralisierung und indirektes Management
Führende Rolle des Lehrers	*	Schülerzentrierter Unterricht

Auch ŠVEC stellt dabei vorsichtig fest, daß sich manche dieser neuen Prinzipien schon durchgesetzt hätten.

Sind solche Dichotomien sinnvoll und halten sie der Überprüfung an der sozialen Wirklichkeit der „Transformationsstaaten" stand?

Die folgenden Reflexionen werden versuchen, anhand einer kurzen Analyse der realen Entwicklung in ausgewählten mittel- und osteuropäischen Ländern zu zeigen, ob es solche allgemeinen gemeinsamen Tendenzen in diesen Ländern gibt und inwieweit diese realen Entwicklungen sich mit den vorgestellten Gegenüberstellungen beschreiben lassen. Dabei muß allerdings von vornherein klargestellt werden, daß es hier (noch) nicht darum gehen kann, im Sinne einer evolutionistischen oder quasi-experimentellen Funktion der Vergleichenden Erziehungswissenschaft sozusagen als Beitrag zu einer sozialwissenschaftlichen Transformation „Gesetzmäßigkeiten" der postsozialistischen Transformation der Bildungssysteme in Mittel- und Osteuropa herauszuarbeiten. Ziel ist es vielmehr in diesem Zusammenhang, in einem ersten Schritt die beobachtbaren Phänomene zu beschreiben, zu klassifizieren und damit den Grund für Interpretationsmodelle für die beobachteten Phänomene zu legen. Dabei erhebt die folgende Reihe auch keinesfalls den Anspruch einer erschöpfenden Aufzählung aller gemeinsamen Elemente. Vielmehr sollen die auffälligsten und auch in den meisten Bildungssystemen anzutreffenden Phänomene vorgestellt und kurz kommentiert werden. Angesichts der zahlreichen Beiträge zum Thema Transformation des Bildungs-

Angesichts der zahlreichen Beiträge zum Thema Transformation des Bildungswesens im östlichen Europa wird es sich dabei zwangsläufig zeigen, daß viele der genannten Phänomene auch schon von anderen entdeckt worden sind; die Besonderheit der hier vorgestellten Überlegungen liegt in der Zuordnung der Phänomene. Den Kern der materiellen Quellenbasis für diese Feststellungen bildet dabei ein vom Autor mitverantworteter neu erschienener Sammelband (DÖBERT u.a. 2002), der in der Konsequenz seines Anspruchs, *alle* europäischen Schulsysteme zu umfassen, zwangsläufig auch alle postsozialistischen europäischen Bildungssysteme behandelt.

Die Entwicklungstendenzen in Thesenform

Vergleicht man die Entwicklungen der mittel- und osteuropäischen Bildungssysteme miteinander, so lassen sich eine Reihe gemeinsamer Entwicklungen feststellen, die hier thesenartig festgehalten werden sollen, ohne daß es an dieser Stelle möglich wäre, die empirische Basis im einzelnen auszubreiten.[2]

1. Die *Entstaatlichung* von Schule (genauer der Schulträger) durch die Schaffung von *privaten Schulen* gilt überall als wichtiges Merkmal für ein marktwirtschaftliches, demokratisches System.
Die Möglichkeit der Gründung von Schulen privater Trägerschaft wurde von Anfang an als Reaktion auf die sozialistische Staatsschule verstanden. Die Schaffung meist weltanschaulich geprägter Schulen (katholische Schulen, Waldorfschulen) wurde als ein Akt der Befreiung von der sozialistischen Staatspädagogik interpretiert. Zum anderen stellt die Konkurrenz der oft alternativ-pädagogisch gestalteten nicht-öffentlichen Schulen zum staatlichen Schulwesen eine Herausforderung auch für die Leistungsbereitschaft der staatlichen Regelschule dar. Auf der anderen Seite verläuft die reale Privatisierung der Staatsschule aber nur zögerlich. In den meisten Staaten expandieren die privaten Lehranstalten nur mäßig.

***2. Dezentralisierung* wird fast überall als *Demokratisierung* verstanden.**
Die Verlagerung von Entscheidungsbefugnissen vom Zentrum an die Peripherie gilt als Mittel zur Demokratisierung der Verwaltung des Bildungssystems. Das gilt sowohl für die administrativen Entscheidungen auf übergeordneter („nationaler") Ebene (Regionalisierung der Entscheidungsbefugnisse, wie z. B. in Polen) als auch für eine Stärkung der Position der Einzelschule und ihres Schulleiters im Hinblick auf die Entscheidungsbefugnis z. B. auch im Personalbereich (z. B. Polen und Tschechien).

3. Die Dezentralisierung findet ihren pädagogisch wirksamsten Ausdruck in der Dezentralisierung der *Curriculumentscheidungen*.

---

2 Dazu sei z. B. auf den genannten Sammelband verwiesen (DÖBERT u. a. 2002).

Staaten, *podstawa programowa* in der polnischen Terminologie), die Konkretisierung der Lehrpläne wird den Lehrern oder Einzelschulen übertragen („Autorenlehrpläne"). Dies wird meist als Befreiung der Lehrer von dem dirigistischen staatlichen Joch, also als Kennzeichen von (Basis-)Demokratie angesehen (z. B. Lettland, Polen, Tschechien). Allerdings stellt sich dabei auch das Problem, daß von den schlecht bezahlten (und damit oft nur wenig motivierten) Lehrern noch zusätzliches Engagement in der Schulreform erwartet wird (siehe auch unten, Beobachtung 12).

4. Dezentralisierung als Demokratisierung bedeutet auch den Aufbau von *Partizipationsstrukturen* im Bildungsbereich.

Es ist auffällig, daß die Umgestaltung der Bildungssysteme, die zum Teil auch vom Druck der Betroffenen – Eltern und Schüler – begleitet wurde, zur Schaffung neuer Formen formeller und informeller Partizipation zumindest an den Entscheidungen auf Schulebene führte. Die neuen Schulgesetze sehen überall Partizipationsgremien vor, die von den Betroffenen auch bisher zu einem guten Teil genutzt werden. Ein ähnliches Aufblühen von Partizipation in der Schule als Zeichen der „Bürgergesellschaft" (*civil society*) nach einer überstandenen Diktatur war Jahre zuvor schon in Spanien und Portugal zu beobachten (dazu auch HÖRNER 1996, S. 21).

5. Die *Vorschulerziehung* zeigt die Widersprüche der gesellschaftlichen Entwicklung besonders deutlich.

Einerseits wird die Vorschulerziehung in den bildungspolitischen Dokumenten der Transformationsstaaten als pädagogisch und gesellschaftlich besonders bedeutsam angesehen. Auf der anderen Seite schrumpfte sie mit dem Umbau des Bildungssystems merkwürdigerweise fast überall. Dies liegt nicht nur an generell sinkenden Geburtenzahlen, sondern vor allem daran, daß die Vorschulerziehung bei gleichzeitig zunehmender Arbeitslosigkeit der Frauen meist kostenpflichtig wird. Die dreifache Koinzidenz von verringertem Einkommen, höherer finanzieller Belastung für die vorschulische Erziehung und dem Wegfall der unmittelbaren ökonomischen Notwendigkeit der Betreuung der Vorschulkinder führt zu einem zwangsweisen Rückzug der Familien aus der Vorschulerziehung, deren bildungspolitische Notwendigkeit zur Erhöhung der Chancengleichheit sozusagen ins Leere proklamiert wird.

6. Die bisherigen *Einheitsschulmodelle* werden überall *diversifiziert*.

Diese Diversifizierung geht in den verschiedenen Ländern jedoch unterschiedlich weit. In einigen Ländern (z. B. Polen, ähnlich Lettland) ist sie eher formaler Natur: man löst die Einheitsschule auf, indem man die Grundschule von einer neuen Sekundarstufe I abtrennt, die aber dann obligatorisch und für alle gemeinsam ist. Diese horizontale Schulstruktur mit einer nicht selektiven Sekundarstufe I nach einer gemeinsamen Grundschule hat im übrigen Patenmodelle in zahlreichen Staaten der EU (z. B. Frankreich, Italien, Spanien). Ein anderes Modell sieht daneben auch zahlenmäßig seltener selektive Sekundarschultypen vor (z. B. ein grundständiges Gymnasium wie in Tschechien oder in Rußland, z. T. in den baltischen Staaten), die in Konkurrenz zu den (noch) integrativen Schulformen treten und so in gewissem Sinn die Funktion der früheren Spezialschulen (für besonders Begabte) der sozialistischen Zeit auf breiterer Basis anzunehmen scheinen.

7. Die *berufliche Bildung* erlebt überall eine gewisse *Entspezialisierung*.
Diese findet auf mehreren Ebenen statt. Zum einen werden die in der sozialistischen Zeit aufgrund der vorgegebenen Ordnung des Produktionssektors sehr engen Berufsprofile durch breitere Basisqualifikationen (mit stärkerer Gewichtung eher „allgemeinbildender" Inhalte) ersetzt. Das bedeutet auch, daß bestimmte industrielle Berufsbilder völlig verschwinden und dafür neue Berufsbilder im Bereich der Dienstleistungen, des Finanzwesens und des Handels geschaffen werden. Parallel dazu expandieren fast überall die hochschulbezogenen schulischen Bildungsgänge und zwar sowohl die nur allgemeinbildenden als auch die doppeltqualifizierenden, die mit der Hochschulreife zugleich eine berufliche Qualifikation meist oberhalb der Facharbeiterebene vermitteln. In Polen und Tschechien geben die bildungspolitischen Leitdokumente darüber hinaus als Planungsgröße vor, 75 % eines Altersjahrgangs zur Hochschulreife zu führen. Auf der Gegenseite läßt sich beobachten, daß die Ausbildung auf *Facharbeiterniveau* stagniert oder gar schrumpft.

Von besonderem systematischem Interesse ist im Hinblick auf die Strukturen der Berufsbildung die jüngste Entwicklung in Polen: die Schulreform von 1998/99 hatte auf der Ebene der oberen Sekundarstufe nur noch zwei Schultypen vorgesehen: die Berufsschule für die Facharbeiterausbildung (früher: *zasadnicza szkoła zawodowa*), die auf 20 % eines Altersjahrgangs schrumpfen sollte, und das profilierte Lyzeum *(liceum profilowane)*, das durch seine Profile bestimmte berufliche Richtungen *vorbereiten* konnte, aber keine berufliche *Qualifikation* mehr vermitteln sollte. Die eigentliche berufliche Qualifikation für die überwältigende Mehrheit der Jugendlichen wurde in den postsekundaren Bereich (*studium policealne*) verlagert, der allerdings bereits zu diesem Zeitpunkt einen hohen Privatisierungsgrad aufwies (über die Hälfte der Postlyzeal-Schüler lernte 1999 in privaten, d. h. kommerziellen und deshalb kostenpflichtigen Einrichtungen). Die bisherigen Technika, die eine echte Doppelqualifikation vermittelten, sollten auslaufen.

Damit wäre die polnische „mitteleuropäische" Tradition der Berufsbildung, die neben der Facharbeiterausbildung sehr früh schon eine doppeltqualifizierende Ausbildung angeboten hatte, zugunsten eines offensichtlich amerikanisch inspirierten Berufsbildungsparadigmas (Allgemeinbildung statt beruflicher Qualifikation, die erst später *nach* der Schule, auf dem *College*, erworben wird) geopfert worden. Diese Bestimmungen des Gesetzes wurden zunächst gegen den vehementen Widerstand weiter Kreise der Lehrer vor allem aus dem Berufsschulbereich auch politisch durchgesetzt. Im Herbst 2001 brachte die neue Links-Regierung sofort nach ihrem Amtsantritt eine Novellierung des betreffenden Schulgesetzes ein, die diese Paragraphen modifizierte. Dadurch wurden das Technikum und das allgemeinbildende

Lyzeum als eigene Schultypen wiederhergestellt. Das mitteleuropäische Berufsbildungsmodell wurde vor seiner Auflösung in einem „globalisierten" Modell noch einmal bewahrt (ausführlicher HÖRNER 2002a).

8. Die neuen Schulstrukturen stehen unter dem Zwang der *Qualitätssicherung*.
In vielen Transformationsstaaten werden nach westeuropäischem Vorbild regelmäßige *Leistungskontrollen* auf bestimmten Stufen des Schulsystems eingeführt, um die Lernfortschritte der Schüler z. B. vor dem Übergang auf die neue Schulstufe rechtzeitig zu kontrollieren. Zu den neuen Formen der Leistungskontrollen gehört in einigen Fällen (z. B. in Polen) auch die Einführung eines *Zentralabiturs* (d. h. einer auf nationaler Ebene durchgeführten Maturitätsprüfung). Dieses gilt dann auch als Hochschulzugangsberechtigung. Die früheren Hochschulzugangsprüfungen werden zugunsten der neuen *matura* (oder anderer Zulassungsverfahren) abgebaut. Politisch zusätzlich gerechtfertigt wurde die Notwendigkeit dieser frühen Diagnose von unzureichenden Schulleistungen durch das sehr schwache Abschneiden der mittel- und osteuropäischen Reformstaaten, die an der PISA-Untersuchung teilnahmen (mit Ausnahme Tschechiens, das sich in den Naturwissenschaften im oberen Mittelfeld – Platz 11 zwischen Schweden und Frankreich – plazierte, in der Lesekompetenz und in Mathematik mit Platz 18 bzw. 19 immerhin noch zwei Positionen über Deutschland).

9. Der Übergang von einer *stoff-orientierten* zu einer *kind-orientierten Pädagogik* wird zumindest auf der Ebene des bildungsreformerischen Diskurses zum bildungspolitischen Programm.
Viele Transformationsländer legen in ihren bildungspolitischen Leitdokumenten Wert auf die Feststellung, daß die dort empfohlenen pädagogischen Muster aus dem Bereich der Reformpädagogik kommen. So hat die Wiederentdeckung der in sozialistischer Zeit verdrängten eigenen reformpädagogischen Traditionen Konjunktur (besonders deutlich in Rußland, Polen, Tschechien). Das hat auch zur Folge, daß der Enzyklopädismus der stofforientierten Lehrpläne angeprangert wird und der Reformdiskurs davon spricht, daß die enzyklopädistisch überfrachteten Lehrpläne durch ein auf Fähigkeiten und Kompetenzvermittlung aufbauendes didaktisches Modell ersetzt werden sollen.

10. Transformation im Bildungswesen der postsozialistischen Länder beinhaltet auch eine neue Sensibilität für die Schulprobleme der *ethnischen Minderheiten*.
Da das Verhältnis zu den sprachlichen und ethnischen Minderheiten in den z. T. neu oder wiederentstehenden Nationalstaaten durchaus nicht spannungslos ist, entwickeln einige Länder mit quantitativ bedeutenden sprachlichen oder ethnischen Minderheiten (z. B. Lettland, Slowakei) ein diversifiziertes Modell von Unterricht für diese Minderheiten, in denen die Minderheitensprache als *Unterrichtssprache* verschiedene Rollen einnimmt und somit je nach regionaler Bedeutung der jeweiligen Minderheit politisch unterschiedlich gewichtet wird.

11. Zentrales Ziel der Hochschulpolitik aller Transformationsstaaten ist *die Expansion des Hochschulwesens.*

Die angestrebte Expansion des Hochschulwesens bedeutet zunächst ganz vordergründig höhere, den Quoten der westlichen OECD-Länder näherkommende Studentenquoten. Die Studentenquoten waren in sozialistischen Zeiten – mit Ausnahme der Sowjetunion selbst – in allen Ländern des RGW[3] vergleichsweise niedrig, da die Bildungsplanung von einem Manpower-Requirement-Ansatz ausging, in dem die Zahl der benötigten Hochschulkader als gering angesetzt wurde. Auch die Expansion der zur Hochschulreife führenden schulischen Bildungsgänge soll dazu dienen, dieses Studentendefizit zu mildern.

Die Erhöhung der Studentenzahlen soll aber auch durch eine geänderte Strukturentwicklung des *Hochschulsystems* im Sinne einer Verkürzung des Studiums erreicht werden. Es fällt auf, daß diese Strukturentwicklung in der Mehrzahl der Länder bereits das gestufte (amerikanische) Modell BA/MA (z. T. unter gleichzeitiger Beibehaltung heimischer Benennungen, BA als *licensjat* wie im polnischen Beispiel) eingeführt hat, um durch diese Verkürzung der Studiendauer für die Mehrheit der Studenten auf drei Jahre auch zu einem zügigeren Studentenumschlag und höheren Absolventenzahlen in kürzerer Zeit zu kommen. Diese Annäherung an das amerikanische Paradigma fällt den Transformationsstaaten um so leichter, als die westeuropäischen Länder sich in der Bologna-Erklärung der Bildungsminister selbst auf das BA/MA-Modell (das „globalisierte“ Paradigma) festgelegt haben (vgl. HÖRNER 2002b).

12. Lehrer* als die Hauptträger der Schulreform gehören nach wie vor zu den *am schlechtesten bezahlten Berufsgruppen.

Dieses Merkmal ist leider den meisten Ländern immer noch gemeinsam. Die Lehrer rangieren noch immer am unteren Ende der Einkommensskala. Erst allmählich ändert sich die Lage in den ökonomisch fortgeschritteneren Staaten. Das Problem betrifft im übrigen auch die Hochschule. So mußte z. B. die Novellierung des polnischen Hochschulgesetzes einen Passus aufnehmen, der die Gehälter der Professoren und wissenschaftlichen Mitarbeiter in Abhängigkeit vom Durchschnittseinkommen definiert. Die Besoldungsfrage ist insofern ein gravierendes Handicap für die Veränderung von Schule, als zum einen ganz allgemein die neu ausgebildeten Lehrer in die Privatwirtschaft abwandern, wo sie ein besseres Einkommen erzielen (die Naturwissenschaftler z. B. in Industrie und Forschung und Entwicklung, die Fremdsprachenlehrer im Außenhandel und im Tourismus). Sie ist für die Implementation der Reformen aber auch insofern gravierend, als von den Lehrern als zentralen Akteuren des Reformprozesses in den Szenarien der dezentralen Schul- und Curriculumreform ein erhöhtes zeitliches und moralisches Engagement verlangt wird.

---

3 Rat für gegenseitige Wirtschaftshilfe, der ökonomische „Verbund“ der sozialistischen Länder.

Das Klassifikationsmodell

Die Frage, ob man aus diesen Schlaglichtern der gemeinsamen (oder zumindest ähnlichen) Bildungsentwicklung in den mittel- und osteuropäischen Staaten nun ein Theoriemodell der Transformation des Bildungswesens ableiten kann, ist naheliegend. Da unser Zugang induktiv-phänomenologisch vorging, d. h. einfach beobachtete Phänomene auflistete und klassifizierte, ohne ein bestimmtes transformationstheoretisches Modell im Hinterkopf zu haben, ist sie ehrlich nur unter großem Differenzierungsaufwand zu beantworten, wenn sie über die am Anfang vorgestellten Gegensatzpaare der „Prinzipien" hinausgehen soll. In der eingeschlagenen induktiven Darstellungslogik soll aber dennoch der Versuch gemacht werden, die angestellten Beobachtungen zu klassifizieren.

Es gehört zu den unwidersprochenen Erkenntnissen der auf das östliche Europa bezogenen sozialwissenschaftlichen Transformationsforschung (z. B. MERKEL 1999), daß es sich hierbei um das Zusammentreffen eines *politischen* Systemwandels – Abgehen vom Einparteiensystem zur parlamentarischen Demokratie – und des Wandels des *Wirtschaftssystems* – Übergang von der Planwirtschaft zur Marktwirtschaft – handelt. Da die verbreiteten Transformationstheorien insbesondere auf dem Gebiet des Bildungswesens oft darunter leiden, daß sie nur einzelne Aspekte (oder nur einen Aspekt der beiden genannten) in Betracht ziehen, soll hier der Versuch gemacht werden, die beobachteten Elemente den verschiedenen Prozessebenen zuzuordnen.

Tatsächlich erscheint die Lage auf dem Gebiet der Bildung dadurch noch komplexer, daß dort noch ein anderer Faktor eine wesentliche Rolle spielt, der z. T. mit den anderen – insbesondere den ökonomischen – Faktoren in Widerspruch steht. Es handelt sich um die Tradition der universellen Funktion der Bildung als *Aufklärung* aller, die nirgends so greifbar zum Ausdruck kommt wie in einigen slawischen Sprachen wie dem Polnischen (ähnlich im Weißrussischen und Ukrainischen): Bildung – *oświata* (wörtlich: Erleuchtung) – ist das Licht (*świat*), das als universelles Gut allen Menschen zukommen soll. Dieser Gedanke ist Gemeingut der europäischen Aufklärung (*enlightenment – le siècle des lumières*), der zwar in der sozialistischen Bildungstheorie übernommen und besonders betont wurde (während die Praxis vielfach wesentlich selektiver vorging), der aber zumindest auf der Diskursebene bis heute auch ein Gemeingut des westeuropäischen Bildungsdenkens und ausdrücklich auch vieler west- und nordeuropäischer Bildungssysteme darstellt. Aus diesem Grund und weil er im Grunde auch „europakompatibel" ist, wird er dem Prinzip nach in der Transformation des Bildungswesens auch der postsozialistischen Gesellschaften nicht aufgegeben.

Ausgehend von diesen drei Grundfaktoren der Transformation im Bildungsbereich – dem politischen, dem ökonomischen und dem bildungstheoretischen/bildungspolitischen – kann man nun den Versuch machen, die beobachteten Phänomene drei Clustern zuzuordnen, die diesen Faktoren entsprechen.

a) Zum *politischen* Cluster lassen sich alle Phänomene zuordnen, die in Zusammenhang mit dem Gedanken der Dezentralisierung und der „Entstaatlichung" von

Bildungsprozessen stehen. Der (Zentral-) Staat, den der sog. „Demokratische Zentralismus" der staatssozialistischen Systeme besonders rein repräsentierte, verliert seinen dominierenden Einfluß gegenüber einer (zu schaffenden) Gesellschaft freier Bürger, der *civil society.* In diese Linie gehören die ersten vier gemeinsamen Elemente unserer Analyse: Pluralisierung der Schulträger, Zulassung von Schulen in freier Trägerschaft, Restrukturierung der Schulaufsicht im Sinne einer Dezentralisierung, Dezentralisierung der Entscheidungsstrukturen, Dezentralisierung der Curricula, Schaffung von Partizipationstrukturen.

b) Zum *ökonomischen* Cluster gehören natürlich alle Maßnahmen, denen eine wirtschaftliche Logik zugrunde liegt. Primär ökonomisch motiviert erscheint das Bestreben nach Qualitätskontrolle im Bildungswesen (These 8), das im Kern ja die Entwicklung im nördlichen und westlichen Europa zum Vorbild nimmt, ökonomisch motiviert ist aber sicherlich auch die widersprüchliche Entwicklung des Vorschulbereichs (These 5), deren bildungspolitische Bedeutung zwar betont wird, die aber ökonomisch offensichtlich als nicht so dringlich angesehen wird, als daß sie angesichts enger öffentlicher Bildungsbudgets als gemeinsame staatliche Aufgabe erkannt würde (wie dies traditionell in einigen westeuropäischen Staaten wie Frankreich durchaus der Fall ist). Zur ökonomischen Logik gehören aber auch Begleitphänomene der Privatisierung von Bildung in These 1, die ja nicht nur bedeutet, daß der Staat seine Steuerungsrolle an die „Bürgergesellschaft" abgibt, sondern auch, daß die *Kosten* von Bildung privatisiert werden.

Die in allen untersuchten Staaten nur zögerlich verlaufende Aufbesserung der Unterbezahlung der Lehrer (gegenüber westeuropäischen Maßstäben – These 12) ist ein weiteres Beispiel für die ökonomische Dimension der Bildungstransformation.

c) Wie schon aus der Vorbemerkung zu dieser Klassifikation hervorging, lassen sich eine Reihe von Beobachtungen weder der politischen noch der ökonomischen Logik der Transformation zuordnen. Dazu gehören auf den ersten Blick die Beobachtungen 6, 7, 9 und 11. Es handelt sich dabei um Maßnahmen zum strukturellen Umbau des Bildungssystems, die in sich widersprüchlich sind, aber in ihrer Widersprüchlichkeit dennoch vielen Ländern gemeinsam sind. Sie lassen sich einer eigenen *bildungstheoretischen* Logik zuordnen: das Bestreben, neue diversifizierte Bildungsgänge zu schaffen, oft ohne das alte Strukturgefüge in Frage zu stellen (oder indem man neue Strukturen schafft, die der alten Logik der „Bildung für alle" verpflichtet bleiben), läßt sich interpretieren als der Versuch, ein Gleichgewicht herzustellen zwischen dem Prinzip, die Interessen des einzelnen zu berücksichtigen (als Reaktion auf den früheren „Kollektivismus") – in diesen Zusammenhang kann man auch das Prinzip der kindzentrierten Pädagogik (Beobachtung 9) oder die Berücksichtigung der kulturellen Rechte der Minderheiten (Beobachtung 10) stellen – und dem bleibenden missionarischen Enthusiasmus der aufklärerischen Leitidee, das Licht der Bildung für alle leuchten zu lassen. Dieses bildungstheoretische Motiv ist der Grund dafür, die gemeinsame Pflichtbildung für alle (in „westlichen" Termini: „*secondary education for all*") trotz der formellen strukturellen Diversifizierung der Bildungssystems nicht ernsthaft in Frage zu stellen. Die Bildungspolitik versucht sogar die „höhere Bildung“ d. h. die Bildungsgänge der Sekundarstufe II (*upper secondary education*), die den Anschluß an den Tertiären Bildungsbereich bieten, für *alle* Schüler zu öffnen, so daß tatsächlich eine weitaus größere Zahl von Jugendlichen die Zugangschance zu unterschiedlichen Formen der Hochschulbildung hat, das sich seinerseits stärker öffnet und diversifiziert, um mehr Jugendlichen die Gelegenheit zu einer – wenn auch kürzeren – Hochschulbildung zu bieten (Beobachtung 11). Parallel dazu läuft eine Entspezialisierung der beruflichen Bildung (Beobachtung 7), die neben dem in sich ambivalenten ökonomischen Motiv der breiteren Öffnung der Beschäftigungsmöglichkeiten (das Prinzip „je allgemeiner die Ausbildung, je größer die Beschäftigungschancen“ wird von eher praxisorientierten Berufsbildungsvertretern vehement bestritten!) ja den Nebeneffekt mit sich bringt, daß sie durch die vermittelte Doppelqualifikation einen alternativen Weg zur Hochschulbildung bietet.

Spätestens beim Gedanken der quantitativen Demokratisierung des Tertiären Bildungssektors laufen die bildungstheoretischen und die ökonomischen Aspekte der Transformation aber wieder aufeinander zu. Bildung ist nicht nur Bürgerrecht, das allen zur Verfügung stehen soll, die Arbeitslosenstatistik lehrt darüber hinaus, daß (zumindest bisher) die Inhaber eines Hochschuldiploms weitaus am wenigsten von Arbeitslosigkeit betroffen sind. Auf dieser Ebene hat die genannte Diversifizierung des Hochschulbereichs (Kurzstudiengänge!) zugleich eine ökonomische und eine bildungstheoretische Dimension.

Fazit

Eine genaue Reflexion der beobachteten gemeinsamen Phänomene der Transformationsfolgen im Bildungsbereich zeigt somit das Zusammenfließen und die teilweise Überlagerung von drei Motivsträngen. Dabei ist der letzte, hier als *bildungstheoretisch* bezeichnete Motivstrang in unserem Zusammenhang insofern von besonderer Bedeutung, als er über die aus der Ökonomie und der Politologie bekannten Transformationsmuster hinaus weist und die Möglichkeit bietet, die widersprüchlichen Phänomene der Strukturentwicklung aufzuklären, die sich einer rein ökonomischen oder politologischen Logik entziehen.

Eine Theorie der Transformation, die für den Bereich des Bildungswesens Gültigkeit haben soll, ist gut beraten, auch diese bildungstheoretische Ebene der Problematik zu berücksichtigen.

Literatur

ANWEILER, Oskar (1990): Politischer Umbruch und Pädagogik im östlichen Europa. In: Bildung und Erziehung 43 3, S. 237-248.

ANWEILER, Oskar (1992): Bildungsprobleme postkommunistischer Gesellschaften. In: Bildung und Erziehung 45 3, S. 251-263.

DÖBERT, Hans/HÖRNER, Wolfgang/VON KOPP, Botho/MITTER, Wolfgang (Hrsg.) (2002): Die Schulsysteme Europas. – Baltmannsweiler.

HÖRNER, Wolfgang (1991): Veränderungen im Bildungswesen der Staaten im östlichen Europa. In: DEUTSCHE GESELLSCHAFT FÜR BILDUNGSVERWALTUNG (Hrsg.): Das Bildungswesen im künftigen Deutschland. Eine Herausforderung für Bildungspolitik und Bildungsverwaltung. Dokumentation der 11. DGBV-Jahrestagung vom 13. bis 15. September 1990 in Nürnberg. – Frankfurt. S. 33-46 (DGBV-Jahrestagungen, 11).

HÖRNER, Wolfgang (1996): Bildungssysteme in Europa – Überlegungen zu einer vergleichenden Betrachtung. In: ANWEILER, Oskar u. a.: Bildungssysteme in Europa. – Weinheim. 4. völlig überarb. u. erw. Auflage. S. 13-29.

HÖRNER, Wolfgang (1999): Die Umgestaltung des Bildungswesens in den neuen Bundesländern und im östlichen Europa. Analogien und Unterschiede in Transformationsprozessen. In: HÖRNER, Wolfgang/KUEBART, Friedrich/SCHULZ, Dieter (Hrsg.): „Bildungseinheit" und „Systemtransformation". Beiträge zur bildungspolitischen Entwicklung in den Neuen Bundesländern und im östlichen Europa. – Berlin. S. 169-185.

HÖRNER, Wolfgang (2002a): Das polnische Bildungswesen auf dem Weg nach Europa? Zur europäischen Dimension der polnischen Bildungsreformen. In: Bildung und Erziehung 55 2, S. 137-150.

HÖRNER, Wolfgang (2002b): Higher Education in Poland after 1989. In: REUTER, Lutz R./DÖBERT, Hans (Hrsg.): After Communism and Apartheid. Transformation of Education in Germany and South Africa. – Frankfurt/M. S. 231-240.

KOTÁSEK, Jiří (1993): Visions of Educational Development in the Post-socialist Era. In: International Review of Education 39 6, S. 473-487.

KOTÁSEK, Jiří (1996): Structure and organisation of Secondary Education in Central and Eastern Europe. In: European Journal of Education 31 1, S. 25-42.

KOTÁSEK, Jiří (2003): The Problems of Reforming Teacher Education. In: HÖRNER, Wolfgang/SCHULZ, Dieter/WOLLERSHEIM, Heinz-Werner (Hrsg.) Berufswissen des Lehrers und Bezugswissenschaften der Lehrerbildung – Teacher's Professional Knowledge and Reference Disciplines of Teacher Education. Ausgewählte Beiträge der 19. Jahreskonferenz der Association for Teacher Education in Europe. – Leipzig. (Im Erscheinen)

MERKEL, Wolfgang (Hrsg.) (1999): Theorien, Ansätze, Konzeptionen. – Opladen.

ŠVEC, Štefan (1999): Princípy premeny národnej sústavy školstva (Prinzipien der Transformation nationaler Bildungssysteme). In: Pedagogická revue 51 1, S. 3-14.

Christel Adick

Zukunftsvorstellungen senegalesischer Jugendlicher vor dem Hintergrund ihrer Lebenssituation im ländlichen Milieu

Einleitung: Wenn einer eine Reise tut...

Das Berufsbild einer Erziehungswissenschaftlerin, die, wie die Jubilarin Marianne Krüger-Potratz, in der International und Interkulturell Vergleichenden Erziehungswissenschaft tätig ist, bietet gelegentlich auch die Möglichkeit, Exkursionen mit Studierenden ins Ausland zu unternehmen. Solche Exkursionen dienen, nach guter inhaltlicher Vorbereitung in entsprechenden Lehrveranstaltungen, dem Kennenlernen von Erziehung und Bildung in fremden Ländern und der Heranführung der Studierenden an die ihnen zuvor unbekannten Lebenswirklichkeiten des Gastlandes. Exkursionen können singulären Charakter haben, aber auch in längerfristige Kooperationsbeziehungen eingebettet sein und damit den mitreisenden Lehrenden und Studierenden Möglichkeiten für kleinere oder größere empirische Studien eröffnen, die auf einen Forschungszusammenhang bezogen werden können. Aus einem solchen Kontext, der mich seit einigen Jahren mit dem Arbeitsbereich des Kollegen Jens Naumann am Institut für Erziehungswissenschaft der Westfälischen Wilhelms-Universität Münster verbindet, ist die folgende Untersuchung hervorgegangen. Naumann und Mitarbeiter/innen kooperieren seit Jahren intensiv mit verschiedenen Institutionen und Dörfern in Senegal und führen in diesem Zusammenhang auch regelmäßig Exkursionen mit Studierenden dorthin durch, an denen ich mich gelegentlich und in kleinerem Umfang mit Studierenden der Ruhr-Universität Bochum beteilige.

Gegenstand des folgenden Beitrags sind Zukunftsvorstellungen senegalesischer Jugendlicher, wie sie in Aufsätzen zum Thema „Mon Avenir" zum Vorschein kommen. Diese Aufsätze wurden von der Abschlussklasse der sechsjährigen öffentlichen Grundschule des Dorfes Ngohé, das Teil einer ländlichen Gemeinde gleichen Namens in Senegal ist, anlässlich einer Exkursion im Jahre 1995 geschrieben (ADICK 1997, S. 453ff.); im Jahre 2001 führte mich eine Exkursion, wiederum an diesen Ort.

Die relativ schmale Datenbasis von N=40 senegalesischen Aufsätzen, deren Entstehung noch dazu einige Jahre zurück liegt, wird aufgewogen durch den großen Vorteil, dass die Analyse wegen der geschilderten langjährigen Kooperationsbeziehungen eingebettet werden kann in eine Vielzahl anderer Erhebungen und Daten. Insbesondere zu nennen ist hier die Dissertation von Ulrike WIEGELMANN (1999), die den Bildungserfolg zu eben jener Zeit und in eben jener ländlichen Gemeinde untersuchte und dabei auch eine Vielzahl von Hintergrunddaten zur Lebenssituation der Schülerschaft und ihrer Familien erhob. Ferner liegen in einer Sammelpublikation (hg. von WIEGELMANN 2002) inzwischen neuere Erkenntnisse zu Bildung und Gesellschaft in Senegal vor, die als Hintergrundinformation genutzt werden können. Insofern bildet die Aufsatzanalyse einen weiteren empirischen Baustein für das Gesamtverständnis der Situation von Schülern im ländlichen Milieu von Senegal. Wegen der schmalen Datenbasis beansprucht die Analyse der Aufsätze lediglich den Status einer illustrativen Fallstudie, deren Relevanz in ihrer ergänzenden Funktion zu den genannten Untersuchungen zur Lebens- und Bildungssituation in dem betreffenden senegalesischen Milieu liegt. Die Studie kann aber demonstrieren, dass kleinere empirische Untersuchungen durch den Bezug auf einen größeren Forschungszusammenhang sehr wohl mit überschaubarem Aufwand realisierbar sind und daher auch z. B. von Studierenden für Examensarbeiten oder Praktikumsberichte sinnvoll in Angriff genommen werden können.

1. Die ländliche Gemeinde Ngohé in Senegal: der Schauplatz des Geschehens

Das Dorf Ngohé liegt in ca. 6 km Entfernung von der Regionalhauptstadt Diourbel und ist nur auf Pisten zu erreichen. Mit den landesüblichen auch zum Personentransport benutzten Pferdefuhrwerken gelangt man in ca. 40 Minuten von Ngohé nach Diourbel. Ngohé besteht aus mehreren kleineren, jeweils einen halben bis einen Kilometer auseinanderliegenden Ansiedlungen, deren Gesamteinwohnerzahl vor einigen Jahren auf 3.000 Einwohner geschätzt wurde (BRACKLO 1989). Neben diesem Dorfkern umfasst die ländliche Gemeinde gleichen Namens noch etliche weitere Siedlungen mit insgesamt nahezu 14.000 Einwohnern. Wahrscheinlich zwischen 1780 und 1800 von matrilinearen Serergruppen gegründet, wird Ngohé auch heute noch überwiegend von Serern (86%) bewohnt, wobei erst ab den 1960er Jahren ein stärkerer Trend zur Konversion zum Islam (ca. 50%) und zum Christentum (ca. 30%) stattfand (WIEGELMANN 1999, S. 145).

Die verstreut liegenden Gehöfte, in der Regel ohne Wasser- und Elektrizitätsanschluss, mit einigen zu Wohnzwecken wie zur Vorratshaltung dienenden Stroh- oder Lehmhütten, umfassen jeweils mehrere Haushaltseinheiten. Wenn man sich, wie wir während der Exkursion, dort aufhält, scheint die Bevölkerung von Ngohé fast nur aus Frauen, Kindern und älteren Leuten zu bestehen; denn die meisten Männer im erwerbsfähigen Alter halten sich unter der Woche oder sogar monatelang auf der Suche nach Arbeit in der nächsten Stadt, in der Hauptstadt Dakar oder gar im Ausland auf. Dieser Eindruck wird durch die Untersuchungen von Ulrike WIEGELMANN (1999, S. 199) bestätigt: Bei den von ihr befragten Schülern arbeiteten 20% der Väter und 6% der Mütter außerhalb der ländlichen Gemeinde Ngohé. Es ist davon auszugehen, dass der Prozentsatz der dauerhaften oder saisonalen Abwesenheit aus Ngohé insgesamt noch weit höher ist, da die besagte Befragung sich auf ansässige Familien mit Schulkindern bezog und daher z. B. Junggesellen nicht erfasste. Indirekt wird auch durch die Angabe von 51% der Schülergruppe, ihre Familien erhielten externe finanzielle Zuwendungen oder

Unterstützung in Naturalien, und zwar überwiegend aus Dakar (ebd., S. 198), die große Bedeutung der Landflucht in Ngohé deutlich.

Landwirtschaftliche Arbeit und in geringerem Umfang handwerkliche Tätigkeiten und Kleinhandel sichern – neben den genannten externen Zuwendungen – überwiegend den Lebensunterhalt in dieser Gemeinde. Ein Pferdewagen als Transportmittel, ein Radio und einiges Kleinmobiliar bilden die überwiegende Ausstattung der Familien. Autos und Fernsehgeräte sind dagegen in den Gehöften von Ngohé praktisch nicht vorhanden. Neben der Ernährung mit dem traditionellen Anbauprodukt Hirse hat sich auch in vielen Familien schon eine Reismahlzeit täglich durchgesetzt (detailliertere Angaben zur ökonomischen Situation in Ngohé in: WIEGELMANN 1999, S. 189ff.).

Die Schüleraufsätze, über die hier berichtet werden soll, wurden in der öffentlichen Grundschule im Dorf Ngohé geschrieben (vgl. ADICK 1997, S. 454ff.). Diese hatte 1989 vier Klassenräume. Zwei Jahre später kamen zwei weitere Klassen mit neuen Räumlichkeiten hinzu. Bis auf einen Raum, der mit Mitteln aus dem europäischen Entwicklungsfonds gebaut wurde, hat die Bevölkerung die Schule praktisch mit eigenen Mitteln aufgebaut. Die Schule verfügt ferner über ein Magazin zur Lagerung und zum Verkauf von Schulmaterialien, womit bescheidene eigene Einkünfte erzielt werden. Das Besondere an der Schule in Ngohé besteht sicherlich darin, dass sie seit Jahren mit dem Landesverband Berlin der Deutschen Gesellschaft für die Vereinten Nationen kooperiert: Hierdurch kommen regelmäßig deutsche Lehrerinnen und Lehrer und Studierende nach Ngohé, letztere häufig in Verbindung mit den genannten Exkursionen des Arbeitsbereichs von Jens Naumann. Ferner zeichnet sich die Kooperation dadurch aus, dass die Kontakte, wie ansonsten im ‚Nord-Süd'-Kontext häufig zu beobachten, keine Einbahnstraße sind, sondern dass senegalesische Partner ihrerseits zu Besuchen nach Deutschland kommen. Eine weitere Besonderheit der Schule ist die Tatsache, dass sie zum Kreis der Pilotschulen einer in den 1980er Jahren angelaufenen Bildungsreform gehört. 1992 waren im Kreis Diourbel zwei Schulen in das Versuchsprogramm zur Schulreform aufgenommen worden: eine in der Stadt Diourbel und eine ländliche, die in Ngohé.

Die Dorfschule Ngohé ist eine von insgesamt sechs staatlichen Schulen in der Gemeinde, deren erste erst Mitte der 1960er Jahre eingerichtet wurde und von denen nur zwei einen vollständigen Zyklus umfassen, wohingegen die anderen vier ein- oder zweiklassig sind. Neben den staatlichen Schulen gibt es in der ländlichen Gemeinde Ngohé katholische und arabische Privatschulen. Zum Zeitpunkt, an dem die Schüleraufsätze geschrieben wurden, gab es insgesamt 19 Schulen mit über 2000 Schülern (vgl. Tab. 1).

Berechnungen von Ulrike WIEGELMANN (1999, S. 148) zufolge betrug die Einschulungsquote in dem betreffenden Schuljahr in den staatlichen Schulen im ländlichen Ngohé knapp über 20%; rechnet man die katholischen und arabischen Privatschulen hinzu, so erhöht sich diese Rate auf über 60%. Der von mir im März 1995 interviewte Schulleiter bezifferte die Schülerzahl der Ngohé-Schule auf 323 (vgl. ADICK 1997, S. 454). In die Anfangsklasse konnten von insgesamt 110 Aufnahmegesuchen nur 75 Kinder aufgenommen werden. Denn ab 80 Kindern müsste Schichtunterricht eingeführt werden; dies erachtet der Schulleiter angesichts seines Lehrpersonals jedoch als pädagogisch nicht durchführbar. Auf die Anschlussfrage, was er dann den Eltern der abgewiesenen Kinder empfehle, antwortete der Schulleiter mit dem Hinweis auf die private katholische Grundschule, die arabische Schule und die Koranschulen von Ngohé. Da etliche Kinder ihren Schulbesuch erst im Alter von 7 oder 8 Jahren beginnen, bevorzugt der Schulleiter deshalb oftmals zuvor abgewiesene Kinder im nächstfolgenden Jahr, wenn diese inzwischen ein Jahr älter geworden sind und zwischenzeitlich z. B. eine Koranschule besucht haben siehe Tab.1.

Tabelle 1: Schulangebot in der ländlichen Gemeinde Ngohé im Schuljahr 1994/95 (zusammengestellt nach diversen Angaben in: WIEGELMANN 1999, S. 145-149)

	Katholische Schulen der Franziskanerinnen	Katholische Schulen der Brüder Ploërmel	Arabische Schulen	Staatliche Schulen
Anzahl der Schulen	2	6	5	6
Anzahl der Schüler	135	ca. 500	ca. 550	ca. 1000
Schulgeld pro Jahr	keine Angaben	7000-8000 FCFA*	1500-2000 FCFA	schulgeldfrei
* 100 Francs CFA = 0,1527 €				

Für die meisten Schüler in Ngohé bedeutet der Abschluss der Primarschule, wenn sie diese nicht, wie dies in Afrika häufig der Fall ist, schon vorher wieder verlassen haben (Problem der sog. ‚drop-outs'), das Ende ihrer Bildungslaufbahn. Die Schüler können nach Beendigung der CM2, der 6. Grundschulklasse, das Certificat d'Etudes Primaires Elémentaires' (CEPE) erlangen und an der Aufnahmeprüfung zum Besuch einer Sekundarschule teilnehmen. Die Kosten für diese landesweite Prüfung (concours national) betragen 250 CFA (ca. 0,38 Euro); aber nicht alle Eltern der Schüler der Abschlussklasse können sich diese Gebühren ein- oder mehrmals leisten. Die nächste Sekundarschule befindet sich in der nicht allzu weit entfernten Regionalhauptstadt Diourbel. Doch die Übergangsrate von Ngohé dorthin ist sehr gering. Die Schüler der von uns untersuchten Abschlussklasse in Ngohé haben also im Prinzip folgende Optionen: Sie können ihren Schulbesuch ohne formalen Abschluss beenden. Sie bestehen die Abschlussprüfung und beenden ihre Schullaufbahn mit dem Abschlusszertifikat der Primarschule. Sie erwerben dieses Abschlusszertifikat und stellen sich anschließend dem ‚concours', der Aufnahmeprüfung für die Sekundarschule. Sie wiederholen die Klasse, weil sie das Abschlussexamen nicht bestanden haben oder um die Zeit bis zu einem erneuten Versuch, den ‚concours' zu bestehen, zu überbrücken.

2. Forschungsmethodologische Überlegungen: Schüleraufsätze als Untersuchungsgegenstand im Kontext einer Bildungsforschung mit der Dritten Welt

Um Zukunftsvorstellungen von Kindern und Jugendlichen zu ermitteln, sind verschiedene Untersuchungsmethoden denkbar. Man kann sich mündliche oder schriftliche Interviews denken, von wenig oder gar nicht standardisiert bis hin zu Fragenbatterien mit Skalierungen und multiple choice Antworten. Auch Analysen von Kinderbildern sind denkbar: So ließ Astrid KAISER beispielsweise Grundschulkinder in Deutschland und in Sumatra Bilder zum Thema „Zukunft" malen und wertete diese inhaltlich wie auch kultur- und geschlechtervergleichend aus (KAISER 1996, S. 71ff.; 1992, S. 455ff.).

Zu der Methode, einen Aufsatz zum Thema „Meine Zukunft" schreiben zu lassen, wurde ich angeregt durch eine Untersuchung, die 1971/72 unter Leitung von UNICEF in acht westafrikanischen Ländern zum Thema ‚Kinder, Jugendliche, Frauen und die Entwicklungsplanung' durchgeführt und im Mai 1972 in einer Konferenz in Lomé ausgewertet worden war. Neben anderen Einzelstudien dieser Gesamtuntersuchung wurde in Togo das Zukunftsbild der dortigen Jugendlichen anhand einer Totalerhebung von ca. 11.500 Aufsätzen aller Primarschulabgänger ermittelt (vgl. Prospective de L'Enfance 1971; Zusammenfassung der Ergebnisse in ADICK 1982, S. 75). Diese Idee wollte ich wieder aufgreifen und an unserem Exkursionsort Ngohé umsetzen.

Was bedeutet nun forschungsmethodisch die Wahl des Verfahrens ‚Schüleraufsätze'? Neben der klassischen und breit diskutierten Unterscheidung zwischen ‚qualitativen' und ‚quantitativen' Forschungsverfahren, auf die hier wegen der Vielzahl der Publikationen nicht näher eingegangen werden kann, bezieht sich eine weitere, seltener diskutierte mögliche Klassifizierung auf den Grad der reaktiven oder nicht-reaktiven Bearbeitung, die bei den zu Untersuchenden gefordert ist (vgl. BUNGARD/LÜCK 1974, 1982; WEBB u. a. 1975): Antwortkategorien, Skalierungen und multiple choice Verfahren zwingen die Befragten, auf die vorgegebenen Formulierungen zu reagieren und damit ihre Vorstellungswelt der des Forschenden anzupassen. Offene Fragen hingegen sind viel nicht-reaktiver, da sie nur einen Stimulus – z. B. eine Interviewfrage ohne Antwortkategorien oder in unserem Falle: das Aufsatzthema – vorgeben und damit viel Spielraum für die Beantwortung lassen, womit sie im Gegenzug den Forschenden zwingen, sich der Vorstellungswelt der Erforschten anzupassen. Ein Aufsatz, bei dem nur das Thema vorgegeben ist, ist somit zwar nicht gänzlich nicht-reaktiv, wie dies z. B. bei der Auswertung physischer Spuren (z. B. Kritzeleien auf Schulbänken), bei verdeckten Beobachtungen oder bei Sekundäranalysen der Fall ist; aber er ist weit entfernt von den Bearbeitenden stark lenkenden und in diesem Sinne äußerst reaktiven Formen von Interviews, Fragebögen oder Tests.

Forschungsmethodisch erscheint die Auswertung eines offenen Schüleraufsatzes zur Ermittlung von Zukunftsvorstellungen gerade im interkulturellen Kontext deswegen besonders angeraten, weil damit so gut wie keine kulturell voreingenommenen Vorannahmen in den Versuchsaufbau eingehen (‚cultural bias'); denn außer der Vorannahme, die betreffenden Schülerinnen und Schüler wüssten mit dem Thema ‚Meine Zukunft' etwas anzufangen und wären auch bereit und in der Lage, etwas darüber zu schreiben, wird bei dieser Untersuchung nichts vorausgesetzt. Die Kehrseite der Medaille liegt dann jedoch darin, dass die Auswertung vom Untersuchenden verlangt, die Äußerungen der Kinder auch ‚richtig' zu verstehen, was nur gelingen kann, wenn eine entsprechende Vertrautheit mit deren Lebenssituation und kulturellen Bedingungen vorhanden ist (vgl. DAMMANN 1991, FIEGE/ZDUNNEK 1993, GERDES 1979). Dies schien im Falle unserer Untersuchungen in Ngohé durch die langjährigen Kooperationserfahrungen und Studienaufenthalte in Afrika gegeben zu sein.

Die hier vorzustellenden Schüleraufsätze kamen folgendermaßen zustande: Nach Rücksprache mit dem Schulleiter und dem Klassenlehrer wurden die an einem gewöhnlichen Schultag anwesenden Schülerinnen und Schüler der Abschlussklasse der Primarschule Ngohé von mir gebeten, einen Aufsatz zum Thema „Mon Avenir" zu schreiben. Der Aufsatz diene weder zur Leistungsüberprüfung, noch werde er vom Lehrer korrigiert oder benotet; aus diesem Grunde solle auch kein Name darauf geschrieben werden, sondern nur das Alter und das Geschlecht. Aufgrund der Exkursionssituation, die auch darin bestand, am Ort zu wohnen und im Unterricht zu hospitieren, erübrigte sich eine weitere Erläuterung meiner Anwesenheit. Die Kommunikation erfolgte in Französisch, der Unterrichtssprache an der Ngohé-Schule.

Alle anwesenden 41 Schüler, darunter sieben Mädchen, gaben mir ihre Aufsätze. Die Unterrichtsstunde schloss mit Fragen der Schüler an mich zur Lebenssituation der Jugendlichen in Deutschland. Die Aufsätze wurden dann transkribiert; bei den für mich schwer entzifferbaren oder schwer verständlichen Textpassagen half der Schulleiter (dieser war nicht der Lehrer der befragten Klasse) bei der Transkription. Von den 41 Aufsätzen war einer praktisch völlig unleserlich und ohne Angabe von Alter und Geschlecht; er wurde daher für die weitere inhaltliche Auswertung nicht berücksichtigt; die anderen Aufsätze konnten bis auf Kleinigkeiten entziffert und verstanden werden. Eine umfängliche inhaltsanalytische Kodierung (Methoden hierzu z. B. in BOS/TARNAI 1989) zum Zwecke einer prüfstatistischen Analyse unterblieb, da dies angesichts der geringen Anzahl und der Heterogenität der Aufsätze nicht angemessen erschien.

Von forschungsmethodologischem Interesse und in gewisser Weise auch erhellend für die Frage nach reaktiven oder nicht-reaktiven Untersuchungsdesigns ist hier folgender Befund: In 14 Aufsätzen von Jungen und in einem von einem Mädchen, d. h. in über einem Drittel aller Fälle, wurde Bezug genommen auf die besondere Erhebungssituation: So finden sich in einigen Texten Grüße, Dank und gute Wünsche an die Interviewerin, oder es wird allgemeiner auf Deutschland und den Kontakt mit unserer Exkursionsgruppe hingewiesen. Schließlich werden teils auch konkrete Erwartungen geäußert, der etablierte Kontakt werde sich für die Zukunft des Betreffenden positiv auswirken, indem man z. B. eine Brieffreundschaft beginnen und/oder später einmal nach Deutschland reisen könne. Dieser Befund ist insofern bemerkenswert, als dass in der kritischen Literatur zur Bildungsforschung in der Dritten Welt immer wieder darauf hingewiesen wird, diese stehe in der besonderen Gefahr, die zu Untersuchenden in mehrfacher Hinsicht zu ‚Objekten' zu degradieren: durch Projektionen von ‚Exotismus' oder ‚Fremdheit', durch das bekannte ‚Helfer-Syndrom', durch Expertokratie und Eurozentrismus (vgl. z. B. DATTA 1998, 1994; BÜHLER u. a. 1999). Die Tatsache, dass die befragten Schüler die besagten Äußerungen von sich aus zu Papier gebracht haben, und die Art der gemachten Äußerungen in den Aufsätzen legen in diesem Falle allerdings nahe, ein durchaus aktives und situationsangemessenes Verständnis des Untersuchungskontextes bei den Befragten zu vermuten. Zwar können weder die langjährigen Kooperationsbeziehungen noch die empirischen Untersuchungen den Idealen einer symmetrischen, herrschaftsfreien Kommunikation genügen – und welche Forschungen im metropolitanen Kontext könnten dies je von sich behaupten? –, aber von einem „Leiden der Beforschten an den Forschern" (so der Titel des Artikels von DATTA 1994) kann hier wohl nicht die Rede sein. Damit sollen die kritischen Vorbehalte gegen Projekttourismus und ausbeuterische Forschungspraktiken in den Ländern der Dritten Welt keinesfalls heruntergespielt, wohl aber aufgezeigt werden, dass dies nicht notwendigerweise immer so sein muss.

3. ‚Mon Avenir': Auswertungsergebnisse der senegalesischen Schüleraufsätze

Im folgenden sollen nun die in den Aufsätzen zum Vorschein kommenden Zukunftsvorstellungen eng am Material entlang wiedergegeben werden, wobei in den wörtlichen Zitaten deren grammatikalische und orthographische Fehler übernommen wurden. Eine Quantifizierung steht hier nicht im Vordergrund, wenngleich an einigen Stellen Häufigkeiten ausgezählt wurden. Die Themenkomplexe bewegen sich von den Angaben zu Alter und Geschlecht zunächst zu den Zukunftsvorstellungen, die die persönliche Weiterentwicklung betreffen (Ausbildung, Beruf, Lebensstil), gehen dann über zu den Aussagen zum engeren Lebenskreis der Familie (Heirat, eigene Kinder, Eltern und Verwandte) und thematisieren schließlich erweiterte Lebensweltperspektiven (ländliches Milieu, Reisen, Heimatland, Völkerverständigung).

Geschlecht und Alter der Schüler

Von den 40 Aufsätzen mit Angabe des Geschlechts wurden, wie gesagt, nur sieben von Mädchen geschrieben. Das auf den Aufsätzen angegebene Alter liegt zwischen elf und 17 Jahren, wobei die Mehrzahl der Schüler (29 von 40) 12 oder 13 Jahre alt ist; der Median liegt bei 13 Jahren, das Durchschnittsalter beträgt 12,7 Jahre. In der entsprechenden Substichprobe von Ulrike WIEGELMANN (Klasse CM2, staatl. Schule, ländl. Milieu), die so gut es ging nach repräsentativen Kriterien ausgewählt worden war, beträgt das Geschlechterverhältnis 15 Jungen zu acht Mädchen, die Altersspanne liegt zwischen zehn und 20 Jahren, der Median bei 13 Jahren und der statistische Durchschnitt bei 13,7 Jahren (WIEGELMANN 1999, S. 154-159). Die enorme Altersheterogenität der Schülerschaft der CM2 erklärt sich laut WIEGELMANN durch hohe Wiederholerraten, aber auch durch im ländlichen Milieu noch häufig anzutreffende unzureichende standesamtliche Erfassung der Geburtsdaten (ebd., S. 159). Aus dem Vergleich beider Stichproben folgt, dass zwar der Anteil der Mädchen in unserer Aufsatzstichprobe noch geringer ist als in der von WIEGELMANN, dass aber im Großen und Ganzen bei unserer Erhebung keine total verzerrte, sondern eine durchaus ‚normale‘ CM2-Klasse befragt wurde.

Bemerkenswert ist in unserer Untersuchungsgruppe, dass die wenigen Mädchen alle 12 oder 13 Jahre alt sind, wohingegen von den 33 Jungen immerhin neun Jungen 14 Jahre oder älter sind. Im Interview mit dem Schulleiter gab dieser Erklärungen für die Unterrepräsentation der Mädchen und ihr häufig jüngeres Alter gerade auch in den höheren Klassenstufen: Die Mädchen müssen ihren Müttern helfen, da diese wegen der vielfachen Abwesenheit ihrer Ehemänner ohnehin sehr in Anspruch genommen werden mit Ackerbau, Wasser und Holz holen, Hirse stampfen usw. Auch wenn die Mädchen zur Schule gehen, wird von ihnen erwartet, dass sie solche Arbeiten, teils frühmorgens, bevor sie zur Schule gehen, erledigen, so dass sie schon erschöpft zur Schule kommen und ihnen das Lernen deswegen schwerer fällt. Während es Jungen durchaus zugestanden wird, bei mangelnden Leistungen eine Klasse zu wiederholen, nimmt man ein Mädchen in einem solchen Fall einfach von der Schule. Außerdem werden viele Mädchen in sehr jungem Alter verheiratet und verlassen dann die Schule ohne Primarschulabschluss. Paradoxerweise heiraten Mädchen heute, wie WIEGELMANN (1999, S. 150) erfuhr, häufig in jüngerem Alter als früher; dies verdankt sich dem vermehrten Fortschritt in Form von Brunnen, dieselgetriebenen Hirsemühlen und Pferdekarren zum Transport von Wasser und Nahrungsmitteln, d. h. Arbeitserleichterungen, die es auch jüngeren Frauen ermöglichen, die Aufgaben einer Frau im ländlichen Milieu zu verrichten. Mädchen gehen ferner häufig als Dienstmädchen in fremde Haushalte, um ihre Familien finanziell zu unterstützen (vgl. GÖTTE/GIERLICH 2002, S. 236ff.). All diese Faktoren führen dazu, dass schließlich weniger Mädchen als Jungen die Grundschule in Ngohé besuchen und noch weniger diese auch erfolgreich abschließen.

Berufs- und Ausbildungsvorstellungen

In fast allen Aufsätzen wird in irgend einer Weise das spätere Erwerbsleben angesprochen. 38 Aufsätze enthalten einen Berufswunsch im ‚westlichen‘ Sinne, d.h. Aspirationen auf einen in Geld entlohnten Beruf im sog. formalen Wirtschaftssektor. Von Erwerbstätigkeiten in der Landwirtschaft, die voraussichtlich für viele realistischerweise die Einkommensquelle sein oder bleiben werden, ist dagegen nicht die Rede. Dennoch kommt dieser Bereich in einigen Aufsätzen zur Sprache, wenn etwa darauf verwiesen wird, dass man nach der Schule auf den Feldern arbeite, oder dass man später – offenbar neben der Berufstätigkeit – zur Regenzeit auch in der Landwirtschaft tätig sein werde. In einigen Aufsätzen wird die Sorge vor späterer Arbeitslosigkeit thematisiert, wenn beispielsweise Gottes Beistand von einem Jungen erbeten wird, Arbeit zu finden, oder wo Abwanderung in die Städte oder nach Übersee angesprochen wird, um dort zu arbeiten.

Bei den Berufen rangiert an erster Stelle mit 21 Nennungen das Berufsfeld des Lehrers von der Grundschule bis hin zum Professor, wobei die üblicherweise für Primarschullehrer benutzte Bezeichnung ‚maitre' überwiegt. Manchmal wird diese Berufswahl auch weiter begründet, z. B. wie folgt. „Je m'en vais à l'école pour apprendre mes élèves comme on m'apprenait lorsque j'étais élève" (Junge, 11. J.). Fragt man sich angesichts dieser Popularität des Lehrberufes nach den Chancen zur Realisierung dieser Berufswünsche, so muss darauf verwiesen werden, dass ohne zumindest mittleren Sekundarschulabschluss (Brevet) keine geregelte Lehrertätigkeit aufgenommen werden kann, und sei es auch in der untersten Kategorie eines ‚instituteur adjoint', d. h. eines beigeordneten Grundschullehrers. Sollte es den Schülern aus der befragten Abschlussklasse der Primarschule in Ngohé, die den Berufswunsch des Lehrers hegen, also gelingen, auf die Sekundarschule (vermutlich die in Diourbel) zu gelangen und dort einen mittleren Abschluss zu erwerben, sind die Berufsaussichten in dieser Sparte offenbar nicht schlecht; denn wegen des großen Bedarfs von Primarschullehrern zur Steigerung der Beschulungsrate wurde 1995/96 von der senegalesischen Regierung sogar eigens ein Projekt zur Rekrutierung von Hilfslehrern (‚volontaires de l'éducation') eingerichtet, die ebenfalls mindestens einen mittleren Sekundarschulabschluss vorweisen müssen und in Schnellkursen auf ihre Tätigkeit vorbereitet werden (zum Lehrerberuf in Senegal vgl. NDOYE 2002).

Die wenigen anderen Berufsangaben verteilen sich auf den medizinischen Bereich, das Militär, Handwerk, Handel und Dienstleistungen. Sechs Jungen wollen gar Minister werden, einer davon Bildungsminister. Auch die Mädchen sehen sich offenbar nicht nur als spätere Hausfrau oder Bäuerin, sondern stellen sich durchaus vor, einen Beruf im oben genannten Sinne zu ergreifen; zwei wollen Krankenschwester werden, eine Lehrerin, eine Sekretärin bei der Justiz. Ein Mädchen sieht sich zukünftig als „une femme pour aider des gens du village", wobei offen bleiben muss, ob sie dies unentgeltlich tun will oder einen Posten in der Art einer Dorfhelferin anstrebt, ein Berufsbild, das im Senegal wohl unter der Bezeichnung ‚animateur/animatrice rural(e)' oder ‚facilitateur/facilitatrice' firmieren würde, – Begriffe, für die es im Deutschen noch so recht keine Entsprechungen gibt (vgl. ADICK 1997, S. 460).

Um entsprechende Berufe zu erreichen, müssen die Schülerinnen und Schüler sich auch mit ihrer weiteren zukünftigen Bildungs- und Ausbildungssituation beschäftigen, ein Thema, das denn auch in fast der Hälfte aller Aufsätze angesprochen wird. Manche der Befragten blicken dabei auf ihren derzeitigen

Schulbesuch in Ngohé, das anstehende Abschlussexamen der Primarschule und den möglichen Übergang zur Sekundarschule, der allerdings – der französischen Tradition folgend – in Senegal über den genannten ‚concours' erfolgt. Trotz Kritik und Reformvorschlägen ist bisher an diesem Aufnahmetest festgehalten worden, mit der Folge, dass nur knapp 20% der Kinder einer Alterskohorte, darunter wiederum weniger Mädchen als Jungen, in die weiterführenden Sekundarschulen aufgenommen werden. Im Schuljahr 1995/96, aus dem auch unsere Untersuchungsgruppe stammt, lag die landesweite Erfolgsquote bei diesem ‚concours' bei nur etwa 22,4% (vgl. WIEGELMANN 1999, S. 31ff.). Bei den Untersuchungen von Ulrike WIEGELMANN im Jahre 1995 in Ngohé zeigte sich ferner, dass mehr als 43% der Kinder in ihrer bisherigen Schullaufbahn mindestens einmal sitzengeblieben waren (ebd., S. 242). In den Schüleraufsätzen spiegeln sich die Hoffnungen auf Prüfungserfolge z. B. in folgender Äußerung eines 13-Jährigen wider: „Je veux que tous les élèves admis au CFEE ou en Sixième", oder in jener eines 14-Jährigen, der möglicherweise zuvor sitzen geblieben war: „Je veux avoir l'examen cette année". Ein 13-jähriges Mädchen sieht alle möglichen Examina vor sich: „Avant de grandir je veux avoir tous les examens – entrer ein sixième, BEPCE (brevet d'étude du premier cycle élémantaire, BAC (baccalauréat) et d'autres diplomes". Ihr gleichaltriger Mitschüler schreibt an erster Stelle in seinem Aufsatz: „Je préfère à préparer mon avenir, je voulais admi au concours d'entrer en sixième".

Zukünftiger Lebensstil

Der für die Zukunft vorgestellte Lebensstil beinhaltet u. a. die Frage des Wohnortes und die Art der Wohnung sowie die angestrebten Ausstattungsmerkmale und Besitztümer. Senegal zeigt einen der höchsten Urbanisierungsgrade auf dem afrikanischen Kontinent und die Landflucht ist auch in Ngohé, wie oben angesprochen, eine zukünftige Realität der Kinder und Jugendlichen. In vielen Aufsätzen wird ein Leben in der Stadt, allen voran in Dakar, imaginiert: „Je veux deplacer dans les grandes villes comme la ville de Dakar qui est la grande capitale du Senegal", schreibt ein 13-jähriger Junge. Für manche erscheint die Vorstellung, ihre Zukunft auf dem Lande zuzubringen, geradezu unerträglich zu sein. Ein 14-jähriger Schüler umschreibt dies so: „Pour ma vie entiere je ne veux pas vivre dan le village n'importe quel village que ce soit je ne veux pas vivre la-bas". Diejenigen, die auf dem Lande bleiben wollen, bevorzugen ihren Geburtsort. Ein Junge im Alter von 14 Jahren berichtet: „Je veux contruire une bonne maison dans mon village natal..."; ähnlich ein 13-Jähriger: „Je resterai dans mon village natal...". Im Aufsatz eines 13-jährigen Mädchens heißt es zunächst, sie wolle zwar in der Nähe ihres vorgestellten Arbeitsplatzes in St. Louis (der zweitgrößten Stadt Senegals) wohnen; aber dennoch äußert sie an späterer Stelle den Wunsch: „J'aurai batti notre maison qui est au village".

Nähere Umschreibungen der Wohnungssituation lassen erkennen, dass ‚schöne' oder ‚große' Häuser gewünscht werden (Adjektive wie: belle, grande, bien construit). Während für die befragten Mädchen damit zur Art des Hauses alles gesagt ist, sind die diesbezüglichen Beschreibungen etlicher Jungen durchaus detaillierter. Einige wünschen sich explizit ein Haus „à étage“, d.h. ein Haus mit mehr als einem Geschoss: „Je veux avoir une grande maison a etage“, schreibt hierzu ein 14-jähriger Junge. Im modernen Stil soll es gebaut sein, aus Zementziegeln und mit Elektrizitätsanschluss: „Mais aussi je construirai ma maison avec des briques, de ciment toute la maison“ (Junge, 15 J.), oder: „Je veux avoir du courant pour faire fonctionner ma maison. Je veux que ma maison soit éclairée la nuit.” (Junge, 14 J.). Die Mädchen dagegen verbinden mit dem Thema ‚Haus‘ eher die Wohnatmosphäre der familiären Heimstatt und denken an die, die dort leben werden: „Je veux une maison qui est calme, bonne, des enfants gentilles ...“, heißt es im Aufsatz einer 12-jährigen Schülerin. „J'ai bien construit ma maison et mes enfants“ bei einer 13-Jährigen, oder: „Quand je serai une grande femme je prépare pour chercher une maison qui est jolie avec mon mari“ bei einer 12-Jährigen.

Neben solchen – angesichts der dörflichen Armut möglicherweise recht illusionären – Vorstellungen vom eigenen schönen Heim wird jedoch von mehr als der Hälfte der Schülerinnen und Schüler (N=22) die zukünftige Lebenssituation mit Gedanken um Grundversorgung und Ausstattung mit Lebensmitteln in Verbindung gebracht. In einigen Fällen ist nur pauschal davon die Rede, man werde genügend Nahrung (nourriture) heranschaffen können; häufig tauchen aber auch ausführlichere Darstellungen auf, z. B. man werde in der Lage sein, große Vorräte an Grundnahrungsmitteln wie Hirse, Reis und Öl kaufen zu können, um damit sich und die erweiterte Familie zu versorgen: „Je viens dans la magasin et j'achète un sac de riz et sacs de mil“, heißt es z. B. im Aufsatz eines 12-Jährigen, oder es ist von „acheter des ravitaillement“ (d.h. von Lebensmittelvorräten) die Rede, wie bei einem 13-jährigen Jungen, oder es heißt: „...je travaille très bien pour avoir de l‘argent pour acheter des sacs de riz, du mil, des légumes et des centaines de litre d‘huile“, wie bei einem 14-Jährigen.

An Besitztümern, die namentlich in den Aufsätzen erwähnt werden, finden sich neben dem Wunsch nach viel Geld die explizite Erwähnung eines eigenen Autos (N=14), aber auch schöne, neue Kleidung (N=12) und ertragreiche Felder sowie Viehherden werden ebenfalls als erstrebenswert genannt. Eine 12-jährige Schülerin möchte ein Haus mit Hofhund, Rinder, Schafe und viel Geld. Ihr gleichaltriger Mitschüler wünscht sich neben einem mehrstöckigen Haus neue Kleidung, eine genügende Wasserversorgung, ein schönes Auto und ergänzt: „Je veux avoir beaucoup d‘argent pour que ma vie devenir belle“. Ein 13-Jähriger nennt: „Des vaches, des moutons, des chèvres et des bergers qui les contuitent“.

Vorstellungen zum späteren Ehe- und Familienleben

Die meisten Aufsätze enthalten auch Angaben zu erhofften Ehepartnern, Kindern sowie zum Verhältnis der Jugendlichen zu Eltern und Verwandten. Bei dem von insgesamt 33 Personen genannten Thema ‚Heirat‘ sprechen sich die Jungen in den meisten Fällen, in denen sie sich zur Anzahl ihrer potentiellen Ehefrauen äußern, für die Monogamie aus. Als Grund für diese bei 21 Jungen anzutreffende Einstellung schreibt ein 13-Jähriger z. B.: „Je veux avoir une seule femme ... parce que avoir trois ou deux femmes c'est trop pour les depenses la nourriture, les habits, l'argent pour l'ecole etc." Neun hingegen sehen sich mit mehr als einer Frau verheiratet, so z. B., wenn es lapidar heißt: „Je veux avoir une ou deux femmes". Nur zwei Jungen wollen explizit nicht heiraten, der eine ohne Angabe von Gründen, der andere, weil er katholischer Geistlicher werden will.

Das Thema ‚eigene Kinder' wird von 28 Befragten angesprochen. Die Angaben zur gewünschten Kinderzahl sind teils vage (‚plusieurs enfants', ‚mes enfants'), teils aber auch sehr präzise und betreffen auch das Geschlecht der Kinder: 17 Befragte haben Zahlenangaben gemacht, wobei die Anzahl der genannten Kinder zwischen zwei und zwölf liegt. Am häufigsten (d. h. von 9 Personen) werden dabei fünf oder sechs Kinder gewünscht; drei Personen stellen sich weniger als fünf Kinder vor, fünf Personen über sechs Kinder. Nicht immer wird dabei zwischen Mädchen und Jungen unterschieden. So heißt es z. B. bei einem 12-Jährigen: „Je n'a besoin pas beaucoup d'enfants. Mais au moins 8 enfants". Bei denjenigen, die bei den gewünschten Kindern nach Geschlecht differenzierten, überwiegt in acht Fällen die Anzahl der Jungen, in zwei Fällen werden gleich viele Mädchen wie Jungen und nur in einem Fall mehr Mädchen gewünscht. Es gibt keine Begründung für diese Präferenz einer höheren Zahl von männlichen Kindern; nur die Zahlen werden genannt: „Je voudrai avoir deux filles et quatre garcons", heißt es dazu beispielsweise im Text eines 12-jährigen Jungen.

In einer Reihe von Aufsätzen wird auch das angestrebte Verhältnis zu den zukünftigen Kindern angesprochen. So heißt es bei einem 12-jährigen Jungen, er wolle seinen Sohn nicht schlagen, allen seinen Kindern den Schulbesuch ermöglichen und nur das Beste für ihr Leben. Im Aufsatz eines 13-Jährigen heißt es: „.. j'essayerai d'acheter des velos pour mes enfants comme on ne me l'a fait". Ähnlich auch in einem anderen Aufsatz: „J'acheterais mes fils des velos, des petits voitures, des petites avions et des cahiers pour travailler à l'école" (Junge, 14 J.).

Zur zukünftigen Familiensituation zählt auch das Verhältnis zu den Eltern und anderen Verwandten wie Geschwistern, Großeltern und Onkeln. Auf die Eltern und/oder die erweiterte Familie wird in der Mehrzahl der Aufsätze (N=27) teils nebenbei, teils auch sehr ausführlich Bezug genommen. Falls ein Motiv angegeben wird, ist dieses häufig, die Eltern mit tatkräftigen Hilfeleistungen (N=10) und/oder finanziell (N=7) zu unterstützen. Ein 13-jähriger Schüler schreibt, er werde später seinen Eltern nicht mehr zur Last fallen, ihnen helfen und das Haus seines Vaters reparieren. Ein gleichaltriger Mitschüler äußert: „Je veux toujours rendre heureuses mes parents jusqu'à la mort". Auch andere sprechen mit Dankbarkeit und Anhänglichkeit von ihren Eltern: „J'aiderai mes parents que j'aime beaucoup", schreibt ein 14-jähriger Schüler und stellt sich vor, wie seine Eltern im Schatten des großen Baumes sitzen, den er in die Mitte seines Anwesens gepflanzt hat. Acht Personen schreiben explizit darüber, dass und wie sie mit den Eltern oder im Kreise der erweiterten Großfamilie zusammen wohnen werden: „Je veux une maison propre, eloignée et bien limitée. Je veux habiter dans cette maison avec mon frère, ma mère, ma grande-mère, mon grand-père, ma femme, mes enfants et mes grandes frères", schreibt dazu ein Elfjähriger. Sollte man aus dem Dorf fortziehen – so einige der Schüler –, wolle man die Eltern in die Stadt mitnehmen.

Religion, ländliches Milieu und Bezüge zur erweiterten Lebenswelt

Einen relativ großen Raum nehmen in den Aufsätzen auch Äußerungen zum Glauben an Gott ein. Über ein Drittel aller Schüler (N=15), darunter aber nur eines der Mädchen, beziehen sich in ihrem Text auf Gott oder ihre Religion. Während einige Aufsätze ein allgemeines Gottvertrauen bekunden, wie im Falle des 13-jähriger Jungen, der seinen Aufsatz mit folgendem Satz beschließt: „Je croie que Dieu va me donner tous ce qu je lui demande", schreiben andere explizit mit Bezug auf ihre islamische bzw. katholische Religion. Schüler beider in Ngohé vertretenen Religionen bekunden bisweilen, nach den Regeln ihres Glaubens leben zu wollen: „Je veux aussi suivre les commandements de ma réligion chrétienne, comme ca Dieu me donnera le pouvoir de bien vivre", heißt es im Aufsatz eines 11-jährigen Schülers; und ein 13-jähriger bekundet: „Je veux faire trois fois La Mecque".

Über ein Drittel der Aufsätze (N=15) weisen auch Reflexionen ihrer ländlichen Umgebung auf. Die Schülerinnen und Schüler stellen sich vor, wie sie selbst landwirtschaftlich tätig werden, z. B. Feldfrüchte und Gemüse anbauen oder Vieh halten, und dies durchaus auch dann, wenn sie einen Beruf zum Gelderwerb anstreben. In einigen Aufsätzen wird deswegen auch erklärend hinzugefügt, man werde in der Regenzeit landwirtschaftlich tätig werden, – in Ngohé eine durchaus gängige Praxis, die darin besteht, dass Männer und auch Frauen zur Regenzeit zwecks Anbau der Felder ihre Arbeit in den Städten unterbrechen und für eine Zeit lang aufs Land zurückkehren. Hierzu ein 13-Jähriger, der ansonsten angibt, Lehrer werden zu wollen: „Pendant la saison des pluies, je reviendrai pour culturer nos vaste champs avec mes cheveaux et mes ànes. Je culturera beaucoup d'arachides et du mils pour la nourriture et d'autres activités pratiqué au village."

Zur erweiterten Lebenswelt zählen auch jene (mit vier Nennungen aber seltenen) Äußerungen in den Aufsätzen, die sich auf das Heimatland Senegal beziehen. Die Solidarität erstreckt sich hier nicht nur auf die Familie oder die nähere Umgebung, sondern auch auf das Heimatland, wie bei einem 13-jährigen Jungen, der zum Militär gehen will: „Je ne vais pas oublier mon pays ni mon village et mes voisins...". Einen etwas größeren Umfang nehmen indessen Aussagen zu angestrebten Reisen ins Ausland ein (N=10). Hier werden Länder wie die ehemalige Kolonialmacht Frankreich, aber auch Amerika oder – womöglich Effekt der Untersuchung – Deutschland als Reiseziele genannt, aber auch allgemein Europa oder Afrika, einmal auch Mekka, oder genereller ‚alle' oder ‚viele' Länder der Welt. In einigen Aufsätzen wird auch so etwas wie Völkerverständigung angedeutet, wenn es beispielsweise heißt: „Je veux que la paix reigne dans tout le monde“ (Junge, 13 J.). Oder es geht um Kennenlernen und Verstehen wollen, wie in folgender Aussage eines 14-Jährigen: „Je veux venir en Allemagne pour vous visiter et comprendre qu‘est-ce qu‘il y a là-bas“.

Ausblick: Zukunftsvorstellungen senegalesischer Jugendlicher – Momentaufnahme oder ‚typisch afrikanisch‘?

Es wurde eingangs betont, dass die in den Aufsätzen zu Tage tretenden Zukunftsvorstellungen zur Erhellung der Sozialisationsbedingungen von Kindern und Jugendlichen im ländlichen Milieu Senegals beitragen sollen. Die hier vorgelegte Analyse sollte den Status einer illustrativen Fallstudie haben, die in den Kontext der anderen Sozialisations- und Bildungsforschungen zu Ngohé einzuordnen wäre. Abschließend soll nun die Frage nach einer potentiellen Generalisierbarkeit aufgeworfen werden: Handelt es sich bei den ermittelten Zukunftsvorstellungen der Primarschulabgänger von Ngohé um für diese Gemeinde spezifische oder um solche, die für afrikanische Jugendliche verallgemeinerbar sind?

Um eine solche Frage in forschungsmethodisch befriedigender Weise beantworten zu können, wären vergleichende Untersuchungen zu Jugendlichen in anderen ländlichen und städtischen Milieus Senegals und anderer afrikanischer Länder notwendig. Ohne diese Vergleiche gibt es an dieser Stelle nur folgendes Indiz, das die Vermutung nahe legt, dass hier – in Grenzen jedenfalls – von für afrikanische Jugendliche typischen Zukunftsvorstellungen geredet werden kann, die dem Anschein nach sogar relativ überdauernd sind. Das Indiz resultiert aus einem Vergleich der Ergebnisse der Senegal-Stichprobe mit den Ergebnissen der oben schon genannten Untersuchung von Schüleraufsätzen in Togo aus dem Jahre 1971, in der auch Primarschulabgänger gleichen Alters befragt worden waren (das togoische Bildungssystem beruht ebenfalls auf dem französischen Modell mit einer sechsjährigen Primarschule). Den UNICEF-Autoren zufolge zeigte sich in den togoischen Schüleraufsätzen drei typische Argumentationskomplexe (vgl. ADICK 1982, S. 75):

1. Die unwiderstehliche Attraktion der Stadt und des formalen Dienstleistungssektors: Hierunter fallen Aspekte wie das Abgestoßensein vom ländlichen Milieu, hohe Ausbildungsaspirationen, die Hoffnung auf ein regelmäßiges Gehalt im Staatsdienst u.ä.
2. Der Mythos eines modernen Lebensstils mit eigenem Auto und einem modernen Haus: Hierzu zählen Aussagen zur Befriedigung der Grundbedürfnisse, zu schöner Kleidung, Auto(s) und die stereotype Idee eines mehrstöckigen Wohnhauses.
3. Das Vertrauen auf den guten Willen der Gemeinschaft: Dieser Argumentationskomplex umfasst Äußerungen zu positiven Sozialbeziehungen, intensiven Familienkontakten, Verbundenheit mit dem Vaterland und Loyalität der staatlichen Ordnung gegenüber.

In dem betreffenden UNICEF–Bericht wird ferner darauf verwiesen, dass Bemerkungen negativer Art und pessimistische Zukunftsvorstellungen zum Beispiel hinsichtlich der Arbeitsplatzsituation – obwohl aller Voraussicht nach realitätsadäquat – doch recht selten gewesen seien.

Betrachtet man im Vergleich dazu die Befunde aus den hier analysierten senegalesischen Schüleraufsätzen, so könnte man fast zu den gleichen Tendenzen kommen, und das, obwohl zwischen den Untersuchungen 25 Jahre liegen und es sich um zwei verschiedene afrikanische Länder handelt: Die Attraktivität des Lebens in der Stadt und die Hoffnung auf einen Beruf im formalen Sektor, die Befriedigung der Grundbedürfnisse, ein eigenes Auto, ein modern ausgestattetes Haus (häufig auch explizit ein ‚mehrstöckiges' Haus) und schöne Kleidung sowie die Pflege der engen und solidarischen Familienbande gehören auch bei den senegalesischen Schülern zu den häufig genannten Zukunftsvorstellungen. Dies legt die Vermutung nahe, dass wir es hier mit Zukunftsvorstellungen zu tun haben, die zu einem großen Teil charakteristisch sind für Jugendliche in Afrika.

Literatur

ADICK, C. (1982): Togo: Kolonialschulwesen und Probleme nachkolonialer Reformbestrebungen im Bildungswesen. In: ADICK, C./GROẞE-OETRINGHAUS, H.-M./NESTVOGEL, R.: Bildungsprobleme Afrikas zwischen Kolonialismus und Emanzipation. – Hamburg, S. 61-79.

ADICK, C. (1997): Formale und nonformale Grundbildung in Afrika: Komplementarität oder Konkurrenz. In: Kodron, C. (Hrsg.): Vergleichende Erziehungswissenschaft, – Herausforderung – Vermittlung – Praxis. – Köln, S. 451-467.

BOS, W./TARNAI, CH. (Hrsg.) (1989): Inhaltsanalyse in Empirischer Pädagogik und Psychologie. – Münster.

BRACKLO, H. (1989): Dorfprofil Ngohé. In: ebd.: Fünf Dörfer – unsere Partner im Senegal. Deutsche Gesellschaft für die Vereinten Nationen, Landesverband Berlin – Berlin, S. 34-41.

BÜHLER, H./DATTA, A./SOVOESSI, J. (1999): Grenzen des Forschens zwischen Norden und Süden. In: Tertium Comparationis, 5. Jg., H. 2, S. 150-162.

BUNGARD, W./LÜCK, H.E. (1982): Nicht-reaktive Meßverfahren. In: PATRY, J.-L. (Hrsg.): Feldforschung. – Bern, S. 317-340.

BUNGARD, W./LÜCK, H.E. (1974): Forschungsartefakte und nicht-reaktive Meßverfahren. – Stuttgart.

DATTA, A. (1994): Das Leiden der Beforschten an den Forschern. In: Zeitschrift für vergleichende Bildungsforschung und Entwicklungspädagogik, H. 3, S. 34-36.

DATTA, A. (1998): Von der Bildungsreise zum Projekttourismus. In: ebd. (Entwicklungspolitik). H. 19, S. 23-25.

DAMMANN, R. (1991): Die dialogische Praxis der Feldforschung. Der ethnographische Blick als Paradigma der Erkenntnisgewinnung. – o.O.

FIEGE, K./ZDUNNEK, G. (Hrsg.) (1993): Methoden – Hilfestellung oder Korsett? Erfahrungen mit empirischer Sozialforschung in Afrika, Asien und Lateinamerika. – Saarbrücken.

GERDES, K. (Hrsg.) (1979): Explorative Sozialforschung. Einführende Beiträge aus „Natural Sociology" und Feldforschung in den USA. – Stuttgart.

GÖTTE, K./GIERLICH, G. (2002): Sozialpädagogik und soziale Arbeit in Senegal. In: WIEGELMANN, U. (Hrsg.): Afrikanisch – europäisch – islamisch? Entwicklungsdynamik des Erziehungswesens in Senegal. – Frankfurt, S. 221-245.

KAISER, A. (1996): Mädchen und Jungen in einer matrilinearen Kultur – Interaktionen und Wertvorstellungen bei Grundschulkindern im Hochland der Minangkabau auf Sumatra. – Hamburg.

KAISER, A. (1992): Kulturelle Bedingungen von Geschlechterdifferenzen. Gesellschaftsbilder von Jungen und Mädchen in patriarchaler und mutterrechtlicher Kultur. In: Die Deutsche Schule. H. 4, S. 449-464.

NDOYE, A.K. (2002): Die Politik der Lehrerausbildung in Senegal. In: WIEGELMANN, U. (Hrsg.): Afrikanisch – europäisch – islamisch? Entwicklungsdynamik des Erziehungswesens in Senegal. – Frankfurt a. M., S. 93-134.

PROSPECTIVE DE L'ENFANCE ET DE LA JEUNESSE DANS LE DEVELOPPEMENT – TOGO (UNICEF TOGO) (1971): Documents de Travail, Enquêtes et Rapports (2 Bde.); Enfants et jeunesse dans l'Espace Togolais (2 Bde.). – Lomé.

WEBB, E.J./ u. a. (1975): Nicht-reaktive Meßverfahren. – Weinheim.

WIEGELMANN, U. (1999): Alphabetisierung und Grundbildung in Senegal. – Frankfurt.

WIEGELMANN, U. (Hrsg.) (2002): Afrikanisch – europäisch – islamisch? Entwicklungsdynamik des Erziehungswesens in Senegal. – Frankfurt a. M.

Martine Pretceille

Florilege

Comment dire et parler de l'interculturalité au-delà des frontières et des mots? Comment dire sans redire les points d'accord et de fracture? Comment écrire pour offrir? Le registre académique se prête, à mon avis, mal au genre et à l'intention. La nouvelle, le roman, certes, encore faut-il avoir quelques aptitudes. Le poème, quel poème! C'est donc à partir des mots des autres que je choisis de parler de l'interculturalité. Choix qui s'explique par une triple perspective, le plaisir des citations, des formules qui sont toujours des passeurs entre des mondes, des univers, des personnes; la volonté d'inscrire l'interculturalité dans la tradition et la modernité, car la pensée du divers est à la fois nouvelle et ancienne et c'est cet enracinement dans le temps et l'espace qui contribue à asseoir sa pertinence; le souhait d'associer la forme et le fond, en sélectionnant de manière hétéroclite à travers la littérature, la philosophie, le passé et le contemporain des pensées sans lien apparent mais qui réfèrent finalement au halo sémantique qui entoure l'interculturalité, en tout cas, celle que nous sentons, que nous défendons, que nous essayons de définir, de préciser, de traduire et de transmettre.

«*Savoir et interpréter ont des centres de gravité différents; il existe des choses qui sont visibles, et d'autres qui sont cachées. Aussi la relation entre elles n'est-elle pas «ou bien, ou bien»,* elle est «*non seulement, mais encore.*» Ernst JÜNGER, dans *Le Mur du temps* (1963, p. 36) pose le principe d'une pensée qui sort de la dichotomie et du mode binaire. La pluralité et l'hétérogénéité du monde contemporain imposent et exigent d'apprendre à vivre la multiplicité des appartenances et des références, non plus sur le mode de l'exclusivité et de l'exclusion mais sur celui de la complémentarité et de la continuité au-delà des apparences. De fait, «*les ethnologues sont souvent d'accord sur ce point que l'observation des primitifs d'aujourd'hui ne nous fournit pas d'image d'une civilisation première. Il s'agit déjà de formes dérivées, souvent de formes corrompues.*» (Ibid. p. 140). Le métissage n'est pas une conséquence, un aboutissement, aimé par les uns ou rejeté par les autres, mais la source même, le point origine qui rend caduque toute recherche des origines, de l'identité première, des racines. L'impur, le mélange, la créolisation (pour reprendre une formule d'Edovard GLISSANT) sont premiers. L'hétérogénéité est la norme, c'est par contre, l'homogénéité qui est une construction volontaire qui aboutit à une destruction par dogmatisme, fondamentalisme voire totalitarisme. L'interculturalité s'appuie sur ce renversement d'un paradigme trop longtemps et encore trop souvent diffusé, à savoir l'assimilation du divers à une erreur; une difficulté qu'il s'agit de surmonter en l'annulant pour produire du simple, du pur et de l'homogène que l'on comprend, que l'on maîtrise. Volonté de maîtrise et exigence de transparence alors que l'homme est une énigme pour l'homme, pour reprendre une formule de Levinas; revendication de l'opacité pour

Edouard GLISSANT (1996, pp. 71-72) qui «*réclame pour tous le droit à l'opacité. Il ne m'est plus nécessaire de «comprendre» l'autre, c'est-à-dire de le réduire au modèle de ma propre transparence, pour vivre avec cet autre ou construire avec lui. Le droit à l'opacité serait de nos jours le signe le plus évident de la non-barbarie*».

La tension universalité/singularité constitue un autre point de structuration du paradigme interculturel. En référence à Socrate, EPICTETE (1995, p. 64) écrivait déjà: «*quand on nous demande d'où nous sommes, ne répondons jamais d'Athènes ou de Corinthe, mais toujours de l'univers. Pourquoi parler d'Athènes, et non tout simplement du coin de terre où, à ta naissance, fut jeté ton humble corps.*» Par delà, les temps et les lieux, l'exigence d'universalité se confond avec la reconnaissance d'un humanisme. D'EPICTETE à Oscar WILDE puis à Henry MILLER, en passant par de nombreux autres auteurs, c'est toujours la même revendication qui pointe. C'est le même lien, le même fil qui tisse le monde. Suivre les conseils d'Oscar WILDE (1997 (ed. or. 1891), p. 85) qui invite celui qui souhaite admirer un effet japonais à ne pas partir pour Tokyo comme simple touriste mais à «*rester ici, à s'absorber dans l'étude de certains artistes nippons, puis quand vous serez pénétré de leur style et que vous aurez adopté leur mode imaginaire de vision, d'allez un après-midi vous asseoir dans le parc ou de faire un tour à Piccadilly; si vous n'y découvrez pas un effet parfaitement japonais, vous n'en trouverez nulle autre part*». C'est la même idée que formule Henry MILLER (1994 (ed. or. 1956)) en 1960 quand il évoque l'effet de mélange que produit sur lui l'art et la littérature japonaise:«*Tantôt j'ai le sentiment que ce que je lis se déroule sur une autre planète, et parle d'une espèce qui vient d'être découverte. Tantôt, j'éprouve le même sentiment que j'ai eu avec la Chine: que tout cela m'est connu, que ce que je vois, entends, ressens est l'expression même de l'homme originel, la plus humaine qui soit, la plus universelle de toutes les races de la terre.*» C'est cette tension entre singularité et universalité qui est constitutive du paradigme interculturel et non comme on l'entend trop souvent, la notion de différence. Le respect des différences, le différentialisme et toutes ses formes dérivées comme le multi-culturalisme, le communautarisme sont aux antipodes du discours interculturel. On peut même, à l'heure actuelle, oser parler de la fin des cultures. En effet, le concept même de culture est devenu inopérant pour rendre compte de la complexification des structures, des systèmes, des dynamiques issus de l'internationalisation du quotidien et des formes de mondialisation. La culture, est l'objet d'enjeux, de rapports et d'usages sociaux qui la dépassent largement. Métissage, créolisation, baroque culturel, autant d'expressions qui marquent la nécessité de sortir d'une pensée de système au profit d'une interprétation ouverte et plurielle. La confusion, l'amalgame entre interculturalisme et culturalisme se fonde sur la construction d'un artefact, celui de la culture. De même que «*les gens voient les brouillards, non parce qu'il y a des brouillards, mais parce que peintres et poètes leur ont appris le charme mystérieux de tels effets.*» (WILDE, O.: op. cit. 79), les perceptions dites culturelles ne sont souvent que des constructions soit d'ordre politique (cf. les travaux de J.L. AMSELLE sur les ethnies en Afrique), soit d'ordre esthétique, symbolique, ou de tout autre nature.

C'est en ce sens qu'il conviendrait de parler de «culturalité» et non plus de culture (à l'image des sociologues qui parlent davantage de sociétal plus que de société pour insister sur les processus au détriment des structures). La notion de culturalité renvoie au fait que la culture est mouvante, fuyante, tigrée, alvéolaire. En effet, l'individu sélectionne, en fonction d'un objectif précis, les informations culturelles nécessaires pour satisfaire le besoin de communication. La communication est un processus de réajustement permanent en fonction des situations, des enjeux, des interlocuteurs. C'est davantage par ses usages que la culture se définit et moins par ses modèles. Il s'agit donc bien de développer une pragmatique culturelle qui insiste essentiellement sur la fonction instrumentale de la culture. En conséquence, l'objet de l'interculturel est l'altérité et moins les structures et les signes culturels.

Cette perception, approche et rencontre de l'altérité pleine et entière suppose non seulement une préparation cognitive, émotionnelle et affective mais s'appuie sur la reconnaissance de soi. Il ne s'agit pas de se perdre dans l'étrangéité d'autrui, de se fondre ni de se confondre. Victor SEGALEN (1978, p. 38) insistait lui aussi sur cette exigence. Pour lui, «*ne peuvent sentir la Différence que ceux qui possèdent une Individualité forte [...]. Que ceux-là goûteront pleinement l'admirable sensation, qui sentiront ce qu'ils sont et ce qu'ils ne sont pas. L'exotisme n'est donc pas cet état kaléidoscopique du touriste et du médiocre spectateur, mais la réaction vive et curieuse au choc d'une individualité forte contre une objectivité dont elle perçoit et déguste la distance. Les sensations d'Exotisme et d'Individualisme sont complémentaires*».

Cet apprentissage du divers peut s'effectuer de manière multiple, selon des formes et des modalités diverses. Hormis la rencontre, la coopération et la collaboration qui se développent actuellement, la littérature et la poésie sont aussi des lieux d'expression des altérités et le miroir des singularités. Culture au sens anthropologique et culture au sens académique se rejoignent dans cette recherche infinie. Que ce soit pour Oscar WILDE ou pour encore pour Ernst JÜNGER, la littérature et la poésie devancent la science. «*La littérature devance toujours la vie; elle ne la copie pas, mais la conforme à ses fins. Le XIXème siècle, on le sait, est en grande partie issu du cerveau de Balzac. Nos Lucien de Rubempré, nos Rastignac et nos de Marsay ont fait leurs débuts sur la scène de la «Comédie humaine»* (WILDE, O.: op cité., p. 73). De même, «*les indications, les interprétations du poète ont toujours devancé la science. Ce n'est point hasard, et c'est d'abord par lui que l'on a appris comment 'alors' était la vie. N'est-ce pas lui qui, de tous les hommes, a le plus hautement droit de domicile en cet 'alors'. Il y règne avant le roi et le prêtre, et c'est en ce sens qu'il faut comprendre la parole de Hamann selon laquelle la poésie est la langue maternelle du genre humain*» JÜNGER, E.(op. cité. p. 141).

Si les rapports entre langue(s) et culture(s) relèvent de l'évidence, si la tradition d'apprentissage privilégiait jusqu'à présent le passage de la langue à la culture, la maîtrise d'une langue comme préalable à la compréhension culturelle, s'il convient d'admettre que les contacts humains se multiplient, on peut légitimement s'interroger sur la hiérarchie des priorités: des langues aux cultures ou, au contraire, des cultures aux langues? Dans la mesure où désormais, tout individu a potentiellement plus de chance de rencontrer une personne étrangère dont il ne maîtrisera pas la langue, peut-on considérer la maîtrise linguistique comme prioritaire par rapport à l'apprentissage de l'altérité et de la diversité? S'il n'est pas question de remettre en cause la nécessité des apprentissages linguistiques, rien ne permet de dire que ce type de compétence conduit plus facilement et plus directement à une meilleure compréhension et communication interculturelle. Il s'agit certainement, d'une condition nécessaire mais en aucun cas suffisante.

La question subsidiaire est donc la place du plurilinguisme dans l'apprentissage du divers. Auteur d'un remarquable ouvrage sur «une poétique du divers», Edouard GLISSANT, écrivain objectivement et résolument monolingue, insiste sur le fait que «*nous écrivons en présence de toutes les langues du monde, même si nous n'en connaissons aucune*». Il précise qu'il est «*imprégné, poétiquement imprégné de cette nécessité alors même qu'il a une difficulté terrible à parler une autre langue que celles dont il use (le créole et le français). Mais écrire en présence de toutes les langues du monde ne veut pas dire connaître toutes les langues du monde. Ca veut dire que dans le contexte actuel des littératures et du rapport de la poétique au chaos-monde, je ne peux plus écrire de manière monolingue. C'est-à-dire que ma langue, je la déporte et la bouscule non pas dans des synthèses, mais dans des ouvertures linguistiques qui me permettent de concevoir les rapports des langues entre elles aujourd'hui sur la surface de la terre-rapports de domination, de connivence, d'absorption, d'oppression, d'érosion, de tangence, etc., comme le fait d'un immense drame, d'une immense tragédie dont ma propre langue ne peut pas être exempte et sauve. Et par conséquent je ne peux pas écrire ma langue de manière monolingue*» (GLISSANT 1996, P. 40). Edouard GLISSANT rejoint ici KAFKA (vgl. KAFKA1956, p. 207) qui mentionnait dans son journal qu'il parlait toutes les langues mais en yiddish. Formule, reprise sous une autre forme par Abdelkebir KHATIBI (1983, p. 179) qui développe une théorie sur la bi-langue en disant que «*la langue 'maternelle' est à l'œuvre dans la langue étrangère. De l'une à l'autre se déroule une traduction permanente et un entretien en abyme, extrêmement difficile à mettre au jour [...] où se dessine la violence du texte, sinon dans ce chiasme, cette intersection, à vrai dire irréconciliable?*».

Le thème de la langue est un thème récurrent dans une perspective de mondialisation et d'internationalisation du quotidien. Du paradoxe de Jacques DERRIDA (1996, p. 21) qui s'appuie sur deux propositions:«Proposition 1.*On ne parle jamais qu'une seule langue*. Proposition 2. *On ne parle jamais une seule langue*», à une forme de remise en question du plurilinguisme, on assiste à l'essor d'une pensée du divers et de l'altérité à travers des signes culturels et linguistiques qui deviennent en fait des symptômes de l'état d'une relation et des identités non dans une perspective d'identification et de catégorisation mais dans un permanent jeu de miroirs.

Que ce soit, dans la «bi-langue» ou dans une redéfinition du multilinguisme par Edovard GLISSANT, on retrouve cette pensée de la pluralité et du divers, non comme addition et juxtaposition, mais comme une variation sur un même thème et plus précisément sur la rencontre, l'échange, l'empathie. Pour Abdelhaï DIOURI (1983, p. 53), toute langue est aussi bilingue:«*dans «bi-langue», le «bi» est un «préfixe issu du latin, bis, deux fois». Cela veut dire qu'il ne s'agit pas d'un chiffre pluriel qu'on peut obtenir par simple addition d'un éléments à un autre et qu'on peut décomposer par différence et soustraction ou division. Deux fois (une langue) évoque plusieurs questions: deux fois la même langue ou deux langues différentes? Deux fois la/les langues en même temps et même lieu ou séparément, successivement? La première est-elle pareille à la deuxième, n'y ajoute ni n'en retranche rien ou le contraire? Ce que sous-tend le «bi» de «bi-langue», c'est la question du double et tout le jeu complexe de ses doubles, de la copie, de l'original et de l'effacement*». Le multilinguisme ne se définit donc plus comme une pratique de plusieurs langues, il «*ne suppose pas la coexistence des langues ni la connaissance de plusieurs langues mais la présence des langues du monde dans la pratique de la sienne*» (Edovard GLISSANT 1996, p. 41).

Au-delà des mots, au-delà des langues, c'est donc la communication qui est en jeu, une communication entre des altérités universelles et singulières qui suppose une personnalisation des signes linguistiques. «*La langue est une fatalité, les langues sont une fatalité; le discours est, en principe, un acte de liberté. Quelle que soit la langue que vous parlez, veillez bien au choix du discours que vous tenez. Parlez la langue de vos parents, de vos voisins (vous ne pouvez d'ailleurs pas faire autrement), mais construisez votre propre discours. Que votre discours n'appartienne qu'à vous, à chacun de vous. Le véritable débat n'est pas entre les langues, mais entre les discours*» (KILITO 1987, p. 89).

Faut-il vraiment conclure? oui, mais par des points de suspension....par de nouvelles interrogations???? et de nouveaux étonnements!!!!

Literatur

DERRIDA, J. (1996): Le monolinguisme de l'autre. – Paris.

DIOURI, A. (1983): Traiter de l'intraitable. In: KHATIBI, A. (1983): Maghreb pluriel. – Paris. Op. cité. p. 53.

EPICTETE (1995): Ce qui dépend de nous (trad. du grec). – Paris.

GLISSANT, Ed. (1996): Introduction à une poétique du divers. – Paris.

JÜNGER, E. (1963): Le Mur du temps. – Paris.

KAFKA, F. (1956): Journal. Traduit et présenté par M. Robert. – Paris.

KHATIBI, A. (1983): Maghreb pluriel. – Paris.

KILITO, A. (1987): La langue des sirènes. In: Imaginaires de l'autre. – Paris.

MILLER, H. (1994): (Préface à:) TNAIZALI, Junichiro (ed. or. 1956): Deux amours cruelles. – Paris.

SEGALEN, V. (1978): Essai sur l'exotisme. – Paris.

WILDE, O. (1997) (ed. or. 1891): Intentions. – Paris.

Botho von Kopp

Von Landkarten, Institutionen und der Evolution in der Zeit der Ungewissheit – Neue Prämissen der Modellbildung in der Vergleichenden Erziehungswissenschaft.

1 Vorbemerkung

Im folgenden wird die Rede sein von der vergleichenden Erziehungswissenschaft (VE) in der gegenwärtigen Phase des beschleunigten gesellschaftlichen Wandels, in einer Umbruchsituation, die nahezu alle wissenschaftlichen Gewissheiten erschüttert, einer Zeit der Dekonstruktion und der Ungewissheit, ja Unsicherheit. Es ist offenbar auch für die Soziologie kaum mehr möglich, die heutige Gesellschaft mit einem einzigen Begriff zu charakterisieren.[1] Wie können pädagogische Forschung und pädagogische Praxis auf diese Ungewissheit reagieren, wie kann man sich zum Beispiel eine „Erziehung für die Ungewissheit" („education for uncertainty" – KING 2000, S. 268) vorstellen – und ist sie die adäquate Antwort auf den heutigen Wandel? Welchen Sinn haben wissenschaftliche Unternehmungen, z. B. erziehungswissenschaftliche Vergleiche in diesem generellen Kontext, und schließlich: Welchen „Regeln" folgen sie, benötigen sie überhaupt Regeln oder ist das „anything goes" an sich schon ausreichendes und logisches Konzept der neuen Wissenschaft, und schließlich: benötigt diese Theorie – und welche?

Im vorliegenden Artikel werde ich nicht versuchen, eine systematische Standortbestimmung der VE in der geschilderten heutigen Umbruchsituation vorzunehmen. Auch ist mir bewusst, welche Probleme allein der Versuch einer sauberen definitorischen Abgrenzung mit sich bringen würde.[2]

1 Die Beiträge eines Buches mit dem Titel „In welcher Gesellschaft leben wir eigentlich?" enthielt 24 entsprechende Einzelcharakterisierungen, angefangen von ‚Klassikern' wie „postindustrielle Gesellschaft" (Daniel BELL) usw. über „Weltgesellschaft" (Martin ALBROW), „Risikogesellschaft" (Ulrich BECK), „desintegrierte Gesellschaft" (Wilhelm HEITMEYER), „transkulturelle Gesellschaft" (Wolfgang WELSCH), „Multioptionsgesellschaft" (Peter GROSS) usw. usw. (PONGS, 2000).

2 Eine Begrenzung auf VE als explizit theoriebezogene und theoriebildende Tätigkeit wäre zu eng und würde der tatsächlichen Verwendung dieses Begriffs (bzw. der akademischen Realität) nicht entsprechen, eine Gleichsetzung mit vergleichender Bildungsforschung wäre zu weit, vergleichende Pädagogik klingt hoffnungslos altbacken, vergleichende Erziehungsforschung hat sich nicht durchgesetzt und impliziert auch einen etwas anderen Schwerpunkt als ‚Erziehungswissenschaft', die Berücksichtigung der neuen Gesichtspunkte internationalistischer und multikultureller Bildungsforschung ergeben umständliche Bezeichnungen, die zudem eher programmatischen als präzisierenden Charakter haben und zudem unterschiedlich gewichtet werden: z. B. in der neuen Kommission International und Interkulturell Vergleichende Erziehungswissenschaft in der DGfE, der nordamerikanischen Comparative and International Education Society – CIES, der British Association of International and Comparative Education, um nur diese zu nennen. Last but not least, decken sich die entsprechenden Begriffe in den unterschiedlichen Sprachen gegenseitig nie genau. VE ist also

Eine Prämisse meiner vorliegenden Argumentation besagt, dass es nicht allein darum gehen kann, die postmoderne Vielfalt und Ungewissheit zu beschreiben bzw. sie selbst einfach zum Forschungsprogramm oder normativen Muster zu machen, sie gegebenenfalls zu bejahen oder sie abzulehnen, sondern dass es notwendig ist, diese Charakterisierung der heutigen Situation, also Komplexität und Ungewissheit selbst als relevante Rahmenbedingung heutiger VE, zum Gegenstand von Theorie- und Modellbildung zu machen.

Obwohl es in der einschlägigen Literatur – insbesondere in den wichtigsten internationalen Zeitschriften der VE (Comparative Education)[3] gerade in jüngster Zeit zahlreiche Diskussionen zu Zielen, Methoden und Identität der Disziplin im Kontext von Postmodernisierung und Globalisierung gegeben hat, sind formale Modellierungen bzw. Überlegungen hierzu sehr rar.

Was die generelle Entwicklung von Forschungsstrategien angeht, so hat die Untersuchung von RUST u. a. (RUST u.a. 1999) die tendenzielle Zunahme der empirischen, aber auch nach wie vor einen Mangel an theoretischen Arbeiten ergeben. Ich habe anhand einer (stark vereinfachten) Auswertung der Zeitschrift Tertium Comparationis (TC) versuchsweise einen Vergleich mit der Untersuchung von Rust unternommen. Dabei bestätigen sich im wesentlichen die dortigen Tendenzen.

Zweifellos ist es wichtig, dass weltweit zunehmend empirische Daten zu einzelnen Teilbereichen von Bildungssystemen gesammelt werden. Ohne Bezug auf eine solche Datenbasis bleiben die meisten vergleichenden Aussagen spekulativ. Andererseits ist aber auch festzuhalten, dass es angesichts der ungeheuren und schnell wachsenden Quantität von Daten und ihrer möglichen Relationen zueinander ohne systemische, theoriegeleitete Modellierungen nicht möglich sein wird, sich einem systematischen Verständnis der Binnen- und Kontextbezüge von Bildungsthemen und von Bildungssystemen zu nähern. Dabei hat die VE eine zentrale Rolle zu spielen.

Um mich dem Thema Modellierung zu nähern, möchte ich im dritten Teil Bezug nehmen auf zwei sehr unterschiedliche Vorschläge: zum einen auf PAULSTONs *„mapping“* und auf CUMMINGS' *„InstitutionS“* (PAULSTON 1999, CUMMINGS 1999). Im Anschluss daran werde ich unter Bezugnahme auf system-, evolutionstheoretische und linguistische Forschung einige eigene Schlussfolgerungen für die Grundbedingungen einer Modellierung von Wandel und Ungewissheit anskizzieren.

Der vorliegende Artikel plädiert für eine Modellierung, die Vielfalt, ja Unsicherheit und Eklektizismus (PAULSTON) mit dem Gesichtspunkt der Entwicklung von ‚Institutionen‘ (CUMMINGS) verknüpft und sowohl die Momente der De-

---

nicht identisch mit Comparative Education (CE), Education Comparée, Educazione Comparativa usw. – gar noch in ihren unterschiedlichen Variationen von Groß- und Kleinschreibung, um damit eher disziplinäre Ansprüche oder tätigkeitsbezogene Definitionen auszudrücken.

3 Ich zähle hierzu wegen ihres weltweiten Einflusses auf die Disziplin neben anderen vor allem *Comparative Education Review, Compare* und *Comparative Education* und in Deutschland *Tertium Comparationis (TC).*

struktion von ehemaligen Sicherheiten („hegemonistischen" modernisierungstheoretischen „grand narratives") als auch die Notwendigkeit der Suche nach ‚autoritativer Wahrheit' und ‚Vernunft' sowie schließlich die Gerichtetheit einer zwar nicht determinierten, aber auch nicht willkürlichen gesellschaftlichen Entwicklung abbildet.

2 Der lange Marsch

Die VE kann – was sie gelegentlich mit einigem Stolz auch tut – auf ihr frühes „Gründungsdatum" hinweisen, das gleichzeitig verknüpft ist mit dem Postulat, eine exakte wissenschaftliche Disziplin zu etablieren. Dies fällt in eine Zeit, als „Vergleichen" generell dem wissenschaftlichen Zeitgeist entsprach (FRIEDELL 1927-1931): In Deutschland begründete Franz BOPP die vergleichende Sprachwissenschaft, Karl RITTER eine vergleichende Erdkunde, Jacob GRIMM die vergleichende Forschung zu den germanischen Sprachen, Wilhelm VON HUMBOLDT eine „vergleichende Anthropologie" usw. Gustav Theodor FECHNER, einer der Begründer der experimentellen Psychologie, der den jungen Franz BOAS stark beeinflusst hat, verfasste 1825 sogar (unter dem Pseudonym Doktor Mises) eine „Vergleichende Anatomie der Engel", die er aus einer Extrapolation der Entwicklung der Anatomie von der Amöbe bis zum Menschen ableitete.

In Frankreich war 1805 Georges CUVIERS Hauptwerk über die vergleichende Anatomie erschienen. CUVIER war nicht nur ein einflussreicher Wissenschaftler, sondern zugleich ein hoher Staatsbeamter und „Liebling Napoleons" (FRIEDELL 1927-1931), der unter anderem Reformen des Sekundarschulwesens durchgeführt hatte und dem für einige Zeit die Verantwortung für die Reform des Hochschulwesens in Frankreich übertragen wurde. Hinsichtlich seiner anthropologischen und biologischen Forschungen formulierte er das Prinzip der Beziehungshaftigkeit der Teile eines Ganzen, wobei die Einzelteile morphologisch der Gesamtfunktion des Organismus angepasst sind, der Körper also keine zufällige amorphe Mischung ist, sondern ein geordnetes Ganzes darstellt. Die Regelhaftigkeit dieser Beziehungen sollte – und konnte nur – die vergleichende Anatomie nachweisen, denn sie zeigte diese Regelhaftigkeit jeweils in verschiedenen Klassen von Körpern. Die Hauptrichtung seiner vergleichenden Arbeit zielte jedoch auf die biologische Evolution, und mit Blick auf seine klassifizierenden Arbeiten wurde CUVIER gelegentlich auch der Aristoteles des 19. Jahrhunderts genannt (BUDIL 2001).

Der Anspruch an eine vergleichende Erziehungswissenschaft, wie ihn der notorisch als „Gründungsvater" der VE bezeichnete Jullien DE PARIS in Analogie zur vergleichenden Anatomie CUVIERS erhob, ließ sich allerdings, wie bekannt, nicht einlösen. Genau genommen ist die Tradition der VE jedoch viel älter. Für ihre Entwicklung definierten NOAH und ECKSTEIN schon Ende der 60er Jahre des zwanzigsten Jahrhunderts vier Stadien. Dabei betonen sie jedoch: „These stages are far from being discrete in time: each of these types of work in comparative education has persisted down to the present and may be observed in the contemporary literature, and rarely can any contributor to the field be confined within a single category." (NOAH/ECKSTEIN 1998, S. 15).

Das erste Stadium, weit vor Jullien DE PARIS, geht zurück auf die alte Tradition von Reiseberichten über „exotische" Gegenden. Als schönes Beispiel hierfür lassen sich die Beobachtungen des Jesuiten Alessandro VALIGNANO (1539-1606) in Japan zitieren, wobei ihm das Fremde bisweilen so fremd vorkam, dass ihm sowohl Verständnis als auch Worte fehlten: „Sie haben Riten und Zeremonien so verschieden von all den anderen Ländern, dass es scheint, sie versuchten mit aller Gewalt anders als andere zu sein ... So groß sind die Unterschiede in Essen, Kleidung, Höflichkeitsbezeugungen, Sprache, Haushaltsführung, Krankenpflege, Erziehung und Bildung sowie das Aufziehen der Kinder und alles andere, dass es weder beschrieben noch verstanden werden kann" (zit. nach: OZAKI 1980, S. 19). Dies hielt ihn und andere zeitgenössische europäische Beobachter allerdings nicht davon ab, sich eingehende Notizen z. B. auch über die Bildungseinrichtung des damaligen Japan zu machen und den Grundstein für Klischees zu legen, die bis heute immer wieder anzutreffen sind.

Das zweite Stadium ist vor allem geprägt durch den Kontext der Nationenbildung im 19. Jahrhundert. Die Reisenden, in der Regel Bildungspolitiker, pädagogische Spezialisten oder Aktivisten, waren nun unterwegs in besonderer Mission und richteten ihre Aufmerksamkeit ausschließlich auf die Schulen. „Many of the reports took the form of encyclopedic descriptions of foreign school systems, perhaps enlivened here and there with anecdotes, but rarely explanatory. Of necessity, objectivity and detachment were lacking, for these educational emissaries, committed as they were to the cause of education in their own countries, mostly saw and reported from abroad merely what they judged would advance their domestic enterprises." (NOAH/ECKSTEIN 1998, S. 16).

Ein drittes Stadium war verknüpft mit dem Bewusstsein gravierender Wissensdefizite über die sozialen Institutionen anderer Länder und der Idee, dass der Informationsaustausch an sich wichtig sei: „Exchange of information about foreign countries and particularly about foreign education was considered desirable simply to break down the barriers of ignorance that divided nation from nation" (ebd., S. 16). Es entstanden erster Austausch von Studierenden und erste Netzwerke internationaler Kontakte. Neben dem Ziel der Verständigung galt auch hierbei, dass die gewonnene ‚vergleichende' Information die sozialen Bedingungen und die Funktion der Institutionen verbessern würde.

Das Entstehen der vierten Stufe setzt ein mit Beginn der rapiden Entwicklung der Gesellschaftswissenschaften in der zweiten Hälfte des 19. Jahrhunderts und der Erkenntnis einer dynamischen Verbindung von Erziehung und Gesellschaft. Ein großer Teil der vergleichenden Arbeiten dieser Epoche wandte sich Studien über Nationalcharaktere und, als deren Träger, den Institutionen zu. Fragen nach Ursache und Wirkung standen im Vordergrund. Aber: „...inevitably their discussion quickly descended into familiar circularity: national character determines education, and education determines national character. Where to break in to this perplexing circle was a question not easily answered." (ebd., S. 17).

Die fünfte Stufe schließlich entwickelte sich nach dem Ersten Weltkrieg. Vergleiche wurden nun zunehmend basiert auf qualitativ verbesserten Statistiken, und die sozialwissenschaftlichen Untersuchungen stützen sich zunehmend auf quantitative Methoden – mit der Rückwirkung, dass wiederum die Erweiterung der Basis statistischer und empirischer Daten stimuliert wurde. Neben den Sozialwissenschaften drangen die neuen Methoden dezidiert in die Psychologie und Psychometrik vor.[4] „In this manner, the humanistic origins of the social sciences, which accounted for their early philosophical and historical emphases, were gradually overlaid by new concerns and methods of an empirical and quantitative nature. Comparative education slowly followed the same path. Since World War II these trends have accelerated and the empirical orientation of the social sciences has begun to reshape comparative education. Contemporary cross-national study in education is thus founded upon the twin bases of vastly increased bodies of data and improved techniques in social science research" (ebd. S. 17).

Angesichts des in der Einführung angesprochenen gesellschaftlichen Wandels, der in den letzten zwei Jahrzehnten stattgefunden hat, ist zu fragen, ob es jetzt nicht an der Zeit ist, eine sechste Stufe zu identifizieren, und ihre sich immer deutlicher zeigenden Hauptcharakteristika – vor allem im Hinblick auf die Aspekte der Auflösung alter Strukturen und die postmoderne „Unsicherheit" – zu formulieren. Die Annahme, dass dies berechtigt und notwendig sei, sehe ich als eine Begründung dafür, nach neuen Prämissen von Modellierungen in der VE zu suchen.

3 Krise und neues Selbstbewusstsein

Forschungsstrategien und -methoden der VE haben sich in den letzten Jahrzehnten gewandelt: Dies zeigte die von Val RUST und anderen durchgeführte Studie, in der insgesamt knapp 2000 Artikel, die seit den 1960er Jahren in drei englischsprachigen wissenschaftlichen Zeitschriften[5] erschienen waren, jeweils einer von neun definierten Forschungsstrategien zugeordnet wurden (RUST u. a. 1999).

Demnach dominierten in den 60er Jahren des zwanzigsten Jahrhunderts „literature reviews", also sekundäranalytische Arbeiten (48%). Darauf folgten, jeweils mit einem eher geringen Anteil, explizit als Vergleiche deklarierte Arbeiten (15%) und historische Studien (15%). Empirische oder auf empirischen Daten basierende Arbeiten waren kaum vertreten. In den 80er und 90er Jahren ist der Anteil der Sekundäranalysen auf 24% zurückgegangen, auch der Anteil der historischen Studien sank dramatisch auf 5%. Der Anteil der expliziten Vergleiche blieb mit rd.

---

4 Man kann hier anfügen, dass der Zweig der physischen Anthropologie mit seinen endlosen Schädelmessungen und dem Anhäufen entsprechenden Datenmaterials in Deutschland weit länger überdauerte als in Frankreich, England und den USA. Allerdings waren diese Arbeiten anfangs keineswegs mit rassistischen Implikationen verknüpft und der entsprechende Umschlag erfolgte erst kurz vor dem Ersten Weltkrieg.

5 Es handelt sich um die Zeitschriften: *Comparative Education Review*, *Comparative Education* und *International Journal for Educational Development*.

16% in etwa gleich, dagegen erhöhte sich der Anteil der empirischen Arbeiten wesentlich auf insgesamt 36%.[6]

Allerdings: trotz großer Verschiebungen – vor allem hin zu einem größeren Anteil empirischer Arbeiten – konstatiert die zitierte Studie, dass sich von den Beiträgen der VE (Comparative Education), nach wie vor nur eine Minderheit originär und explizit als vergleichende Forschungsarbeiten im strengen Sinne charakterisieren lasse. Bei den anderen handele es sich, so das Resümee der Studie, eher um „area studies" oder Beiträge zur „Auslandspädagogik" („foreign education").

Auch müsse man heute, so das Resümee einer anderen Arbeit, konstatieren, dass trotz der seit einigen Jahren schnell zunehmenden Zahl von Artikeln, die sich selbst allgemein der Comparative Education zuschreiben (oder ihr zuschreiben lassen), „es einen bemerkenswerten Mangel an Theorie, ja sogar an *Bewusstheit* der methodologischen Debatten" der 60er und 70er Jahre gebe (WATSON 1999, S. 234). Diese Diagnose wird in einem Resümee von Carlos A. TORRES zum World Congress of Comparative Education in Korea im Jahr 2001 (im Editorial zur *Comparative Education Review*) nochmals bestätigt: "... the discussions in Korea showed the powerty of theory in the field" (TORRES 2001, S. vii).

Heißt das nun, dass zwar das Streben nach exakten Daten und Verfahren zugenommen, aber gleichzeitig die Reflexion über Zustandekommen und Zusammenhänge dieser Daten abgenommen habe?

Im Artikel von RUST u.a. wird erwähnt, dass ursprünglich auch eine Auswertung der in Deutschland erscheinenden *Tertium Comparationis* – TC erwogen worden war, wegen der damaligen Kürze ihres Bestehens jedoch davon Abstand genommen wurde. Ich habe nun versucht, in Anlehnung an die von RUST u.a. verwendeten Kategorien[7], die in *Tertium Comparationis* in den ersten sechs Jahren ihres Bestehens (1995 bis 2000) erschienenen Artikel nach ähnlichen Kriterien zu gliedern.[8]

In Abweichung vom zitierten Vergleich von RUST u. a. wurden hier die einzelnen empirischen Strategien (field research, existing data research, project evaluation) zusammengefasst. Zwei Kategorien, „problemorientierte Sekundäranalysen" sowie „Theoriethematisierung – Theoriediskussion" wurden neu gefasst bzw. deutlich umformuliert. Die erstere scheint mir eine unterscheidungsrelevante Kategorie zu sein, die – vor allem dann, wenn die Vergleichsrelevanz bzw. die potentielle Vergleichsmöglichkeit der eigenen Arbeit explizit angesprochen ist –

6 Die Gesamtzahl schlüsselt sich folgendermaßen auf: Auswertungen empirischer Daten: 11%, teilnehmende Beobachtung/ field research: 9%, eigene empirische Erhebungen als Fragebogenuntersuchungen: 8%, eigene empirische Untersuchungen als Interviews: 8%.

7 1) Historical studies, 2) Theoretical or conceptual studies, 3) Literary reviews of contemporary conditions, 4) Comparative research studies [in more than one system], 5) Content analysis, 6) Empirical studies [existing data research, participation, observation, interview, questionnaire], 7) Project evaluations, 8) Field research, 9) Existing data research.

8 Um meine Zuordnungen, die sich allerdings nur teilweise mit den Kriterien der zitierten amerikanischen Studie decken und zudem weit weniger systematisch abgesichert sind als diese, möglichst nachvollziehbar zu machen, habe ich diese im Anhang an die Langfassung dieses Artikels, die in *Trends in Bildung– TiBi* veröffentlicht werden wird, beigefügt: www.dipf.de/publikationen/tibi/tibi.htm.

mindestens dem entspricht, was der Marburger Erziehungswissenschaftler Leonhard FROESE als „impliziten Vergleich" bezeichnete. Die zweite Kategorie drückt aus, dass sich zwar engagierte und relevante Problematisierungen von Vergleichstheorie- und Vergleichsmethodendesideraten, nicht aber im strengen Sinne Artikel der Theoriereflexion und -diskussion bzw. der Methodenentwicklung finden ließen.

Insgesamt waren von den 58 untersuchten TC-Artikeln, die zwischen 1995 und 2000 erschienen, 16 (32,8 %) explizit vergleichend. Sie bezogen sich in vier Fällen auf zwei, in fünf Fällen auf drei bis neun Länder und in weiteren fünf Fällen auf bestimmte Regionen bzw. internationale Datenquellen (OECD, UNESCO usw.). Der Anteil der empirischen Studien ist zwar niedriger als bei RUST u.a., aber er scheint angesichts der insgesamt schwächeren Tradition der Empirie in der deutschen Bildungsforschung ziemlich hoch. Alle in TC als empirisch identifizierten Arbeiten, seien es eigene Erhebungen oder Analysen fremder Daten, waren explizit vergleichend.

Der Anteil an Theorie ist schwer zu bestimmen. Einerseits hatten rd. 17% der Artikel Theoriefragen (teilweise im weiteren Sinne) zu ihrer Hauptthematisierung gemacht. Andererseits gab es keinen einzigen Artikel, der sich mit Theorie des Vergleichs im strengen Sinne – etwa als Theoriekritik oder Theorievorschlag – beschäftigt hätte.

Soweit ein Vergleich mit der Studie von RUST u.a. erlaubt ist – und das ist er sicher lediglich tendenziell – bestätigt sich immerhin deutlich auch mit dieser ersten und groben Analyse der in TC erschienenen Artikel das gewachsene Gewicht empirischer Forschung in der deutschen vergleichenden Forschung. Der Mangel an programmatisch vergleichenden Arbeiten scheint, angesichts der erwähnten faktischen Vergleichsqualität aller empirischer Arbeiten, weniger dramatisch als in der amerikanischen Studie, wenn auch – gemessen an einem strengen Anspruch an VE – kaum befriedigend.

Es besteht kaum Zweifel, dass sich die VE in Deutschland – ganz im Gegensatz zu einer Vielfalt von Ländern – organisatorisch (Wegfall von Lehrstühlen) und inhaltlich in den 80er und 90er Jahren des 20. Jh. in einer Krise bzw. Stagnation befand. Vielleicht haben vorausgegangene überzogene Ansprüche an einen neopositivistischen Wissenschaftsbegriff (dessen Operrationalisierungsversprechen nicht eingelöst werden konnten) hierzu beigetragen, sicherlich aber auch andere Faktoren wie die lobbyistische Schwäche dieser kleinen Disziplin in der universitären und außeruniversitären Forschungslandschaft, die zudem im Kontext der deutschen Einigung und der nachfolgenden Konzentration auf nationale eher denn auf internationale Probleme zunächst in den Hintergrund geriet. Dies hat sicherlich die Position vergleichender Forschung, obwohl es viele respektable Einzelarbeiten gibt, nicht gestärkt – mit WEILERs Worten in seinem provokanten Vortrag auf der DGfE-Tagung 2002 in München, die er auf die Erziehungswissenschaft insgesamt bezog, kann man sagen: Die kritische Masse ist nicht erreicht (WEILER 2002).

In den USA kann man die Zeit einer akuten „Krise" der Comparative Education auf den Beginn der 90er Jahre datieren, als Stephen P. HEYNEMAN 1993 in seiner

Presidential Address auf dem CIES-Congress davon sprach, dass Comparative Education „tot bis ins Mark" (dead in the center), in sich selbst gefangen, intellektuell korrupt und „ohne sichtbares Produkt" („no obvious product") geblieben sei. Steven KLEES antwortete ihm darauf im CIES Newsletter von 1994, dass die u. a. von der Weltbank vertretenen, vom Neokonservatismus Reagans und Thatchers inspirierten vergleichenden Forschungen – etwa die internationalen Leistungsvergleiche – methodisch fragwürdig und im Ergebnis völlig unzureichend seien (KLEES 1994, S. 3 und 10; HEYNEMANS Zitate ebda).

Ebenso wie in den USA wurde auch in Großbritannien ab Mitte der 90er Jahre das Selbstverständnis der eigenen in Verbindung zu anderen Disziplinen sowie zum Kontext von Globalisierung und Postmodernisierung intensiv diskutiert, und es wurde versucht, Grundfragen und Grundrichtung der Disziplin bzw. deren erweiterten Rahmen neu zu formulieren. In jüngster Zeit gab es zahlreiche grundsätzliche Beiträge (Themenhefte)[9] in den wichtigsten englischsprachigen vergleichenden Zeitschriften. Ein ähnlich intensiver und breiter Prozess des Überdenkens ist in der deutschsprachigen VE (noch) nicht auszumachen.

Zwar hat sich (ähnlich wie in Großbritannien die dortige Fachgesellschaft) auch hier die deutsche „Kommission für Vergleichende Erziehungswissenschaft" in der DGfE in: „Sektion International und Interkulturell Vergleichende Erziehungswissenschaft" umbenannt. Die theoretisch-methodischen sowie forschungspolitischen Implikationen und gegebenenfalls erste Erträge dieses erweiterten Anspruchs sind aber kaum reflektiert worden.

Verfolgt man die jüngste Diskussion in Großbritannien und den USA, so scheint es, dass man dort mit gestärktem Bewusstsein aus der „Krise" hervorgegangen ist und heute gelegentlich sogar eine Schlüsselstellung innerhalb der Geistes- bzw. Kulturwissenschaften reklamiert (vgl. z.B. BROADFOOT 1999). [10] Hierfür werden in verschiedenen Beiträgen sowohl quantitative wie inhaltliche Gründe angeführt:

Quantitative Argumente:

- "... by the late 1980s/early 1990s more people than ever before were involved in some form of comparative and international education." (WATSON 1999, S. 236, zit. nach THOMAS 1990), und:

9 Comparative Education, 1996, Nr. 2; Compare, 1999, Nr. 3; Comparative Education Review, 1999, Nr. 4; Comparative Education Review, 2002, Nr.1; Comparative Education Review, 2001, Nr. 4 u.a. Da der vorliegende Artikel im wesentlichen Anfang 2001 entstand und vor allem auf die vor diesem Datum liegenden Beiträge reagiert, insbesondere CER 1999, konnten jüngere Beiträge nicht mehr berücksichtigt werden.

10 Allerdings gibt es auch wieder andere Stimmen: So konzediert z. B. der schon oben zitierte TORRES in seinem Editorial zur CER vom Herbst 2001 zwar ausdrücklich: CE „ ... has progressed in the world with a reasonable degree of academic institutionalization and respectability". Aber er stellt auch fest: „ ... comparative education is enduring what could be perceived as an identity crisis": TORRES, 2001, S. v und vi. Es bleibt somit abzuwarten, ob der Optimismus der zweiten Hälfte der 90er Jahre des zwanzigsten Jahrhunderts, auf den hier im Text verwiesen wird, schon wieder verflogen ist.

– "There is ... a resurgence in British higher education, especially at masters and doctoral levels, and especially in the 'new' universities, which see comparative education as a means of attracting overseas students and their fees and as a means to undertake lucrative overseas consultancies" (WATSON 1999, S. 236).

– In verschiedenen Ländern sind neue Zentren für Comparative oder International Education etabliert oder re-etabliert worden (z. B. in Skandinavien, in Großbritannien in Oxford, Bristol, Warwick, in Asien an der University of Hongkong, auf Taiwan, usw. – siehe auch: CROSSLEY 1999).

– Dem lässt sich noch anfügen, dass inzwischen das Internet schon mindestens knapp zwei Millionen Einträge und Verweise auf „Comparative Education" (Google bzw. Altavista, August 2002), allerdings wesentlich weniger auf „Vergleichende Erziehungswissenschaft" (2001 bei Google 1.160, im August 2002 rd. 5.300) aufweist.

Qualitative Argumente:

VE (internationale und interkulturelle Bildungsforschung) ist eine genuin interdisziplinäre Tätigkeit, die das „border crossing" (KLEES 1994, S. 3) von vornherein impliziert. Man kann angesichts dieser Charakterisierung postulieren, dass VE genau jenen Ansprüchen an das neue flexible wissenschaftliche Paradigma entspricht. Darüber hinaus enthält sie immanent entsprechende qualifikatorische Impulse (Qualifikationen, die durch die Beschäftigung mit ihr quasi automatisch entwickelt und transportiert werden) wie die Fähigkeit zum grenzüberschreitenden Denken (im fachlichen wie im geographisch-kulturellen Sinn) schon in sich: „The traditional disciplines always will be essential ... Yet the kinds of skills that individuals who face directly the challenges driven by changes in the global order need to have – 'how to think and act flexibly and strategically, how to move readily from one project or region to another, how to grasp a new situation quickly, and how to start solving pragmatic problems' ... – derive from interdisciplinary and comparative study ..." (EPSTEIN 1997, S. 119).

Man muss an dieser Stelle aber auch hinzufügen, dass man in der Forderung nach einer solch umfassenden und anspruchsvollen Interdisziplinarität zwar mit Recht eine große Chance für die VE sehen kann, diese Forderung aber nicht einfach einzulösen ist und auch innerhalb der VE ehrlicherweise nicht als leicht einlösbare ‚Superlegitimierung', sondern als Herausforderung gesehen wird: „This diversity of both subject matter and methodology illustrates the difficulties facing comparative education in defining its distinctive contribution and field of activity. It might reasonably prompt outsiders to ask whether comparative education studies do indeed have a distinctive contribution to make or whether they are merely a 'pot pourri' of topics linked only by the variety of their national settings" (BROADFOOT 1999, S. 225).[11]

11 TORRES ist hier noch wesentlich provokanter und fragt: „Is comparative education no longer simply a reflection of people that might not have found a better professional, academic, or institutional niche elsewhere (or were not good enough to do so, particularly in the early period)? (TORRES, 2001, S. ix.)

Eine generelle Begründung für ein zunehmendes Gewicht der VE kann in der gegenwärtigen Globalisierung gesehen werden, die sich, nicht zuletzt auch durch die Bereitstellung neuer technologischer Kommunikationsformen und -dimensionen wie das Internet (und seine Nachfolger), auch auf den Bereich der Bildung auswirkt. Bildungsvergleich ist dabei nicht lediglich ein rezeptives Unterfangen, sondern trägt zu Formung und Verlauf von Globalisierung mit bei. Hierbei spielen die Large-scale-Untersuchungen der letzten Jahre (IAE, TIMSS, PISA) eine zentrale Rolle. Haben sie bisher immer mehr und differenziertere (und damit validere) internationale Leistungsdaten angehäuft, so wird zunehmend klar, dass diese Datenerhebungen erhöhte Ansprüche an vergleichsmethodische Kriterien bedingen, um ihre theoretischen und praktischen (bildungspolitischen und pädagogischen) Konsequenzen zu analysieren, ihre gegebenenfalls pädagogische Relevanz zu legitimieren und ihre Potenz auszuschöpfen – aber auch, um empirisch abgesicherte Befunde für normative Diskussionen zur Verfügung zu stellen und, last but not least, um diese Prozesse kritisch reflektiv zu begleiten.

Zwar soll hier nicht weiter auf den schillernden Begriff der Globalisierung eingegangen und sollen den vielen vorhandenen Definitionen keine neuen hinzugefügt werden. Es muss jedoch immer wieder betont werden, dass offensichtlich dieser Prozess in sich selbst widersprüchlich ist und widersprüchliche Ergebnisse zeitigt. Er forciert institutionelle Uniformierung *und* ideologisch-kulturelle Homogenisierung und Diversifizierung, Zentralisierung *und* Regionalisierung (Partikularisierung, ja teilweise ‚Tribalisierung'), Liberalisierung *und* Monopolisierung, kommunikative Nähe *und* Distanz (vgl. VON KOPP 2001 und 2002). Auch diese Tatsache von Gegenläufigkeiten muss bei der angestrebten Modellierung berücksichtigt werden.

4 InstitutionS und mapping

Cummings' „institutionS":

Für CUMMINGS' Modell hat das Prinzip der Zeitlichkeit zentrale Bedeutung, ohne dass er auf die klassische Modernisierungs-Entwicklungstheorie rekurrieren oder sein Modell als ‚evolutionär' charakterisieren würde. Vielmehr stellt er eine Variante vor, mit der er den verschiedenen historischen Zeitmodellen, dem vormodernen zyklischen, dem in vergleichenden Arbeiten populären linearen (‚klassisches Modernisierungsmodell') oder dem zyklisch linearen Modell (Konflikttheorie), die er als Beispiele anführt, sein eigenes, parallel-zyklisches Modell (die Persistenz von *institutionS*) entgegensetzt. Hier wächst nicht Entwicklung an einer Zeitachse entlang, sondern jeweils verschiedene Entwicklungen oszillieren um ihre Zeitachsen, die zu anderen Teilachsen (wie impliziert wird: derselben Entwicklungsepoche) parallel liegen. CUMMINGS charakterisiert sein Modell, im Hinblick auf die Einbettung dieser Entwicklungen in konkrete historisch-politische Kontexte folgendermaßen: „It builds on many of the premises of conflict theory but predicts that the multiple conflicts that occur at particular historical junctures lead societies and educational systems on distinctively separate or parallel paths, rather than a common one." (CUMMINGS 1999, S. 418).

Damit setzt er sich nicht nur vom „klassisch-modernistischen" Zeitmodell, sondern auch explizit von der sog. World-System-Theory ab, was er, unter Bezug auf einen Artikel von John W. MEYER mit dem Titel „The Effects of Education as an Institution" eben auch durch den von ihm neu geprägten spezifischen Begriff der *institutionS* zum Ausdruck bringt (MEYER u.a. 1992, vgl. auch MEYER u.a. 1997). Seine *institutionS* entwickeln sich eher nebeneinander – in sich nicht geradlinig, aber um zeitlich gerichtete eigene Entwicklungslinien oszillierend und dabei sich und andere Systeme beeinflussend. Sie sind im Verlauf bestimmter gesellschaftlicher Entwicklungen zu bestimmten (was nicht bedeutet: vorherbestimmten) Institutionalisierungen geronnen und sehr stabil.

CUMMINGS belegt sein Modell anhand eines historischen Vergleichs der Bildungssysteme der ehemaligen Kolonialmächte des 19. Jahrhunderts, wie sie sich aus den historischen Entstehungs- bzw. entscheidenden Umbruchsbedingungen der amerikanischen bzw. der französischen Revolution, der industriellen Revolution und des Aufbaus des britischen Empire sowie der „nachholenden Modernisierung" in Deutschland-Preußen und Japan gebildet haben.[12] Diese Muster identifiziert er als bis heute nachweisbare und wirksame Muster der meisten modernen Bildungssysteme. Auf den ersten Blick ergibt sich damit – im Kontext heutiger postmodernistischer Diskussionen um die Entstaatlichung und Entnationalisierung zunächst einmal eher überraschend – eine Interpretation, die scheinbar völlig dem traditionell modernistischen Begriff vom „nationalen" Charakter von Bildungssystemen verhaftet ist.

„Institution" bedeutet bei CUMMINGS aber nicht, dass bestehende Bildungsinstitutionen als solche induktiv oder nominalistisch zu Bezugspunkten eines Vergleichsrasters gemacht werden. Es geht ihm nicht primär um historische „Ländervergleiche" als solche, sondern um den generellen Nachweis von Institutionalisierungen im Sinne von spezifischen, historisch gewachsenen (wachsenden) Mustern, die in Umbruchsituationen durchaus dynamisiert oder ersetzt werden können. Solche Institutionalisierungen können sich auch auf lokaler Ebene sowie auf den Ebenen von inner- oder überstaatlichen Regionen bilden. Unter anderem setzt er sich hiermit von der modernistischen Fixierung auf nationalstaatliche Institutionenbildung ab und nähert sich der postmodernistischen Position. Andererseits sieht er, trotz einer gewissen Relativierung der modernistischen Interpretation heute (noch) nicht eine Situation, in der ein Umbruch von alten zu wirklich neuen Institutionalisierungen im Sinne von *institutionS* vollzogen wäre, und er findet in allen Weltregionen bis heute prinzipiell die alten Muster der oben angesprochenen Systeme. Konsequenterweise spricht er daher von den heutigen auch nicht von „postmodernen", sondern von „spätmodernen" Bildungssystemen.

Zwar bieten die auf umfassender eigener Vergleichsforschung und Studium vieler weiterer Arbeiten beruhenden kenntnisreichen Typisierungen wertvolle

12 CUMMINGS begründet ein Set von zehn Kernprinzipien („core principles" oder „core propositions"), die die inhaltlichen und funktional-strukturellen Bezüge dieser Muster ergeben.

Anregungen, und das Konzept der *institutionS* kann einige Plausibilität und Operationabilität für sich in Anspruch nehmen. Aber so überzeugend von CUMMINGS auch dargestellt wird, wie die historische Situation der multipolaren Welt des 19. und 20. Jahrhunderts sein Modell bestätigt, so ist doch fraglich, wie diese Modellierung die systemischen Vernetzungen, die Vielfalt von Verschränkungen, von Offenheit und Ungewissheit der heutigen Umbruchzeit abbilden kann.

Paulstons „mapping": „landmarks" und „sweet places":
Rolland G. PAULSTON modelliert die Vielfalt von Ansätzen und Methoden in einem Koordinatensystem zwischen einem modernistischen (wissenschaftliche Sicherheit aufbauenden) und einem postmodernistischen (Sicherheiten destabilisierenden, auf Pluritäten fokussierenden) Pol auf der einen Achse, sowie einem akteurbezogen (akteurproblematisierenden) und einem systembezogenen (systemproblematisierenden) Pol auf der anderen Achse. Dazwischen finden sich Felder (Theorie- und Methodencluster) unterschiedlicher Affinitäten zu dem einen oder anderen Pol, deren eventuelle gegenseitige Abhängigkeiten oder Einflüsse sich durch Pfeillinien abbilden lassen. Eine solche, in PAULSTONs Darstellung ellipsenförmige, „Landkarte" macht deutlich, dass Vergleiche sehr unterschiedlich ausfallen können (müssen) – je nach der Richtung (Pol-Affinität), der der einzelne Analyst (der disziplinäre und kulturelle Kontext der Forschungsarbeit) zuneigt. PAULSTON plädiert dafür, dieses *„mapping"* als genuine Aufgabe des Vergleichs überhaupt zu sehen, bzw. unsere eigenen Arbeiten bewusst in dieser Landschaft zu verorten.

Er selbst definiert seine Sicht als „post-paradigmatic eclecticism" und platziert sie in seinem Modell in die Mitte der verschiedensten Felder und Richtungen. Aber die Vorliebe für räumliche Modellierung als möglichst eindeutige Abgrenzung von jeglicher modernisierungstheoretischen (evolutionistischen) Anmutung ist, neben anderem, ein klares Indiz für die weitgehende Nähe zur postmodernistischen Position PAULSTONs.

Die konsequente Vermeidung jeder zeitlichen Komponente beim *„mapping"* ist keineswegs zufällig. Die zeitgerichtete Modellierung wird vom Postmodernismus mit der Ideologie des Modernismus assoziiert. PAULSTON bestätigt das Prinzip der radikalen Räumlichkeit explizit in einem Resümee von fünf postmodernistischen Thesen, von denen vier um die Ablehnung eines universellen, hegemonistischen und eurozentrischen Wissensbegriffs kreisen; die fünfte „... argues for a shift in research from time to space, from facts to interpretations, from grounded positions to narrative readings, and from testing propositions to mapping difference" (PAULSTON 1999, S. 440). Hier wird also der Zusammenhang zwischen Zeit-Raum-Modellierung und Postmodernismus (in seinen verschiedenen Modifikationen) vollends deutlich. Eine Traditionslinie dieser Position ist sicherlich in der amerikanischen Kulturanthropologie und dem amerikanischen kulturellen Relativismus zu finden. Sie steht aber offenbar auch in einem Zusammenhang mit einer „Wiederentdeckung der Geographie", d. h. einer kulturanthropologisch verstandenen Geographie in der amerikanischen Wissenschaft (die in Deutschland

Humangeographie genannt wird). Es dürfte außer Zweifel stehen, dass diese Wiederentdeckung auch mit dem neuen Selbstverständnis der geopolitischen Rolle Amerikas in der Welt zusammenhängt.

Ein zentrales gemeinsames Moment der postmodernistischen „knowledge communities", die PAULSTON charakterisiert, besteht also in der Kritik des Modernismus und des „Sündenfalls" der Aufklärung. Dies – der Impetus, konsequent zu de-hierarchisieren und den marginalisierten und „terrorisierten small narratives" zunächst einmal den gleichen Raum zuzuweisen wie den „grand narratives" und radikal alle Diskurse aufzunehmen („all the texts that have yet to claim their antagonistic spaces") sowie Derridas „desire to dissolve binary oppositions" – ist Paulston allemal wichtiger, als irgend eine autoritative „Wahrheit" zu finden (PAULSTON 1999, S. 440, 446).

Beim *mapping* sind wir, so meint Paulston, unter Verweis auf eine Formulierung von Zygmunt BAUMANN, nicht mehr Suchende und Postulatoren exklusiver Wahrheiten, „legislators". Wir sind aber, gerade als Vergleichende, „... well positioned to become social cartographers, able to translate, map and compare multiple perspectives on social and educational life. And as our intertextual traveling in this study suggests, while our collective work is becoming more post-paradigmatic and eclectic, we are, as individuals, also aware of 'sweet spots' of favored sites in knowledge work where we encounter more allies, resources for practice, and opinions for movements" (PAULSON 1999, S. 462).

Die Kritik an der Aufklärung als „autoritärer" Ideologie ist nicht ganz neu. Sie wurde schon von ADORNO und HORKHEIMER und später nochmals radikalisiert von MARCUSE ausformuliert, der in der Moderne und dem ihr inhärenten rationalen Wissenschaftsprinzip die Logik und die Begründung für Herrschaft, Ausbeutung und Unterdrückung untrennbar und unbedingt verankert sah.[13]

Die hier PAULSTONs Modell zugeschriebene Inklusivität und die Ablehnung jeder nach modernistischer, antirelativistischer Sicherheit strebenden Modellierung scheint auf den ersten Blick optimal geeignet, jener Forderung zu entsprechen, die in der Vorbemerkung angesprochen wurde: nämlich, die Situation der radikalen Ungewissheit abzubilden, disziplinär zu verarbeiten und „education for uncertainty" sowohl forscherisch als auch edukativ (in der Lehre der VE) zu praktizieren.

Es gibt allerdings, neben vielen Argumenten, die üblicherweise für oder gegen die Positionen des Postmodernismus vorgebracht werden können und die hier nicht von neuem aufgeführt werden sollen, einige Einwände, die ich im Hinblick gerade auf die hier geforderte Funktion des Modells habe:

Erstens: Das Modell spiegelt adäquat die Ungewissheit angesichts einer gravierenden Umbruchsituation. In ihr gelten die alten Sicherheiten nicht mehr (und ihr Zerfall wird von den radikalsten und progressivsten Kräften aktiv als „De-

13 Dagegegen nimmt HABERMAS, der der Diagnose von MARCUSE grundsätzlich zustimmt, an, dass die kommunikative Rationalität diesem Automatismus nicht untergeordnet ist, sondern ihn prinzipiell lenken und regulieren kann; siehe: MARCUSE 1967, HABERMAS 1968, HUSCHKE-RHEIN 1983, PEUKERT 1983.

konstruktion“ mit vorangetrieben), und es gibt noch nicht einmal eine Ahnung neuer Wahrheiten (und nicht einmal diese ‚Wahrheit‘ von der Unmöglichkeit der Wahrheit ist sicher). Paulston kartographiert dies, aber das Modell „*emanzipiert*“ sich nicht (man möge mir in diesem Zusammenhang die Verwendung dieses modernistischen, für Postmodernisten „repressiven“ Begriffs nachsehen) vom Modellierten, und ist damit eher ein *Reflex* der Unsicherheit als deren *Reflexion.*

Zweitens: Das Modell unterscheidet nicht deutlich genug zwischen deskriptiv-analytischer und zwischen normativer Ebene. Es ist unzweifelhaft, dass wir als Bürger und Forscher einer antidiskriminatorischen und antihegemonistischen Sicht verpflichtet sein sollten – einer Sicht, die nichts von vornherein ausschließt, nur weil es „anders“ ist. Theoretisch gibt es dabei aber ein Problem: Die radikale, grundlegende Inklusivität des Modells schließt leider logischerweise *auch diskriminatorische Diskurse* zumindest nicht aus. Die Paradoxie geht aber noch weiter: Die politisch korrekte Inklusivität, die dem Modell zugrunde liegt, präsentiert sich als genuin anti-ethnozentrische Position. Andererseits ist sie selbst, über die Ideologie des Postmodernismus, ein typisches „ethnozentrisches“ (oder besser vielleicht: „kultur-“ bzw. „system-zentrisches“) Produkt. Es ist im Zentrum der Globalisierungsbewegung geboren und spiegelt die Kultur, die Philosophie und die Interessen dieses Zentrums wider.

Ich glaube nicht (wie MARCUSE), dass Rationalität und Wissenschaft per se oppressiv sind (vgl. Anm. 14). Im Gegenteil, mit einer solchen Position werden die eigentlichen Macht- und Ausbeutungsstrukturen auf eine abstrakte, (forschungs- und handlungspraktisch) nicht mehr zugängliche Ebene gehoben.[14] Insofern die Postmodernismusdebatte es vermeidet, ihre Thematisierung von Dominanz und Nichtdominanz (Zentrum und Peripherie) anders zu thematisieren als vom Begriff der Marginalisierung und der Wissenschaftsfeindlichkeit her, trägt sie eher zur Verschleierung als zur Aufklärung über Macht und Dominanz als Faktoren konkreter Entwicklungen bei. Ich plädiere für die Beibehaltung der (unter anderem von HABERMAS bestätigten) paradigmatischen Trennung der drei Typen von Rationalität: der kognitiven, der moralischen und der ästhetischen. WELSCH bezieht sich eben hierauf und erweitert sie durch sein Konzept der „transversalen Vernunft” im Hinblick auf die postmoderne Pluralität: “It is precisely reason’s neutrality which enables it to meet the demands of plurality: to take the whole variety of positions into consideration, to do so in a fair way, not misrepresenting but adequately considering the single positions, and to pass between the various positions, to perform transitions within their plurality. This is why reason thus conceived – transversal reason – is exactly what is required today, and is able to deal with this (modern or postmodern) situation of plurality” (WELSCH 1999 a, vgl. auch: WELSCH 1999 b).

Und schließlich: Ich nehme nicht, wie PAULSTONs postmoderne Argumentation impliziert, an, dass kleine *narratives* grundsätzlich schützenswerter („besser“, „moralischer“, „unschädlicher“, „weniger oppressiv“ usw.) seien als große. Dagegen sprechen u.a. Erfahrungen mit vielen ursprünglich kleinen *narratives*, die

14 Ganz ähnlich wie LUHMANN Macht der konkreten Sphäre enthebt – vgl. LUHMANN: Macht. Stuttgart: Lucius U. Lucius, 1988.

groß und oppressiv wurden. Die Ignorierung solcher Erfahrungen zeigt übrigens auch den Nachteil, der sich aus dem Ahistorismus der einseitig räumlichen Modellierung ergibt.

Drittens: Die (durchaus postmodernistische) Marginalisierung der Zeitkomponente durch die einseitige Betonung der räumlichen Modellierung ist nicht geeignet, den zentralen Aspekt des Wandels angemessen zur berücksichtigen. Damit wird die postmodernistische Modellierung der Vielfalt zu einem ahistorischen Konglomerat von Möglichkeiten (LUHMANNschen „Kontingenzen"[15] – ganz im Sinne der Heideggerschen „Fehlinterpretation", dass die „Gewesenheit in gewisser Weise der Zukunft entspringt" – ROUTILA 1979, S. 191). Die Dynamik von Phasen der „Verdichtung" (ROUTILA), aber auch – wenn man diesen programmatischen Begriff im Hinblick auf revolutionäre Phasen weiterdenkt – von ‚Entdichtung', die beide den faktischen Verlauf von Geschichte ergeben, sind mit der Eliminierung der Zeitkomponente aus einem zweidimensionalen Modell ebenfalls eliminiert.

5 Evolutionäre Modellierung und ‚partiell determinierte Ordnung'

Revisionistische Modernisierungstheorie und Chaotische Systemzustände

Trotz der Bedenken, die ich oben formuliert habe, ist PAULSTONs *mapping* zweifellos ein Modell, das auf die neue Komplexität des heutigen gesellschaftlichen Wandels sensibel reagiert. Die von mir angestrebte Modellierung kann aber nicht auf das evolutionäre Moment verzichten. Freilich unterliegen auch Begriff und Verständnis von Evolution einer ständigen Veränderung und müssen laufend überprüft und an neue Erkenntnisse angepasst werden. Es ist klar, dass ein konventioneller Begriff von Evolution, im Sinne einer mehr oder weniger linearen „Höherentwicklung", nicht auf die hier gemeinte Modellierung angewendet werden kann. Es gibt heute auch keinen Wissenschaftler, der Evolution in einem solchen konventionellen Sinne benutzen würde. Selbst Theoretiker, die darauf beharren, „Modernisierungstheorie" zu betreiben, haben diese mit der Zeit entscheidend revidiert. Sie haben allerdings, wie z. B. Ronald INGLEHART, den unverzichtbaren Kern der Annahme dynamischer Wechselbeziehungen zwischen „Basis" und „Überbau" (Ökonomie, Politik und Kultur) als Katalysatoren gesellschaftlichen Wandels beibehalten und beharren darauf, dass es eine Entwicklung („Modernisierung") gibt, die kulturellen Wandel bedingt, und dass dieser bis zu einem gewissen Grad vorhersagbaren Mustern folgt (INGLEHART 1997, S. 10-11).

15 Kontingenz ist streng genommen nicht „Möglichkeit", sondern ‚nicht unmöglich aber auch nicht notwendig'. Kontingenz ist bei LUHMANN ein Schlüsselbegriff. Durch das Aufeinandertreffen von Ego und Alter, wobei „Ego sein Verhalten am erwarteten Verhalten Alters ausrichtet", entsteht eine offene Kontingenzsituation, da Ego die Identität der Erfahrungen des Anderen nicht kennt und umgekehrt. Ein gemeinsames Handlungssystem entwickelt sich also aufgrund dieser doppelten (im Grunde reziproken und damit vierfachen) Kontingenzsituation. „Damit ist, in Begriffen der allgemeinen Systemtheorie formuliert, ein ‚state of conditional readiness' gegeben, eine Systembildungsmöglichkeit im Wartestand, die nahezu jeden Zufall benutzen kann, um Strukturen zu entwickeln." (LUHMAN 1998, S. 172).

Ein nichtlineares Evolutionsmodell basiert, so lässt sich der Systemwissenschaftler Ervin LASZLO zitieren, auf einem „Bündel von Grundkonzepten, welches durch das interdisziplinäre Paradigma der Systemveränderung, Dauerhaftigkeit und Transformation umrissen wird" (LASZLO 1987, S. 24). Die VE, die, wie weiter oben angesprochen, in besonderem Maße in ihrem Gegenstand und ihrer Methodensuche genau diesen Forderungen ausgesetzt ist, kann hier aktiv und originär an dem Aufbau des neuen Wissenschaftssystems teilnehmen, das „... die begrenzten Erkenntnisse, die von Theorien innerhalb abgegrenzter Forschungsbereiche geliefert werden, [übersteigt]" (ebd., S. 23). Hierzu liefern jüngste Erkenntnisse der Chaosforschung entscheidende Hinweise, die sich analog (unter Beachtung der jeweiligen Systemcharakteristika) auf Modelle von Gesellschaft und ihren Subsystemen übertragen lassen.

Besonders Ilja PRIGOGINE hat die Erkenntnis über Komplexität bzw. über „chaotische Zustände fern eines Gleichgewichtszustandes"[16] wesentlich vorangetrieben. Es zeigt sich, dass diese an sich schon wenig stabilen Zustände durch Außen- oder akkumulierte Rückwirkungen auf ihre Grenzbedingungen vollends ihre relative Stabilität verlieren können und über „Katastrophen" („Bifurkationen" – LASZLO) sich in Richtung eines neuen dynamischen Regimes entwickeln, das von stationären Zuständen des Gleichgewichts oder nahe des Gleichgewichts völlig verschieden ist" (NÖTH 2000, S. 210). Denn: Eine Besonderheit der Systeme fern des Gleichgewichtszustands besteht darin, dass sie „statt zu Ordnungsverlusten (Entropiezunahme) spontan zu Zuständen mit höheren Ordnungsstrukturen und neuer Stabilität führen können" (LASZLO 1998, zit. nach NÖTH 2000, S. 210)[17].

Die Konsequenzen dieser Theorie sind revolutionär, denn sie bedeutet die Entdeckung einer möglichen Emergenz von Ordnungen aus Nichtlinearität, Instabilität und Fluktuation, d. h. der Emergenz von *Ordnung aus Chaos*, und sie stellt „... ein neues Paradigma der systemischen Evolution dar." Dies ist offensichtlich ein Muster, welches die „Möglichkeit einer sich selbst organisierenden Evolution eröffnet" (NÖTH 2000, S. 210).

Die von LASZLO beschriebene Theorie von Evolution und Bifurkation besagt, dass die Entwicklungsprozesse im Hinblick auf ihre neuen Formen *nicht determiniert* sind, aber sie sind *zeitgerichtet* im Sinne von prozessual und *irreversibel.* Evolution ist fortschreitend und die Frage, ob sie „Fortschritt" beinhalte, hängt nicht zuletzt von der Definition von Fortschritt ab. Jedenfalls handelt es sich um stufige Prozesse, wobei fortlaufend Größe, Organisationsniveau und Kohäsion

16 Diese unterscheidet er von den grundsätzlichen anderen zwei „möglichen Zuständen, in denen sich physikalische (bzw. chemische) Systeme befinden können", nämlich ... „Gleichgewichtszustände" und „Zustände, die einem Gleichgewicht nahe sind" (vgl. NÖTH, 2000, S. 209).

17 Man nennt den Ordnungsverlust im Zusammenhang mit dem zweiten Hauptsatz der Thermodynamik „Entropiezunahme". In diesem Zusammenhang ist auf die definitorische Komplementarität von Entropie und Information hinzuweisen: Demnach „... verlaufen physikalische Prozesse der Entropiezunahme und Prozesse der Informationszunahme bei einer Nachrichtenübermittlung in umgekehrter Richtung. Information wird deshalb auch als *negative Entropie (Negentropie)* beschrieben. Bei thermodynamischen Prozessen gibt es einen ständigen Zuwachs an Unordnung, während der Prozess des Informationsgewinns im Verlauf einer Nachrichtenübermittlung von Unordnung zu Ordnung verläuft." (NÖTH, 2000, S. 173).

(„Bindekräfte" in der deutschen Übersetzung bei LASZLO) der Systeme in einem nichtzufälligen Zusammenhang stehen. Dabei befinden sich Kohäsion und Organisationsniveau in einem umgekehrt proportionalen Verhältnis zueinander, wobei die Evolution ihre Produkte „auf multiplen hierarchischen Ebenen" verteilt (für eine differenziertere Darstellung dieser Zusammenhänge siehe: LASZLO 1987, S. 42).

LASZLO überträgt dieses Evolutionsmodell auch auf die Entwicklung von Gesellschaft, besser gesagt: Er integriert es in sein evolutionäres Modell der Gesamtevolution. „Die Theorie meint, ... dass das Wesen der neuen sozialen (ökonomischen, politischen, kulturellen) Ordnung, wie sie zu gegebener Zeit und gegebenem Ort nach einem größeren Umschwung in Erscheinung tritt, in Bezug auf die allgemeine Richtung der historischen Entwicklung indeterminiert ist. Allerdings wird gleichzeitig offenkundig, dass die Summe derartiger Transformationen im Verlauf der Geschichte zu technologischen Gesellschaften mit größerer struktureller Komplexität sowie verbesserter Aufnahmespeicherung und Nutzung dichter, freier Energiepotentiale tendiert. Langfristig gesehen obsiegt die statistische Irreversibilität der technologischen Innovation über die Indeterminiertheit der individuellen Bifurkation und ‚treibt' den geschichtlichen Trend in die gestellte Richtung – vom primitiven Stamm zur modernen postindustriellen Gesellschaft" (LASZLO 1987, S. 130). Für die modernen Naturwissenschaften bedeutet nach Laszlo die Akzeptanz der Theorie, dass die Evolution nicht überwiegend Zufallsfaktoren zuzuschreiben ist, „sondern immer dann notwendig eintritt, wenn bestimmte Parameterbedingungen vorhanden sind", eine entscheidende Wende (LASZLO 1987, S. 45).[18]

Für die Geistes- und Gesellschaftswissenschaften stellt sich natürlich in diesem Zusammenhang die Frage, wie es konkret um das Verhältnis von Nichtdeterminiertheit einerseits und Gerichtetheit (Notwendigkeit) andererseits – und letztlich um die menschliche (individuelle wie gesellschaftliche) Gestaltungsmöglichkeit dieser Evolution steht. Zunächst handelt es sich ja bei den in der Natur beobachteten Einzelschritten der Bifurkationen um eine „im Grunde zufällige Auswahl aus dem Bereich möglicher Dauerzustände" (LASZLO 1987, S. 42). In diesem Sinne ist das Ergebnis der Auswahl nicht vorhersagbar. Aber: „Die These, dass ein nicht voraussagbarer Prozess auch unlenkbar sein müsse, wird häufig vorgetragen, ist aber falsch. Unvorhersagbarkeit bedeutet nur, dass ein außenstehender Beobachter, selbst wenn er bestimmte Parameter des Systems steuert, nicht feststellen kann, welcher von mehreren alternativen Zuständen vom System verwirklicht werden wird. Das bedeutet aber nicht, dass nicht ein System *innerhalb* des Systems einen

---

18 LASZLO verweist auf Aharon KATCHALSKY, der 1971 nachwies, „dass eine zunehmende Energiezufuhr Systeme, die aus einer großen Zahl diffus verbundener nichtlinearer Elemente bestehen, in den Zustand des Ungleichgewichts versetzt. In der Evolution ist jedoch der entscheidende Maßstab nicht einfach die Energie, nicht einmal die freie Energie, sondern vielmehr die Strömungsdichte der freien Energie. Es geht darum, wieviel von dieser ... von einem System aufgenommen, gebunden und genutzt wird. Die Dichte des freien Energiestroms ist ein Maß der freien Energie pro Zeiteinheit pro Masse ... ein komplexes chemisches System beinhaltet mehr von diesem Faktor als ein monatomisches Gas; ein lebendiges System beinhaltet mehr als ein komplexes chemisches System. Das verweist auf eine *Grundrichtung* der Evolution... (LASZLO 1987, S. 45, eigene Hervorhebung).

entscheidenden Einfluss auf dessen Entwicklung nehmen könnte" (LASZLO 1987, S. 137).

Wenn im Zusammenhang der gesellschaftlichen Evolution von Steuerung zu sprechen ist, dann kann offensichtlich einerseits Nichtdeterminiertheit weder als Folge rein zufälliger Auswahl, noch kann Steuerung so verstanden werden, dass ein bestimmter Input immer einen bestimmten Output erzeugen muss, sondern dass größere Wahrscheinlichkeiten geschaffen werden können, und dass nach Bedingungen von erhöhter Steuerungswahrscheinlichkeit gesucht werden kann. Eine solche Sicht deckt sich offenbar auch mit Vorstellungen, wie sie jüngst Renate MAYNTZ (1997) formuliert und deutlich von grundsätzlicher Steuerungsskepsis abgegrenzt hat, die sich auf die LUHMANNsche Interpretaion der Theorie autopoietischer, selbstreferentieller Systeme beruft.

Meme als „Gene der kulturellen Evolution":
Viele Theorien von Gesellschaftsevolution haben (explizit als entwicklungspsychologische, soziobiologische usw. oder implizit als ‚biologistische' Theorien) für ihre Modelle mehr oder weniger enge Analogien mit der Bioevolution benutzt. Eine Reihe von Theorien hat jedoch nach Kategorien gesucht, die die formalen Regeln der (Bio-) Evolution mit der Spezifik von Gesellschaft und Kultur zu verknüpfen suchen. Dabei sind Konzepte wie z. B. die von „Kulturgenen" (LUMSDEN, WILSON 1981), „kulturellen Wesensmerkmalen" (CAVALLI-SFORZA und FELDMANN 1981) oder „Kulturkörperchen" bzw. der „kulturellen Instruktionen" (CLOAK 1975) u.a. entstanden. Eine besondere Variante dieser Überlegungen stellt das sehr junge Konzept der „Meme" dar (DAWKINS 1976, DENNET 1995). Sie sind diesem Konzept nach so etwas wie die Bausteine der Evolution der menschlichen Gesellschaft, ähnlich den Genen. So wie diese die biologischen Informationen über die Merkmale der jeweiligen Art und der jeweiligen Einzelorganismen beinhalten, und nach den DARWINschen Regeln von Variation, Selektion und Vererbung das erfolgreiche Überleben der Arten (und damit das optimale Überleben der Gene selbst) garantieren und weitertragen, sind die Meme „units of cultural transmission". Solche Meme gibt es als elementare Sinneinheiten ebenso wie als komplexe Memkonstrukte (z.B. Gerüchte, Moden, Unterrichtsinhalte, politische Bewegungen, wissenschaftliche Theorien, Religionen).

In Entsprechung zu einer einflussreichen neodarwinistischen Sicht auf die Gene dienen diese nicht in erster Linie der Erhaltung (bzw. indirekt der optimalen Weiterentwicklung) der Arten, sondern umgekehrt: die Evolution ‚dient' dem Grundinteresse der Gene (bzw. deren Grundalgorithmus des „überlebt und vermehrt euch"). So gesehen könnte man bildlich sagen, dass die Meme wie Parasiten die Menschen ‚benutzen', um sich auszubreiten.

Das einzige, was „das egoistische Gen" (so der Titel des Buches von Richard DAWKINS) ‚interessiert', ist seine eigene Replikation. Hier ergibt sich die Analogie zu den Memen: „Gene sind im wesentlichen Anweisungen zum Bau von Proteinen, die in den Zellen des Körpers gespeichert und bei der Fortpflanzung weitergegeben werden. Ihr Wettbewerb treibt die Evolution der biologischen Welt voran. Meme sind Anweisungen zur Ausübung von Verhaltensweisen, die im Gehirn (oder in anderen Objekten) gespeichert und per Imitation weitergegeben werden. Ihr Wettbewerb treibt die Evolution des Geistes voran. Sowohl Gene als auch Meme sind Replikatoren; sie müssen den allgemeinen Prinzipien der Evolutionstheorie gehorchen und sind in diesem Sinne gleich. Darüber hinaus können sie sehr verschieden sein und sie sind es tatsächlich – was sie verbindet ist allein die Analogie" (BLACKMORE 2000, S. 48).

Meme tauchen – und zwar zusammen mit dem Menschen (bzw. er mit ihnen) – als zweiter entscheidender „Replikator" in der Evolutionsgeschichte auf, und sie stehen zu den Genen in einer Beziehung dynamischer „Koevolution" (BLACKMORE 2000). Die Einführung des Mems ist für die Modellierung von Evolution u. a. auch deshalb hilfreich, weil diese Theorie Entwicklungen erklären kann, die sich mit Hilfe des klassischen Postulats der Selektion unter Bezug auf die bioevolutionären Gentheorien nicht widerspruchsfrei erklären lassen.[19] Vor allem jedoch ermöglichen sie ein Erklärungsmuster für diejenigen Momente „chaotischer" Entwicklung von Ideologien und Zeitgeisterscheinungen, die durch die Basis-Überbau-Theorie nicht unmittelbar erklärt werden können, weil diese Ebenen zu weit auseinander liegen, um über eindeutige Beziehungen und Abhängigkeiten miteinander verbunden zu sein.

In ihrem ursprünglich 1999 erschienenen Buch meint Susan BLACKMORE im Hinblick auf das Problem, ob man materielle Korrelate von Memen je würde nachweisen können: „Ich wäre nicht überrascht, wenn man spezifische Neuronen finden würde, die einige der Grundaufgaben ausführen, die beim Imitieren auftreten ..." (BLACKMORE 2000, S. 142). Inzwischen scheint man erste Hinweise auf genau solche Neuronen (die man „Imitationsneuronen" bzw. „Spiegelneuronen" genannt hat) beim Menschen gefunden zu haben, was wiederum ein völlig neues Bild auf das Verständnis der Genese von Kultur und Sprache und Gesellschaftssystemen wirft.

Die Tatsache allerdings, dass man diese Spiegelneuronen bei Affen gefunden hat[20], lässt weiterhin die Frage offen, ab welchem Punkt der Evolution genau „Kultur" und „soziales System" einsetzen. Hier tendiert die Memtheorie in der Version Susan BLACKMOREs ganz deutlich dahin, eine klare Unterscheidung zwischen der Menschen- und der Nichtmenschenwelt zu ziehen: „Wenn wir Meme als Funktionseinheiten definieren, die durch Imitation weitergegeben werden, dann müssen wir schließen, dass nur Menschen zu einer umfassenden memetischen Weitergabe in der Lage sind" (BLACKMORE 2000, S. 96). Andererseits gibt es hinsichtlich bestimmter entscheidender Kriterien wie z. B. der Sprache (abhängig

19 BLACKMORE führt (wie viele andere) als Beispiel die Frage des Hirnvolumens beim Menschen, die Entstehung von Sprache usw. an. Vgl. auch: RAMACHANDRAN und die Arbeiten von Michael A. ARBIB und Giacomo RIZZOLATTI, z. B.: „Monkey Do, Monkey See ... Pre-Human Say?" In: www.sciencedaily.com/releases/1998/08/980820080010.htm.

20 Sie wurden erstmals bei Affen (Makaken) und, nach zunächst indirekter Bestätigung (vgl. RAMACHANDRAN In: www.edge.org/discourse/mirror_neurons.html) durch die Forschungen des Physiologen William HUTCHINSON von der Universität Toronto offenbar auch beim Menschen nachgewiesen.

von deren Definition und vor allem der Frage ihrer Genese bzw. Wurzeln[21]), aber auch gerade der Verknüpfung von Imitationsfähigkeit und Emotionen (in jüngster Zeit durch die Forschungen von Hans DE WAAL[22]) Hinweise darauf, dass die Grenze weiter ins Tierreich verschoben werden muss, vielleicht aber auch, dass es solch fließende Übergänge gibt, dass man sinnvoll von einer absoluten Grenze gar nicht sprechen kann. Die MemTheorie hat jedenfalls die grundlegende Bedeutung von Grundbegriffen neuerer Modellierungen von Gesellschaft wie Kommunikation und Sinn bestätigt.[23]

Sprache als Modell

Es ist kein Zufall, dass die Frage der Entstehung von Sprache bis heute für die Evolutionsforschung eine zentrale Rolle spielt. Sprache (insbesondere in einem umfassenden Verständnis) ist der Grundbaustein der memischen Evolution (bzw. der memischen Seite der genetisch-memischen Koevolution), und man kann davon ausgehen, dass grundlegende Strukturmerkmale dieser Evolution in der Sprache enthalten sind. Damit eignet sich Sprache als Modell formaler Prozess- und Struktureigenschaften dieser Evolution, denn sie ist gleichzeitig Konstruktionsmittel (und in diesem Sinne ‚Subjekt') des bedeutungsschaffenden Prozesses der gesellschaftlichen Evolution, wie auch (in der Linguistik und der Semiotik usw.) Objekt systematischer Erkenntnis von Konstruktionsprinzipien kommunikationsfähiger Bedeutung und ihrer Evolution.

Ich möchte hier Sprache im Anschluss an die zwei wesentlichen Momente, die oben als unverzichtbare Prämissen von Modellierung des heutigen gesellschaftlichen Umbruchs genannt wurden, ansprechen – nämlich die Interdependenz von Determinismus und Nichtdeterminismus sowie von Oberflächen- und Tiefenstrukturen.

---

21 Vgl. z.B. die Kontroverse zwischen RAMACHANDRAN und Marc D. HAUSER In: The Reality Club: <www.edge.org/discourse/mirror_neurons.html>.

22 Vgl. die Untersuchungen DE WAALs zur Empathie, also zum „Einfühlungsvermögen" bei Tieren, wobei er explizit auf diesen deutschen Begriff rekurriert (PRESTON, DE WAAL, 2001).

23 Die LUHMANNsche „doppelte Kontingenz" scheint Ähnliches wie das Funktionieren der Spiegelneuronen zu beschreiben. In Wirklichkeit jedoch gibt es eine Reihe von gravierenden Unterschieden. Zum Beispiel geht LUHMANNs doppelte Kontingenz gerade nicht von dem Vorhandensein eines materiellen Trägers von Vermittlungsfähigkeit zwischen Ego und Alter aus. Das Konstrukt der singulären Differenzen (hier der Opposition Kommunikation-Nichtkommunikation) kann zudem fließende Übergänge in der Evolution von Gesellschaft und Sprache nicht dulden: Gesellschaft, ja Welt, ist von einer solchen singulären Diffferenz her definiert: „Nach heutiger Auffassung ist die Welt weder ein schönes Lebewesen, noch eine aggregatio corporum. Sie ist auch nicht die universitas rerum, also nicht die Gesamtheit der sichtbaren und unsichtbaren Sachen, der Dinge und der Ideen. Sie ist schließlich auch nicht die ausfüllungsbedürftige Unendlichkeit, nicht der absolute Raum oder die absolute Zeit. Sie ist keine Entität, die alles ‚enthält' und dadurch ‚hält'. Die Welt selbst ist nur der Gesamthorizont alles sinnhaften Erlebens, mag es sich nach innen oder nach außen richten und in der Zeit vor oder zurück. Sie ist nicht durch Grenzen geschlossen, sondern durch den in ihr aktivierbaren Sinn." (LUHMANN 1998, S. 153-154). In diesem Fall wäre Welt so etwas wie eine „Erzählung", und nur diese Erzählung in ihrer ganzen selbstreferentiellen Totalität wäre real. Was von dieser Erzählung nicht erzählt wird, existiert nicht.

Einige Linguisten (Semiologen) sind schon sehr früh auf das Phänomen der unterschiedlichen Gleichgewichtszustände gestoßen, wie sie PRIGOGINE dann in naturwissenschaftlichen Zusammenhängen beschreibt, denn Sprache ist einerseits zwar relativ stabil: Als *„langue*", d. h. System der Sprachstruktur konkreter Sprachen, ändert sie sich relativ langsam, und als Sprachakt *„parole*" scheint sie, zumindest in der Form von auf Papier, Stein, elektronisch usw. gespeicherten Texten, potentiell superstabil. Andererseits ist dies nur *ein* Aspekt, und auf einer anderen Ebene beschäftigt man sich mit der Aktualisierung von Sprache, die immer dann abläuft, wenn ein Text gelesen, ein Satz gehört wird usw. Diese (in sich sehr komplexe) Aktualisierung ist zwar zu einem Teil immer vom lesenden Subjekt abhängig, aber in dem Sprachakt (z. B. Text) selbst sind strukturelle Momente, die ein hochkomplexes Beziehungsgeflecht zwischen stabilen und instabilen Systemphasen in ihrer Struktur beinhalten und die grundsätzlich dynamische Aktualisierung von Sinn auch auf der subjektiven Ebene wesentlich beeinflussen.

Diese Struktureigenschaften wurden schon früh, und zwar in ihrer formalen Abfolge, von Vilem MATHESIUS (MATHESIUS 1947, s. a. FIRBAS 1964) in seiner „Functional sentence perspective", d. h. in texttypischen, satzdynamischen Abfolgen von Information und Redundanz (und entsprechend von deterministischen und nichtdeterministischen Phasen) untersucht. Sie finden sich aber auch als eigene Typen von semiotischen Strukturen, wie sie von Max BENSE in seinem in den 60er Jahren aufgestellten Schema von „stark (generell oder gesetzmäßig), mittelmäßig (partikular oder konventionell) und schwach (singulär oder selektiv) determinierten Ordnungen" definiert wurden (BENSE 1971, S. 32). Diese Ordnungen bezeichnete er vom Standpunkt der Semiotik aus als ‚physikalische', ‚semantische' und ‚ästhetische'. Hier wird die Ähnlichkeit mit den drei Zustandsdefinitionen von PRIGOGINE völlig deutlich.

Gleichzeitig erhellt die Sprache in besonderem Maße die Beziehungen zwischen verschiedenen Strukturebenen, und es zeigt sich z. B., dass sprachliche Einheiten auf den verschiedenen Ebenen unterschiedliche Maße von Ordnungen aufweisen. Da sich Sprachakte dadurch aktualisieren, dass sie sich (in jeweils aktuell unterschiedlichen Maßen) sowohl auf die Welt außerhalb des Textes wie auch auf die innertextliche „semantische Geste", die sie konstruieren (MUKAŘOVSKÝ), beziehen, ergibt sich eine weitere Dimension dynamischer Abfolge von Deterministischem und Nichtdeterministischem. Und schließlich können aus eben diesem Grund keinesfalls ‚singuläre Differenzen' als Systemgrenzen angenommen werden, denn der konkrete Sinn dieser semantischen Geste ist zwar aus den Bausteinen basaler binärer Oppositionen der Tiefenstrukturebene konstruiert, er erschließt sich aber erst als Ganzes auf der Ebene des komplexen semantischen Konstrukts. Damit eignet sich Sprache vorzüglich für Modellierungen, die genau dies, nämlich unterschiedliche Gleichgewichts- (Ordnungs-, Unordnungs-, Determiniertheits-, Chaos-) Zustände in ihren horizontalen wie vertikalen, in ihren statischen wie dynamischen Verflechtungen und Schichtungen des Zusammenspiels von Oberflächen- und Tiefen-, von Makro- und Mikrostrukturen beschreiben sollen.

Nur durch die Annahme geschichteter Systemstrukturen lässt sich oft erklären, warum, wie eingangs angesprochen, gleichzeitig völlig divergierende Tendenzen vorkommen können. Bezogen auf die Tiefenstruktur der Bildungsentwicklung können z. B. im Vergleich zweier Systeme die *konvergierenden* Tendenzen dominieren, während gleichzeitig, bezogen auf die Ebenen der Oberflächenstrukturen, *divergierende* Tendenzen dominieren. Die weiter unten zitierte M. OSBORN gibt ein weiteres Beispiel.[24] Auch lassen sich dann sowohl CUMMINGS' wie PAULSTONs Modelle einer übergeordneten Modellierung zuweisen und eine faszinierende Frage ist dann z.B., warum es gleichzeitig superstabile *institutionS* wie auch die fragile, nahe dem Chaos befindliche Struktur der Relativität des *mapping* gibt und wie sie sich gegenseitig beeinflussen, warum Bildungsinstitutionen in ihren Tiefenstrukturen einerseits gegen Änderungen so resistent sind, andererseits kurzfristige ideologische Trendwenden des „Zeitgeistes"[25] so radikal mitvollziehen und ob, wie und unter welchen Voraussetzungen diese Radikalität tieferliegende Strukturen überhaupt beeinflusst und verändert.

Bildungssysteme

Auf der Internetseite des Max-Planck-Instituts für Bildungsforschung fand sich Ende 2000 folgende programmatische Formulierung: „Die Wahrheitsprüfung (wahr/falsch) innerhalb der wissenschaftlichen Gemeinschaft sorgt bei wechselnden theoretischen Programmen für die Dynamik neuer wissenschaftlicher Wahrheiten. Luhmann hat darauf verwiesen, dass in Bildungs- und Erziehungssystemen die Graduierung von Leistungen oder allgemeiner: Performanzen den stabilen binären Code (bessere/schlechtere Leistung) darstellt, wobei Bildungsprogramme, die den Gegenstand der Bewertung vorgeben, sich verändern oder auch ausgetauscht werden können." (MPIB 2000 im Internet: „Forschungsziele").[26] Dem ersten Satz kann man ohne weiteres zustimmen. Andererseits denke ich, dass die Annahme eines binären Codes als zentralem Aspekt eines komplexen Systems auf einem Missverständnis bzw. einer höchst problematischen Annahme beruht und zwar auf der, dass Systeme über *singuläre* Differenzen (konstituierende Hauptmerkmale und entsprechende *Ja-Nein*-Zuordnungen) definiert seien. Als scheinbaren Beleg für sein Prinzip singulärer Differenzschemata findet LUHMANN ein „ ... oft weniger beachtetes Moment: die binäre Codierung der Sprache. Alle Kommu-

---

24 „Paradoxically, this emphasis on collaboration and consensus [in Dänemark] may actually represent a more pervasive degree of control or influence over the child as ‚person' than exists in either England or France, while at the same time giving more freedom to the child as pupil." OSBORN 1999, S. 289.

25 Es gibt wohl nur wenige Autoren, die, wie Egon FRIEDELL in seiner „Kulturgeschichte der Neuzeit" diese oft erstaunlich radikale Abfolge manchmal fast hysterischen Wechsels von denkerischen, Glaubens- Gefühls-, Werte-, Kleider- und anderen Moden, der die moderne europäische Geschichte durchzieht, mit soviel Wissen, Verständnis und geschliffener Sprache nachgezeichnet haben, wenn man auch sein ‚Glaubensbekenntnis' nicht nachvollziehen muss.

26 Dieser und der unten folgende Verweis auf den Abschnitt „Forschungsziele" war noch zu Beginn der Arbeit an diesem Artikel Ende 2000 im Internet zu finden. Inzwischen wurde die Präsentation des MPIB in Berlin komplett geändert, und die zitierten Abschnitte finden sich nicht mehr. Dennoch führe ich sie hier als Beispiel einer bestimmten, von Luhmann inspirierten Denkrichtung an.

nikation eröffnet die zweifache Möglichkeit, angenommen oder abgelehnt zu werden. Aller (kondensierte und konfirmierte) Sinn kann in einer Ja-Fassung und in einer Nein-Fassung ausgedrückt werden" (LUHMANN 1998, S. 112).

Bezogen auf die Sprache, bei der LUHMANN das genannte Prinzip „entdeckt" hat, bedeutet diese *Ausschließlichkeitsdefinition* des Entweder/Oder auf jeden Fall, die Ebene der Sprachhandlung „parole" (‚man kann ja oder nein sagen') mit Momenten der binären Codierung auf der phonetischen, morphologischen und syntaktischen Ebene von Sprache als Sprachstruktur („langue") zu vermischen. Der binäre Charakter von Sprache (und zwar auf mehreren Ebenen mit unterschiedlicher Wirksamkeit) gilt als Konstruktionsprinzip nicht für Sprache an sich und keinesfalls für Sprache als aktualisiertes System (welcher Form auch immer – als Text, als gesprochener Satz, als memische „Evolution"). Erst diese Ebene von Sprache (freilich in ‚Kooperation' mit den Ebenen darunter liegender Codierungen) konstituiert aber *konkreten* Sinn.

Für das sinnhafte Funktionieren komplexer sozialer Kommunikation sind ja gerade Relationen der Art: „sowohl als auch", „bis zu einem gewissen Grad", „wenn ... , dann mit größerer Wahrscheinlichkeit" usw. wesentlich typischer als das „ja / nein". Sie sind zudem um so typischer und für die Analyse um so relevanter, je mehr Gesellschaften sich in höherkomplexen, gleichgewichtsfernen und transformatorischen Zuständen befinden. Modellierungen, die das „sowohl als auch" nicht berücksichtigen, sind extrem reduktionistisch. Sie bilden konsequenterweise auch die Legitimierung für einen (Schul-) Bildungsbegriff, der proklamiert: „Ein Schüler oder Student wird im Hinblick auf spezifische Aufgaben oder Ziele beurteilt, *nicht* in seiner gesamten Persönlichkeit. Diese Spezifik ist ein wichtiges Merkmal moderner institutionalisierter Bildungsprozesse, die diese von der diffusen Orientierung der Familie unterscheiden ... " (MPIB 2000 im Internet: „Forschungsziele").

Abgesehen von der normativen Fragwürdigkeit dieser Definition, geht sie von einem naiven Begriff fortlaufender sozialer Differenzierung im Sinne einer ständigen Zellteilung aus, die linear in permanenten binären Verzweigungen verläuft – das tun in der Tat aber lediglich deterministische Systeme. Außerdem ignoriert diese Definition die gerade von der VE dokumentierten und analysierten Beispiele unterschiedlicher und unterschiedlich gewichteter Funktionsbereiche (und eben nicht punktuelle Oppositionen), die auch institutionalisierte Bildung immer wieder aufweist. So zeigt sich immer wieder, dass trotz großer Gemeinsamkeiten in verschiedenen europäischen Ländern, Schüler „ ... come to school with significantly different attitudes towards themselves as learners, towards school and towards achievement", und dass diesen Erwartungen auch unterschiedlich strukturierte und organisierte Schulsysteme hinsichtlich ihrer Betonung von mehr „edukativer" oder mehr „kognitiver" Kontrolle entsprechen und sich dies auch empirisch nachweisen lässt (OSBORN 1999, S. 287).

Mit anderen Worten: Die Behauptung, eine *bestimmte* binäre Differenz stelle die einzig relevante Codierung eines Systems dar, ist bezogen auf hochkomplexe Gebilde wie Gesellschaft, gesellschaftliche Subsysteme, Gruppen und Individuen eine höchst gewagte Annahme, die entweder lediglich Präzision suggeriert oder Komplexität beseitigt (und nicht etwa reduziert).

Die systemische Methode[27] dagegen bedeutet, dass das Beobachtete als System verstanden und interpretiert wird. Die Frage, ob die beobachteten Objekte im essentialistischen Sinne Systeme *sind*, ist im vorliegenden Zusammenhang völlig unwichtig, solange sich mit dieser Modellierung mehr, einfacher und überzeugender erklären lässt als mit anderen Modellierungen. Nach der Sicht singulärer Differenzen würden diese die Identifizierung von Systemen vorschreiben. Die hier angestrebte systemische (bzw. eine revidierte ‚systemtheoretische') Sicht ermöglicht es, die Frage, *was* als System untersucht wird, auf eine auf analytischer Vorarbeit beruhende definitorische, operationalisierbare Entscheidung der vergleichend-erziehungswissenschaftlichen Tätigkeit zu stützen. So gesehen hat die VE ihre Berechtigung und ihr Tätigkeitsfeld überall da, wo sie nach definierten Kriterien unterschiedliche Bildungssysteme identifiziert.

Die Zusammenhänge, die hier unter Verweis auf Modelle und Theorien aus sehr verschiedenen Disziplinen hergestellt wurden und die teilweise scheinbar weit weg von Pädagogik und VE liegen, sind keineswegs beliebig oder zufällig. Sie ergeben sich durch die Zusammenhänge des konstitutiven „Baumaterials" von Kultur und Gesellschaft. Es manifestiert sich auf den verschiedenen Ebenen und in den verschiedenen Kontexten als Mem, als Sinn, als Information, als Kommunikation, als Textbausteine, als Texte, als Supertexte (*‚narratives'*, ‚Kulturen', ‚Gesellschaft'). Diese Ebenen hängen zwar miteinander zusammen, jede hat aber ihre eigene „Sprache", und die Kommunikation zwischen ihnen verläuft nicht ohne „Übersetzung". Jede dieser Ebenen hat ihre spezifischen Bedingungen von Ordnung und Chaos, Determiniertheit und Indeterminiertheit, Konstruktion und Dekonstruktion. Lernen und VE sind solche ‚Textbausteine', und die Kenntnis von Sprachregeln ermöglicht Modellierungen, die sicher nicht leicht in eingängige Modelle umzusetzen sind, die aber dazu beitragen und dabei helfen, einen Minimalbegriff von Komplexität mitzudenken, der leider selber ziemlich komplex ist, der aber, lässt man sich auf diese Ebene der Komplexität ein, mithilft, die Relevanz dieser Disziplin zu steigern.

6 Zusammenfassung

Es war im vorliegenden nicht beabsichtigt, die Prämissen der hier diskutierten Modellierung graphisch darzustellen. Ich würde aber ein Modell vorschlagen, das dem Abbild einer Gehirn-Nervenzelle mit ihrer vertikalen Schichtung sowie den horizontalen mehr oder weniger stabilen und jederzeit aktivierbaren Verknüpfungen ähnelt und Systemprozesse nicht binär, sondern neuronal modelliert (LASZLO, SPITZER, VESTER, HAKEN). Aus der hier vorgeschlagenen Modellierung ergibt sich eine Reihe von Konsequenzen, von denen ich einige im folgenden auflisten möchte.

27 Vgl. neben LASZLO auch z.B. SPITZER 2000, VESTER 2001, HAKEN 1995.

– Vielfalt, Ungewissheit, ja Unsicherheit, Dekonstruktion usw. ins Zentrum der Analyse zu rücken, ist für die VE nicht Selbstzweck, sondern sollte dazu beitragen, diese Bedingungen des heutigen Wandels zu verstehen und zu nutzen, um die Arbeit an einem theoretisch relevanten, einem vielfältigen, Vielfalt respektierenden, in mehrerer Hinsicht „effizienten" und nicht auf einen einseitigen Effizienzbegriff reduzierten Bildungssystembegriff voranzutreiben.

– Die geforderte Interdisziplinarität von VE muss sich darauf erstrecken, die Prozess- und Strukturschichtungen hochkomplexer gesellschaftlicher (Sub-) Systeme als im Grunde unteilbar bzw. als idealerweise aufeinander rückbeziehbar anzusehen, wenn es auch oft nicht praktikabel scheint, innerhalb ein und derselben Untersuchung alle diese Dimensionen im einzelnen gleichwertig zu behandeln. Es ist aber erforderlich, dass in der einzelnen Arbeit das Wissen um diese Komplexität transparent wird und die theoretisch-methodische Anlage strukturiert. Nicht jede Arbeit muss explizit mit Theorie und Theorieterminologie überladen sein, um als ‚VE-wissenschaftlich' anerkannt zu werden. Schließlich: Auch oft als nicht explizit komparativ geschmähte ‚Länderberichte' können eine große komparative Potenz enthalten, auf großem implizitem Theorie- und Vergleichswissen basieren und wichtige Vergleichsfragen stimulieren. Die notwendige Pluralität der Vergleichszugänge, die sich aus den obigen Prämissen ergibt, muss so radikal sein, dass sie grundsätzlich der Inklusivität des PAULSTONschen Modells entspricht. Allerdings ist sie nie Selbstzweck, sondern unser Modell impliziert sehr wohl die Suche nach ‚autoritärer' Wahrheit – von der wir gleichzeitig wissen, dass es sie als ‚objektive', endgültige Wahrheit nicht gibt. Was sonst sollte uns anspornen, *Wissenschaft* zu betreiben? Unser Modell kann nicht beim *mapping* stehen bleiben, sondern versucht, die konkreten Bezüge zwischen ‚Gerichtetheit' und ‚Zufall' im Kontext gesellschaftlicher Entwicklung (Evolution) aufzudecken und diesen Analysewillen mit Steuerungsbemühungen zu verbinden.

– VE-Theorie muss ihrem transdisziplinären Charakter nach nicht nur laufend die Ergebnisse neuester geistes- und gesellschaftswissenschaftlicher, sondern auch die Ergebnisse naturwissenschaftlicher Forschung rezipieren. Andernfalls bleiben viele Aussagen ohne Not spekulativ. Nichtspekulativ bedeutet allerdings nicht Exaktheit um jeden Preis. Bekanntlich sind es heute gerade die Naturwissenschaften, die naive Weltbilder einer durchgehenden Eindeutigkeit (ja-nein-Verzweigungen, „stabiler Binärcode" als Superstruktur), die im 19. Jh. als Nonplusultra positiven Wissens galten, längst überwunden haben. Dagegen hängen offenbar heute noch viele gesellschaftswissenschaftliche Modelle einem „binären" Weltbild (einem im memtheoretischen Sinne höchst erfolgreichen ‚Memkomplex') an, wenn sie z. B. von Komplexität reden, aber Systeme über singuläre Differenzen definieren. Die neueren Kenntnisse über die evolutionäre Dynamik von Stabilität und Labilität, von Determiniertheit und Indeterminiertheit sowie der evolutionären Geschichtetheit von Gesellschaft bedingen, vor allem auf den oberen Ebenen der Analyse höchsten Organisationsniveaus, nicht nach stabilen Ausschließlichkeiten, sondern nach vermuteten Überschneidungen und Probabilistiken zu suchen.

– Aufgabe der VE kann es nicht sein, die abstrakte Konstruktion eines selbstreferentiellen, autopoietischen Wissenschafts- (Sub-) Systems zu konstatieren und gegebenenfalls als Selbstlegitimation des einzelwissenschaftlichen Charakters der Disziplin weiterzutreiben, sondern Kenntnisse über Funktionsweisen und Steuerungsmöglichkeiten von Erziehungs- und Bildungssystemen in der Interaktion mit ihrer Umwelt zu erweitern.

– Bestandteil der gegenwärtigen Stufe der technologischen Revolution ist es, dass sich die Möglichkeiten von Datenerhebung und Datenspeicherung enorm erweitert haben. Die VE hat die Chance und die Aufgabe, die sinnhafte Strukturierung des anschwellenden Datenstroms aktiv mitzusteuern und auch kritisch zu begleiten (kritisch im Sinne von POSTLETHWAITES „Demythologisierung", eine Rolle, die er als ursprüngliche Funktion dem IEA-Projekt zuschreibt – POSTLETHWAITE 1995).

– VE braucht neben der historischen Forschung auch eine „*vergleichende pädagogische Futuristik*". Die berechtigte Forderung nach Inter- und Multidisziplinparität *ermöglicht* dies, und die gegenwärtige soziokulturelle und technologische Transformationssituation *erfordert* es, unter Heranziehung verschiedener Methodiken (der Fortschreibung verschiedener wahrscheinlicher Varianten von heutigen empirischen Daten bis hin zur bewussten Konstruktion allerunwahrscheinlichster Varianten und Alternativen) dem „Chaos" der „Bifurkationen", also Systemwandel und Transformation, nicht völlig unvorbereitet ausgeliefert zu sein und die Möglichkeit von aktiver Steuerung zu erhöhen, auch wenn diese nie als eindeutige input-output-Relation verstanden werden kann.

Literatur

ARNOVE, ROBERT F. (2001): Comparative and International Education Society (CIES) Facing the Twenty-First Century: Challenges and Contributions. In: Comparative Education Review, 45; 4, S. 477-503.

BENSE, MAX (1969): Einführung in die informationstheoretische Ästhetik. – Hamburg.

BLACKMORE, SUSAN (2000): Die Macht der Meme oder die Evolution von Kultur und Geist. – Heidelberg.

BROADFOOT, PATRICIA (1999): „Stones from other Hills may Serve to Polish the Jade of this One: towards a neo-comparative 'learnology' of education". In: Compare, 29; 3, S. 217-231.

BUDIL, T. (1981): Za obzor západu [Hinter den Horizont des Westens]. – Praha.

CAVALLI-SFORZA, L.L./ FELDMANN, M.W. (1981): Cultural Transmission and Evolution: A quantitative approach. – Princeton.

CLOAK, F. T. (1975): Is a cultural ethology possible? In: Human Ecology, 3; S. 161-182.

COWEN, ROBERT (1996): Last Past the Post: comparative education, modernity and perhaps post-modernity. In: Comparative Education, 32; 2, S. 151-170.

CROSSLEY, MICHAEL (1999): Reconceptualising Comparative and International Education. In: Compare, 29; 3, S. 249-267.

CUMMINGS, WILLIAM K. (1999): The InstitutionS of Education: Compare, Compare, Compare! In: Comparative Education Review, 43; 4, S. 413-437.

DAWKINS, RICHARD (1976): The Selfish Gene. – Oxford.

DAWKINS, RICHARD (1996): Climbing Mount Improbable. – London. [Gipfel des Unwahrscheinlichen (1999). – Hamburg]

DENNET, DANIEL (1997): Darwins gefährliches Erbe. – Hamburg.

EPSTEIN, E. (1997): Editorial. In: Comparative Education Review, 41; 2, S. 117-119.

FIRBAS, J. (1964): On Defining the Theme in Functional Sentence Analysis. In: Traveaux Linguistiques de Prague, 1, S. 265-283.

FRIEDELL, EGON (1927-1931): Kulturgeschichte der Neuzeit. – München (drei Bde).

HABERMAS, JÜRGEN (1968): Technik und Wissenschaft als Ideologie. – Frankfurt.

HAKEN, HERMANN (1995 [1981]): Synergetik: Die Lehre vom Zusammenwirken. – Reinbeck bei Hamburg.

HORKHEIMER, M./ADORNO, Th. (1971): Dialektik der Aufklärung. Philosophische Fragmente. – Frankfurt.

HUSCHKE-RHEIN, ROLF (1983): Die halbierte Humanität. In: Zeitschrift für Pädagogik, 2, S. 195-217.

INGLEHART, RONALD (1997): Modernization and Postmodernization. Cultural, Economic, and Political Change in 43 Societies. – Princeton.

KING, EDMUND (2000): A century of Evolution in Comparative Studies. In: Comparative Education, 36; 3, S. 267-278.

KLEES, STEVEN (1994): What's wrong? In: CIES Newsletter Nr. 106 (May), S. 3 und 10.

VON KOPP, BOTHO (2002): Globalisierung, Liberalisierung, Deregulierung und GATS: Gefahr für das öffentliche Schulwesen? In: Trends in Bildung international, TiBi Nr. 2 (Januar): <www.dipf.de/publikationen/tibi/tibi.htm>.

VON KOPP, BOTHO (2002): Education Transformation and GATS. New Paradigms in Government and Administration. Trends in Bildung international, TiBi Nr. 2 (Januar): <www.dipf.de/publikationen/tibi/tibi.htm>.

LASZLO, ERVIN (1987): Evolution. Die neue Synthese – Wege in die Zukunft. – Wien.

LASZLO, ERVIN (1998): Systemtheorie als Weltanschauung. – München.

LOWE, JOHN (1999): International Examinations, National Systems and the Global Market. In: Compare, 29; 3, S. 315-330.

LUHMANN, NIKLAS (1998) [1997]: Die Gesellschaft der Gesellschaft. – Frankfurt.

LUMSDEN, C. J./WILSON, E.O. (1981): Genes, Mind and Culture. – Cambridge.

MARGINSON, SIMON/MOLLIS, MARCELA (2001): "The door opens and the tiger elaps": Theories and Reflexitivities of Comparative Education in a Global Millenium. In: Comparative Education Review, 45 (November); 4, S. 581-615.

MATHESIUS (1947): O tak zvaném aktuálním členění větném. [Über die sog. aktuelle Satzfolge] In: Čeština a obecný jazykozpyt., S. 234-242.

MUKAŘOVSKÝ, JAN (1966) [1942]: Místo estetické funkce mezi ostatními. [Die Stellung der ästhetischen Funktion unter den anderen] In: Studie z estetiky. – Praha.

MUKAŘOVSKÝ, JAN (1967): Kapitel aus der Poetik. – Frankfurt a. M.

MARCUSE, HERBERT (1967): Der Eindimensionale Mensch. – Neuwied.

MAYNTZ, RENATE (1997): Soziale Dynamik und politische Steuerung. Theoretische und methodische Überlegungen. – Frankfurt.

MEYER, JOHN W./KAMENS, DAVID H./BENAVOT, AARON (1992): School knowledge for the Masses. – Washington D.C.

MEYER, JOHN, W./BOLI, JOHN u.a. (1997): World Society and the Nation State. In: American Journal of Sociology, 103 (July) 1, S. 144-181.

Modelski, George (1983): Long Cycles of World Leadership. In: Thompson, William R. (Hrsg.): Contending Approaches to World System Analysis. – Beverly Hills, S. 115-139.

Noah, Harold J./Eckstein, Max (1998): Doing Comparative Education: Three Decades of Collaboration. – Hong Kong: Comparative Education Research Centre, University of Hong Kong.

Nöth, Winfried (2000) [1985]: Handbuch der Semiotik. – Stuttgart.

Osborn, Marylin (1999): National Context, Educational Goals and Pupil Experiences of Schooling and Learning in Three European Countries. In: Compare, 29; 3, S. 287-301.

Ozaki, Robert S. (1980) [1978]: The Japanese. A Cultural Portrait. – Tokyo.

Paulston, Rolland G. (1999): Mapping Comparative Education after Postmodernity. In: Comparative Education Review, 43; 4, S. 438-463.

Peukert, Helmut (1983): Kritische Theorie und Pädagogik, in: Zeitschrift für Pädagogik, 30; 2, S. 195-216.

Pongs, Armin (2000): In welcher Gesellschaft leben wir eigentlich? Gesellschaftskonzepte im Vergleich, Bd. 2. – München.

Postlethwaite, T. Neville (1995): International Empirical Research in Comparative Education: An Example of the Studies of the International Association for the Evaluation of Educational Achievement (IEA). In: Tertium Comparationis (TC), 1; 1, S. 1.

Preston, Stephanie D./de Waal, Frans B.M. : Empathy: Its ultimate and proximate bases. <www.bbsonline.org/Preprints/Preston/Referees>

Ramachandran, V. S.: Mirror neurons and imitation learning as the driving force behind "the great leap forward" in human evolution: www.edge.org/3rd_culture/ ramachandran. (o.J.).

Routila, Lauri (1979): Teleologie und das Problem der historischen Erklärungen – ein phänomenologischer Entwurf. In: Waldenfels, Bernhard/ Broekman, Jan M./ Pažanin, Ante: Phänomenologie und Marxismus 4: Erkenntnis und Wissenschaftstheorie. – Frankfurt a. M.

Rust, Val D. (1991): Postmodernism and Its Comparative Education Implications. In: Comparative Education Review, 35; 4, S.610-626.

Rust, Val. D. (1999): Soumare/Aminta/Pescador/Octavio/Shibuya/ Megumi: Research Strategies in Comparative Education. In: Comparative Education Review, 43; 1, S. 86-109.

Spitzer, Manfred (2000): Geist im Netz. Modelle für Lernen, Denken und Handeln. – Heidelberg.

Thomas, R. M. (ed.) (1990): International Comparative Education: issues and prospects. - Oxford.

Torres/Carlos/Alberto: Editorial: (2001) Globalization and Comparative Education in the World System. In: Comparative Education Review, 45 (November); 4, S. iii-x.

Vester, Frederic 2001 [1978]: Denken, Lernen, Vergessen. – München.

Watson, Keith (1999): Comparative Educational Research: the need for reconceptualization and fresh insights. In: Compare, 29; 3, S. 233-248.

Weiler, Hans N. (2002): Bildungsforschung und Bildungsreform: Von den Defiziten der deutschen Erziehungswissenschaft. Vortrag auf dem DGfE-Kongreß im März 2002, überarbeitetes Manuskript, vorgesehen zur Veröffentlichung im Tagungsband der DGfE.

WELSCH, WOLFGANG (1999a): Reason: traditional and contemporary or Why should we still speak of reason after all? <www.uni-jena.de/welsch/papers/ Reason.html>.

WELSCH, WOLFGANG (Oktober 1999b): Reason and Transition: On the Concept of Transversal Reason. Manuskript einer Rede in Peking: <www.uni-jena.de/ welsch/start.html>.

Götz Hillig, Svetlana Nevskaja

„Mein Liebes Kind!“ A.S. Makarenkos Briefwechsel mit einer Lehrerin

Abstract

The following paper includes a German translation of the correspondence between the famous Soviet educator A.S. MAKARENKO (1888-1939) and a female teacher, one of the readers of his well-known book “Road to Life”. The educator's letters have previously been published in the USSR only as extracts, while those of the teacher were completely unknown. The material presented here has come to light as a result of collaborative work between Marburg and Moscow researchers.

This correspondence provides insights into Makarenko's personal and political situation during the last years of his life. At this time he lived in Moscow as a writer, separated from the juvenile delinquents in the labour colonies with whose re-education he had been occupied for the previous 15 years. Additionally, these letters throw light on the life of divorced Soviet women in the late nineteen thirties who had professional careers and were politically aware of current events.

Vorbemerkung

Nachfolgend werden Fragmente eines Briefwechsels dokumentiert, den Anton Semenovič MAKARENKO von August 1938 bis März 1939 mit Tat'jana Vasil'evna Turčaninova geführt hat, einer 48jährigen Lehrerin aus Stalino (Donezk) in der Ukraine.

A.S. MAKARENKO (1888-1939) lebte zu der Zeit bereits als Schriftsteller in Moskau. Er korrespondierte damals mit vielen Personen, in erster Linie mit ehemaligen Zöglingen aus der Gor'kij-Kolonie und der Dzeržinskij-Kommune, aber auch mit Lesern seiner Werke, die sich vor allem in pädagogischen Fragen an ihn wandten. Von besonderem Interesse für die Forschung sind dabei jene Briefwechsel, die der zunehmend vereinsamte MAKARENKO in seinem letzten Lebensjahr, abgeschnitten von den Jugendlichen in den Arbeitskolonien der Ukraine, mit deren Resozialisierung er sich anderthalb Jahrzehnte lang befasst hatte, mit Frauen führte. Diese Korrespondenzen, die Einblicke in seine Persönlichkeit und in sein Denken erlauben, sind leider nur unvollständig erhalten geblieben. Zwei Briefwechsel mit Leserinnen, darunter der hier in einer erweiterten Fassung präsentierte mit T.V. Turčaninova, waren – im russischen Original mit paralleler deutscher Übersetzung – von den Herausgebern erstmals 1995 als Band 15 der Marburger Reihe „Opuscula Makarenkiana“ veröffentlicht worden.

Mit der hier vorgelegten authentischen Wiedergabe der Briefe beider Korrespondenten wird eine neue Kategorie von Quellen für die Forschung erschlossen. Insgesamt handelt es sich dabei um acht Briefe und ein Telegramm Turčaninovas sowie elf Briefe Makarenkos. Von letzteren ist in den sowjetischen Sammelausgaben der Werke des Pädagogen und Schriftstellers nur ein einziger vollständig abgedruckt.

Dass T.V. Turčaninova mit Makarenko korrespondiert hatte, war aufgrund einer Publikation des Moskauer Journalisten B. Volkov in der „Učitel'skaja gazeta" vom 11. März 1978 bekannt. Dort sind Auszüge aus sieben Briefen Makarenkos an Tat'jana Turčaninova wiedergegeben, die zu diesem Zeitpunkt noch lebte, und zwar in Evpatorija auf der Krim.

Die von Makarenko empfangenen Briefe hatte Tat'jana Turčaninova seinerzeit B. Volkov überlassen, der sie bereits vor dem Erscheinen seines Beitrags an das Zentrale Staatsarchiv für Literatur und Kunst der UdSSR (CGALI SSSR; jetzt: RGALI – Russisches Staatsarchiv für Literatur und Kunst) weitergab. Für die Forschung wurden sie allerdings erst 1992 zugänglich. Die zweisprachige Edition von 1995 wie auch die vorliegende Publikation folgen dem Text dieser Originale. In einem Fall (Brief Nr.7) wurde jedoch ein Schreibmaschinendurchschlag aus Makarenkos Nachlass zugrunde gelegt – dieser Brief hatte die Adressatin, wie aus der Korrespondenz hervorgeht, nicht erreicht.

Im RGALI befinden sich auch die hier wiedergegebenen recht langen Briefe Tat'jana Turčaninovas. Sie tragen nicht nur zum besseren Verständnis von Makarenkos Antworten bei, sondern stellen auch für sich genommen recht aufschlussreiche Dokumente dar. Dass es sich dabei nicht um alle Briefe handelt, die Makarenko von Tat'jana Turčaninova empfangen hatte, lässt sich den Antwortschreiben entnehmen. Die ursprüngliche Vermutung der Herausgeber, die fehlenden Briefe könnten doch noch auftauchen, erwies sich als falsch. Auf jeden Fall befinden sie sich nicht unter jenen Texten, die von Makarenkos Witwe, Galina Stachievna Makarenko (1892-1962), zunächst zurückgehalten worden waren, als sie den Nachlass ihres Mannes für die Übergabe an das CGALI vorbereitete. Jene besonders „delikaten" Materialien gelangten nach G.S. Makarenkos Tod zwar ebenfalls in jenes Archiv, blieben dort aber – aufgrund einer entsprechenden Verfügung von ihr – dreißig Jahre lang unter Verschluss. Dieser Teil des Makarenko-Nachlasses enthält jedoch, wie eine Überprüfung durch die Herausgeber im Jahre 1993 erbrachte, keine weiteren Briefe aus der hier wiedergegebenen Korrespondenz. Somit ist davon auszugehen, dass die fehlenden Schreiben von der Witwe nicht aufbewahrt worden sind.

Das betrifft in erster Linie sämtliche Briefe Tat'jana Turčaninovas, die sich schon bald in Makarenko verliebt hatte und ihm zeitweilig fast täglich schrieb (s. Nr.15, 18), ab Mitte Dezember 1938. Die entsprechenden Antworten Makarenkos sind trotz dessen Vorliebe fürs Maschineschreiben übrigens zumeist per Hand abgefasst. Somit werden seiner Frau davon nur die drei letzten, auf der Maschine geschriebenen (von Februar/März 1939), bekannt gewesen sein, und zwar anhand der Durchschläge, wie sie Makarenko gewöhnlich anfertigte. Von diesen drei Briefen befinden sich im RGALI allerdings keine Durchschläge – auch hier ist davon auszugehen, dass G.S. Makarenko sie vernichtet hat.

In jenen Antwortschreiben ist von „herzlichen", ja „zärtlichen" Briefen die Rede, die Makarenko von Tat'jana Turčaninova erhielt und wofür er ihr sehr dankbar war; er wollte sie unbedingt auch persönlich kennen lernen. Doch zugleich verängstigte ihn die politische Direktheit seiner Briefpartnerin. Im Unterschied zu anderen Korrespondenzen mit Leserinnen hielt Makarenko sich gegenüber Tat'jana Turčaninova, die ihn jünger einschätzte, dementsprechend bereits im zweiten Brief zu duzen begann und gelegentlich „Mein liebes Kind" (Ditja moe rodnoe) nannte, bezüglich allzu persönlicher Fragen bedeckt – so seines Gesundheitszustands, seiner politischen Einstellung sowie der Gründe seiner Heirat im Jahre 1928. Was er, der „Fern-Geliebte", andererseits Tat'jana Turčaninova bedeutete, kann man einem Brief entnehmen, den diese am 15. September 1943, viereinhalb Jahre nach Makarenkos Tod, an dessen Witwe richtete. Dort heißt es: „Wie sehr ich darunter leide, dass ich damals nicht sofort imstande war zu schreiben! Vielleicht ist das auch jetzt nicht nötig, ich habe dazu kein Recht..., ich weiß es nicht. Auch jetzt noch ist der Verlust für mich so schwer! Wie schwer ist doch der Verlust eines nahen, im Geiste und Denken verwandten MENSCHEN." (RGALI, 332-4-946).

Trotz der lückenhaften Überlieferung erscheint eine Publikation dieses Briefwechsels aus zwei Gründen gerechtfertigt. Zum einen erweitern sie unsere Kenntnis von A.S. Makarenkos Persönlichkeit und vor allem von seiner Situation als Mensch, Pädagoge und Schriftsteller im letzten Lebensjahr. Und zum anderen erlauben sie Einblicke in die schwierige Lage einer alleinstehenden berufstätigen Frau in der damaligen Sowjetunion, die sich durch folgendes auszeichnete: Mobilität, ausgeprägtes Selbstbewusstsein und gesellschaftliches Engagement – bestrebt, in die Partei einzutreten, dabei voller Bewunderung für die damaligen „Helden" des Vaterlandes, von denen die Zeitungen und Rundfunksender regelmäßig berichteten (Tat'jana Turčaninova ist eine passionierte Radiohörerin). Vom Pädagogen Makarenko erwartet sie Antworten auf Lebens- und Erziehungsfragen. Bei dieser Briefpartnerin handelt es sich zweifellos um eine ungewöhnliche Frau, die ihre Situation reflektiert, die gut beobachten und formulieren kann, mit der Makarenko ganz offensichtlich gerne korrespondierte – ihre Briefe brachten Abwechslung in seinen Alltag. Das lässt sich nicht nur den Antwortschreiben selbst entnehmen, sondern auch der Tatsache, dass er vergleichbare Korrespondenzen mit anderen, ihn offenbar weniger interessierenden Briefschreiberinnen nach einiger Zeit von seiner Frau (!) weiterführen ließ, wie das z.B. im Falle von Vera Michajlovna ROOT aus Leningrad überliefert ist (vgl.: RGALI, 332-4-324, Bl.12).

Die Herausgeber danken Ljudmila Obrazcova sowie Edgar und Evelyne Günther-Schellheimer für die engagierte Mitarbeit bei der Übersetzung der Briefe, Isabella Rüttenauer und Irene Wiehl für die kritische Durchsicht des Manuskripts.

G.H., S.N.
Marburg-Moskau, August 2002

Der Briefwechsel

1. TURČANINOVA AN MAKARENKO
Stalino, 06., 08.08.1938

6.VIII.938

Stalino. Donbass.
Don-Seite, 4. Abschnitt,
Haus 28, Wohnung 3.

Anton Semenovič!

„Makarenko ist Schriftsteller."

Und weshalb? Weshalb?

Makarenko ist Pädagoge und nicht Schriftsteller!

Das Singen stört beim Schreiben, doch ich will das Radio nicht ausschalten. Ich hatte auf ein Konzert gewartet, ein Beethoven-Konzert. Gesendet wurde die Arie des Figaro. Wie kann man das abstellen? Das ist sogar wegen Makarenko unmöglich!

Eine Sendung mit Satire und Humor!

Schnell abstellen!

Also, Makarenko ist Pädagoge. Zumindest für mich.

Und trotzdem stört es. Stört beim Schreiben.

Hat mich vielleicht diese „zufällige" Bemerkung irritiert?

Bis zu dem Artikel von Makarenko in der „Pravda", erschienen im Frühjahr,[1] war Makarenko für mich das „Pädagogische Poem". Etwas Lebendiges, Spürbares, Reales und – die Hauptsache – etwas mir Nahes, Vertrautes.

Makarenko ist Pädagoge.

Und ich habe Makarenka (so ist es auf ukrainisch richtig)[2] gesehen. Ich habe ihn langsam kommend oder sich in der Menge verlierend oder mit einer Schar Kinder gesehen. Aber man sieht bzw. blickt auf seinen Rücken. Er trägt eine Sommerjacke.

Als man davon sprach, und ich selbst hatte den Artikel von Makarenko in der „Pravda" gelesen und war froh, Makarenko hat sich zurückgemeldet, begann sich auch Stolz auf Makarenko zu regen – immerhin ist das die „Pravda"!

Und personifiziert hatte sich Makarenko in der Autorenangabe, in den Buchstaben seines Namens unter der Überschrift des Artikels.

Ich las das einmal, zweimal, dreimal. Las es und unterstrich einiges. Schrieb eine Antwort. Schickte sie an die „Pravda". Schrieb auch an Makarenko selbst; schrieb ihm, aber schickte es nicht ab. Schrieb auch an die „Učitel'skaja"[3] und schickte es ebenfalls nicht ab.

Sofort tauchte die Frage auf: Doch wo ist und was macht Makarenko jetzt?

---

1 Dabei handelt es sich um den Artikel „Erziehungsprobleme in der sowjetischen Schule" (Problemy vospitanija v sovetskoj škole) in der „Pravda" vom 23. März 1938.

2 „Makarenka" – Deklinationsform (Akk.) im Ukrainischen.

3 Gemeint ist die zentrale sowjetische „Lehrerzeitung" (Učitel'skaja gazeta).

Und so blieb diese Frage offen...

Ich erinnerte mich: „Makarenko ist ein sehr guter Praktiker, aber ein schlechter Theoretiker.“[4]

Wir lernen und wissen, dass Praxis und Theorie, dass Theorie und Praxis wissenschaftlich und marxistisch nicht zu trennen sind.

Aber dass Makarenko ein Meister der Erziehung ist – das ist die Wahrheit, und niemand käme auf die Idee, dies zu bestreiten, das ist eine Tatsache.

Erziehung – das ist eine Kunst, wie die Musik.

Und Makarenko ist ein Künstler.

Doch die Zojas[5] sind die „Theoretiker“, das sind die „Zojas“.

Makarenko – das ist ein MENSCH in der vollen stolzen, hohen und einfachen Bedeutung dieses Wortes. Schade, dass es der Zufall nicht gewollt hatte, mich im Jahre 20 zur Zusammenarbeit mit Makarenkom (die ukrainische Deklination der Familiennamen klingt für mich doch verständlicher) zu führen.

Nach dem „Pädagogischen Poem“ hätte ich über vieles gern Makarenkos Meinung erfahren. Hätte die Kinder von Makarenko gern gesehen, mit ihm gearbeitet, unter seiner Leitung, unter der Leitung eines „schlechten Theoretikers“.

Ich weiß nicht, ob wir richtig orientiert sind, aber unsere Pädagogen verstehen, dass die Einschätzung „Praktiker und Theoretiker der Pädagogik“ Makarenko vom Volkskommissariat für Bildungswesen gegeben wurde.

Jeden Sommer fahre ich nach Char'kov ins Institut zu den Prüfungen; und einmal hatte ich dabei die Idee, unbedingt Makarenkos Kolonie zu besuchen. Ich kann mich nicht mehr erinnern warum, aber ich war nicht dort. Der Artikel in der „Pravda“ hat mir Makarenko erneut ins Gedächtnis gerufen und nahegebracht.

Das also ist der Makarenko von heute, aber zugleich wohl nicht so zugänglich und einfach.

Und schließlich hat mich im Sommer eine Notiz in der Lokalzeitung verwirrt: „Woran der Schriftsteller Makarenko arbeitet“.[6]

Was für ein Makarenko?

A-a-a, Makarenko!

Er, natürlich, er. So... Weshalb denn Schriftsteller? Und weiter... „der sich im Jaltaer Heim des Literaturfonds erholt hat“[7], ... Nun, natürlich, ein Schriftsteller.

---

4 Im „Pädagogischen Poem“ („PP“), Teil 3 (Kap. „Am Fuße des Olymp“) heißt es wörtlich: „Makarenko ist ein guter Praktiker, aber in der Theorie kennt er sich sehr schlecht aus.“

5 Zoja – negative Figur einer Inspektorin im „PP“.

6 Unter der Überschrift „Woran der Schriftsteller Makarenko arbeitet“ (Nad čem rabotaet pisatel' Makarenko) hatte die in Stalino erscheinende Abendzeitung „Stalinskij rabočij“ am 1. Juli 1938 (Nr.148, S.3) – und zwar innerhalb der Rubrik „Literarische Chronik“ – berichtet, dass „der Schriftsteller A. Makarenko, Autor des bekannten Buches ‚Ein pädagogisches Poem‘“, gegenwärtig an einem neuen Roman über die sowjetische Jugend arbeite, der bereits im Herbst in der Zeitschrift des Komsomol „Molodaja gvardija“, offenbar zum 20. Jahrestag der Gründung des Jugendverbandes, erscheinen soll. Diese Notiz schließt mit den Worten: „Gen. Makarenko, der sich im Jaltaer Heim des Literaturfonds erholt, beendet gerade den dritten Teil seines Romans ‚Flaggen auf den Türmen‘. Der Roman wird in der Zeitschrift ‚Krasnaja nov'‘ veröffentlicht.“

Tatsächlich, ich hatte damals sogar eine gewisse Enttäuschung verspürt ... Also ist Makarenko bereits kein Pädagoge oder keiner mehr? Verwunderung. Und Stolz. Und Tausende Gedanken. Ein Chaos von Gedanken.

Weshalb ich der Meinung bin, dass Makarenko uns Pädagogen verlässt? Ist sein neues Thema nicht ein anderes „Pädagogisches Poem"? Nebenbei gesagt, ist es schon abgeschlossen, dieses Buch?

Erst kürzlich habe ich von einem Buch für die Eltern erfahren. So heißt es wohl auch? Ich bin vielleicht eine Makarenko-Verehrerin!

Als in einer Stunde des Literaturzirkels der Leiter den Vorschlag machte, eine Liste von Schriftstellern zusammenzustellen, die mit M beginnen, fiel mir zu meiner Schande überhaupt kein Makarenko ein, doch einer liest vor ... Majakovskij ... Makarenko ...

8.VIII.938

Aus irgendeinem Grund ist das viel geworden, aber ... „nun, im schlimmsten Fall, was kann im schlimmsten Fall schon sein?" Mir scheint, Fedja Protasov in „Der lebende Leichnam"[8] hat das gefragt.

Nun, was soll's? Im schlimmsten Fall wird Makarenko es nicht lesen. Das wäre auch schon alles.

Unangenehm? Wäre das schmerzlich für mich? Natürlich, ja!

Aber ich habe doch Urlaub, den ganzen Sommer über war Makarenko für mich eine fixe Idee.

Schließlich ist Makarenko Schriftsteller, und das Buch ist unser treuer Freund.

Wie viel Fern-Freunde hat jeder von uns jetzt in unserem wunderbaren Land, Menschen, die uns so nah, teuer und verwandt sind! Unsere Flieger, unsere Deputierten, unsere Grenzsoldaten – jeder ist uns doch teuer als Mitglied einer einzigen riesigen Familie!

Kürzlich waren Novikov-Priboj und Peregudov[9] hier. Man unterhielt sich, sprach mit ihnen.

Und die Kinder, die netten spanischen Kinder, die heute im Radio unsere russischen Scherzlieder so reizend gesungen haben.[10]

Mich hatte Makarenkos Schriftsteller-„Titel" irritiert. Und zugleich führt jeder Gedanke zu Makarenko.

Bei mir wird das sogar ein bisschen romantisch – und dies in unserem Jahrhundert des sozialistischen Realismus in der Belletristik!

---

7 M. hatte sich damals in Jalta in einem Heim des „Literaturfonds" (russ. Litfond) aufgehalten, einer Organisation des sowjetischen Schriftstellerverbandes für soziale Belange seiner Mitglieder.

8 „Der lebende Leichnam" (Živoj trup) – Drama von L. Tolstoj (1900).

9 A.S. Novikov-Priboj (1877-1944), A.V. Peregudov (1894-1968) – russischsprachige sowjetische Schriftsteller.

10 Dabei handelt es sich ganz offensichtlich um Kinder, die während des Spanischen Bürgerkriegs in die Sowjetunion evakuiert worden waren.

Vielleicht klingt das ein wenig intellektuell, aber mir ist es doch unangenehm, Sie mit einer solchen Lawine von Gedanken und Fragen zu überschütten, die ich gerade Ihnen anvertrauen möchte, lieber Anton Semenovič.

Zurückgehalten hatte mich zudem, dass ich Sie mir bei all meiner blühenden Phantasie überhaupt nicht vorstellen kann. Und trotzdem stehen Sie vor mir in der Zeit des „Pädagogischen Poems", obwohl ich verstehe, dass seither ungefähr zwanzig Jahre vergangen sind. Ich kann Sie mir als einen Erwachsenen, wie ich in solchen Fällen sage, gar nicht vorstellen. Und das erschwert die Anrede. Mit wem sprichst du da, wer steht vor dir? Mit einem Wort, alle meine Sympathien Ihnen gegenüber sollten mir eigentlich das Recht geben, mich direkt an Sie zu wenden. Mit Ungeduld werde ich darauf warten, dass ich Ihre beiden Bücher lesen kann.

Doch jetzt interessiert mich, was Ihre Meinung zur Frage der Polytechnisierung ist.

Ich kann mir nicht vorstellen, welche konkrete Einstellung Sie zur Schule haben. Ich weiß nicht, was Sie gerade schreiben oder im letzten Buch bereits geschrieben haben. Aber ich weiß, dass Sie über Disziplin in der Schule geschrieben und wie Sie die Kinder in Ihrer wunderbaren Kolonie erzogen haben. In jener Stellungnahme, die ich anlässlich Ihres Artikels an die „Pravda" schickte, hatte ich darüber nicht geschrieben, doch jetzt, im Sommer, bin ich in meinen Überlegungen zu dem Schluss gekommen, dass ein unendlich hoher Prozentsatz der Disziplin von der Anerziehung der Liebe zur Arbeit bei den Kindern abhängt. Wenn wir auch schlechte Theoretiker sind, aber etwas ist bei uns in dieser Frage nicht so, wie es sein sollte. Natürlich muss man diese Stellen bei Marx und Lenin gründlich studieren, aber unsere Kinder sind nicht an Arbeit gewöhnt, sie lieben sie nicht. (Es ist also wieder interessant, was Sie in dem letzten Buch schreiben.)

Ich sage das mit absoluter Dreistigkeit über unsere (meine, wo ich arbeite) Schule, und wie viele gibt es davon! Doch unser spießbürgerlich eingestellter Lehrer – und wie viele gibt es auch davon! – sagt: „Was regen Sie sich auf? Alle Schulen sind so wie unsere!"

Hausaufgaben macht der Schüler nicht gern, er kann es nicht, und vielleicht macht er sie deshalb nicht gern, weil er es nicht kann, und wir haben ihm zweifellos noch nicht beigebracht, wie man mit dem Buch arbeitet, und folglich auch nicht, wie man es liebt – das Lehrbuch. Dabei lesen unsere Kinder doch gern Literatur, und dazu noch mit welch einer Leidenschaft! Doch wie man die Hausaufgaben macht, bringt man ihnen nicht bei, was bedeutet, dass sie nicht mit dem Kopf arbeiten. Erstens.

Und körperlich? Körperlich brauchen sie auch nicht zu arbeiten, dazu besteht keine Notwendigkeit. Zweitens.

Das sind die beiden Seiten der Vorbereitung auf die Arbeit.

Selbst bei Zerstreuungen auf einem hohen kulturellen Niveau – aber die gibt es gar nicht – wird man sich natürlich nicht die ganze unterrichtsfreie Zeit auf einem solchen Niveau zerstreuen.

Das ist auch der Schlüssel zur Selbstzerstörung und von daher auch zur Zerstörung der Disziplin in der Schule.

Und unsere wunderbaren Kinder – und so müssen sie sein – sind manchmal weit davon entfernt, wunderbar zu sein.

Doch bei Ihnen, Anton Semenovič, haben sie in der Kolonie etwa gefaulenzt? Und die Arbeit wurde den Kindern ja nicht von Ihnen aufgebürdet! Doch welche Wunder haben Sie mit ihnen vollbracht! Und nicht nur mit Hilfe Ihrer Liebe zu ihnen! Und dass man ohne Letzteres in der Erziehung nichts machen kann, das ist meines Erachtens bereits als Axiom bewiesen.

Jetzt habe ich mich auf die Prüfung in Geschichte der Pädagogik vorbereitet (ich verheimliche es nicht – die ganze Zeit über war ich in Gedanken bei Ihnen), und alle großen Pädagogen, angefangen bei der Antike, sprechen doch über die Arbeit in der Erziehung, aber wir haben diese Frage bei weitem noch nicht gelöst.

Das Volkskommissariat für Bildungswesen verdient ganz zu Recht, verprügelt zu werden.

Einen herzlichen Gruß!

T.V. Turčaninova

2. MAKARENKO AN TURČANINOVA
Moskau, 14.08.1938

Moskau, 14. Aug. 38

Liebe Genossin Turčaninova!
Haben Sie ganz herzlichen Dank für die Aufmerksamkeit und für den Brief. Er wirft so viele interessante Fragen auf, dass ich sie kaum alle beantworten kann.

Wie es scheint, sind Sie sehr erstaunt, dass ich der Pädagogik untreu geworden bin. Erstens bin ich ihr gar nicht untreu geworden, und zweitens, wie lange muss ich mich mit ihr noch herumstreiten? Sie erwies sich als eine sehr gefährliche und hartnäckige Dame, meinen Frontalangriffen begegnete sie mit beneidenswerter Unbeugsamkeit. Danach beschloss ich, sie aushungern zu lassen. Natürlich fühle ich mich jetzt, ohne Kinder, sehr schlecht, aber gibt es nicht genug andere Gründe, sich schlecht zu fühlen? Man muss das tun, was sinnvoll ist.

Im Verlauf von sechzehn Jahren habe ich zwei Kolonien geschaffen, und jede von ihnen war auf ihre Weise gut, und jede hat man im Augenblick ihrer höchsten Blüte zerstört. Wie lange lässt sich eine solche Arbeit fortsetzen? Offenbar können Erfahrungen niemandem etwas beweisen. Man muss schreiben. Ich werde schreiben, so gut ich kann, und ich hoffe, dass früher oder später der Sieg mein sein wird.

Falls Sie sich für meine Schreibereien interessieren, lesen Sie meinen neuen Roman „Flaggen auf den Türmen", der gerade in der Zeitschrift „Krasnaja Nov'" gedruckt wird.

Schreiben Sie über sich, ich werde sehr dankbar sein. Ich antworte immer, ich werde Sie nicht kränken.

Viele Grüße A. Makarenko

3. TURČANINOVA AN MAKARENKO
[Stalino,] 18., 24.08.1938

18.VIII.938

Lieber Anton Semenovič! Es gibt Dinge, nach denen man bis zu einem gewissen Grade einen Menschen beurteilen kann – jemanden, den man nicht kennt. Dazu gehört auch die Handschrift. Noch bevor ich die Handschrift sah, hatte ich die Einfachheit und Wärme gespürt, die von Ihrem Brief, von seinem Äußeren, ausgeht.

Ich habe mich über ihn – den Brief – aufrichtig und herzlich gefreut. Jetzt werde ich nicht schreiben. Ich will nicht gegen die, wie es scheint, seit etwa einem Jahr festgelegte Lebensordnung verstoßen.

Es ist schon spät, und bei meiner sich leicht zu begeisternden Natur könnte ich an diesem Brief noch weitere zwei Stunden schreiben. Doch in zehn Tagen muss ich zu den Prüfungen fahren, da heißt es mit seinen Kräften haushalten.

Ich möchte nur etwas sagen, was sich am besten gleich beim ersten Eindruck sagen lässt, was von ihm diktiert wird. Über die Handschrift. Davon, dass Ihre Handschrift von der Sanftheit Ihrer Natur zeugt, haben Sie wahrscheinlich schon gehört.

Aber sie hat mich beunruhigt. Glauben Sie mir, Anton Semenovič, dass ich Ihnen gegenüber eine ausschließlich freundschaftliche Einstellung habe. Doch Ihre Handschrift spricht von großer Nervosität. Wahrscheinlich sind daran nicht so sehr die Kinder schuld, die unsere Nerven zur Genüge strapazieren können, als vielmehr unsere netten Volksbildungsorgane, einschließlich des Volkskommissariats für Bildungswesen.

Haben Sie sich denn mit der Pädagogik herumgestritten? Meines Erachtens doch mit den Volkskommissariaten für Bildungswesen. Darauf werde ich noch zurückkommen. „Offenbar können Erfahrungen niemandem etwas beweisen", schreiben Sie, lieber Anton Semenovič.

Übrigens, Ihr Brief hat Ihre Gestalt (Ihr Äußeres) sofort ganz weit in die Vergangenheit gerückt, in die Jahre des Beginns Ihrer pädagogischen Tätigkeit, und Sie stehen vor mir als ein erwachsener Mann.

Ich kehre zurück. Zu den Erfahrungen. Was ist mit Ihnen, was ist mit Ihnen los? Was für ein Pessimismus! Das ist nicht bolschewistisch!

„Man muss schreiben." Ja. Man muss. Das ist richtig. In diesem Fall sage ich das nicht als Leser. Sondern als Lehrer; ich meine Äußerungen in der Presse und in der Literatur als eine Methode des Kampfes gegen die Trägheit all jener Volksbildungsabteilungen, gegen deren Unfähigkeit zu arbeiten, die Arbeit anzuleiten, die Arbeit zu organisieren, ihre Unkenntnis der eigenen Kader, der eigenen Leute.

Schreiben Sie!

„So gut ich kann". „Ich werde schreiben, so gut ich kann."

Wie leid tut es mir jetzt, dass ich wirklich nicht imstande bin, das zu schreiben, was Ihre netten, so herzlich, mit einer so kindgemäßen Einfachheit ausgesprochenen Worte in meinem Herzen hervorrufen.

Was für eine Wärme und Zärtlichkeit geht von ihnen aus!

Nun, Beethoven könnte das mit Musik wiedergeben...

„Ich hoffe, dass früher oder später der Sieg mein sein wird."

Der Sieg kommt nur dann, wenn wir von ihm überzeugt sind, bester Anton Semenovič!

Und Sie müssen davon überzeugt sein.

Also, ich sehe bereits, dass Sie zwar ein Bolschewik sind, aber ein parteiloser. Und warum? Dabei trete ich gerade in die Partei ein. Das über mich.

„Falls Sie sich für meine Schreibereien interessieren ..."

Fragen Sie das nicht! Natürlich, selbstverständlich! Auch jetzt liegt auf meinem Tisch das „Pädagogische Poem", das mir so nahe, teure und vertraute Buch. Wie etwas Lebendiges. „Flaggen auf den Türmen" habe ich durchgeblättert. Das „Buch für Eltern" noch nicht einmal gesehen.

Seien Sie mir nicht böse. Ich sage die Wahrheit. Jetzt kann ich das zu meinem Leidwesen nicht lesen, obwohl diese Bücher mir teilweise auch ein Gespräch mit Ihnen ersetzen könnten.

Jede freie Minute versuche ich jetzt für die Vorbereitung auf das Institut zu verwenden. Es ist höchste Zeit zu schließen. Am 5.IX. muss ich in Char'kov sein.

Gute Nacht!

Doch der liebe Levanevskij ist nun nicht mehr unter uns! Wie hatte ich auf seine Rettung gehofft! Der Ärmste! Er ist umgekommen. Wurde nicht gerettet.[11]

Wundern Sie sich nicht über meine Unwissenheit. Ich mache gelegentlich Fehler. Aber, wirklich, ich schäme mich dessen nicht. Beim Wechsel von der russischen in die ukrainische Sprache und umgekehrt ist es einem manchmal höchst überdrüssig, sich unter Kontrolle zu haben.

24.VIII. Ich weiß nicht, wie lange meine Verliebtheit in Dich anhalten wird, aber jetzt entzündet Dein Name mein Gehirn beim ersten Aufwachen frühmorgens wie ein Blitz, Dein Name oder der Gedanke an Dich begleiten mich im Verlauf des Tages, und der letzte Gedanke vor dem Einschlafen gilt Dir. Semen Antonovič, verzeih mir, wundere Dich nicht und sei mir nicht böse, aber mit fast allen aus meiner Umgebung bin ich per „du". Sie – das bezeichnet für mich etwas Allgemeines, eine Vielzahl, und mit „Sie" rede ich fast nur Alte an oder Menschen, die mir besonders unangenehm oder geistig fremd sind.

Das Schuljahr hat begonnen. Mein ganzes Leben besteht in der Pädagogik, den Fragen der Erziehung – der großen und kleinen Menschen.

Und das Volkskommissariat für Bildungswesen.

Diese erbärmliche, hilflose Unfähigkeit zur Leitung, dieses stumpfsinnige, hoffnungslose Unverständnis mathematisch klarer, genauer und einfacher Elemente der

11 Der sowjetische Flieger S.A. Levanevskij (geb. 1902) war am 13. August 1938 mit sechs weiteren Besatzungsmitgliedern auf dem Flug Moskau-Nordpol-USA abgestürzt. Am 18. August hatte offenbar der Rundfunk über die Auffindung des Wracks und den Tod der Flieger informiert.

Organisation der eigenen Arbeit bzw. die Unfähigkeit, die Leitung zu verwirklichen.

Nun, sag mir, zu wem, wenn nicht zu Dir, müssen und können jetzt meine Gedanken fliegen?

Anton Semenovič! Ich bin ein feinfühliger Mensch. Für Deinen, mir so nahen und teuren Brief bin ich Dir unendlich dankbar. Missbrauchen – „schreiben Sie über sich, ich werde sehr dankbar sein. Ich antworte immer. Ich werde Sie nicht kränken." – werde ich ihn nicht.

Es genügt ein Wort, eine Andeutung von Dir, und ich werde mich zusammennehmen. Von solchen feurigen und leidenschaftlichen Verehrern wie mir musst Du wohl eine Menge haben – von Direkt- und Fernverehrern –, und man ist doch gar nicht imstande, alle Sympathien zu erwidern.

Manchmal habe ich den Wunsch, Dich zu sehen, mit Dir zu sprechen – man kann doch [in einem Brief] nicht alles sagen. Und zugleich – Angst und Furcht. Aber was ist, wenn einen bei einem Treffen plötzlich der Gedanke durchzuckt – „das also ist Makarenko?!" –, und alles löst sich in Luft auf?

Hat nicht das idiotische „System" der „Organisation" der Arbeit im Volkskommissariat für Bildungswesen mir bisher keine Möglichkeit gegeben, Deinen Brief zu beantworten?

Man hat weder die Möglichkeit, planmäßig zu arbeiten, noch die, die eigene Arbeit zu planen.

Ist daran etwa die Pädagogik schuld? Aber wie wunderbar waren doch Ihre Kolonien organisiert! Und das ergab eine Effizienz der Erziehung.

Wie wunderbar war das Kollektiv und seine Kraft organisiert, seine Macht, die Kraft seines Einflusses (des Kollektivs) – so geschickt, so kunstvoll organisiert –, das hat die Menschen neugeschaffen!

Nun, sag, ist es etwa nicht das System der Organisierung der Arbeit des Volkskommissariats für Bildungswesen, das mich jetzt daran hindert, das „Pädagogische Poem" noch einmal zur Hand zu nehmen und „Flaggen auf den Türmen" zu lesen? Nun, in Char'kov – dort werde ich mich moralisch erholen, aber auch nur bedingt: Da ist es doch wieder, unser „nettes" Volkskommissariat für Bildungswesen, nicht in Gestalt der Schule, sondern in Gestalt des Instituts – aber ich werde mir „Flaggen auf den Türmen" besorgen und lesen. Das wird für mich der Makarenko von heute sein.

Jetzt – zum Brief.

Mir scheint, dass ich in meinem letzten Brief an Sie nur eine Frage erwähnt hatte, wenn man außer acht lässt, dass fast jeder Satz einen Gedanken enthält. Das war die Frage, wie man den Kindern die Gewohnheit, die Fertigkeit, das Bedürfnis zu arbeiten anerziehen kann.

Die zweite Frage, über die ich in einem Brief an Sie gern sprechen möchte — das ist die Kraft und Macht des Einflusses des Kollektivs, die Kraft des einmütigen, organisierten Kollektivs. Daher die Organisation der Kinderkommunen usw. usf. ... Aber ... die Zeit läuft davon. Morgen ist ein Arbeitstag. Vorbereitung darauf. Ich muss den Brief beiseite legen, und deshalb fasse ich mich kurz.

Wie kamen Sie darauf, die Pädagogik aushungern zu lassen? Ich glaube, dass damit das Volkskommissariat für Bildungswesen gemeint ist. Makarenko! Man braucht sich nur vorzustellen – wenn wir Lehrer alle Makarenkos wären, wenn wir eine solche Erziehungskunst besäßen ...

Ich denke oft – wie wäre Makarenko hier wohl vorgegangen?

Falls es jedoch, Anton Semenovič, in Ihrem System – und Sie haben natürlich eins – hinsichtlich der Frage der kommunistischen Erziehung tatsächlich irgendwelche Fehler geben sollte, so ist doch klar, dass man die unter gar keinen Umständen zulassen darf. Aber wo sind sie, worin bestehen sie?

Ist es möglich, dass man von Ihren beiden Kolonien nichts übriggelassen hat? Das kann ich nicht glauben.

Ich komme zum Schluss.

Ich wäre sehr froh, schon in Char'kov von Ihnen einen Brief zu erhalten. In Stalino wird das nicht mehr klappen.

Ich bin nicht imstande, Ihre Gedanken: „Schreiben Sie über sich, ich werde sehr dankbar sein." – zu enträtseln. Sind damit die pädagogischen Fragen gemeint, die Ihnen so vertraut sind; sprechen Sie als Schriftsteller von den Gedanken eines sowjetischen Pädagogen, oder antworten Sie aufmerksam einem Leser und Verehrer?

In all diesen Fällen sind Sie für mich ein wahrheitsliebender und aufrichtiger Mensch.

Mein Brief an Sie hat mich etwas beruhigt. Ich war heute ganz verwirrt aus der Schule nach Hause gekommen.

Ich drücke Ihnen herzlich die Hand.

T.V. Turcaninova

Char'kov, Karl-Liebknecht-Str. 33.
Pädagogisches Institut. Für die Fernstudentin ...

4. MAKARENKO AN TURČANINOVA
Moskau, 28.08.1938

Moskau, 28. Aug. 38.

Früher hatte ich es besser verstanden, meine Gefühle auszudrücken, doch jetzt habe ich es verlernt, oder? Und deshalb geniere ich mich etwas. Ihr Brief vom 18.-24. August ist ein ganz ungewöhnlicher Brief und keinem anderen ähnlich; und Sie kann man mit keinem anderen verwechseln, und niemand hat bei mir ein so aufrichtiges, von Herzen kommendes Erstaunen ... und andere Gefühle ausgelöst. Darunter gibt es auch ein Gefühl des Verdrusses: Wie konnten Sie nur vergessen, Ihren Vor- und Vatersnamen oder wenigsten den Vornamen mitzuteilen!

Ich bin sehr gerührt und dankbar für das „du", und ich selbst habe diese Anrede schrecklich gern, aber in der Einfalt meines Gemüts bin ich es gewohnt, erst nach einer ordentlichen Brüderschaft zum „du" überzugehen. Ich weiß nicht genau, ob wir so bald eine Gelegenheit haben werden, gemeinsam an einem Tisch zu sitzen und „ein Gespräch zu führen". Doch Sie brauchen sich trotzdem nicht zu genieren, nennen Sie mich so, wie es Ihnen recht ist. Einverstanden?

Über sich selbst haben Sie so gut wie nichts geschrieben. Weshalb? Ach, Ihr Pädagogen! Jetzt soll man Ihnen sogar noch sagen, was genau man über sich schreiben und von welcher Seite man da herangehen soll. Gehen Sie direkt heran... frontal. Wie Sie leben, wie alt Sie sind, was für eine Familie Sie haben – eine glückliche oder eine unglückliche. Überhaupt ganz normale Fragen, weil auch wir beide doch ganz normale – gute – Menschen sind. Stimmt's?

Schreiben Sie also über sich, tun Sie sich keinen Zwang an! Selbstverständlich, schreiben Sie auch über die Pädagogik, ich bitte nicht eigens darum, Sie werden das ohnehin tun, Sie können es ja nicht lassen.

Über die Pädagogik kann man viel Trauriges und viel Freudiges schreiben. Freudiges deshalb, weil das eine wunderbare, begeisternde, heilige und leichte Sache ist! Doch Trauriges deshalb, weil man keine andere Sache so verdorben, kaputt gemacht, zugrunde gerichtet hat wie eben diese Pädagogik. Mein Hass gegenüber jenen, die das getan haben, ist bereits ausgeufert. Und deshalb hat mein Hass aufgehört, schöpferisch zu sein – er ist nur noch Hass. Um ihn zum Tragen zu bringen, muss er in sein altes Flussbett zurückkehren, d.h. ich muss mich aufs neue an die pädagogische Arbeit machen. Dabei ist der erste Augenblick schwer – ich habe jetzt nichts in den Händen außer mich selbst; keine in einem Kollektiv angesammelten Traditionen, keine Kader, keinen richtigen Schwung – und keine Jugend. Ach, wie herrlich ist doch die Jugend! Wie alt sind Sie eigentlich? Vielleicht haben Sie ein Foto, das Sie entbehren können? Schicken Sie es! Ehrenwort, warum eigentlich nicht?

Doch in bezug auf die Handschrift irren Sie sich. Ich habe viele Handschriften – ganz unterschiedliche. Und Nerven habe ich, um die kann man mich beneiden.

Zu treffen brauchen wir uns wohl nicht. Ich bin ein ziemlich farbloser Mensch, hässlich, schweigsam und ein schlechter Gesprächspartner. Das wäre für Sie nicht so angenehm.

Schreiben Sie mir doch mehr über sich selbst! Und was für ein Zimmer Sie haben. Ob Sie Bücher haben. Ob Sie Besuche machen. Ob Sie gute Freunde haben oder interessante Feinde.

Viele Grüße.

A. Makarenko

Werden Sie lange in Char'kov sein?

5. TURČANINOVA AN MAKARENKO
Char'kov, 05. - 07.09.1938

Char'kov, 5.IX.38

Mein naher und doch so ferner Freund!

Deinetwegen opfere ich eine Stunde Schlaf.

Ich wusste, dass ich bei meiner Ankunft in Char'kov im Institut einen Brief von Dir vorfinden würde. Vielleicht deshalb, weil ich es gewollt hatte.

Seine Gefühle kann man nur dann ausdrücken, wenn man welche hat. Deinen Satz über den „ungewöhnlichen Brief" habe ich vor langer, langer Zeit oft von meinen Freunden gehört. Jetzt habe ich keine mehr. Es sind sehr viele Jahre vergangen, und ich weiß nicht, wie ich es wieder geschafft habe, einen für mich typischen Brief zu schreiben. In den letzten sehr vielen Jahren war ich nicht einmal imstande, zwei, drei Worte für einen Brief zu finden. Ich heiße Tat'jana Vasil'evna.

Ein Gefühl des Verdrusses. Doch genauso verdrießlich war es für mich, Deinen ersten Brief zu lesen, auf der Maschine geschrieben, und genauso verdrießlich, mir Dein Äußeres nicht vorstellen, Deine Statur über die große Entfernung hinweg nicht sehen zu können.

Was, mein Kind, soll ich über mich schreiben? Soll ich einen Fragebogen ausfüllen? Einen Lebenslauf schreiben? Ihr Pädagogen! Bist Du etwa kein Pädagoge? Oder bist Du das früher einmal gewesen? Doch im Grunde Deines Herzens bist Du auch jetzt noch Pädagoge und wirst es immer bleiben.

Das „direkt" ergibt sich bei Dir etwas zu einfach. Wie leben Sie? Ein wahnsinnig interessantes Thema! Wie lässt sich das in einem Brief sofort sagen? Ich bin bestimmt älter als Du. Familie? Sohn. Mutter.

Ob ich glücklich oder unglücklich bin? Solche Fragen gibt es nicht einmal in den eindeutigen Fragen eines Fragebogens. In Deiner Direktheit hast Du sogar mich übertroffen. So etwas ist mir noch nicht passiert!

Gute Menschen. Gewiss, ja. Mich selbst halte ich für einen, meiner Meinung nach, guten Menschen, und Dich habe ich liebgewonnen bzw. in Dir habe ich den guten Menschen liebgewonnen.

Aber was versteht man denn unter einem „guten Menschen"?

Meinen Mann hatte ich seinerzeit verlassen, und meine Verwandten zogen sich von mir zurück, offensichtlich als von einem nicht guten Menschen.

Über die Pädagogik werden Sie ohnehin schreiben.

Du hast mich völlig aus dem Konzept gebracht. Ich wollte Dir in diesem Brief über die Vorschulerziehung schreiben. Haben sich doch alle unsere großen Pädagogen mehr oder weniger mit der Vorschulpädagogik beschäftigt. Ich möchte Dich bezüglich dieser Frage verstehen.

Heute wurden wir, das letzte Studienjahr, mit der Frage nach dem Staatsexamen konfrontiert – im November muss es abgelegt werden.

Pädagogik ist eine leichte Sache?

Dein Wort in Gottes Ohr!

Wunderbar, wunderbar! Ich lese Deine Gefühlsausbrüche an die Adresse Deiner „Freunde" in der Pädagogik. Sag, schreib mir, womit beschäftigst Du Dich eigentlich? Ich kann mir das überhaupt nicht vorstellen. Hängt das irgendwie praktisch mit der Pädagogik zusammen oder jetzt überhaupt nicht, und Du befindest Dich in der Situation eines freischaffenden Künstlers?

Du hast nichts in den Händen außer Dich selbst? Bedeutet das nun, dass Du es nicht finden kannst oder nicht finden willst? Gibt es bei uns denn keine wunderbaren Pädagogen, die in ihrer Arbeit aufgehen? Mögen es ein paar Dutzend oder einzelne sein, aber es gibt sie. Es gibt keinen richtigen Schwung. Keine Jugend.

In mir gibt es das eine wie das andere. Ungeachtet der Jahre. Auch in Dir, meine ich, gibt es das. Und Du bist doch jünger als ich (in meiner Vorstellung).

Ja, die Jugend! Ich wiederhole Deine Worte: „Ach, wie herrlich ist doch die Jugend!" Weit habe ich mich von ihr entfernt. Aber ich verstehe es offenbar, sie in meinem Herzen zu bewahren. Physisch nutzen kann man sie allerdings nicht unbegrenzt. Sollen doch jetzt auch die anderen leben!

Ein Foto werde ich wahrscheinlich nicht schicken. Selbst als ich noch jung war, hatte ich prinzipiell keine Fotos verschenkt oder aus der Hand gegeben.

Interessant, wie konntest Du Dir beneidenswerte Nerven bewahren?

Mein liebes Kind, und trotzdem möchte ich Dich sehr, sehr gern sehen.

Aber ich habe Angst.

Unangenehm... Allein schon Deine Direktheit hat für mich etwas unendlich Bestechendes.

Näher und tiefer kennen möchte ich Deine inneren Werte, das, was in Dir steckt.

Ein Wort in Deinem Brief kann ich nicht entziffern. In Char'kov werde ich, zunächst mal, einen Monat lang bleiben, und weiter wird man sehen. Es gibt so ein ukrainisches Lied „Doch die Jugend kehrt nicht zurück."

Dein Freund.

T.V.

6.IX.938 Wer bist Du?

Eine mich quälende Frage.

Heute habe ich die ganze Nacht nicht geschlafen. Und an all dem bist Du schuld. Du hast mich in irgend so ein verliebtes zwanzigjähriges Mädchen verwandelt.

Ich möchte Dich treffen und habe zugleich Angst davor. Du hast in meinem Herzen einen regelrechten Sturm entfacht.

Wer bist Du?

Ich möchte Dich kennen lernen, sehen, hören, Dir zuhören.

Natürlich habe ich keine Angst vor einem unangenehmen Eindruck, hervorgerufen durch das Äußere.

Wer bist Du in Deinem Weltverständnis, woran orientierst Du Dich, wofür lebst Du?

Doch Du sprichst zu mir über Dein Aussehen, Dein Äußeres.

Ich liebe die Schönheit – liebe das Meer, liebe den Himmel, liebe schöne Gesichter, liebe die Natur, liebe die Musik. Aber höher als all das ist die Schönheit der inneren Werte eines Menschen, und die kann nichts ersetzen. Das Inkognito Deines Äußeren macht mich genauso neugierig wie umgekehrt auch Dich. Ungeachtet dessen habe ich berechnet, dass wir ungefähr gleich alt sein müssten, wobei ich meine, ja wiederhole, dass Du jünger bist als ich. Das freut mich für Dich. Lebst Du schon länger in Moskau? Ich war dort im Jahre 35.

Warum hast Du nicht genauso einfach, wie Du es mir vorschlägst, ein Wort über Dich selbst gesagt? Doch mich hast Du wie ein Untersuchungsrichter verhört.

Irgendwie müssen wir über diesen Punkt hinwegkommen. Warum hast Du eine ganze Reihe Fragen gestellt? Wie es auch sei und wer immer Du bist, Deine Briefe machen mich glücklich. Ich kann mich beherrschen, damit sie mich nicht von den Prüfungen ablenken, mein Kind.

Morgen muss ich ein Diktat schreiben. Doch warum schreibst Du einmal Lavrušenskij- und ein andermal Lavrušinskij-Gasse?[12] Was für eine Bildung hast Du, was liest Du? Studierst oder liest Du die Werke der Klassiker des Marxismus?

Für mich bist Du ohnehin interessant, doch nicht etwa wegen Deines Äußeren ist in mir ein Gefühl der Freundschaft zu Dir entstanden, sondern als Antwort auf Deinen Charakter, der mich, wie ich meine, nicht betrügt. Dein Vorname, ehrlich gesagt, gefällt mir nicht. Wenn ich Dich mir irgendwie vorstellen könnte – wie alt, wie groß Du bist, wie Du aussiehst –, würde ich für Dich sofort einen Vornamen finden.

Bücher. Ich habe das entziffert. Haben Sie Bücher? Bei meiner nomadisierenden, zigeunerhaften Lebensweise habe ich leider so gut wie keine. Schweigsam bist Du. Ich möchte gemeinsam mit Dir lesen. Am Tag meiner Abreise aus Stalino hatte der Leiter des Literaturzirkels, den ich besuche, die Vorlesung über Turgenev beendet. Ich war so spät gekommen, dass ich schon nichts mehr gehört habe. Ich war sehr traurig. Er spricht so schön.

Und dennoch, wann und wie werden wir uns sehen, falls dieses Treffen unsere gemeinsamen gegenseitigen Hoffnungen nicht zerstört. Ich möchte in Dir einen gründlichen, starken, mutigen Menschen sehen, einen unbeugsamen Menschen mit Bildung, der das Leben liebt und es lebt.

Bist Du so einer? Nun, sag es! Spanne mich nicht auf die Folter! Beschreibe mir selbst Dein Äußeres! Du bist doch ein Schriftsteller!

Da war mir vor gar nicht so langer Zeit der Gedanke gekommen, dass wir – unser ganzes Volk, das so stark, so mächtig, so großartig ist – nicht imstande waren, Esenin, Furmanov, Majakovskij am Leben zu erhalten.[13]

Ein Treffen mit Dir wäre für mich vielleicht nicht so angenehm? Sag mir, haben wir Brjandinskij, Čkalov, Gromov, Kokkinaki[14] oder Papanin[15] denn wegen ihres

---

12 Damit ist ganz offensichtlich die Angabe des Absenders (Straßenbezeichnung) durch M. auf den Briefumschlägen gemeint; s. auch Anm. 21.

13 Die genannten Schriftsteller hatten nach der damals gängigen Version Selbstmord begangen.

14 V.P. Čkalov (1904-1938), M.M. Gromov (1899-1985), V.K. Kokkinaki (1904-1985) – sowjetische Flieger.

Äußeren liebgewonnen, und lieben wir sie etwa deshalb? Ist es denn möglich, sie nicht zu lieben?

Ich warte auf einen Brief von Dir. In der Situation, in der ich mich jetzt befinde, fällt mir das Schreiben schwer. Ein ganz winziges Zimmerchen, wir sind hier drei Studentinnen, wobei mir beide nicht gefallen. Ich nutze den Umstand, dass sie gerade nicht da sind.

Nun, schreib über Dich. Hörst Du?

Ach, Du Pädagoge! Ich wiederhole Deine Worte.

Ich schließe. Ich warte auf einen Brief. Sag, willst Du, dass wir uns treffen oder nicht? Natürlich, bei einem Treffen wird es für uns viel schwerer sein als in Briefen.

Dein Freund T.

Char'kov, K. Liebknecht-Str. 33.
Pädag. Institut. Für die Fernstudentin T.V. Turčaninova

7/IX. Lass Dich durch diesen Brief nicht bange machen. Ich werde mich beherrschen und Dir einen anderen, vernünftigeren schreiben. Irgendwie bin ich stark unter den Einfluss Deines Briefes geraten.

6. TURČANINOVA AN MAKARENKO
Char'kov, 10.09.1938

Sag mir – Aleksej Stepanovič, bist Du das?

Heute beende ich „Krasnaja nov'", Nr. 6.[16]

Gib mir doch endlich eine Beschreibung von Dir! Es kann doch nicht angehen, dass man sein Auditorium nicht kennt, sich seinen Gesprächspartner nicht vorstellen kann. Mit wem spricht jeder von uns? Das Ergebnis ist Maeterlinck.[17]

(Im Institut hat man das Licht ausgeschaltet, ich schreibe zu Hause weiter.)

Ich kann nicht verstehen, wie das alles gekommen ist.

Hast Du meine Neugierde geweckt? Bist Du zu mir gekommen?

Ich will kein Papagei sein, und deshalb spreche ich nicht von Deinem Foto, aber noch zu Hause (übrigens: Donbass schreibt sich mit zwei s) hatte ich gedacht – wie schade, dass es in dem Buch kein Portrait von Makarenko gibt!

Sag mir, was ist mit Deinem „Buch für Eltern"? Wurde es vielleicht aus dem Verkehr gezogen? Hat Dich das Volkskommissariat für Bildungswesen deshalb beschimpft? Und weshalb genau?

Warum hast Du angefangen, von Deinem Äußeren zu sprechen?

---

15 I.D. Papanin (1894-1986) – Arktisforscher, Leiter der sowjetischen Driftstation „Nordpol I" im Nördlichen Eismeer (1937/38).

16 „Aleksej Stepanovič" heißt der Leiter einer Jugendkolonie in M.s Roman „Flaggen auf den Türmen", mit dessen Abdruck die Zeitschrift „Krasnaja nov'" in Nr.6/1938 begonnen hatte.

17 Gemeint ist die symbolistisch-dunkle Lyrik und Dramatik des auch in Russland sehr bekannt gewesenen belgischen Schriftstellers Maurice Maeterlinck (1862-1949).

Ich habe Angst vor einem Treffen – wie es scheint, habe ich so geschrieben.

Ich habe damit nicht das Aussehen gemeint. Können denn Menschen, die uns lieb sind, unser Verhältnis zu ihnen[18] durch ihr Aussehen ändern? An ihnen ist uns doch jede Falte, jeder Zug ihres Gesichts teuer. Nah und teuer. Ich habe Angst ... wovor, weiß ich nicht ...

Natürlich möchte ich nicht, dass der Eindruck schwächer wird.

Du hast mich so jäh und plötzlich auf den neuen gemeinsamen Weg der Freundschaft gebracht, dass ich bisher noch nicht in die gewohnte Bahn komme.

Ich habe immer Tausende Gedanken gehabt, die ich Makarenko mitteilen sollte und wollte, allerdings sind das – pädagogische Gedanken.

Doch jetzt hat sich die ganze Pädagogik verflüchtigt.

Auch bei mir gibt es ein „aufrichtiges, von Herzen kommendes Erstaunen"... Natürlich, Makarenko kennen wir sowjetischen Menschen und auch ich schon lange.

Nach Deinem freundlichen, mit einem Anflug von Intimität versehenen Brief bist Du für mich besonders nah, mit Freude nehme ich Deine Freundschaft an, und aufrichtig antworte ich Dir; um Dich jedoch nicht zu enttäuschen und zu verhindern, dass Du Dir falsche Vorstellungen machst, schreibe ich jetzt ein paar Worte über mich.

Ich bin mittelgroß, eher hager, rundes Gesicht, braune Augen, kleiner Mund, die Grübchen auf den Wangen gibt es noch. Das Haar ist dunkel, beginnt grau zu werden. Ich sehe jünger aus, als ich bin, aber meine 48 Jahre lassen sich nicht verleugnen.

Doch Dich halte ich für höchstens 43. Und Du wirst mich wohl für eine Frau von etwa dreißig gehalten haben.

Deinen Brief habe ich schon viele Male durchgelesen, jetzt lese ich ihn als einen Brief von einem alten, teuren Freund, und nun werde ich fragen und sprechen.

... „nach einer ordentlichen Brüderschaft"...

Und hier stelle ich mir nicht Makarenko vor, den Autor des „Pädagogischen Poems", sondern ein Restaurant ... Junggesellenatmosphäre und ... einen alten Hagestolz.

Die Restaurantatmosphäre mag ich nicht, sie stößt mich ab; sie passt nicht in unsere schöne sowjetische Wirklichkeit. So stelle ich mir die Atmosphäre in einem Café Chantant vor (obwohl ich das nur aus Büchern kenne).

Und alte Junggesellen kann ich physisch nicht ausstehen.

Nach Deinem Artikel im Frühjahr in der „Pravda" hatte ich gedacht: „Aber woher kennt Makarenko denn die Schule?"

Mir fiel das „Buch für Eltern" ein. Doch was kann er dort schon geschrieben haben?

Hattest oder hast Du eigene Kinder? Nach dem Brief zu urteilen, lebst Du jetzt in einer Junggesellenatmosphäre.

---

18 Fehler im Original: „unser Verhältnis zu sich" (naše k sebe otnošenie).

Die mag ich nicht. Ich habe einen Bruder. Der heiratete mit etwa 40 Jahren. Ein Sonderling ist er nicht geworden. Doch die Junggesellenatmosphäre entstellt den Menschen so! Mit wem lebst Du zusammen?

Entschuldige, aber für die Rechte der Fern-Freundschaft erlaube ich mir, Gegenfragen zu stellen.

Denn jene Tarnkappen, die wir jetzt tragen, sind für den Umgang so hinderlich.

„... gemeinsam an einem Tisch zu sitzen" .... Und wieder das Restaurant .... In so einer Atmosphäre will ich mit Dir nicht sein.

Ich möchte Dich bei der Arbeit treffen – das vor allem. Ich möchte mit Dir im Theater sein, im Garten, in meinem Zimmer – nur nicht in einem Restaurant.

Wie leben Sie? Haben Sie eine glückliche oder eine unglückliche Familie?

Ich lebe, indem ich mich den ganzen Tag auf der Arbeit in der Schule befinde. Das ist natürlich dumm. Aber das ist eine Tatsache. Und fast 100 % wegen unserer Unfähigkeit zur Organisation irgendeiner Arbeit. Und es scheint doch, als könnte nichts leichter sein als das!

Da gilt es, eine arithmetische Aufgabe zu lösen, das ist alles.

Die Arithmetik ist die reinste und genaueste Wissenschaft.

Familie? Und dazu noch eine glückliche oder eine unglückliche? Darüber lässt sich viel sagen. Und zwar bereits bei einem persönlichen Treffen.

Eine Familie kenne ich überhaupt nicht. Bei meinen Eltern hatte ich mich nicht zu Hause gefühlt. Ich bin weggegangen.

Ich heiratete. Und verließ meinen Mann. Heiratete wieder und ging ebenfalls weg.

Wo es Kinder gibt, dort fühle ich mich zu Hause. Meine Familie war ein Leningrader Kinderheim am Meer[19].

Als Krankenschwester war ich während des Krieges vier Jahre lang in der Familie der Soldaten – unter ihnen fühlte ich mich wohl, das war auch mein Zuhause.

Jetzt erwarte ich den Institutsabschluss.

Ich muss im November das Staatsexamen bestehen.

Man „droht", mich auf die Literaturfakultät zu schicken. Da gehe ich auf gar keinen Fall hin. Ich schließe das Institut ab und gehe wieder in ein Vorschulkinderheim. Dort bin ich zu Hause.

Mehr, mein Kind, werde ich nicht schreiben.

Es ist spät – zwei Uhr. Und ab fünf kann ich schon nicht mehr schlafen. Man ist doch zum Studieren hierher gekommen. Nur im Institut kann ich ganz aufgehen. Da gibt es Leben. Jugend.

Doch in den Schulen... ein Graus. Tödliche Langeweile. Bürokratismus. Und Alte, lauter Alte. Selbst die jungen Leute sind dort Alte. Nicht umsonst sagen meine Kollegen: „Sie, T.V., sind wie ein zwanzigjähriges Mädchen."

---

19 Russ. „leningradskij detskij dom na Lachte". Lachta (finn. Lahti), der östlichste Teil des Finnischen Meerbusens.

Von den Zwanzigern und von einem Mädchen bin ich weit, wei-ei-eit entfernt, aber auch Gymnastik – unter der Leitung von Nabokov im Radio – muss man machen, und die neuesten Nachrichten und den Leitartikel aus der „Pravda“ muss man hören, und die Zeitungen muss man durchsehen, und dann gibt es noch: Kino und Theater und Bücher und das Institut. Doch die können ohne all das auskommen.

Und dann sind die jungen Ehefrauen auch noch böse. Aber sie sind doch, sage ich, die Jugend, sie könnten meine Töchter sein, doch sie suchen die Konkurrentin.

Gute Nacht! Jetzt warte ich auf einen Brief von Dir. Dein Freund – wenn Du von mir noch nicht enttäuscht bist – T.

Char'kov
K. Liebknecht-Str. 33
Pädagog. Institut. Für die Fernstudentin T.V.T.

10.IX.938

7. MAKARENKO AN TURČANINOVA
Moskau, 06.10.1938

Moskau, 6. Oktober 1938

Liebe Tat'jana Vasil'evna!
Ich bin von einer Dienstreise zurückgekehrt[20] und habe eine ganze Serie Ihrer erstaunlichen Briefe vorgefunden. Ich weiß nicht, womit ich beginnen, worauf ich antworten soll. Und so ärgerlich, wie es sich für eine Frau auch gehört, haben Sie mich schon in die alles entscheidende Frage verwickelt: Wohin soll ich Ihnen schreiben? Das ist andererseits auch angenehm, es zeugt von Ihrer Fraulichkeit, und ich bekenne, dass ich nichtfrauliche Frauen nicht ausstehen kann. Ich könnte wetten: Vermutlich haben Sie soviel Fraulichkeit, dass Sie Ihre Aufgaben in Char'kov innerhalb eines Monats ganz bestimmt nicht erledigen konnten und noch dort bleiben, deshalb schreibe ich nach Char'kov.

Dennoch: Worauf soll ich antworten? Lavrušinskij- oder Lavrušenskij-? Noch eine liebe Not, auch darauf muss man antworten. Mein Ehrenwort als Kommunarde, in unserer Straße hängen direkt nebeneinander zwei Schilder, und auf dem einen steht Lavrušenskij-, doch auf dem anderen Lavrušinskij-. Wenn es von dem Wort „Lavrucha“ kommt, muss es „e“ sein, falls aber von dem Wort „Lavrušin“, dann „i“.[21] Und Donbass schreibt sich mit zwei „s“ – richtig, da hatte

---

20 Ende September 1938 war M. nicht von einer „Dienstreise“, sondern von einem Sanatoriumsaufenthalt nach Moskau zurückgekehrt.

21 „Lavrucha“ – Dim. des Vornamens Lavrentij, Lavrušin – Familienname. Die Benennung der Straße „Lavrušinskij pereulok“ (Lavrušinskij-Gasse) war, was Makarenko nicht wusste, im 18. Jhdt. nach einer Hausbesitzerin namens Lavrušina erfolgt (Moskva. Enciklopedija, Moskva 1980, S. 357).

ich mich einfach gehen lassen und ganz vergessen, dass ich es mit einer Lehrerin zu tun habe, die einen Brief nicht ohne Rotstift lesen kann.

Ich möchte Sie sehr gern sehen. Sie können sich gar nicht vorstellen, wie ich es bedaure, dass ich nicht einmal eine Vorstellung davon habe, wann wir uns denn treffen können. Sie werden bald nach Stalino fahren, aber wann komme ich schon nach Stalino? Man muss sich etwas ausdenken, um nach Stalino zu fahren, weil – da stimmen Sie mir doch zu – es sich in unserem Alter irgendwie nicht geziemt, einfach loszufahren, um sich mit einem unbekannten Freund zu treffen.

Damit ich es nicht vergesse: Am 29. Oktober werde ich mittags durch Char'kov nach Kislovodsk fahren. In Char'kov hält der Zug 15 Minuten. Wahrscheinlich verlassen Sie Char'kov noch gar nicht. Sie werden jetzt bestimmt protestieren: Was für ein Treffen ist das schon – 15 Minuten? Sie brauchen gar nicht zu protestieren: Niemand kann jemals sagen, wie viel Minuten man für ein glückliches Ereignis braucht. Ich möchte Sie sehr gern sehen, und ich möchte Sie lange sehen, mit Gesprächen, mit etwas zu trinken, möchte Ihnen nahe sein. Ich stelle dafür keine Bedingungen, sogar ein Restaurant löst bei mir keinen Widerwillen aus. Ich bin nicht oft in Restaurants, ich bin dort fast nie, vielleicht mag ich deshalb ein gutes Restaurant, mit einer sauberen Tischdecke und einem kühlen Schnaps. Bitte verachten Sie mich deshalb nicht, ich bin beileibe kein solcher Junggeselle, wie es Ihnen scheint.

Jetzt zur Schreibmaschine. Weshalb ist die Maschine schlechter als die Handschrift? Sie ist besser: leserlicher, bequemer, und auf den Geschmack von solchen Reaktionären wie Sie wird man keine Rücksicht nehmen, und in hundert Jahren wird man Neugeborenen keine Windeln schenken, sondern kleine tragbare Schreibmaschinen, und Schreibfedern gibt es dann nur noch in Museen, und zudem verrostete.

Noch eine nicht unwichtige Frage: Wer bin ich? Stellen wir die Erörterung dieser Frage bis zu unserem Treffen zurück, das – früher oder später – unbedingt stattfinden wird, aber ich kann nur eins sagen: Ich bin ein ganz normaler Mensch in dem Sinne, dass es bei mir nichts Rätselhaftes gibt und auch niemals gegeben hat. Vom Äußeren her bin ich Ihnen in vielem hinterher: schrecklich hässlich, von Grübchen auf den Wangen kann gewiss keine Rede sein, eine lange Nase und verblichene, irgendwann einmal blau gewesene Augen. Ich vermeide es, in den Spiegel zu sehen. Außerdem ist mein Gesicht ein wenig schief. Fügen Sie dem noch fünfzig Jahre hinzu, und es ergibt sich ein ziemlich unangenehmes Bild. Allerdings fühle ich mich sehr jung, aber das ist in unserem Alter ja normal. Und noch eine Unzulänglichkeit: Ich bin niemals ein guter Mensch gewesen, und immer habe ich mich durch einen zänkischen Charakter ausgezeichnet, und die Frauen haben mich niemals wirklich geliebt, sie haben mich nur zu lieben begonnen.

Kinder habe ich selbstverständlich keine, weil ich im Alter von 40 Jahren geheiratet habe, ich heiratete aus Freundschaft und Dankbarkeit.[22] Aber dafür gibt es einen Sohn meiner Frau – einen hübschen Kerl von 23 Jahren, in der Dzeržinskij-Kommune war er mein Zögling, ich liebe ihn sehr.[23] Und außerdem gibt es noch ein paar hundert Menschen, die wie Söhne zu mir stehen, die kommen mich besuchen, und mit einigen von ihnen führe ich jetzt keinerlei seelenrettende Gespräche mehr, sondern trinke Schnaps.

Das „Buch für Eltern" wurde nicht aus dem Verkehr gezogen, aber die Leute vom Volkskommissariat für Bildungswesen haben einen Artikel in ihrer Zeitschrift unter der Überschrift „Ein schädliches Buch" geschrieben[24], womit sie mich wirklich ganz besonders erfreuten. Jetzt schreibe ich den zweiten Band, und dann wird es noch einen dritten und vierten geben, die Nerven der Professoren (beachten Sie: mit zwei „s" geschrieben) des Volkskommissariats für Bildungswesen sind ohnehin in Gefahr.

Ich möchte Sie sehr gerne treffen, und jetzt will ich vor allen Dingen darüber sprechen. Sie gefallen mir sehr, ich weiß sehr wohl, dass Sie ein lebhafter und interessanter Mensch sind, ein fröhlicher und aufrichtiger, und ich weiß auch, dass Sie kein Blaustrumpf sind, sondern eine interessante Frau.

Im Winter, im Dezember, Januar, komme ich bestimmt nach Char'kov, aber dann wird es Sie in Char'kov nicht mehr geben. Wenn Sie erlauben, kann ich auch nach Stalino kommen, aber in Stalino sind die Hotels (Ehrenwort, ich habe vergessen, zwei „l" oder eins?) immer überfüllt. Ich weiß, dass Sie nach einem Treffen mit mir enttäuscht sein werden, ganz egal, ich gehe dieses Risiko ein, alles im Leben habe ich gern, sogar Enttäuschungen. Dennoch werde ich nicht enttäuscht sein, daran zweifle ich nicht.

Falls Sie schreiben werden, dann unbedingt zu dieser Frage: Wie kann ich Sie sehen? Haben Sie nicht vor, im November nach Kislovodsk zu kommen? Was kostet es Sie schon, nach all den Prüfungen eine Kur in Kislovodsk zu verlangen? Ich werde mich dort von irgend etwas kurieren lassen[25], doch noch mehr werde ich schreiben, weil man mich das in Moskau nicht tun lässt, ich werde ganz tugendhaft sein, und falls Sie dorthin kommen, wird Ihr pädagogisches Gewissen durch nichts gekränkt werden.

---

22 Aus dem Briefwechsel M.s mit G.S. Sal'ko geht eindeutig hervor, dass er diese keineswegs „aus Freundschaft und Dankbarkeit", sondern durchaus „aus Liebe und Leidenschaft" geheiratet hatte, wobei er selbst schon frühzeitig auf einer amtlichen Registrierung dieser Verbindung bestand. Diese erfolgte jedoch erst 1935.

23 Damit ist Lev' Michajlovič Sal'ko (1914-1957) gemeint. Die Tatsache, dass zu M.s Haushalt bis Sommer 1938 außerdem noch die Tochter seines 1920 als Offizier der „weißen Armee" emigrierten Bruders, Olimpiada Vital'evna Makarenko (1920-2001), gehört hatte, wird hier ganz offensichtlich aus politisch bedingter Vorsicht verschwiegen.

24 Gemeint ist der Artikel „Schädliche Ratschläge für Eltern über Kindererziehung" (Vrednye sovety roditelej o vospitanii detej) des Pädagogik-Professors N.P. Storoženko, der in Nr. 3/1938 (S. 124-128) der „Sovetskaja pedagogika" erschienen war.

25 Wie bereits M.s medizinische Behandlung im August/September 1938 stand auch der Kuraufenthalt in Kislovodsk in Zusammenhang mit einem am 10. August jenes Jahres erlittenen Herzinfarkt.

Für die Briefe bin ich Ihnen schrecklich dankbar, auch dafür, dass es solche interessanten Menschen wie Sie gibt.

Seien Sie gesund und froh. Gestatten Sie mir, Ihnen ganz altmodisch die Hand zu küssen.

Viele Grüße
A. Makarenko

8. TURČANINOVA AN MAKARENKO

Char'kov, 24.10.1938; o. Datum

Du bist mir teuer geworden durch jenen Seelenschmerz, den ich Dir zugefügt habe.[26] Verzeih mir, ich hatte das nicht gewollt. Dich zurückzuholen habe ich kein Recht. Genauso hatte ich meinen Sohn vernichtet, das einzige mir teure Wesen in der Welt. Auch mit einer einzigen Bewegung. Ich weiß nicht, ob es mir gelingen wird, ihn irgendwann einmal zurückzuholen. Ich war von dem Wunsch geleitet, nur das Beste zu tun. Den Brief hatte ich Dir natürlich ohne irgendeine vorsätzliche Absicht geschrieben, ich hatte an gar nichts gedacht, wollte auch nichts denken, sondern hatte einfach meinen Gefühlen nachgegeben.

Jetzt hat mich unser Psychologe, der Lektor für Psychologie, mit dem Thema „Makarenko in seinem ‚Buch für Eltern'..." zu Dir geführt. Ich spürte erneut jenen Schmerz, den ich Dir zugefügt hatte. Es vergeht kein Tag, an dem meine Gedanken nicht zu Dir eilen, als zu einem der Besten, die es bei uns gibt, die mir teuer sind. Usw. usf. All das durch eben jene Pädagogik, durch das Problem der Erziehung mit all dem Ungelösten, von dem ich ganz erfüllt bin.

Unsere teuren, wunderbaren Fliegerinnen.[27] Die Tschechoslowakei.[28] Die Automobile auf der Straße. Eine beliebige Ausgabe unserer Zeitung. Alle unsere Fächer im Institut. Das alles verbindet sich bei mir mit der kommunistischen Erziehung. Wer kümmert sich bei uns um die Fragen der Erziehung und löst sie und ist dabei der Beste, den es bei uns gibt? ... Und als ich Dich gefunden hatte, stieß ich Dich sofort zurück und fügte Dir auf diese Weise ganz zu Unrecht Schmerz zu. Ganz still, schweigend abtreten will ich nicht. Ich bin kein schlechter Mensch. Ein moralisch verdorbener – ja. Hättest Du mich nicht über mich ausgefragt ..., aber dann wärst Du vielleicht nicht Makarenko gewesen.

Verzeih mir und denke nicht schlecht von mir. Ich leide wohl daran, dass ich Dich verloren, wie daran, was ich Dir angetan habe. Und das Letztere führt mich noch näher zu Dir. Sei mir nicht böse!

---

26 T. hatte M.s Brief vom 6. Oktober 1938 nicht erhalten und deshalb angenommen, dass dieser ihr absichtlich nicht antworte.

27 Im September 1938 hatten sowjetische Fliegerinnen auf der Strecke von Moskau nach dem Fernen Osten einen Rekordflug durchgeführt.

28 Gemeint ist die Bedrohung der Existenz der Tschechoslowakei durch das am 29. September 1938 geschlossene Münchener Abkommen (Abtretung der Sudetengebiete an das Deutsche Reich).

Was wollte ich noch sagen? Schreiben wirst Du auch ohne mich. Und spüre unsere besten Menschen in der Pädagogik auf. Die gibt es. Bleib der Pädagogik treu!

Um mich herum sind zwanzig „Pädagogen", angeblich die besten. Das ist die Blüte der alten pädagogischen Vorschulwelt, der sowohl die Erziehung der Kinder als auch die Erziehung der jungen Kader obliegt. Und verwirkliche da mal die Ideen der kommunistischen Erziehung! Sie alle sind „Zojas", mehr oder weniger. Nein, das stimmt nicht, es gibt 3 bis 4 sehr gute, doch für heute fehlt es ihnen an vielem. T.

Char'kov, 24.X.938
„Denke nach und sage mir, wie viel auf dem Tisch sind!"... sagte unser Lektor für die Methodik der Mathematik. (Wir sind noch in Char'kov – man hat uns zum Ablegen der Staatsexamina dabehalten).

„Denke nach und sage mir, was du gelesen hast"... sagte der Lektor für die Methodik des Lesens und Schreibens.

Der Gedanke, was ich da getan habe, durchzuckte mein Gehirn, nachdem ich den Brief (ich vereinigte zwei zu einem) in den Briefkasten geworfen hatte.

„Schreiben Sie einfach"...

Makarenko ist Pädagoge. Makarenko ist Schriftsteller.

Pädagoge? Wie alt ist er, um mit ihm eine gemeinsame Sprache zu finden. Schriftsteller? Also muss er ein Psychologe sein. Makarenko ist ein rechtschaffener Mensch im – für mich – höchsten und besten Sinne dieses Wortes.

Aber das reichte nicht aus für das richtige Verständnis des Briefes.

Dazu hat mich meine Dostoevskijsche Doppelnatur, ihr Verderbnis, geführt. Ich hatte absichtlich zunächst nicht über mich geschrieben. Ich verstehe es nicht gut, über mich zu sprechen. Aber an meiner Verderbnis ist nicht alles so schlecht. Dein Brief hat mich an wunderbare Freunde von mir erinnert. Vielleicht waren unsere Beziehungen auch ein wenig romantisch. Ich hatte mehr Freunde unter den Männern. Zwei von meinen drei Freundinnen, die ich in meinem Herzen bewahrt hatte, existieren jetzt, in der Zeit der Sowjetmacht, für mich nicht mehr.

Aber dank der Besonderheiten meiner Natur nehme ich alle Veränderungen unseres Lebens, alle seine Freuden und Aufregungen genau so jugendlich und intensiv wahr. Jener Sturm ist wie ein Blitz verflogen. Ich habe in meiner Vorstellung auch jene Gefühle wahrgenommen, die Dich beim Empfang meines Briefes beherrschten – aber alles ist möglich, ich kenne Dich ja noch gar nicht genug, um das genau bestimmen zu können.

Erschrecken, Enttäuschung und ein Gefühl, das beim Anblick von irgendetwas Chaotischem entsteht.

Wären wir einander nicht in Briefen, sondern im Leben begegnet, dann wäre es zu einer solchen Situation nicht gekommen. Ehrenwort, mein Kind, das ist nicht nur meine Schuld in meinem Brief. Du bleibst für mich der teure, nahe, alte Freund, dem ich in Deinem zweiten Brief begegnet bin, doch ich bin nicht imstande, mein Alter zu spüren, vielleicht liegt darin meine Schuld; dafür bin ich nun schwer gestraft.

9. TURČANINOVA AN MAKARENKO

Stalino, 29.11.1938

Schmollst Du immer noch? Nun, dann schmolle eben!

In Leningrad hatte ich einen Freund, einen echten Sonderling, aber einen sehr guten Menschen. Jetzt wird er irgendwo durch unsere UdSSR reisen. Ich muss ihn ausfindig machen. Du hast mich ein wenig an ihn erinnert.

Ich würde Dich mit Vergnügen durchschütteln, genauso, wie ich ihn gern aus seiner unberührten Stille herausholte. Da kommt mir etwa um 11-12 Uhr die Idee, Pol' zu besuchen. Ich weiß, dass er zu Hause sitzt und sich auf das Examen vorbereitet.

„Lass uns gehen“, sage ich zu meinem Mann.

„Aber wohin denn? Es ist doch Nacht. Der ist beschäftigt, Du wirst ihn stören.“

Trotzdem fahren wir von Lesnoe nach Vasil'evskij[29].

Man redet dummes Zeug, amüsiert sich etwa zwanzig Minuten lang und – nach Hause.

In Dir sehe ich nichts anderes als einen alten und teuren Freund von mir. Wäre ich in Moskau oder Du in Stalino gewesen, dann hätte ich Dich schon längst einmal besucht.

Ich weiß auch so ganz genau, dass wir uns treffen werden. Auch wenn das erst später sein sollte. Man kann im Leben nicht alles haben.

Das Radio stört mich beim Schreiben, aber ich will es nicht ausschalten. Man sendet ein Konzert. Das beruhigt mich.

Gleich nach meiner Ankunft in Stalino war ich ins Schleudern geraten. Du wirst wieder böse auf mich sein. In meiner Schule gibt es 22 Klassen. Ich bin der Pädagogische Leiter. Ausschließlich weibliches Personal im alten Sinne dieses Wortes. Jetzt hören wir überall von der Intelligenz. Aber innerhalb unserer schulischen Intelligenz gibt es so endlos viel Weibliches der alten Art, was mir widerwärtig ist.

Nach sehr vielen Jahren habe ich jetzt in Char'kov, in unserem Institut, unter den Frauen einen interessanten erwachsenen Menschen gefunden. Sie ist sehr klug, will aber nicht in die Partei eintreten. Ich werde mich bemühen, sie nicht zu verlieren. In meinem ganzen Leben habe ich drei Freundinnen gehabt, die ich sehr schätzte. Aber zwei von ihnen existieren in der Zeit der Sowjetmacht für mich bereits nicht mehr. Und eine habe ich aus den Augen verloren – ich muss sie wiederfinden.

Verstehst Du, was meine Direktorin vorhat? Sie will auf administrative Weise in der Schule Disziplin einführen.

Trotzdem bleibe ich bis zum Ende des Jahres in der Schule. Aufleben werde ich am fünften Tag. Der Erholungstag ist bei unserer schulischen Organisation immer ein Arbeitstag, mit dem Unterschied, dass man die Kinder nicht sieht. Doch am fünften Tag komme ich nach Hause, höre mir im Radio ein Konzert an und erhole

29 Lesnoe, Vasil'evskij ostrov – Leningrader Stadtteile.

mich. Ich höre Moskau, fühle mich verbunden mit allen und mit allem, was es an Ausgezeichnetem in unserem Lande gibt. Darunter auch mit Dir.

Du hattest keine Lust, mir darauf zu antworten, doch mich interessiert es jetzt wirklich — interessant, wie alt Du bist! Und was hat Dich eigentlich so sehr gekränkt?

Morgen werde ich in die Bibliothek gehen und Deine „Flaggen" ausleihen. In Char'kov hatte ich es nicht geschafft. Und da sagte man mir doch im Institut, dass Makarenko bis zu einem gewissen Grade für physische Maßnahmen der Erziehung ist. Das hatte ich auch befürchtet. Obwohl der Begriff physische Maßnahmen der Einwirkung relativ ist. Heute äußerte ich gegenüber einer unserer Lehrerinnen, zu einem Kind zu sagen „Ich Lass dich an einem Extratisch sitzen", bedeutet indirekt, physische Gewalt anzuwenden.

Für Dich ist die Pädagogik eine Kunst. Vielleicht gibt es hier vorläufig ein Körnchen Wahrheit. In der Sachkenntnis bezüglich der Erziehung bist Du mir weit voraus. Du bist doch zum Künstler berufen.

Aber mich empört zutiefst, wenn man nicht tut, was nötig ist, oder nicht das, was ganz offensichtlich getan werden muss.

Dass man die Kinder und die Sache der Erziehung lieben muss, ist wohl bereits nicht mehr strittig.

Da komme ich heute in die Schule. Eine Lehrerin zieht ein Kind an der Hand.

„T.V., sagen Sie doch irgendwas zu ihr. Sie schmeißt mir ihr Heft auf den Tisch."

Und das Mädchen sagt entschieden: „Nehmen Sie mich von ihr weg, ich will nicht in dieser Klasse bleiben." Und beide haben so viel Hass in den Augen.

Gib allen ganz artige Kinder, gehorsame Schülerinnen!

Wenn ich sage, dass ich in ein Kinderheim gehen werde, fragen alle ganz offenherzig: „Haben Sie das Institut etwa beendet, um mit Verwahrlosten zu arbeiten?"

Als eine angenehme Seite meiner pädagogischen Praxis erinnere ich mich an das Kinderheim in Leningrad am Meer. Das ist lange her.

Doch unter der Sowjetmacht habe ich Streit gehabt, wenn auch nicht mit dem Volkskommissariat für Bildungswesen, so doch mit dem ZK der Gewerkschaft bzw. mit der Sowjetkontrolle.

Alles Gute! T.V.

Donbass. Stalino. 29.XI.938
Don-Seite. 4. Abschnitt.
Haus 28, Wohnung 3 Für Turčaninova.

10. TURČANINOVA AN MAKARENKO
[Stalino,] 30.11.1938

Mein gestriger Brief an Dich hat mir keine Genugtuung verschafft. Ich musste das Radio ausschalten. Es hatte mich weniger beruhigt, vielmehr habe ich davon Kopfschmerzen bekommen. Gesendet wird eine Oper, man konnte die Worte hören, und das hat mich abgelenkt. Obwohl Du mir jetzt nicht schreiben willst, bist Du mir so nah und teuer geworden, dass Dich auch das Ausbleiben einer Antwort von Dir nicht mehr wegrücken kann. Ich weiß jetzt nicht einmal, ob ich Dich sehen möchte, ob ich etwas finden würde, das es mit Dir zu besprechen gibt, aber Du existierst für mich als etwas Nahes und Teures. Und trotzdem führt mich wohl jeder Tag in Gedanken zu Dir.

Einige Male habe ich von Stalin geträumt. In Char'kov war mir Marx im Traum erschienen, er war bei mir zu Hause, wie ein guter Bekannter. Ich kann es mir nicht verzeihen, dass ich, als ich in Leningrad lebte (in der alten Zeit), keinen Weg zu Lenin gefunden habe.[30]

Als ich nach Leningrad kam, bat ich meinen Mann immer wieder: Lass uns doch zum Narvaer Stadttor fahren!

„Wozu? Was willst du denn dort?“

Wir sind losgefahren. Kamen zum Narvaer Tor.

Sind hin- und hergegangen. Und nach Hause gefahren.

„Also, was? Bist du nun zufrieden?“

Als ich meinen Mann verlassen hatte, war ich aus Leningrad weggefahren. Und als ich drei Jahre lang als Krankenschwester unter den Soldaten lebte, sah ich in ihnen mir nahe und teure Menschen.

In Kiev im Jahre 19 konnte ich die Ereignisse nicht verstehen. Und ich beschloss: Ich gehe ins Arsenal[31] – dort wird es mir gelingen.

Mein Mann hat wieder gefragt: „Aber zu wem willst du denn dort gehen? Du kennst doch niemanden im Arsenal.“ – „Warum denn? Dort sind doch Arbeiter. Bei denen werde ich's erfahren.“ Ich bin nicht hingekommen.

Meine Gedanken waren damals auch darauf gerichtet, wie ich von meinem Mann wieder wegkommen kann. Seinerzeit hatte ich vorgehabt, zu Tolstoj zu gehen – der starb jedoch.[32]

Ich habe noch zwei interessante Menschen getroffen. Den einen – auf meiner Weltreise[33], und den anderen im Donbass. Und mit beiden habe ich die Verbindung abgebrochen.

Bei allem, was ich habe, was mich von anderen unterscheidet, fehlt mir trotzdem etwas. Aber das sind nicht die Jahre, mein Kind.

Ich erkläre das mit der Erziehung. Obwohl ich auch selbst sehr viel an mir gearbeitet habe.

---

30 Petrograd (seit 1924: Leningrad) war damals die Hauptstadt Sowjetrusslands.

31 Gemeint ist die gleichnamige Waffenfabrik in Kiev.

32 Lev Tolstoj war bereits 1910 gestorben.

33 Dabei handelt es sich offensichtlich um eine Schiffsreise sowjetischer Bestarbeiter nach Westeuropa.

Und, wie es scheint, ist es mir niemals gelungen, ein Privatleben zu haben, immer fühlte ich mich als ein untrennbarer Teil des Allgemeinen, des großen Lebens. Aber dabei hat immer irgendwas gestört.

Mit meinem älteren Bruder hatte mich eine große Freundschaft verbunden. Er war mein Abgott. Doch ein einziges Wort von ihm bewirkte das Ende unserer großen und schönen Freundschaft. Fast zwanzig Jahre sind vergangen, aber ich kann nicht zu ihm zurückkehren, ungeachtet seiner aufrichtigen Bitten.

Ich möchte jetzt meinen Freund aus der Kindheit finden – wir wurden auch vor zwanzig Jahren getrennt.

Auf meiner großen Reise hatte eine Dänin zu mir gesagt: „Sie fahren also von ihrem Mann weg, und trotzdem werden Sie sich mit ihm noch einmal treffen." Das ist der einzige Mensch, mit dem ich mich auch jetzt nicht treffen möchte.

Nun – das Treffen mit Dir. Ich will nicht gleich ein Loblied auf Dich anstimmen. Aber das Gefühl der Freundschaft zu Dir als zu einem der besten unserer Menschen ist groß.

Mich empört nur eins: Warum unterschätzt man Dich, oder warum unterschätzt Du, was man schätzen muss?

Bezogen auf Dich. Einer, zwei können sich irren, aber viele, das Volkskommissariat für Bildungswesen, können sich nicht irren. Die Leute dort.

Du, der Du so klug und ein sowjetischer Mensch bist, unterschätzt Du wirklich die volle Bedeutung der Theorie?

Verstehe ich vielleicht nicht, worum es hier geht?

Genug. An die Arbeit!

Wie ich auf den Sommer warte, um mich erholen zu können! In der Schule ist es wie in einem Zwangsarbeitshaus. Und ich mag die Schule nicht. Ich bin für mich, und die Kinder sind für sich. Deshalb habe ich mich für die Vorschulerziehung entschieden – dort ist man die ganze Zeit über mit den Kindern zusammen. Oder zumindest mehr als in der Schule.

Nochmals alles Gute. T.
30.XI.938

11. MAKARENKO AN TURČANINOVA
Moskau, 07.12.1938

Moskau, 7. Dezember 38

Tat'jana Vasil'evna!

Ich schmolle gar nicht, doch zwei Wesen – von der schönen Seite des Lebens – haben alles durcheinandergebracht: Sie und die Post.

Am 6. Oktober hatte ich Ihnen einen ganz langen Brief geschickt – aber wegen Ihres außerordentlich unklaren Verhaltens sah ich mich gezwungen, auf den Briefumschlag zwei Adressen zu schreiben: die Char'kover und die Stalinoer. Im

Ergebnis entstand irgend so ein Durcheinander, und Sie haben den Brief nicht bekommen.

In jenem Brief hatte ich alle anstehenden Fragen beantwortet. Dort geht es sowohl um das Aussehen, als auch um den inneren Reichtum. Seitdem ist viel Wasser die Wolga hinabgeflossen. Einen ganzen Monat habe ich in Kislovodsk verbracht. Erholte mich, war traurig, alterte an der Seele, dachte nach – all das ist ziemlich langweilig. Erinnerte mich an Sie, auch mit Wehmut, – mit einem Wort: nichts als Lyrik.

Welche Fragen haben Sie noch?

Falls man Ihnen gesagt hat, dass ich „bis zu einem gewissen Grade" für physische Methoden bin, dann spucken Sie denen ins Gesicht, und dem Betreffenden geben Sie ausnahmsweise eins in die Fresse.

Ich halte die Pädagogik nicht für eine Kunst.

Ganz bestimmt nicht! Sie ist für mich die Pädagogik, soll sie ruhig wütend werden, aber nicht so langweilig bleiben. Jetzt gibt es kein besseres Mittel gegen die Fliegen als einen Pädagogen, zu Pulver gemahlen – die Langeweile ist so gewaltig, dass man aus Pädagogen bald irgendein Langeweile auslösendes Gas machen wird. Stellen Sie sich dieses großartige Bild vor: Die feindlichen Armeen gehen an Langeweile zugrunde! Um die feindlichen Armeen tut es einem natürlich nicht leid ... aber um die Kinder! Ach, die armen, armen Kinder!

Und ich bin keineswegs ein Künstler. Ich bin einfach ein vielbeschäftigter, alles andere als ein langweiliger Mensch – das ist das Wichtigste. Und außerdem gibt es noch etwas – ich bin kein Lehrer, und deshalb kann ich mit Puškin ausrufen: „Etwas ganz anderes ist doch ein Glas Rum!"[34]

Vor kurzem habe ich auf einer Lehrerversammlung ziemlich flegelhaft berichtet, wie ich meinen Zöglingen beigebracht hatte, Schnaps zu trinken.[35] Sie waren, das versteht sich, ganz außer sich, aber dann habe ich sie getröstet: Ich sagte, dass es unter den Lehrern fast keine Alimentepflichtigen gibt.[36] Da haben sie Beifall geklatscht. Und wurden sogar stolz erfüllt!

Für das Gefühl der Freundschaft verneige ich mich vor Ihnen ganz tief, aber trotzdem muss man sich treffen, miteinander Schnaps trinken, sprechen, lachen, böse sein, streiten, sich begeistern oder geduldig zuhören. Sehr gerne möchte ich Sie einmal in Augenschein nehmen. Wie lässt sich das einrichten? Bei Ihnen dort gibt es doch Leser, Lehrer, selbstlose Menschen – Kulturarbeiter.

Weshalb können die mich nicht zu irgendeinem Fest oder Disput einladen? Ich kann doch nicht eigens losfahren, um Sie in Augenschein zu nehmen! Sie werden mich wohl noch als frech bezeichnen.

---

34 Vers aus dem Puškin-Gedicht „Klagen unterwegs" (Dorožnye žaloby; 1830).

35 Darüber berichtete M. auch in seinem Vortrag an der Universität Moskau am 1. März 1939.

36 Im Rahmen der neuen sowjetischen Familienpolitik (Regierungsverordnung vom 27. Juni 1936) waren für die Verweigerung verschärfte Strafmaßnahmen von Alimentezahlungen eingeführt worden. Zu dem Aspekt „Alimentepflichtige unter den Lehrern" hatte M. am 16. Oktober 1938 vor Lehrern in Leningrad gesprochen.

Das alles sind Scherze..., doch im Ernst: Teilen Sie mir Ihre Pläne für Januar ... Februar usw. mit. Wo werden Sie dann sein?

Warum man mich unterschätzt? Sehr einfach: Weil kein einziger von diesen Schätzern etwas mit Erziehung zu tun hat. Und außerdem noch, weil sie meinen grimmigen Charakter spüren. Wer braucht schon so einen Charakter? Sagen Sie es, bitte! Ließe man mir freie Hand, dann würde ich sie alle von innen nach außen krempeln. Wer mag so etwas schon?

Und überhaupt, seien Sie kein Kind!

Die Theorie weiß ich so hoch zu schätzen, dass mir dabei angst und bange wird. Aber das, was die da haben, ist keine Theorie, sondern Geschwätz. Also, wenn jemand ein Buch im Umfang von 300 Seiten mit dem Titel „Die Technologie des reinen und des praktischen Gefühls" oder „Pädagogische Drehungen der Augen und der Augenbrauen" geschrieben hätte – das wäre Theorie.

Wann werde ich Sie, ungeachtet dessen, sehen?

Ich drücke Ihnen fest die Hand.
A.M.

12. MAKARENKO AN TURČANINOVA
[Moskau,] 10.12.1938

Tat'jana Vasil'evna!

Freunde „solange es einem gut geht" bzw. Freunde „solange..." – das alles ist ein recht verbreiteter Typ von „Freunden", und dieser Typ hat mich niemals besonders angezogen. Deshalb werde ich mich vor Ihnen nicht rechtfertigen. Eine „Zoja" aus der „KP" hatte geglaubt, Čechov verteidigen zu müssen.[37] Viele andere Heuchler benutzen diesen Fall auch dazu, um ihre Tugend zu demonstrieren – stimmen Sie mir doch zu, dass es schwer fällt, in einem so banalen Fall nicht in Versuchung zu geraten. Was soll's! Ich kann da nichts tun. Jeder hat seinen eigenen Geschmack. Und jeder hat seine eigene Art und Weise, Karriere zu machen. Aber... was hat das alles mit den Fragen der Erziehung zu tun? Nichts, und selbst Sie werden den Kindern nicht „Eine langweilige Geschichte" oder „Krankenzimmer Nr. 6"[38] zu lesen geben. Čechov bleibt Čechov, und Kinderliteratur Kinderliteratur. Einige Kinder lesen auch Shakespeare.

Und was die physischen Methoden betrifft, können Sie sich vorstellen, wie ich das alles satt habe? Versuchen Sie doch mal, es sich vorzustellen! Zadorov[39] haben

37 Gemeint ist der Artikel „Die Offenbarungen des A. Makarenko" (Otkrovenija A. Makarenko) von A. Bojm in der Zeitung des Jugendverbandes „Komsomol'skaja pravda" vom 2. Dezember 1938, eine Auseinandersetzung mit Makarenkos Beitrag „Der Stil der Kinder- und Jugendliteratur" (Stil' detskoj literatury) in der Zeitschrift „Detskaja literatura", 1938, Nr.17.

38 „Eine langweilige Geschichte" (Skučnaja istorija; 1889), „Krankenzimmer Nr. 6" (Palata No 6; 1892) – Erzählungen von Čechov.

39 Zadorov – Figur eines Zöglings im „PP".

die Prügel nicht etwa deshalb genutzt, weil das eine gute Methode ist, sondern deshalb, weil Zadorov sich als ein edelmütiger Mensch erwies.

Nun, das ist auch schon alles!

Ob ich ein sowjetischer Mensch bin? Auf jeden Fall eher als „Zoja“ oder Bojm – davon bin ich schon seit 21 Jahren überzeugt.

Ich meine, das alles ist völlig klar. Von Herzen wünsche ich Ihnen, solche Freunde zu finden, die Sie niemals durch allzu ungewöhnliche Aussagen in Verlegenheit bringen.

A. Makarenko
10.XII.38.

13. TURČANINOVA AN MAKARENKO
Stalino, 15.-16.12.1938

Mein liebes Kind!

In Deinem ersten kurzen Brief stehen die Worte: „Aber gibt es nicht genug andere Gründe, sich schlecht zu fühlen.“ Damals warst Du mir nicht so teuer und nahe wie jetzt, aber es berührte mich schmerzlich – weshalb hattest Du Dich schlecht gefühlt? Jetzt, mein Kind, schreibst du: „Ich meine, das alles ist völlig klar.“ Du wirst Dich natürlich genau erinnern, was Du damit sagen wolltest. Dich jetzt aufzugeben, hieße doch, Dir und Deinem heutigen Brief zuzustimmen, was ich nicht kann. An Tatsachen lässt sich nicht rütteln. Du wirst verstehen, dass die Zeitung mich nicht in Unruhe versetzen konnte. Ist es doch eine Zeitung von uns, die sowjetische, unsere sowjetische Presse. Du weißt, wie teuer Du mir bist. Du konntest Dich schon davon überzeugen, wie ich Dir vertraue. Und deshalb bitte ich dich: „Erkläre mir, worum es geht!“

Deinen Artikel hatte ich nicht zur Hand. Doch Du tust beleidigt, bist gekränkt. Warum hältst du Dich in unserer Bekanntschaft für etwas Besseres?

Erinnerst Du Dich, irgendwo sagst Du: „Einen Menschen kann man sofort richtig einschätzen.“ Ich habe Deine Bücher nicht zur Hand, aber ist es nicht so? Also hast auch Du Dich geirrt? Hast mich nicht richtig eingeschätzt?

Nein, mein Kind, noch nie war ich nur ein Freund für „schwere Stunden“ u. dgl. m.

Nimm das als eine Tatsache. Ich kenne Dich in unserer «persönlichen» Bekanntschaft nur aus der Ferne. Vieles ist mir unbekannt, unklar. Da frage ich Dich etwas, aber Du bist beleidigt und kränkst mich noch dazu. Erinnerst du dich, was Maša zu Protasov gesagt hat?

Aber ich bin stark genug, meine Fehler einzusehen, davon zu lassen, worin ich irrte – das habe ich gesagt.

Ich frage Dich als ein mir vertrautes Geschöpf, doch Du fühlst Dich beleidigt; bist Du mir denn gleichgültig, so dass ich dies mit Schweigen übergehen könnte? Warum hast Du mir nicht vertraut? Das bedeutet doch, du hast Dir selbst nicht vertraut!

Was leider auch eine Tatsache ist: Allen Menschen, mit denen ich näher verbunden war, habe ich immer viel Leid zugefügt. Natürlich brauchst Du nicht zu denken, dass dies bewusst und vorsätzlich geschah, aber es war eben immer so.

Du glaubst, Dein Brief hat Dich von mir entfernt? Natürlich nicht! Für mich bist Du derjenige geblieben, der Du warst. Doch mich nicht beunruhigen, das konnte ich nicht. Ich weiß nicht, was es bringen wird, wenn wir uns persönlich treffen, aber Du bist für mich ein vertrautes, nahes und teures Geschöpf.

Wären wir beide in ein und derselben Stadt, dann würde ich Dich besuchen, und es wäre natürlich besser, persönlich miteinander zu sprechen. Weißt Du, wie schwer mir jetzt ums Herz ist, und glaubst Du denn, dass es dabei um mich geht? Nein, mein Freund, wenn Du mich tatsächlich für einen Menschen mit solch gemeinen Qualitäten hältst, dann irrst Du Dich. Solltest Du da unbedacht etwas zusammengeredet haben, so bist Du mir viel zu teuer, um Dich allein deshalb aufzugeben. Ich möchte Dir jenen Seelenfrieden bringen, zu dem ich imstande bin. Ich kenne Dich schon so lange, und Du glaubst, ich würde Dich schon wegen zwei-drei Deiner Sätze aufgeben.

Natürlich hast Du mir mit Deinem Brief großen Seelenschmerz zugefügt, aber dieser Brief ändert überhaupt nichts an meinem Verhältnis zu Dir, eben weil meine Freundschaft nicht so billig ist. Ich möchte Dir nahe sein, möchte Dir Seelenfrieden bringen.

Glaubst Du denn, dass Du ohne Fehl und Tadel bist? Ich hatte Dir doch geschrieben, was mir an Dir nicht gefällt.

Jetzt werde ich Dir nicht mehr schreiben, wenn Du das so willst. Trotzdem ist es schade, dass Dein Brief verlorengegangen ist. Wenn ich Dich auch kaum kenne, so könnte ich mir wenigsten Dein Äußeres vorstellen. Mir ist es schon peinlich, Dich darum zu bitten, noch einmal über Dich zu schreiben. Wenn Du willst, kannst Du mir ja ein Foto von Dir schicken.

Sei ganz ruhig, mein Kind!

Ich meine jedoch, möchte es meinen, dass Du mir „von Herzen" nicht solche Freunde wünschst, von denen Du schreibst.

Glaub' mir, solche werde ich nicht als Freunde bezeichnen, das habe ich nicht getan und tue es auch nicht.

Jetzt gehe ich schlafen. Und das geschieht Dir ganz recht. Ich habe mich schon wieder beruhigt. Auf der Seele liegt Schmerz, wie ihn oftmals Menschen zufügen, die uns sehr nahe stehen.

Schreib dann, wenn du es wünschst.

Dein aufrichtiger Freund.
T.

Stalino. Donbass.
15.XII. 938

Du hattest mich in Char'kov völlig durcheinandergebracht. Und nun auch hier. Abenteuer sind etwas Wunderbares. Aber mich bedrückt, dass sie einem die Ruhe rauben. Ich habe Dir Leid zugefügt. Dabei käme es doch gerade darauf an, Dir Seelenfrieden zu bringen.

Schreiben werde ich dann, wenn Du selbst zur Ruhe gekommen bist und schreiben willst.

16.XII. Noch hat mich das von allen geliebte, teure Moskau nicht an die Unermesslichkeit seiner unfassbaren Weiten erinnert, und schon hast Du mich geweckt. Ich hatte mich gestern nach ein Uhr schlafen gelegt und war bereits nach vier wieder aufgewacht. Wäre ich bei Dir gewesen, so hätte ich Deinen Kopf in meine Arme geschlossen, an meine Brust gedrückt und geküsst. Erlaube mir das zu tun. Ich bin doch, meine ich, etwas älter als du.

Allerdings, mein Kind, ich bin besser, reiner und wichtiger, den Schmerz, den du mir gestern zugefügt hast, habe ich nicht verdient. Beruhige Dich, und dann wirst Du mir wieder schreiben. Ich werde warten.

Wie viel Seelenschmerz ich in Char'kov erdulden musste! Und nun schon wieder!

Warum hast du das getan?

14. MAKARENKO AN TURČANINOVA
Moskau, 21.12.1938

Moskau, 21. Dezember 38
Liebe, teure Tat'jana Vasil'evna!

Ich bin nicht beleidigt, und umso mehr möchte ich Sie nicht beleidigen oder kränken. Ich weiß sehr wohl, dass Sie ein echter Mensch, ja ein großmütiger Mensch sind. Und trotzdem war Ihr „solange..." für mich ganz und gar nicht zu ertragen. Ich konnte Ihnen nicht anders antworten. Und wirklich, denken Sie doch mal nach: Ich habe soviel Papier beschrieben und soviel gesagt, dass Sie von mir eine völlig klare Vorstellung haben müssten, zumindest von Seiten des, sozusagen, ideologischen Gehalts. Doch plötzlich beginnt irgend so eine Zoja mehr oder weniger laut zu quieken, und schon fügen Sie zu dem Wort „Freund" sofort das Wort „solange ..." hinzu! Stimmen Sie mir doch zu, dass mich das äußerst stark treffen musste.

Wenn Sie ein wirklicher Freund sind, müssen Sie immer darauf gefasst sein, dass man über mich herfallen und mich sogar verfolgen wird. Haben Sie denn vergessen, wie viele Feinde es bei uns gibt? Meinen Sie, dass die nicht in der Lage sind, sich in eine sowjetische Zeitung einzuschleichen, insbesondere in einem so unklaren Bereich wie dem der Erziehung? Sie können sich einschleichen und werden es auch tun.[40] Eher wird man wohl einen Artikel von mir nicht drucken. Sie

40 Das Thema „Feinde" bzw. „Schädlingstätigkeit" im Bereich der Erziehung nimmt M. wenig später in dem – posthum veröffentlichten – Artikel „Über kommunistische Ethik" (O kommunističeskoj ètike) auf. Hier wie auch bei entsprechenden Warnungen vor politischen

müssen wissen, ich bin doch mehr oder weniger allein. Sie dürfen sich über einzelne Zusammenstöße nicht wundern und dürfen mir nicht solche kränkenden Fragen stellen, ob ich ein sowjetischer Mensch bin. Was bin ich denn sonst für ein Mensch, wenn ich die Interessen der kommunistischen Erziehung offen verteidige?

Und dennoch bin ich Ihnen nicht böse, ich dachte nur, dass es für Sie ruhiger wäre, wenn Sie sich mit Ihrer Seele nicht in meinen Kampf einmischen würden, den ich eigentlich gewohnt bin, allein zu führen.

Für Ihren letzten zärtlichen Brief bin ich Ihnen umso dankbarer. Es gibt also doch noch eine Wahrheit in der Welt!

Vielleicht möchte ich mehr als Sie, dass wir uns treffen, und, wie es scheint, lässt sich das bald verwirklichen. Im Januar soll ich Avdeenko[41] besuchen – einen Schriftsteller, der in Makeevka[42] wohnt. Ich wäre Ihnen sehr dankbar, wenn Sie mir erlauben würden, bei Ihnen vorbeizukommen.

Doch beachten Sie, dass Sie sehr enttäuscht sein werden – ich bin ein langweiliger und hässlicher Mensch mit einer großen Nase, ich vermeide es, in den Spiegel zu sehen, und lasse mich nie fotografieren, deshalb kann ich Ihnen auch kein Foto schicken. Übrigens, nein, da fällt mir ein – erst gestern hat mir ein Freund, der Regisseur Petrov[43], eine Aufnahme aus seinem Besitz mitgebracht – bitte sehr. Der mit der Brille – das bin ich, sehen Sie, was für eine Fratze![44] Aber dafür müssen Sie nun mir Ihr Foto schicken und zwar unverzüglich, gleich im nächsten Brief. Das wird dann der erste gegenseitige Besuch sein.

Sehr gern möchte ich mich mit Ihnen treffen. Schreiben Sie mir, wie Sie wohnen. Haben Sie Ihr eigenes Eckchen – ein echtes, wo uns niemand stört? Und natürlich werden wir miteinander anstoßen. Ich liebe Restaurants nicht als etwas Alltägliches, doch hin und wieder mit einem Freund an einem Tisch zu sitzen ist immer gut, vor allem dann, wenn es etwas zu besprechen gibt.

Gegen Ihren Kuss im Brief habe ich überhaupt nichts, aber unter einer Bedingung: dass Sie das niemals bereuen. Und in so einem Fall kann ich mich vor Ihnen nur verbeugen und Ihnen ganz herzlich danken, desto mehr, als dies sozusagen ein ideeller Kuss ist, nicht wahr?

Erst die Zukunft wird zeigen, wie wir zueinander stehen, aber jetzt ist es so schön, Ihre Aufmerksamkeit und Unruhe zu spüren. Ich bin überzeugt, dass wir auch nach unserem Treffen Freunde bleiben werden.

„Feinden" ist wohl davon auszugehen, dass er damit seine „Wachsamkeit" und Staatstreue in Hinblick auf eine mögliche Denunziation demonstrieren wollte.

41 A.O. Avdeenko (1908-1996), russischsprachiger sowjetischer Prosaschriftsteller, der – 1933 mit dem Roman „Ich liebe" (Ja ljublju) – in derselben Ausgabe von Gor'kijs „Almanach" debütiert hatte, in dem auch der 1. Teil des „PP" erschienen war.

42 Makeevka, Industriestadt im Donbass.

43 Der Regisseur N.V. Petrov (1890-1964) war 1933-1937 künstlerischer Leiter des Char'kover Russischen Theaters gewesen, das – auf M.s Initiative hin – eine Patenschaft über die Dzeržinskij-Kommune übernommen hatte.

44 Dieses Foto (aufgenommen 1936 während eines Gastspiels des Char'kover Russischen Theaters in Kiev), das M. zusammen mit Petrov zeigt, wurde von B. Volkov veröffentlicht.

Ich küsse Ihre Hände.
A. Makarenko

PS. Vergessen Sie nicht, Ihrem Brief das Foto beizulegen!
PSS. Warum ich so selbstsicher bin? Da irren Sie sich – ich bin gar nicht selbstsicher. Alles, was ich weiß, weiß ich aus leidvoller Erfahrung. Und sicher bin ich deshalb, weil ich schrecklich gern möchte, dass es in der UdSSR eine gute Schule gibt.

A.M.

15. MAKARENKO AN TURČANINOVA
Moskau, 03.01.1939

Moskau, 3. Januar 39.

Liebe Tat'jana Vasil'evna!

Vor allem natürlich alles Gute zum Neuen Jahr! In diesen Glückwunsch möchte ich viel hineinstecken, aber, stellen Sie sich vor, ich kann es nicht. Wie es scheint, wurden die Worte, die dazu passen, schon millionenmal gesagt, und sie erfreuen weniger, als dass sie das Gehör ermüden. Mit einem Wort, ich möchte, dass es im Neuen Jahr besser wird als im alten. Für uns beide ist eine gemeinsame Tendenz wichtig, zum Besseren zu streben, doch inwiefern es wirklich besser wird, soll von uns abhängen. Ich mag das selbstgeschmiedete Glück.

Ich bekomme täglich Ihre Briefe, und sie berühren mich sehr, aber ich bekenne, dass ich sie nicht verstehe und Angst vor ihnen habe. Nicht verstehen kann ich Ihre Vorstellungen und Ihre Unruhe. Ich meine, dass Sie sich da in irgend etwas irren und vielleicht vor allem in sich selbst. Überhaupt nicht vorstellen kann ich mir Ihre Aufregung, die sich in Ihren Briefen in jedem Wort zeigt. Und ich habe Angst.

Es handelt sich einfach darum, dass Sie mich überhaupt nicht kennen, und deshalb führt das bei Ihnen unvermeidlich zu Enttäuschung, was, unter uns gesagt, ganz und gar nicht in meine Kalkulationen passt. Nun, man braucht nicht so weit zu gehen: Wir haben uns noch gar nicht getroffen, und schon sind Sie unzufrieden – warum ich Schnaps trinke. Ich tue es deshalb, weil ich ein ganz normaler russischer Mensch bin, und welcher Russe sitzt nicht gern an einem gedeckten Tisch! Das ist auch schon alles.

Übrigens, ich bin überzeugt, dass alles gut enden wird, und selbst dann, wenn Sie enttäuscht sein sollten, wird das nicht so etwas wie eine Tragödie, weil ich im großen und ganzen ein anständiger und auch kein schwieriger Mensch bin.

Meine Reise zu Ihnen verschiebt sich ein wenig. Sie wird nicht im Januar stattfinden, wie ich geglaubt hatte, sondern im Februar, wahrscheinlich am Anfang. Avdeenko ist jetzt in Moskau und bleibt hier länger als vorgesehen. Um uns treffen zu können, werden wir gewiss ein Plätzchen finden. In Stalino muss ich ohnehin in einem Hotel absteigen, weil Avdeenko 40 Kilometer entfernt wohnt. Schreiben Sie mir, an welchen Tagen sie frei haben.

Ich möchte Sie sehr gern sehen und mich mit Ihnen ausgiebig unterhalten. Vielen Dank für das Foto. Auf ihm sind Sie – kaum auszumachen.

Ich küsse Ihre Hände.

A.Makarenko

Vielleicht gibt es bei Ihnen oder in der Schule ein Telefon?

16. MAKARENKO AN TURČANINOVA
Moskau, 23.01.1939

Moskau, 23. Januar 39.

Liebe Tat'jana Vasil'evna!

Ich bin in Ihrer Schuld – in den letzten Tagen habe ich nicht geschrieben, und ich kann keinerlei Rechtfertigung vorbringen – ich hatte einfach keine Zeit, den ganzen Tag Sitzungen, Besprechungen, Konferenzen: Man kommt spät in der Nacht nach Hause und meint, dass man morgen schreiben wird, doch morgen – wieder dasselbe.

Ich kann nicht genau sagen, wann ich in den Donbass komme. Avdeenko will mich gleich Anfang Februar mitschleppen, aber ich habe erst noch einiges zu erledigen. Doch ich möchte sehr gern schneller losfahren, um Sie zu sehen, um so mehr, als sich auch bei Ihnen die Umstände günstig entwickeln – Sie werden frei von familiären Sorgen sein.

Ich versuche so früh wie möglich einzutreffen, wenn nichts Entscheidendes dazwischenkommt.

Ich bin Ihnen sehr dankbar für die freundlichen und herzlichen Briefe, obwohl ich allzu gut verstehe, dass ich Ihre Sympathie überhaupt nicht verdient habe, um so mehr in Abwesenheit. Ich habe große Angst: Wir begegnen uns, und Sie sind regelrecht empört – mit welchem Recht bin ich in Ihr Leben eingedrungen? Ich habe jetzt viel dumme, sinnlose Arbeit, die niemandem etwas nützt, formalen Kram.

Ich schreibe nichts – man lässt mich nicht.

Übrigens – dieselbe „Zoja", die Sie vor anderthalb Monaten so sehr verwirrt und Sie veranlasst hatte, zu dem Wort „Freund" das Wort „solange ..." hinzuzufügen – jener A. Bojm wurde vor einer Woche verhaftet[45], und bei seinem Auftritt gegen mich handelte es sich, wovon ich von Anfang an überzeugt war, um den Auftritt eines Feindes.

45 Näheres über diese „Repression" ist bisher nicht bekannt geworden. In den 60er Jahren war Bojm – unter dem Pseudonym „B. Aleksandrov" – Mitglied des Redaktionskollegiums der Zeitschrift „Narodnoe obrazovanie". Es ist somit davon auszugehen, dass es sich dabei um eine aus der Luft gegriffene Behauptung M.s handelt, um seine Briefpartnerin davon abzubringen, weiterhin politische Verdächtigungen gegen ihn zu erheben.

Sehen Sie, Tat'jana Vasil'evna, ringsum gibt es noch viele Feinde. Gut, dass ich imstande bin, an die Wahrheit zu glauben. Und Sie müssen auch daran glauben, immer daran glauben und sich niemals erlauben, den Mut sinken zu lassen.

Ich möchte Sie sehr gern sehen.

Aber ich bitte Sie sehr, sich das alles nicht zu sehr zu Herzen zu nehmen. Ihre Kräfte und Ihre Seele werden noch gebraucht, Sie müssen damit behutsam umgehen.

Schreiben Sie mir, wann Ihre Verwandten abreisen. Wann haben Sie abends frei? Sollte ich unerwartet in den Donbass kommen, werde ich direkt zu Avdeenko nach Makeevka fahren und von dort aus bereits nach Stalino. Aber es kann auch sein, dass Avdeenko von hier ohne mich losfährt, dann komme ich allein und direkt nach Stalino. Allerdings weiß ich nicht, ob ich dort ein Zimmer finde, wo ich absteigen kann. Sie zu belästigen, habe ich natürlich Angst. Ich bitte Sie sehr, schreiben Sie mir, ob ich Ihnen ein Telegramm schicken darf, damit Sie für mich ein Zimmer bestellen – in Stalino kennt mich niemand.

Ich küsse Ihre Hände und bin Ihnen für die zärtlichen Briefe sehr dankbar.

Ihr A. Makarenko

17. TURČANINOVA AN MAKARENKO
(Telegramm)
Stalino, [05.02.1939]

Gratuliere zur Auszeichnung mit Orden[46] = Turčaninova

18. MAKARENKO AN TURČANINOVA
Moskau, 17.02.1939

Moskau, 17. Februar 39.
Liebe Tat'jana Vasil'evna!
Guten Tag!

Ich habe Ihnen lange nicht geschrieben, hatte es immer auf „morgen" verschoben, man hat mich bis zum Äußersten müde gehetzt, zum Mittagessen und Schlafen finde ich keine Zeit mehr. Und Briefe muss ich einige Dutzend pro Tag schreiben. Alle meine Zöglinge, und davon gibt es ungefähr zweitausend, erinnerten sich an meine Existenz und entluden sich in langen Briefen. Sogar von der Vrangel'-Insel habe ich einen Funkspruch erhalten. Bisher komme ich gar nicht zum Antworten. Obwohl eine solche Arbeit natürlich nur Freude bereitet.

---

46 Am 31. Januar 1939 war M. „für hervorragende Verdienste um die Entfaltung der sowjetischen Literatur" mit dem Orden „Rotes Arbeitsbanner" ausgezeichnet worden. Hierüber hatten die Zeitungen am 1. Februar berichtet.

Die Sache mit meiner Reise in den Donbass ist auch verdorrt und zwar, wie es scheint, gründlich. Anfang März muss ich unbedingt nach Char'kov fahren, dann nach Leningrad, dann nach Sverdlovsk, dann nach Irkutsk[47], und wohin mich meine Verpflichtungen dann jagen werden, das habe ich noch gar nicht herausbekommen.

Das ist sehr traurig. Ich wollte Sie schrecklich gern sehen und näher kennen lernen. Aber dennoch hoffe ich, dass ich zwischen irgendwelchen zwei Reisen etwas manövrieren und in Stalino sein kann.

Für die Glückwünsche bin ich Ihnen sehr dankbar. Für mich hat der Orden eine große Bedeutung, und zwar eine zweifache. Ich fühle mich in pädagogischer Hinsicht besser, denn an mir begann ja bereits eine seltsame Einsamkeit zu nagen.

In den letzten 7 bis 8 Tagen gab es keine Briefe von Ihnen. Was bedeutet das, Sie sind doch nicht etwa krank geworden!

Schreiben Sie, welche Pläne Sie für das Frühjahr und den Sommer haben. Sind Sie vielleicht im Mai auf der Krim? Ich beabsichtige, von Mitte April bis Mitte Mai[48] dort zu sein.

Jetzt habe ich eine schwere Zeit. Ich schreibe nichts außer Briefen, und noch mehr spreche ich. In Moskau gibt es 608 Schulen, und jede verlangt, dass ich ein wenig an ihrem Leben teilnehme. Ich verstehe, dass aus den Gesprächen nichts Gutes herauskommen kann, und trotzdem spreche ich. Freilich, mit einer Schule bin ich etwas näher in Verbindung gekommen, es entstand so etwas wie eine Patenschaft, ob dem Kollektiv aber die Kraft reichen wird, das Ganze entsprechend meinen Forderungen durchzustehen, da bin ich mir nicht so sicher.

Schreiben Sie mehr, ich bin Ihnen für die Briefe sehr dankbar. Seien Sie glücklich, ich drücke Ihnen fest die Hand. A. Makarenko

19. MAKARENKO AN TURČANINOVA
Moskau, 19.02.1939

Moskau, 19. Februar 39.

Liebe Tat'jana Vasil'evna!
Ihren Brief habe ich bekommen. Ich fühle mich sehr in Ihrer Schuld, aber Sie beunruhigen sich ganz umsonst. Sie müssen sich mein Leben, das viel schwerer und komplizierter ist, als Sie glauben, doch mal ein wenig vorstellen! Es gibt Tage, an denen ich nicht schlafen, nicht zu Mittag essen kann, an denen ich 24 Stunden lang nicht allein bin.

---

47 M. war im Oktober 1938 zum Vorsitzenden einer Kommission des Sowjetischen Schriftstellerverbandes zur Unterstützung der Irkutsker Autoren ernannt worden; entsprechende Aktivitäten von ihm ließen sich bisher jedoch nicht nachweisen.

48 Im Original heißt es irrtümlich: „von Mitte Mai bis Mitte April" (s poloviny maja do poloviny aprelja).

Außerdem habe ich auch Unannehmlichkeiten. Zum Beispiel bedrückt es mich sehr, dass ich von hier nicht so bald wegfahren kann und dass ich überhaupt alle meine Pläne den verschiedensten unerwarteten Überlegungen unterordnen muss.

Ich bin Ihnen sehr dankbar für die Briefe. Aber fühlen Sie sich durch mich nicht gekränkt, sonst wird es ganz langweilig.

Ich grüße Sie ganz herzlich und danke Ihnen, ich bin alles andere als launisch, im Gegenteil, ich bin ein sehr zugänglicher, und, Ehrenwort, wie es scheint, guter Mensch.

A. Makarenko

20. MAKARENKO AN TURČANINOVA
Moskau, 13.03.1939

Moskau, 13. März 39

Heute, als ich aus Char'kov zurückkam, habe ich Ihren Brief bekommen. Ich bin nicht imstande, meine Dankbarkeit auszudrücken, deshalb seien Sie mir nicht böse. Ihre Briefe sind für mich allzu zärtlich, mit mir hat noch niemand jemals so zärtlich gesprochen, ich bin Zärtlichkeit gar nicht gewohnt.

In Char'kov, das war eine Schinderei. Fünfmal habe ich vor Studenten und Lehrern gesprochen.[49] Sie lachten viel und klatschten Beifall, aber ich bin nicht zufrieden. Ich habe beschlossen, nicht mehr öffentlich aufzutreten – genug dieses widerlichen Geschwätzes und Nervenkitzels!

Aber in Char'kov haben mich nicht nur die Veranstaltungen, sondern auch meine ehemaligen Zöglinge gequält. Sie bringen es fertig, von meiner Ankunft innerhalb einer halben Stunde nach Eintreffen des Zuges zu erfahren, und dann weichen sie bis zur Abfahrt des Zuges nicht mehr von meiner Seite. Und von ihnen gibt es dort jetzt mehr als hundert. All das ist sehr angenehm und nett, aber, Ehrenwort, das übersteigt die Kräfte eines Menschen.

Jetzt muss ich arbeiten. Die literarische Arbeit habe ich vernachlässigt, ich habe viele Verpflichtungen, schließlich muss man doch Geld verdienen, in letzter Zeit bin ich schrecklich verarmt.[50]

Zusammen mit Ihrem Brief bekam ich einen von Avdeenko, er lockt mich zu sich, aber ich sehe so bald keine Möglichkeit. Ich muss ein Drehbuch schreiben, ein

---

49 Bisher ging man davon aus, dass M. in Char'kov nur dreimal öffentlich aufgetreten war.

50 Nach M.s Tod wurde bekannt, dass auf seinen beiden Moskauer Sparbüchern nur noch folgende „Restbeträge“ verzeichnet waren: „12 Rubel, 93 Kopeken“ bzw. „12 Rubel, 98 Kopeken“ (RGALI, 332-4-355, Bl.8, 13).

Theaterstück, einen Roman und den zweiten Band des Buchs für Eltern[51]; weiß der Teufel, wie viel ich noch machen muss. Trotzdem träume ich davon, nach Stalino zu kommen und Sie zu sehen – schrecklich interessant, was für ein Mensch Sie sind, den Briefen nach kann ich das schlecht einschätzen, für mich ist es unbedingt nötig, in die Augen zu schauen.

Doch an mich sollen Sie nicht so viel denken. Im großen und ganzen bin ich kein schlechter Mensch, aber langweilig und hässlich. Sie werden ja sehen!
Ich wünsche Ihnen Gesundheit und gute Laune.
Ihr A. Makarenko

Quellennachweis/Quellenbeschreibung

Turčaninovas Briefe befinden sich im RGALI (332-4-337), darunter einer (Nr.13) mit dem Archivvermerk „Brief einer nicht identifizierte Person mit der Unterschrift ‚T'", separat abgelegt (332-3-23). Geschrieben auf Blättern aus linierten Schreibheften für Schüler bzw. Doppelbögen linierten Papiers, und zwar mit Bleistift, grüner bzw. violetter Tinte. Einige Briefe enthalten Unterstreichungen von Makarenkos Hand. Datierung des Telegramms (Nr.17) anhand eines entsprechenden Leitvermerks.

Im RGALI werden auch Makarenkos Briefe aufbewahrt – neben den Originalen aus dem Besitz der Adressatin (332-4-1101) handelt es sich dabei um Durchschläge zweier Briefe (ohne Unterschrift): Nr. 2, 7 (332-4-287). Weißes Papier verschiedenen Formats und unterschiedlicher Stärke, in einem Fall liniert (Nr. 14). Handschreiben (Nr. 4, 12, 14-16) mit blauer Tinte; die auf der Maschine getippten Briefe sind mit Rotstift (Nr. 2, 19) bzw. blauer Tinte (Nr. 20) unterschrieben. Die Originale enthalten zahlreiche Unterstreichungen (Rotstift) sowie Anmerkungen (Bleistift) von der Hand der Empfängerin.

In der Makarenko-Ausgabe „Pedagogičeskie sočinenija" (Pädagogische Werke; Moskau 1983-86) wurden – neben den von B. Volkov in der „Učitel'skaja gazeta" (11.03.1978) wiedergegebenen Auszügen – zwei Briefe auf der Grundlage der oben erwähnten Durchschläge publiziert: Nr. 2 (unverändert), 7 (stark gekürzt).

51 Dabei handelt es sich um folgende Projekte, zu denen M. sich vertraglich verpflichtet und wofür er auch schon Vorschüsse erhalten hatte: ein Drehbuch über ein schulisches Thema für das Odessaer Filmstudio, ein Stück für das Leningrader Theater der Jungen Generation, einen „Roman über die Liebe" für den „Almanach" sowie den zweiten Band des „Buchs für Eltern" für die Zeitschrift „Krasnaja nov'".

Autorinnen und Autoren

Prof. Dr. Christel ADICK
Ruhr-Universität Bochum, Institut für Pädagogik, Vergleichende Erziehungswissenschaft, 44780 Bochum

Prof. Dr. Ingrid GOGOLIN
Universität Hamburg, Institut für International und Interkulturell Vergleichende Erziehungswissenschaft, Von-Melle-Park 8, 20146 Hamburg

Mechtild GOMOLLA
Universität Osnabrück, Erziehungs- und Kulturwissenschaften, Heger-Tor-Wall 9, 49069 Osnabrück

Prof. Dr. Georg HANSEN
Fern-Universität Hagen, Fleyer Str. 204, 58084 Hagen

Prof. Dr. Jürgen HELMCHEN
Westfälische Wilhelms-Universität Münster, Fachbereich Erziehungswissenschaft und Sozialwissenschaften, Georgskommende 33, Haus C, 48143 Münster

Dr. Götz HILLIG
Philipps-Universität Marburg, Institut für Erziehungswissenschaft, Forschungsstelle für Vergleichende Erziehungswissenschaft, Wilhelm-Röpke-Str. 6B, 35032 Marburg

Prof. Dr. Wolfgang HÖRNER
Universität Leipzig, Erziehungswissenschaftliche Fakultät, Karl-Heine-Str. 22b, 04229 Leipzig

PD Dr. Rudolf LEIPRECHT
Carl von Ossietzky Universität Oldenburg, Institut für Bildung und Kommunikation in Migrationsprozessen (IBKM), Ammerländer Heerstr.114-118, 26111 Oldenburg

Dr. Günter LIST
Universität Koblenz-Landau, Campus Landau, Institut für Interkulturelle Bildung, Marktstr. 46, 76829 Landau

PD Dr. Helma LUTZ
Westfälische Wilhelms-Universität Münster, Institut für Allgemeine Erziehungswissenschaft des Fachbereichs Erziehungswissenschaft und Sozialwissenschaften, Georgskommende 33, 48143 Münster

HD Dr. Paul MECHERIL
Universität Bielefeld, Fakultät für Pädagogik, Postfach 100231, 33501 Bielefeld

Prof. Dr. Ursula NEUMANN
Universität Hamburg, Institut für International und Interkulturell Vergleichende Erziehungswissenschaft, Von-Melle-Park 8, 20146 Hamburg

Prof. Dr. Martine PRETCEILLE
Professorin für Erziehungswissenschaft und Vizepräsidentin der Université Paris 8

Prof. Dr. Hans REICH
Universität Koblenz-Landau, Campus Landau, Institut für Interkulturelle Bildung, Marktstr. 46, 76829 Landau

Dr. Gerlind SCHMIDT
Deutsches Institut für Internationale Pädagogische Forschung, German Institute for International Educational Research, Schloss-Str. 29, 60486 Frankfurt a. M.

Dr. Botho VON KOPP
Deutsches Institut für Internationale Pädagogische Forschung, German Institute for International Educational Research, Schloss-Str. 29, 60486 Frankfurt a. M.

PD Dr. Norbert WENNING
Fern-Universität Hagen, Fleyer Str. 204, 58084 Hagen